资管大未来

打通资管血脉，决胜地产存量时代

明源地产研究院 编著

中信出版集团 | 北京

图书在版编目（CIP）数据

资管大未来：打通资管血脉，决胜地产存量时代 / 明源地产研究院编著 . -- 北京：中信出版社，2019.11
（明源地产研究系列丛书）
ISBN 978-7-5217-1237-7

Ⅰ . ①资… Ⅱ . ①明… Ⅲ . ①房地产企业 – 资产管理 – 研究 – 中国 Ⅳ . ① F299.233.3

中国版本图书馆 CIP 数据核字 (2019) 第 253225 号

资管大未来——打通资管血脉，决胜地产存量时代
（明源地产研究系列丛书）

编　　著：明源地产研究院
出版发行：中信出版集团股份有限公司
（北京市朝阳区惠新东街甲 4 号富盛大厦 2 座　邮编　100029）
承 印 者：中国电影出版社印刷厂

开　　本：787mm × 1092mm　1/16　　印　　张：28.25　　字　　数：398 千字
版　　次：2019 年 11 月第 1 版　　印　　次：2019 年 11 月第 1 次印刷
广告经营许可证：京朝工商广字第 8087 号
书　　号：ISBN 978-7-5217-1237-7
定　　价：86.00 元

《资管大未来》
编审委员会名单

推荐序一

在《规模：复杂世界的简单法则》一书中，作者杰弗里·韦斯特提出了这样一个问题：为什么公司和生物一样，都会经历诞生、发育、衰老与死亡的过程，而城市却不会死亡，并似乎总是与时俱进地发展？比如，有着三千多年历史的北京，可谓苦难深重，可是北京并没有死亡，却发展为国际大都市；六朝古都南京，历史上每一次改朝换代都意味着一次屠城，近代还遭受了日本侵略者野蛮的大屠杀，但现在的南京依然欣欣向荣；2008 年，大地震重创汶川，但很快，一座新汶川城就展现在世人面前，更让人欣喜的是 2018 年 7 月 31 日，四川省政府批准汶川退出贫困县行列……

城市似乎真的不会死。然而，如果城市没有得到有效维护，也是会衰败的——小到城市里随处可见的老旧建筑，大到申请破产的底特律市。

从“熵增定律”来看，城市作为一个开放的系统，只有不断地从外部环境得到足够的负熵流来抵消内部的熵增，才能形成耗散结构系统并朝着进化的方向发展。城市更新，就是获取负熵的重要方式。

截至 2018 年年末，我国城镇化率已达到 59.58%；一线城市的城镇化率已经超过 90%，完全进入了存量时代；二线城市的城镇化率也达到了 75%，迈入了存量时代；部分三线城市的城镇化率也已经逼近 70%……进入或接近存量时代的城市的核心诉求是告别“土地财政”，通过引进高端产业、改善城市面貌和抢夺高端人才等行动向内寻求发展的新动能！而这一切，离不开城市更新！

对此，各级政府也特别支持。比如2018年年底，上海市由上海地产集团牵头成立了总额为1 000亿元的城市更新基金；2018年11月16日，北京市委书记蔡奇就“腾笼换鸟”、首都核心区域产业升级到中粮广场调研，对中粮广场的升级改造给予高度评价；尤其是从2016年楼市调控以来，监管层推出各种政策，严防死守资金违规流向房地产业，但对于存量资产投资却没有太多限制，甚至鼓励基于自持经营的金融衍生投资。

据不完全估算，城市更新有着数万亿的规模潜力，堪称一片蓝海。可是从目前来看，虽然关注者越来越多，但观望的多，真正投身其中的还是少数，这个万亿市场目前的开发额还不足十分之一！因为这是一朵带刺的玫瑰。

有部分朋友认为城市更新就是拆楼、盖楼，他们看到的只是表面。城市更新对于城市发展有着更深层次的含义，其本质是将空间或楼宇作为资产，通过有机更新提升资产价值，最终增加现金流。

城市更新不是传统的房地产开发，而是产业升级和消费升级大潮推动的改变城市未来面貌的服务行业！它虽然和开发环节有一定的相似性，但其核心是运营和服务方面的能力，呈现出典型的“三长”（长线金融、长产业链和长期稳定收入）特征，与当下大多数开发商和资本追求的高周转恰好相反。没有资本支持，做好内容和运营的匠心就缺乏支撑。因此，对城市更新来说，除了内容赋能之外，更需要金融资本的赋能。

高和资本早在2009年成立的时候就提出一个口号：用金融来重塑城市面貌！我们做的所有努力，如外立面的改造、机电设备的更新和内容的升级等，本质上都是为了增加项目的现金流。而无论是项目并购、运营管理，还是证券化退出，都需要资本的赋能。

因此，我们提出了“三个轮子”的发展战略：第一个轮子是并购基金，第二个轮子是轻资产投资基金，第三个轮子是资产证券化——通过好的并购能力，持有好的资产；再凭借好的投资和产业能力，增加现金流；最后通过前两个轮子一起作用，实现资产证券化变现，形成三轮驱动的模式，互相咬合，不断向前发展。

高和资本创立之初，就瞄准了城市更新的机会，十年来，初心不改。因为我们认为只要城市发展，人的消费需求就会发生变化，再加上技术的推动，城市一定会发生变化，而在城市变化的过程中，城市更新是一个极为重要的组成部分。

目前，这种趋势越发明显：新中产阶层成为消费主力，更加追求个性、品质和体验；各类金控平台“大资管”南柯一梦，兴风作浪的大鳄们纷纷被打回原形；“去杠杆”革了很多人的命，逼着金融回归实业，回归价值投资的正途；至于“房住不炒”，更是成为共识。目前，房地产业正逐步从制造业的增量时代进入服务业的存量时代。虽然受公募 REITs（房地产信托投资基金）未推出等制约，当下城市更新的规模还较小，但大势不可逆，未来其占比会迎来快速攀升。

美国历史学家斯塔夫里阿诺斯在其巨著《全球通史》提过这样一个问题：为什么以前很弱小的欧洲在近现代能够领先？在公元 1500 年前后，如果有一个外星人来到地球上看到当年的三大势力（伊斯兰帝国、中华大明王朝、欧洲小国群体），你问他数百年后谁会获胜，那么外星人一定会毫不犹豫地选择大明王朝，因为明朝经济发达、政治稳定、技术领先。但是，最终获胜的却是当时弱小的欧洲。对此，作者总结了一个原理叫“阻滞的领先性”，意思就是在社会大拐点来临的时候，领先的群体反而更保守和僵化，不愿意改变，而落后的参与方反而更可能适应新变化，最终完成逆袭。这和刘慈欣在《三体》一书中所说的“弱小和无知不是生存的障碍，傲慢才是”有异曲同工之妙。在城市更新的战场上，谁会掉队，谁会逆袭，我们拭目以待。我认为除了传统开发商之外，很多创业企业也大有机会。因为对于城市更新所需的投资、运营和金融等核心能力，目前，国内大多数企业还处在同一起跑线上，谁能够抢先起跑，谁就最有可能抢占市场先机。

明源地产研究院《资管大未来》书中的“投、融、管、退”四个章节，很全面地阐述了企业应该如何构建资产管理的核心能力。全书既有理论高度，又有实践路径；特别是对成熟市场及标杆企业的解读，对国内城市更新的发展与推动具有极高的参考价值和借鉴意义。

如果你对城市更新大势还不甚明了，如果你对推进资产管理业务还犹豫不决，那么我建议你仔细研读明源地产研究院《资管大未来》这本理论结合实战的专业图书，相信它会给你很好的指引。

苏　鑫

高和资本董事长

2019 年 10 月 14 日

推荐序二

住房，一直是人们关注的焦点。一千多年前，杜甫就有“安得广厦千万间，大庇天下寒士俱欢颜”之嗟叹；如今，房地产业更是国民经济的支柱产业。尤其是近 20 年来，我国房地产业经历了前所未有的高速发展，市场高度繁荣，200 多亿平方米的商品房竣工面积不仅让更多的人住有所居，还推动我国城镇化率增长了 20 多个百分点。目前，中国的人均居住面积已达到发达国家水平。尽管不同地区间房地产发展仍存在较大差异，但城市核心区域已高度成熟是不争的事实，一线及发达的二线城市存量房交易已经占据主导地位，房地产市场已然从增量时代逐步迈入存量时代。

数百万亿级的存量资产价值盘活，既是国民经济发展的重要组成部分，也是提升居民日常生活（包括居住、办公、休闲娱乐等多方面）体验的重要领域，更是推动房地产业不断向前的必然方向。不同于增量时代以开发建设为核心获取较高的投资回报率，存量时代的房地产市场考验的是经营者的资产管理能力，全方位涉及市场研究、客群分析、物业改造和细节把控等诸多环节。而目前大部分的资产所有方（包括房地产开发企业或非房地产领域的大业主）在资产管理方面往往经验不足。

从无到有开拓新领域，经验的积累必不可少，系统的理论也不可或缺。在国内资管领域经验欠缺的当下，明源地产研究院针对资产管理进行了持续系统的研究，细致全面地对房地产大宗投资市场不同阶段的特点进行了梳理与总结，以从项目买卖开始到结束的“投—融—管—退”完整周期为核心，细致且具体地向大家展示了存量资产管理的运行机制及其内在联系，并给出了一套较完整的、有价值的建议，通过深入浅出的方式为本行业从业者以及对资产管理感兴趣的朋友提供了了解行业发展现状及趋势变化的机会。

增量开发的时代将渐行渐远，存量市场将逐步走上历史舞台成为主角，怎样在新时代下顺势而动是我们每一个企业及从业者都该思考的课题。

程家龙

戴德梁行大中华区副总裁

2019 年 10 月 10 日

推荐序三

2019年《政府工作报告》中明确指出："中国经济已由高速增长阶段转向高质量发展阶段，要以城市群为主体构建大中小城市和小城镇协调发展的城镇格局。"中国城镇化进程迈入新的阶段，新型城镇化已成为国家着力推进的经济发展目标。

新型城镇化的核心，在于更加注重现代城市文化、消费及公共服务等内涵的丰富，更加强调消费对经济的带动作用。其中，商业地产在拉动消费与服务城市居民方面有得天独厚的优势，是新型城镇化发展中必不可少的一环。

我们长期看好商业资产，主要依据有三点：第一，对比发达国家，中国人均商业面积仍有较大发展空间；第二，随着房地产市场逐步进入存量时代，政府政策对存量物业运营会给予更多倾斜，持有型商业地产会越来越受到青睐；第三，一、二线城市进入城市更新的发展阶段，为商业项目的更新、改造和升级提供了大量的空间。随着城镇化的演进和基本居住需求得到满足，商业地产将登上舞台的中央。

好的商业项目不但能够使自身的资产保值增值，还可以带动周边土地增值和城市基础设施配套的改善，进而提升所在城市的价值和知名度。可是，就当下来看，中国商业地产仍处于起步阶段。

从产品端来看，目前商业项目的同质化现象严重，商业项目的运营管理比住宅开发要难得多。由于多年来的思维惯性，许多开发商仍然抱着散售速销的心态做商业，缺乏长期经营的耐心和资产运营的能力，以至项目打造缺乏特色，项目客户定位和业态组合等高度雷同，优质项目更是凤毛麟角！

从服务端来看，软性的运营管理服务能力较弱。在开发商业地产项目时，大多开发商比较重视项目的硬件投入，建筑设计与工程开发的技术革新特别快，甚至已达到国际顶尖水平，但是在招商、运营及物业服务等软件方面精细化程度不足，企业管理水平参差不齐。

从供需端来看，商业项目存在结构性供需不平衡。由于不同区域城镇化进度有高有低，加上地方政府土地供应与人口流动存在一定的错配，部分城市商业地产开发量与经济发展和消费能力不匹配，区域性商业供给过剩。而一、二线城市较发达的区域因人口密度大，又面临供给不足的问题。

由此可见，传统房企想做好商业地产的持有经营并不容易。很多同人面临着如何转型的困惑，迫切希望获取一些对标国际成熟市场的商业地产管理的知识体系，从而从资产管理的视角来指导商业地产的全周期开发运营。

明源地产研究院的《资管大未来》基于存量时代的行业背景，深入剖析了房企转型的几条业务赛道，数据翔实、案例生动，特别是通过解读多家在资产管理上表现优异的企业的经验和做法，为其他房企的战略转型提供了很好的参考和借鉴。

作为行业转型路上的探索者，金地商置在不断试错的过程中逐渐摸索出一套适合自身的发展模式：顺应城镇化发展规律和产业、人口转移趋势，集地产综合开发和资产管理平台为一体，通过商业中心综合体、产业园镇、精品住宅、长租公寓和星级酒店等多元物业的投资开发与管理运营，为企业和个人提供购物、休闲、娱乐、居住与工作等物理空间及优质服务。“以珍视的眼光，审视每一寸城市土地，想象其无限的价值”，金地商置致力于通过打造独具特色的精致商业项目来铸造和提升城市价值。

本书系统梳理了房企转型过程中资产管理必备的投、融、管、退四大核心能力和打造这些能力的具体方法。比如在“管”的方面，书中提出在战略上要协调好轻重资产比例，组织上要培养一批具备资产全生命周期管理能力的团队，机制上要围绕资本市场的关注点优化考核体系，等等。很多观点和建议与我们的管理思路不谋而合，具有很强的指导性和可操作性。

中国商业地产的繁荣离不开系统理论的指导和资管意识的树立，我们期待更多类似融合扎实理论和丰富实战案例的系统性研究成果问世。随着国家新型城镇化的发展，中国的商业地产必将迎来精益化管理时代，更好地满足人们日益增长的“美好生活需求”，助力中国经济增长！

徐家俊

金地商置集团首席执行官

2019年10月11日

推荐序四

中国购物中心发展至今，总数已经超过 8 000 个，未来数年还会以每年 500 ~ 600 个的速度增长。虽然光看数量，已然很庞大，但从融入当地市场发展的角度来考量，其实中国的购物中心数量远未“超载”，前提是这些项目都满足人们消费需求的话。

与此同时，国内数量庞大的购物中心正陷入一片混战之中，执着于利用出奇的创新摆脱同质化。但往往由于过于短视，大多数创新停留在较浅层次，只能获得表面的“差异化优势”，面对愈加理性的市场消费，这种打法很难长久获得市场青睐。

这一现状反映了我国购物中心发展的残酷现实——不够成熟。在一个成熟的市场中，购物中心的发展模式应该是一个客群、业态、产品多维度的纵深挖掘，并将它们做到极致，以此凸显自身的核心竞争力，同时这种核心竞争力应该足够有韧性。譬如日本，亘古长青的老店比比皆是——村田眼镜铺店龄 403 年，榛原和纸店店龄 212 年……可是，国内这种店却极为少见。很多运营商过于痴迷求新求异，却往往忘记了自己最应该做的事情。

此外，从成熟市场的经验来看，金融属性是购物中心的通行规则。目前，我国购物中心的金融属性还远远不够强，流动性和资本退出都有不小的阻碍。但国内购物中心也有其独特优势，那就是充足的人口红利的加持！国内运营商想脱颖而出，只需找准规律、走对方向、有效创新。成功似乎并不是那么难。

从更大更远的维度来看，讲创新、成熟度和金融资本，说白了就是商业资产管理的问题，即如何做商业定位、业态规划、设计优化、工程控制和运营提效等。只有国内所有或者绝大部分的购物中心都做好了这些，市场才算真正成熟。

中购联一直致力于引导购物中心关注这些内容，并多次举办商业资产管理的年度峰会，共商行业未来。我们的观点是：购物中心要想真正做好资产管理，首先，不要将购物中心当商业看，而要将其视作社会服务的功能体，以体现其基础设施的价值；其次，通过有效的资产运营，谋求资产在资本市场上的优异表现；最后，让前两者形成一个良性的互动。

所谓体现购物中心的基础设施价值，其实就是塑造其社会价值，这是实现更高资本价值的基础。因为对购物中心而言，最终的出路是资本＋运营，拥有强大的运营加持，资本才会活跃。

现在大家会发现，资产管理呈现的意义、价值和高度相比以往更为重要。而且，做商业管理的人会越来越意识到：每一项业务在品牌招商、运营管理和营销推广等环节都得考虑投入的每一笔资金，因为未来资产在资本市场上的价值几何，和这些都紧密相关！

以简单的物业养护为例，其对资产增值的影响不容小觑。因为折旧是决定资产价值的一个直接考量因素，是购物中心资产评估的辅助内容，如果养护不好，折旧就会加速，资产的价值也会相应受到侵蚀。未来，购物中心的价值将越来越依赖专业团队的经营与管理，如此才能更好地促进物业资产的保值增值，利于资产在市场的有效退出。

明源地产研究院编著的《资管大未来》一书，很适时也很精准地切中了目前国内存量地产经营的要害——资产管理能力将成为企业决胜地产下半场的秘密武器！该书从“投、融、管、退”四个方面全面阐述了房企想要构建存量资管能力，要采取哪些举措，练哪些内功。全书不仅有宏观的行业前瞻分析，还有微观的企业实战案例。

比如，对于如何提升购物中心的社会价值，书中指出：首先，购物中心要强调社会属性，回归服务与体验的本质，以需求为原点的场景细分覆盖各类消费群体，应用新的科技手段提供人性化的服务；其次，购物中心要进一步强调文化的表达，服务精神消费需求，释放精神层面的商业价值；最后，购物中心要强化社交内涵，及时收集用户评价需求，不断迭代空间内容，创造社交的可能性。对此，我深表认同！

我国房地产业已逐渐由增量开发步入存量经营，不动产资管大时代正呼啸而来。站在巨人的肩膀上，而非闭门造车，才能更好地决胜地产下半场。本书填补了国内在资产管理方法论上的专业空白，可以给予你很好的指引。

郭增利

中购联购物中心发展委员会主任

2019 年 10 月 10 日

自 序

受益于城镇化与人口红利，国内商品房的销售额由1998年的2 500亿元飙升到2018年的149 972亿元，各路开发商与资本机构一起分享了这一饕餮盛宴。截至2018年，我国城镇化率为59.58%，仍有相当的发展空间，在未来很长一段时间内，房地产业仍将是国民经济的支柱产业。

但经历数十年的高速发展，目前，我国房地产业已开始逐步由增量开发向存量经营转型，整个行业的玩法已然生变。未来的趋势将如何演变，美国的房地产业是个很好的参照。

早在20世纪六七十年代，美国就已完成城镇化，增量开发的需求大幅缩减。目前，美国房地产增量开发规模不到中国的零头，可是其占GDP（国内生产总值）的比重依然很高——2008年之后的10余年间，美国房地产对GDP的贡献度最低为12.6%。根本原因在于其存量规模相当巨大——包括存量交易、存量经营、存量改造、存量社区和存量金融等各类细分市场，年总规模接近3万亿美元。

这其实也是我国存量市场的发展方向。目前，我国每年的存量交易（主要是二手房交易）规模已经达到六七万亿元，存量社区（物业等）接近1万亿元；而在产业升级和消费升级的大潮下，存量经营、存量改造和存量金融也正蓬勃发展，整体的市场空间巨大。

基于此，近年来，诸多标杆房企、运营商、资本机构，甚至众多跨界创新企业均在存量领域展开探索。但增量市场与存量市场的模式和能力迥异，这对诸多存量玩家都是新的挑战。谁能快速完善资管商业模式，抢先打造核心资管竞争力，谁就能获得先发优势，决胜存量时代。

没有成功的企业，只有时代的企业。把握大势是企业成功的终身课题。在行业处于增量与存量并轨之际，在企业迫切寻求“产销模式”向“资管模式”过渡的关键时期，如何构建资管理念下的“投融管退”核心能力？如何打造存量新蓝海的独特竞争力？通向资管大未来的路在何方？这是身处迷惘与混沌期的企业共同的困惑。对此，通过与行业内诸多专业人士的深入交流和对标杆企业的研究与解读，我们推出了这本《资管大未来》，抛砖引玉，希望能与存量转型举棋不定的房企、坐拥存量资产金矿的国企及平台公司、各路资本机构或新进入存量市场的其他玩家共同推动存量市场的繁荣发展。

高 宇

明源云创始人兼董事长

2019 年 11 月 4 日

目　录

第一章

从增量向存量转轨，企业战略全面升级

2008 年，美国次贷危机爆发，800 万美国人因为还不起房贷而失去房产。最终，次贷危机演变成了全球金融危机，全球超过 50 万亿美元财富因此蒸发。正所谓“10 次危机 9 次地产”，过去 100 年间，全球共发生了 4 次影响深远的房地产危机，其中 2 次发生在美国，日本和东南亚各发生 1 次。由于房地产体量巨大，所以每一次危机都影响巨大。日本房地产泡沫破裂使其陷入“失去的 20 年”；美国次贷危机的余波至今尚存——截至 2019 年 9 月，全球 30 多个国家先后宣布降息，应对经济减速风险。然而，不得不承认的是，房地产业依然在国民经济发展中扮演着极其重要的角色。日本房地产泡沫破裂之后，其占 GDP 的比重不仅没有下降，还整体呈现上升的势头；2008 年之后，美国房地产业对 GDP 的总贡献度最低值为 12.6%，随后呈现震荡上行的态势。

我国在 1949 年之后的很长一段时间里，主要通过私房改造和福利分房解决城市居民的住房问题。1978 年，中国拉开改革开放序幕，住房制度的改革随之开启，但一直到 1998 年才正式告别福利分房，房地产业开始走向市场化，2003 年国务院 18 号文件赋予了房地产业国民经济支柱产业的地位……一系列利好政策，推动中国房地产业蓬勃发展。1998 年，中国商品房销售面积首次超过 1 亿平方米。2018 年商品房销售面积超过 17 亿平方米。2018 年，我国房地产业的增加值对 GDP 的贡献为 6.65%，如果加上 65 096 亿元的土地出让金，则其占 GDP 的比重达到 13.88%，对国民经济的拉动作用更加明显。整个行业的高速增长推动了城镇化的进程，成就了数万家投身其中的房地产开发企业，但也带来了高房价等问题。因此，2016 年，新一轮的调控开启，中央将租购并举提到前所未有的高度，希望建立起房地产业发展的长效机制。这使得很多以开发为主业的房企面临着重大挑战。未来，房地产业依然会在国民经济中占据很大比重——毕竟已经高度城镇化的美国和日本都是如此——但玩法已经生变。无论是地方开发商，还是房地产基金、资管机构或者运营商等，如果不想被时代的浪潮拍死在沙滩上，就要顺应时势、因时而变，积极调整业务方向。

依托开发的高利润时代已成过往，房地产业进入下半场，越来越成为业内的共识。但是，未来的市场走向以及企业的增长机会到底在哪里？大多数开发商都还十分迷茫。

其实，追寻新增长点的道路不外乎两条：一是向相关产业链上下游延伸，二是非相关领域的多元化。特别是第二条道路，明显需要企业掌舵者拥有破釜沉舟的决心，因为多元化之路充满着风险与荆棘，且失败案例比比皆是。相比而言，第一条道路，尤其是向存量地产产业链延伸的业务，无疑具有先天的资源禀赋及更强的市场吸引力。市值高达数百万亿元的庞大市场，不仅成为众多房企战略转型的首选，也成为境外资本攻城拔寨的对象，甚至连实体企业也参与其中，地产行业正昂首阔步走向新时代！

第一节
增量市场总体向好，存量渐成蓝海

从宏观层面来看，我国房地产市场经历了高速发展的黄金时代，如今正进入地产新时代。政府十分清楚，构建长效机制对促进房地产市场健康发展更加重要。在此背景之下，中央及各地方政府出台了一系列针对增量市场的调控政策。与此同时，在“房住不炒”的基调下，监管层以“抑投机、疏投资”为指导原则，要求减少住房实物投资，鼓励金融衍生投资。这将带动 REITs 市场的爆发式增长，存量市场也将迎来全新的发展契机。

身处变局中，洞察形势、把握方向、发挥优势、弥补短板显得尤为重要。为此，我们分别从政策导向、行业趋势、利润分析、城市分化和企业战略等维度对中国当前的房地产市场进行了整体解读，帮助房企洞察行业形势，升级认知思维，抢占市场先机。

一、调控政策呈新常态，稳市场成调控主基调

2016年9月30日，北京、天津发布楼市调控新政（以下简称“9·30新政”或“9·30”），之后各个城市跟进，纷纷发布新的房地产调控政策并不断加码，充分彰显中央坚持“房住不炒”的决心。稳房价、稳地价、稳预期并维持房地产市场稳定健康发展依然是楼市调控的主基调。从本轮调控出台的政策来看，其决策逻辑及施政策略与以往完全不同，呈现出以下几个全新的常态化特征。

1. 宏观视角：从地方微观决策到中央宏观定调

以前的楼市调控，基本都是由地方政府基于当地的经济和市场等微观指标推出相应的调控举措。而现在，调控政策出台的路径转变为中央宏观定调，而后由地方落实主体责任。

地方政府根据“因城施策”“一城一策”的基调、当地房地产市场的冷热情况及本城市发展的短中长期规划，合理安排土地供应，因地制宜地调节楼市政策松紧，确保当地经济稳健发展。如此调控方式，既能稳住房价，又不至于影响经济发展。

2. 严控慢松：从施政到放松的周期越来越长

中国房地产市场不断在“楼市调控”与“楼市刺激”的小循环下反

复，以往的调控从收紧到放松的周期为2~3年，总体呈现“调控周期较短，回暖周期较长，行业在波动中快速上升”的态势。但是，本轮调控显然已经打破了这种短期循环，调控出现反转的周期开始拉长，“严控慢松”已经成为新常态。

3. 精准调控：凭借大数据精准调控，限高托底

目前，政府基于行业大数据的“精准调控”也成为新常态。2019年3月的住建部座谈会给我们传达了这方面的明确信息：建立科学的监控体系，确保数据及时、准确与全覆盖，加快建设以大数据为基础的全国房地产市场监测系统，为分析研判房地产市场形势和开展有效调控提供技术支撑。随后，包括西安在内的6个城市在2019年4月被住建部点名预警；5月，住建部对新建商品房和二手房价格指数累计涨幅较大的佛山、苏州、大连和南宁4座城市进行了预警提示。

这意味着，不仅整个市场的房价上涨预期被控制，而且房价上涨过快的重点城市也受到决策层的密切关注。在大数据的助力下，调控力度和广度都进一步升级，这将进一步稳定房地产市场，保障其健康发展。

总的来说，企业应更加注重对政策的研究解读，理解中央对房地产业的施政基调，掌握行业未来的演变逻辑，从更高维的视角洞察行业发展前景并做到顺势而为。

二、地产行业整体向上，但住宅销售增速放缓

2018年，房地产市场持续严控，尤其是2018年7月31日中央政治局会议“坚决遏制房价上涨”的定调，使得市场普遍对行业前景趋于悲观。

然而，从行业维度来看，房地产行业规模仍在扩张。从2018年的销售数据来看，无论是商品房的销售面积还是销售金额，均刷新了历史纪录——全国商品房销售额149 973亿元，同比增长12.2%；商品房销售面积171 654万平方米，同比增长1.3%。由此可见，房地产业的整体表

现依然积极向上（见图 1–1 和图 1–2）。然而，从增长趋势来看，自 2016 年起销售增速已开始疲软。

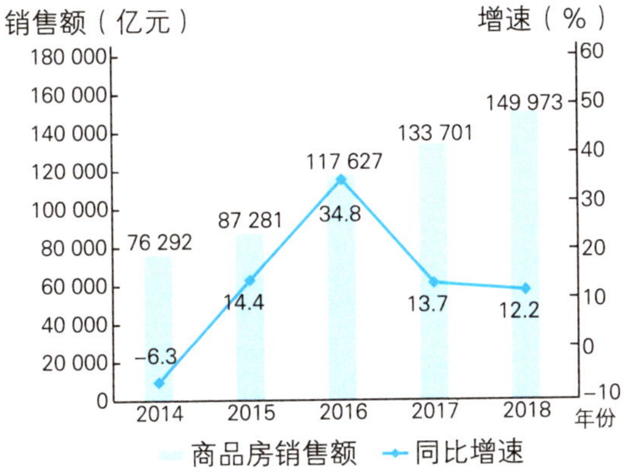

图 1–1　2014—2018 年全国商品房销售额变动情况

资料来源：Wind（万得资讯）、明源地产研究院。

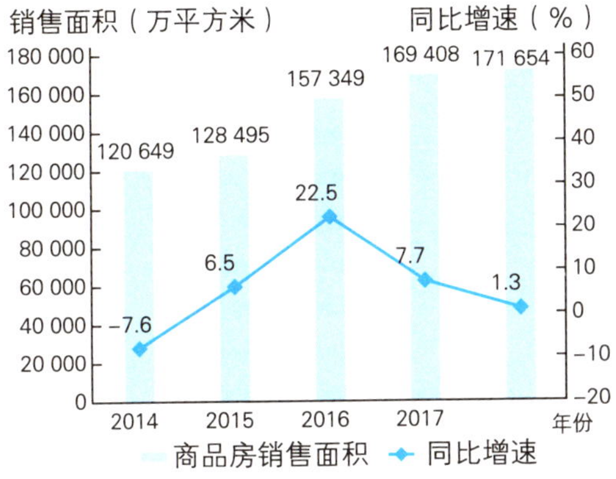

图 1–2　2014—2018 年全国商品房销售面积变动情况

资料来源：Wind、明源地产研究院。

从城市细分来看，2018 年，除调控严厉的北京、广东和海南等少数省市外，其余省区市的商品房销售额增速仍保持了正向增长，销售规模仍在攀升（见图 1–3）。

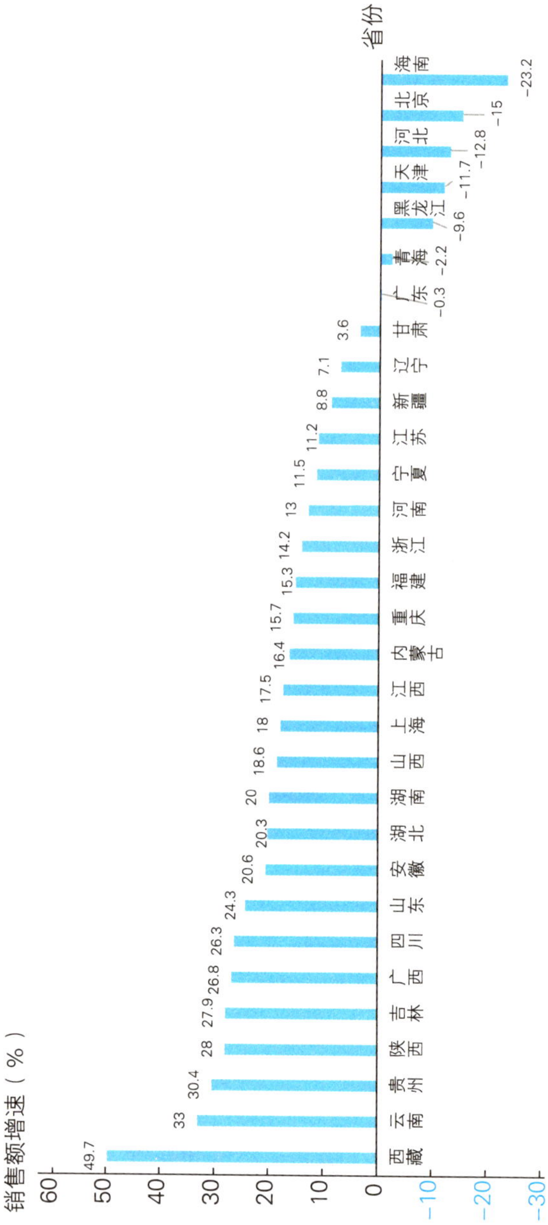

图 1-3　2018 年全国各省区市商品房销售额增速

资料来源：Wind、明源地产研究院。

总体来看，在政策新常态和行业新周期下，房地产销售规模增速在放缓，增量开发市场逐步见顶。预计未来较长时间内，行业销售规模将在高位横盘。

三、开发利润合理回归，为存量崛起做足铺垫

自2010年以来，增量开发的利润水平出现了趋势性回落，房企的毛利润开始向社会资本平均回报水平回归（见图1–4）。用通俗的话来讲，增量开发这个市场没有以往那么赚钱了。

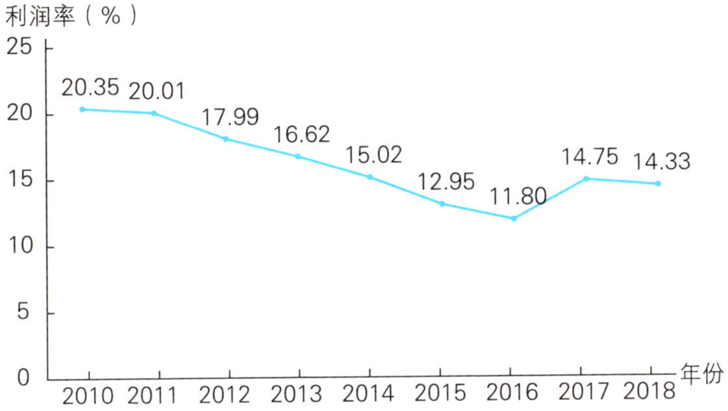

图1–4 前20强房企销售利润率

资料来源：Wind、明源地产研究院。

这其实不难理解。行业也好，企业也好，任何事物的发展都有生命周期，不同事物之间也存在一定的此消彼长关系。例如，房地产市场与二级股票市场的跷跷板效应：当房地产业受到严控处于低谷时，资金往往涌入股票市场；而在股票市场发生股灾的时期，房地产市场往往节节攀升。再比如一、二线城市与三、四线城市房地产市场的周期性轮动：棚改货币化安置，以及一、二线城市的限价和限购等调控政策，使得三、四线城市的房地产市场一度迎来前所未有的上涨行情。

同样，房地产的增量开发与存量经营两个市场也存在这样的轮换。不可否认的是，过去 20 年里增量开发市场确实有着极高的利润率，并且在未来仍有赢利空间。从利润基数来看，过去、现在甚至未来 10 年，开发业务仍将是房地产市场的基本盘。然而，随着增量开发市场利润率逐步回归正常，资金会逐渐往存量板块聚集。

增量开发板块的利润为何会趋势性回落？究其原因，逃不过供需关系的转换。

从供给来看，一是调控持续高压，限价这一“天花板”短期内难以突破；二是土地价格高企，双向挤压使得房企的利润空间急剧收窄。特别是对地价高、调控严的热点城市而言，紧缺的住宅用地供给刺激房企不断举牌高价拿地，涌现出大量“地王”，极大地拉高了房企的固定成本。

以杭州市场为例，在严格贯彻“房住不炒”政策下，2018 年新建商品房的销售均价一直稳定在 23 000 元 / 平方米的水平。与此形成鲜明对比的是，杭州土地交易市场的价格 2014—2018 年持续上涨，几乎翻了三倍（见图 1–5）。销售价格面临“天花板”，土地成本又持续攀升，房企利润必然大幅缩水。

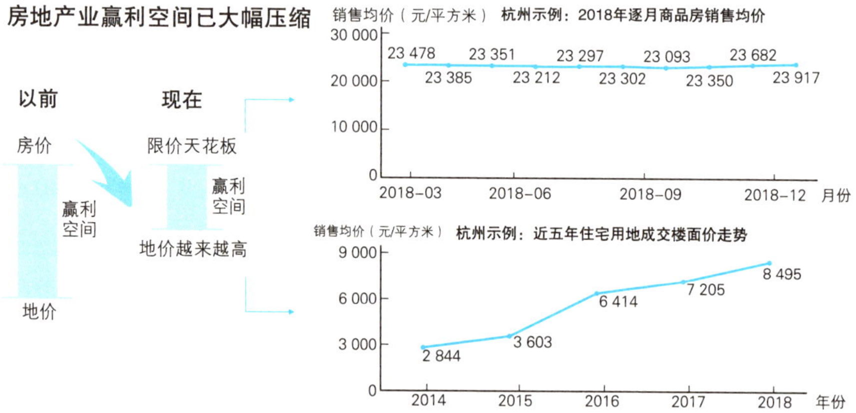

图 1–5 杭州市场增量开发利润正在压缩

资料来源：Wind、明源地产研究院。

从需求来看，在房价涨幅放缓的当下，依靠炒房在短期内获取暴利的机会消失了。然而，我国的经济增速在全世界依然位居前列，房地产市场依然会有较好的投资回报，这也是外资频频加大对中国楼市投资力度的重要原因。

四、城市分化持续加剧，带来结构性布局机会

从城市能级细分来看，不同城市分化显著，房地产增量发展的机会已经慢慢远离一线城市，而存量地产发展正在成为一、二线城市房地产市场的核心。下面，我们从商品房销售额分布和城镇化率两个维度分别进行详细剖析。

对于增量市场未来的机会，从全国商品房销售额分布数据来看，不同能级城市的表现各不相同。

- 一线城市增量销售天花板效应明显，2016—2018 年占全国新建商品房销量的比重均低于 10%。
- 二、三线城市占据绝对主导地位，2016—2018 年占全国商品房销售额的比重几乎都在 70% 以上。虽然调控政策不断加码，但需求依然有保障，因此二、三线城市的销售与投资热度不减。
- 四、五线城市 2018 年销售额比重有所上升，但仍不足 30%，存在较大增长空间。房企可遵循城市经济发展、产业发展、土地供需和楼市供需的内在逻辑，从中严选，赢得发展（见图 1–6）。

对存量市场的布局来说，城镇化率是一项重要的评判指标。业界普遍认为，当城镇化率低于 50% 的时候，重心应该放在增量开发上（第一阶段）；当城镇化率到达 50%～60% 的时候，房企应仍以增量开发为主，但同时要基于城市研判，适度地做一些存量的布局（第二阶段）；当城镇化率达到 60%～80% 的时候，就进入了持有和经营并重的阶段，房企

需要着重进行存量布局（第三阶段）；当城镇化率高于 80% 的时候，由于土地资源紧缺，这些高度发展的核心区域会出现大量棚改和城市更新的机会，这时候房企需要抓住机会，在存量领域有所突破（第四阶段）。

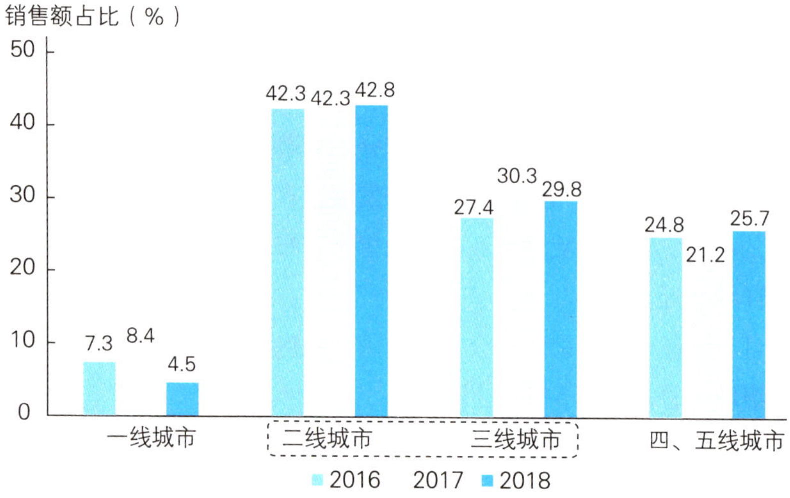

图 1–6　2016—2018 年各能级城市占全国商品房销售额的比例

资料来源：Wind、国家统计局、明源地产研究院。

在我国，城镇化率在不同城市和地区间存在很大差异，体现出城镇化进程是一个集聚效应和极端分化并存的过程（见图 1–7）。正因为有这种分化和差异，不同的城市和地区迎来了结构性的布局机会。

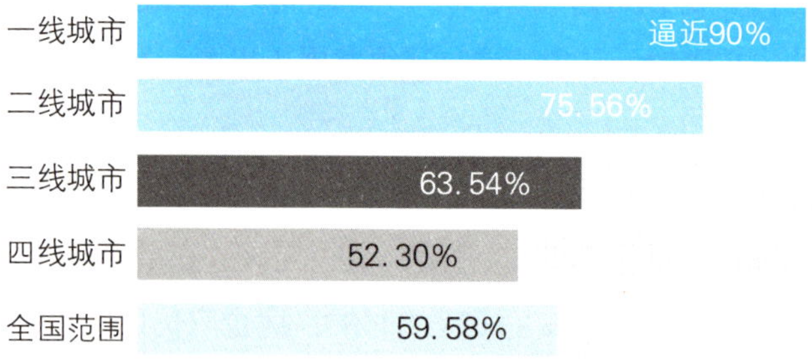

图 1–7　中国各线城市的城镇化率水平

资料来源：国家统计局、明源地产研究院。

当前，我国城市城镇化率呈现出以下格局：

- 一线城市的城镇化率已经逼近 90%，完全迈入存量时代。
- 二线城市的城镇化率也达到了 75%，处于高位，已进入存量时代。
- 三、四线城市仍处在 50% ~ 60% 这一区间，由于需求存在不确定性，出现了较大分化。我们建议房企围绕产品线定位、城市圈发展与政策布局等因素来综合考虑，再叠加政策优势，筛选出最具发展潜力的城市进行存量业务布局。例如，在粤港澳大湾区的顶层规划下，广东省 11 个城市亟待开发，未来增长空间巨大（见表 1–1）。

表 1–1 长三角及珠三角区域城镇化率

区域	城镇化率		
	80% 及以上	60%~80%（含 60%）	60% 以下
长三角及周边城市	上海、南京（2 个）	杭州、宁波、无锡、苏州、常州、镇江、温州、舟山、金华、扬州、南通、绍兴、泰州、嘉兴、徐州、盐城、台州、湖州、连云港（19 个）	淮安、丽水、宿迁、衢州（4 个）
珠三角及周边城市	深圳、佛山、东莞、珠海、广州、中山（6 个）	惠州、汕头、江门、潮州（4 个）	汕尾、韶关、揭阳、阳江、清远、梅州、肇庆、河源、湛江、云浮、茂名（11 个）

资料来源：各地统计局、明源地产研究院。

从全国范围来看，2018 年我国城镇化率已经达到 59.58 %。按照每年增加 1.2 个百分点的速度计算，距离第三阶段仅一步之遥。届时，整个房地产市场就会跨过只注重开发的阶段，开始迈向持有和经营并重的阶段。

因此，早在 2012 年万科喊出“白银时代”之后，各企业就纷纷开始转型，只不过一些房企在增量行情再次出现之后迅速放弃了转型。然而，我们认为，仅凭一拨增量开发市场的牛市，并不能改变整个行业由增量转向存量的大趋势。受短期诱惑放弃转型的企业，后续将很可能错失存量市场的门票。因为根据查尔斯·汉迪的“第二曲线”理论，企业转型的最佳时机是 A 点，如果到 B 点再考虑转型，往往会错过“第二曲线”。那些提前进行存量布局、前瞻性打造自身“第二曲线”的企业更容易抢占未来的先机（见图 1–8）。

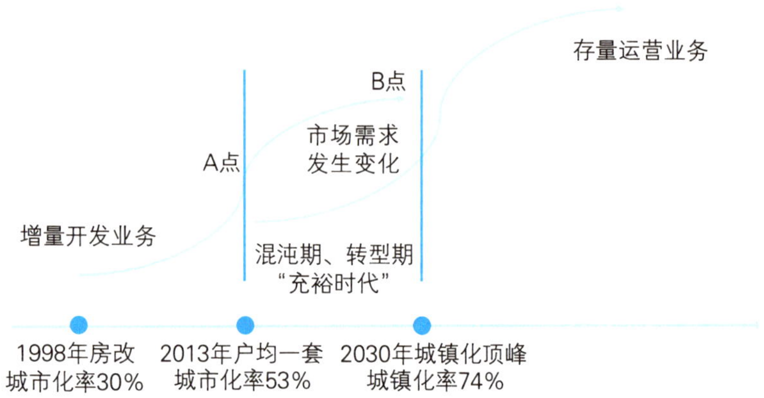

图 1–8　存量运营业务就是开发类企业等的第二增长曲线

资料来源：明源地产研究院。

随着房地产“充裕时代”的到来，过去以住宅为主并追求快销和规模的趋同战略亟待更新。在过往以增量开发为主的市场里，房企全国落地并在各线城市全面布局是常态，但在存量崛起的市场里，这样的经营模式和布局策略有待商榷，特别是在城市分化的情形下，无论是房企还是其他市场参与者，都应注重城市价值研判，顺势而为。

五、百强门槛不断提高，存量渐成房企战略蓝海

增量市场行业集中度不断攀升，行业进入白热化发展阶段。其中一个典型的特征就是市场规模分化明显，百强房企各梯队销售金额门槛显著提升（见图 1–9）。

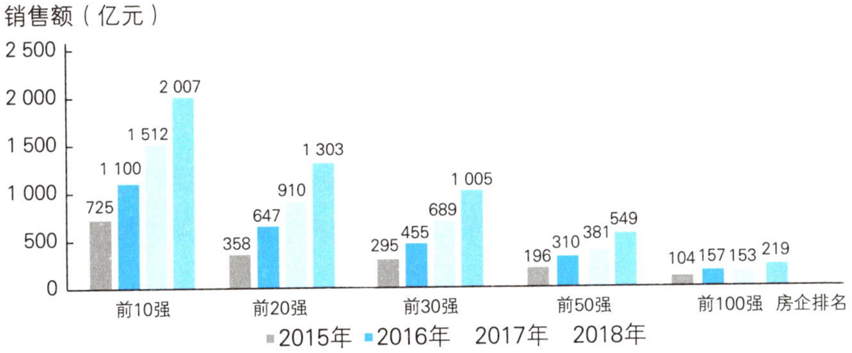

图 1-9　2015—2018 年百强房企各梯队销售金额入榜门槛

资料来源：克而瑞、明源地产研究院。

一方面，增量市场销售门槛进一步提高。最新数据显示，前 10 强房企已经开始进入两千亿时代，前 30 强房企门槛也首次突破千亿大关，排在榜单第 11 ~ 30 名的房企还在铆足了劲冲刺榜单排名和销售规模（见图 1-10）。只有排名靠前才能在市场上立足，这几乎是业内的共识。

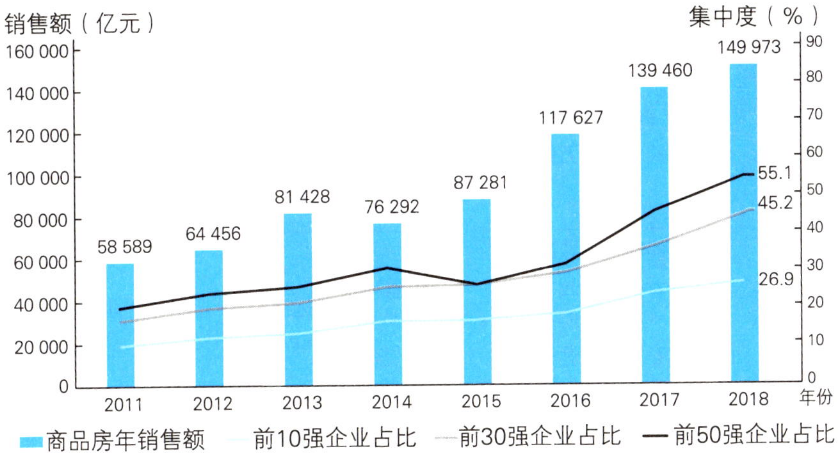

图 1-10　2011—2018 年入榜房企销售金额集中度

资料来源：克而瑞、明源地产研究院。

另一方面，2018 年百强房企集中度再创新高。前 10 强、前 30 强以及前 50 强房企规模占比均保持增长趋势，其中前 50 强房企规模占比已超过行业半壁江山。行业龙头企业的快速扩张，侵蚀的其实是中小房企的生存空间。

在百强房企规模不断提高和行业集中度再度攀升之下，房企面临的挑战和压力越来越大，这也倒逼众多房企寻求全新的战略突围路径。围绕着房地产业上下游生态链，诸多房企已经开始了各种尝试，希望能找到全新的市场蓝海，实现企业战略突围（见表 1–2）。

表 1–2 不同企业参与存量市场领域情况

企业类型	企业名称	产业地产	长租公寓	商业地产	共享办公	物业管理	城市更新
民营房企	恒 大	文旅地产（恒大水世界） 健康地产（恒大养生谷）	逐步开始参与	—	—	恒大金碧物业	目前跟进 30 多个更新项目
	碧桂园	科技产业园（潼湖科技小镇）	碧家国际社区	—	联合方糖小镇	碧桂园服务（港股上市）	目前跟进 30 多个更新项目
	万 科	创意园区 物流地产（万纬物流）	万科泊寓	印力集团	万科云工坊	万科物业	万科上生新所更新项目、张江国创中心更新项目
国资房企	远 洋	智能制造产业园（云谷产业园） 物流地产 养老地产（远洋椿萱茂）	远洋邦舍	远洋未来广场	远洋 OK SPACE+	远洋亿家	成立城市更新基金
	保利发展	文旅地产（保利和悦等）	N+、瑜璟阁	保利广场	—	保利物业（新三板上市）	已介入广州 9 个旧改项目

（续表）

企业类型	企业名称	产业地产	长租公寓	商业地产	共享办公	物业管理	城市更新
国资房企	中　粮	科技产业园（中粮机器人智造产业园） 旅游地产（三亚亚龙湾）	Joy Apt.乐邑	中粮大悦城	Cofco Life（中粮生活）	中粮物业	大兴大悦春风里项目
	中　海	养老地产（中海锦年）	—	UNI环宇购物中心	OFFICEZIP	中海物业（港股上市）	北京北辛安棚改项目
	华　润	养老地产（华润悦年华） 科技产业园（润慧科技园） 文旅地产（深圳湾体育中心）	华润有巢	万象城	CRUnion（润联行）	华润置地物业	深圳大冲旧改项目
险资基金	平安不动产	文旅地产（悦景庄）	参股朗诗、华润有巢项目	平安金融中心	—	—	—

资料来源：公开资料，明源地产研究院整理。

由于拥有天然的存量资源及海量的客户资源等先天优势，大多数房企已经在产业地产、长租公寓、物业管理、新商业或新办公等存量细分领域开始发力。据统计，目前头部房企主要涉及的存量业务领域包含商业地产（写字楼与购物中心）、产业地产和长租公寓等存量经营业态，一些企业在特定领域推出了不同的创新产品。例如国企龙头华润置地，围绕“产业＋地产”主题打造了养老地产、文旅地产和科技地产等多个产品线。

尤其是拥有国资背景的房企，作为国家经济转型、产业升级的主要力量，未来必然将城市运营商作为核心定位，从而在房地产存量市场发挥带动作用。因此，国资房企的战略布局不再仅限于住宅开发，而是结合产业地产、物业管理和城市更新等一系列业务领域打造规模化产业新城。

此外，一些险资背景的投资企业虽然缺乏不动产管理经验，但通过参股等形式进入存量市场，依然可以分享市场蛋糕。典型的像平安不动产投资朗诗旗下长租公寓项目，一方面，平安不动产借助朗诗寓团队的经营能力获取项目的稳定现金流；另一方面，针对项目运营中遇到的资金管理等问题，平安不动产都能提供系统化的金融解决方案。凭借资金实力与投资能力，险资及基金公司之类和投资实体将成为存量市场重要的参与者之一。

综合来看，存量作为地产“下半场”的蓝海市场，其战略重要性对包括房企在内的玩家来说不言而喻。大型房企，除了要对增量市场持续保持规模及市场优势之外，还需要承担更多的社会责任，大力发展产融结合及城市运营服务。从“综合城市运营商”的战略定位来看，存量市场将成为大型房企后续的主战场。对于中小房企来说，除了抓住机遇努力突破增量市场的规模瓶颈之外，存量市场也将成为其未来弯道超车的一个重要契机。特别是在当下，增量规模已失去先发优势，而在存量市场均处于同一起跑线的行业背景下，谁能抢先起跑，谁就有可能以胜利者的姿态迎接全新的行业分水岭。事实上，近年来，随着开发商向多元化产业发展，“房企”的叫法已无法涵盖其全部业务内容，包括恒大、龙湖、万达、正荣、远洋和雅居乐等纷纷更名为“集团”。比如，2019 年 10 月 23 日，中海地产集团有限公司发布公告称，因公司发展需要，公司名称由“中海地产集团有限公司”变更为“中海企业发展集团有限公司”。这和中海从之前单纯的住宅开发商变身为国际不动产开发运营集团并低调进入教育、长租公寓、养老和物流等新产业紧密相关。

第二节
多重行业利好加持，存量市场崛起提速

作为蓝海的存量市场，究竟有哪些外部因素驱动和行业利好呢？我们可以从市场结构、政策红利以及资本环境三个方面来详细进行阐述。

一、新时代的经济特征，赋予存量地产新动能

从供需环境来看，改革开放后的中国经济发生了翻天覆地的变化，各项经济指标稳步上涨。与此同时，整个经济结构、消费结构和人口结构也在不断发生着变化，为存量地产的兴起提供了新的动能。

1. 服务业主导国民经济，商办地产是重要载体

国家统计局的数据显示，服务业已成为经济增长的主导力量。2018年，我国第三产业增加值达到469 575亿元，对全年GDP的贡献率达到59.7%（见图1–11）。在增长速度上，2018年第三产业增加值同比增长了7.6%，而2018年GDP同比增长率只有6.6%。

未来，中国经济走向服务型社会已经是不可逆转之势。而服务业的增长必将带来商业服务、金融和教育医疗等具备高互动频率的人力型服务业的爆发。作为承载人际交流的载体，写字楼、产业园区和酒店等将会有更多的发展空间。

以商办物业的租赁大户金融业为例，从2018年起，国家相继出台多项举措，逐步开放国内金融市场，诸多海外银行、证券公司、资产管理公司和人寿保险公司的合资企业所有权及业务将被放宽。未来海外金融机构在合资实体中将获得更大的所有权份额，这将激发外企业务扩张，而不断增长的员工也将激发写字楼需求。

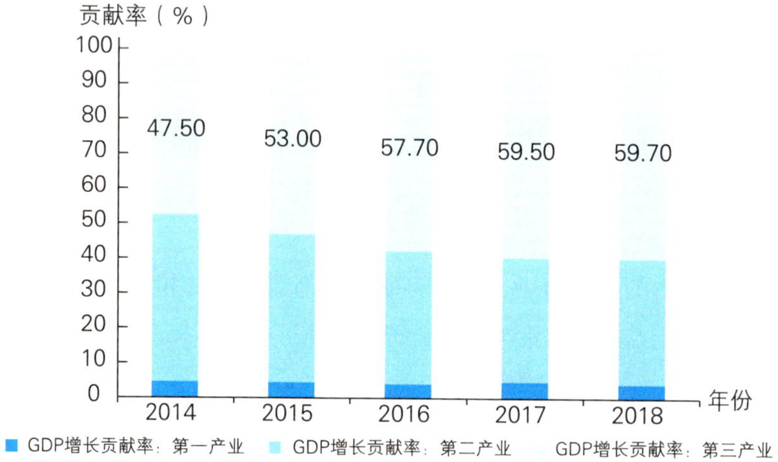

图 1-11 2014—2018 年第三产业对 GDP 的贡献度逐年增加

资料来源：国家统计局、明源地产研究院。

2. 消费动能依旧强劲，线下零售再次崛起

国家统计局的数据显示，2018 年我国社会消费零售总额达 38.1 万亿元，同比增长 9.0%，消费动能依旧强劲。然而，人们对商品的定义及消费的习惯正在不断发生改变。

党的十九大指出，我国社会主要矛盾已经转化为人民日益增长的美好生活需要和不平衡不充分的发展之间的矛盾。如果说，过去人们的需求只是商品是否丰富，那么从现在开始，消费者开始注重的是消费场景和体验感。体验必须是在线下进行的，这也是新零售快速崛起的重要原因。这就给个性化、定制化的实体店带来了新机会。

结合场景化体验的新零售模式，传统的业态和体验经济的融合能够延伸出众多内容空间。常见的零售 + 体验创新业态代表有各类生活体验馆、主题类餐厅、运用 VR（虚拟现实）技术营造的场景化游戏馆以及注重场景化搭配的家居体验馆等。

中产阶级的崛起也是促进消费转型升级的重要因素之一。根据国家统计局测算，目前我国中等收入群体保守估计已超过 3 亿人，大致占全球中等收入群体的 30%。预计到 2022 年，中国将有 2.7 亿个家庭成为中产阶级，将会推动新一轮的消费升级。

全球咨询服务商埃森哲在《全球 95 后消费者调研中国洞察》中指出，处于 Z 世代（特指 1995 年以后出生的人）信息爆炸下的年轻消费者具有的特征分别是：社交媒体型购物、价格敏感度较低、品牌与评价是判断产品的重要标准及更愿意接受租赁（见图 1–12）。

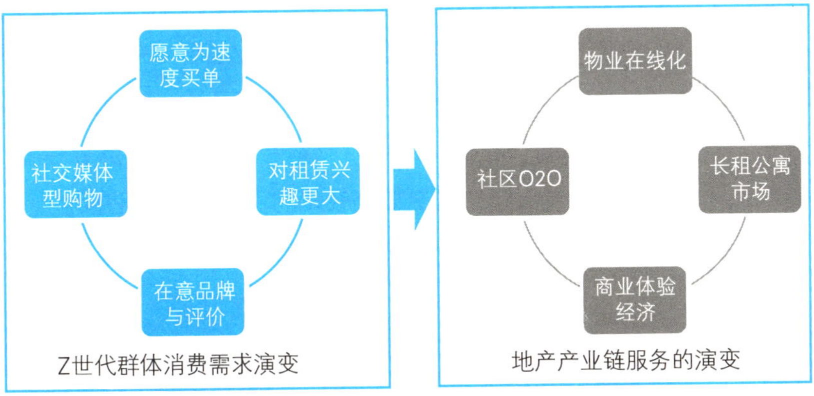

注：社区 O2O 是一种场景经济，通过线上互联网和线下实体服务满足社区家庭生活消费需求。

图 1–12　Z 世代人群消费特征标签及对应的房企创新思维

资料来源：埃森哲《全球 95 后消费者调研中国洞察》。

消费理念的变化为企业的存量经营业务提供了诸多的创新路径，即建立具有社交属性的产品，及时收集用户评价需求，不断迭代空间内容。例如在住宅租赁上，洞察这批主流客群的需求，打造主题式且具有显著标签化的长租公寓，组织社交活动，增加用户黏性；在零售物业中，将年轻人喜欢的动漫和游戏等品牌相结合，创造场景化体验，打造购物中心及社区商业 IP（知识产权），形成网红打卡地，最大化地吸引人流。

3. 人口结构持续演变，释放产业地产需求

人口是决定房地产业的主要因素。我国人口历经新中国成立后的高

速增长期、计划生育调整期，再到如今的全面放开二孩政策补偿期，人口数量从 1949 年的 5.4 亿快速增长到 2018 年的 13.9 亿，但每年新增人口的数量却持续降低。2017 年我国的出生人口还有 1 723 万人，到了 2018 年出生人口就减少至 1 523 万人，人口出生率仅为 1.094%，而这还是在全面开放二孩政策的情况下出现的。未来，我国每年的出生人口还可能进一步减少。

出生率下降，死亡率保持平稳（见图 1–13），导致中青年龄层的劳动人口供应不足。中国经济曾经依托劳动密集型产业迅速崛起，如今我国依然是工业大国，大量加工制造企业需要年轻的劳动力。当人口红利消失之后，这类企业必然面临着招工困难与成本升高的问题，部分企业开始外迁至人口高速增长或人口结构更加年轻化的南亚和东南亚等地。

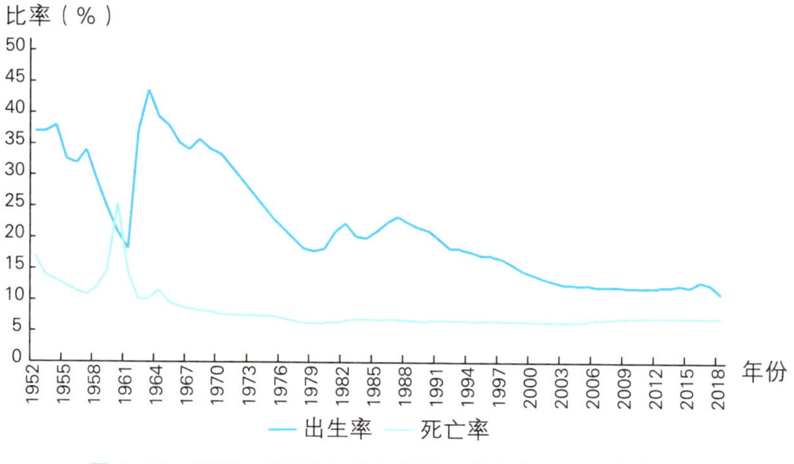

图 1–13　1952—2018 年的中国人口出生率和死亡率走势图

资料来源：国家统计局、明源地产研究院。

随着中国劳动密集型产业的外迁和逐渐衰退，想要继续维持经济增长，中国的产业结构也必将向资本密集及具有高附加值的高科技行业转型。这些产业需要新的物理空间载体（比如大数据企业对电力和宽带的需求）就跟其他企业不一样：过去更多的是需要生产制造的厂房，现在需要研发大楼。这就给各类科技产业园、创新产业园和孵化器等新型产业地产提供了成长空间。

此外，新增人口增速放缓的另一面是老龄化趋势的加深。老龄化社会既是挑战也是机遇——养老产业链较长，关联的产业也较多，老龄健康、老龄文化、老龄宜居和老龄金融这四大老龄服务产业前景广阔。围绕老龄人需求的“银发经济”将会衍生出关联的养老地产需求——目前已经吸引到了房企、险资甚至创业公司布局。

二、政策引导红利落地，存量市场迎实质利好

在中国房地产业的发展过程中，政府调控可谓如影随形，但每一轮的调控也会催生出新的机会。当前，“房住不炒”已成为楼市主基调，而且丝毫没有放松的迹象。与此同时，中央还提出了租购并举，大力支持各类企业参与租赁住房的开发与运营等，并提供金融与财政方面的专项资助。产业地产运营商，更是地方政府的座上宾。

1. 土地规划严格控制，引导产业平稳发展

在中央提出振兴实体经济的战略后，建设以高新技术产业为主导的现代化经济体系已经成为国家未来的战略目标。而随着经济转型与产业结构的调整，许多城市遗留的陈旧或废弃的工业厂房亟待盘活。

目前，前 50 强房企中已经有 45 家涉足产业地产的开发和运营。此外，还有各路资本和科技企业介入。

为避免开发商借产业地产之名行住宅开发之实，各地政府严防死守，以确保真正引导实体经济入驻其产业园区。从 2018 年各地针对产业用地的政策来看（见图 1–14），大部分地方政府已经摒弃了以往卖地后不管不问的土地财政模式，转而重视土地经营长效机制。

各地政府针对产业用地政策的第一个调整方向是从用途上严格界定用地标准。例如东莞市政府在 2019 年初颁布的《东莞市新型产业用地

用途界定

- 2019年4月 《东莞市新型产业用地（M0）地价管理实施细则》
- 2018年9月 《深圳市工业区块线管理办法》

土地集约

- 2018年12月《浙江省人民政府关于深化“亩均论英雄”改革的指导意见》
- 2018年1月《北京市人民政府关于加快科技创新构建高精尖经济结构用地政策的意见》

弹性经营

- 2018年7月《东莞市地1.5级开发操作指引》
- 2018年5月《深圳市规划和国土资源委员会与龙岗区人民政府共同推进规划国土管理改革与实践合作框架协议》

图 1－14　地方政府产业用地政策三大调整方向

资料来源：各地政府政策文件。

（M0）地价管理实施细则》，其中明确住宅不得与产业捆绑，产业用地所建的产业用房的可分割销售建筑面积不得超过总建筑面积的 80%。这明确限定了土地用途，即产业用地上的构筑物不得有商品住宅性质，产业用房允许小额转让，体现了东莞培育实体产业和升级产业层次的强烈诉求。

产业用地政策的第二个调整方向是重视土地资源集约，即要求每一块土地都能产生更多的就业和税收。例如，2018 年北京市政府及住建局发布了《北京市人民政府关于加快科技创新构建高精尖经济结构用地政策的意见》。针对几个试点区域的城市工业用地，该意见将原有的 50 年土地使用权缩短为 20 年，同时直接禁止了产业用房的分割销售，拒绝效益低以及私自改变用地性质的情况，最大程度地盘活存量土地。浙江则直接将土地资源的集约增长量化为指标，以单位面积的实际产出论英雄。《浙江省人民政府关于深化“亩均论英雄”改革的指导意见》提出：规模以上工业企业综合评价指标实行用地、用电等资源要素差别化配置，鼓励企业向更高的评价档级发展。

产业用地政策的第三个调整方向是实行土地弹性出让制度，以地方政府出租、企业开发运营的合作形式盘活产业用地。在此模式下，园区运营商将获得更多的政府资源、区域产业资源与土地资源，园区运营开发的齿轮会越转越快。当然，这对产城运营商也提出了更高的要求。

例如，2018 年深圳市龙岗区推出产业用地“先租后让”的模式试点，政府以租赁方式供应一宗产业用地，租赁期限为 5 年，夺标方没有土地产权。在租赁期限内，如果企业的产值、税收等各项指标通过履约考核，则土地使用权由租赁转为出让；如果企业未能通过考核，那么租赁期满政府将收回土地使用权。

2. 调整住房供应结构，增加租赁住房供应

除了对产业用地进行规划之外，当前的政策还试图对现有的住房供应结构进行调整。过去几十年来，我国城镇化取得巨大成就，但过快上涨的房价和租金严重阻碍了人才流动和实体经济的发展。

因此，早在 2016 年 6 月，中央就印发了《关于加快培育和发展住房租赁市场的若干意见》。作为对房地产业租赁市场影响力最大且权威性最高的中央政策之一，该意见首次提出建立租购并举的住房供应机制。

2017 年，党的十九大更是明确定调住房“多主体供给，多渠道保障”，指出未来的住房市场不再只是以商品房为主，而应参照不同居住群体按不同比例配置共有产权房、公有租赁房和社会租赁房，共同构成阶梯化住房保障供应体系，即形成“高端有市场（商品房），中端有支持（共有产权房），低端有保障（廉租房）”的“三分法”。

在一线城市及热点二线城市，中央及地方政府大力支持共有产权房、保障房和公共租赁住房等的建设。当前，很多城市的新建开发项目必须配套规定比例的租赁保障用房，以尽可能地保障中低收入人群“住有所居”。

以最为缺乏开发用地的一线城市深圳为例，深圳市住建局于 2018 年 6 月发布的《深圳市人民政府关于深化住房制度改革加快建立多主体供

给多渠道保障租购并举的住房供应与保障体系的意见（征求意见稿）》，直接确定了2035年全市新增建设各类安居公租房170万套的目标，并且明确了人才住房、安居型商品房、公共租赁住房占新增住房供应总量的60%左右，直接以政策指明深圳未来租赁市场的基础（见表1–3）。

表1–3 深圳市未来新增住房供应结构（截至2035年）

供应类别	占新增供应量比重（%）	特 征
市场商品住房	40	—
人才型住房	20	建筑面积以小于90平方米为主，租售价为市场价的60%左右
安居型商品房	20	建筑面积以小于70平方米为主，租售价为市场价的50%左右
公共租赁住房	20	建筑面积以30～60平方米为主，租金为市场价的30%左右

资料来源：深圳市国土资源和房产管理局。

3. 金融改革释放利好，调动各方参与市场

在“多主体供给，多渠道保障”住房供应体系下，新的格局——政府发挥主导作用，银行和财税等政企部门联动并给予住房租赁市场参与方货币和税务方面的补贴，从而推动存量租赁市场快速发展——已经形成。

一是推进公租房货币化，政府对通过市场租房的保障对象给予补贴。公租房货币化能减轻政府兴建公租房的资金压力，也能把租赁业务还给市场，让市场竞争更充分，效率更高。

二是实行租赁行业税收减免。2019年，财政部与国家税务总局联合发布公告，继续对公共租赁住房建设和运营给予税收优惠：对公共租赁住房免征房产税，对经营公共租赁住房所取得的租金收入免征营业税。目前，我国住房租赁市场回报率极低，普遍不足3%，加上税费高企，最终导致行业发展不理想，而税收优惠将会给行业减负，也吸引了诸多运

营商进入这个市场。

三是推出公积金支付房租新模式。例如，广州 2018 年推出的公积金政策，支持提取住房公积金支付房租，住房公积金缴存人及配偶、未成年子女在广州行政区域内无自有产权住房的，有资格提取住房公积金来支付房租。此外，广州还发布了《广州市人民政府办公厅关于进一步加强户籍家庭住房保障工作的通知》，调整了公共租赁住房收入门槛、住房租赁补贴标准和公共租赁住房租金缴交标准，完善住房困难家庭的公共租赁住房保障退出机制等。

三、地产与资本融合，共同掘金存量市场

金融与地产密不可分，当前的房地产市场已经逐步演变成金融市场的重要组成部分。从全球范围来看，虽然中国已经成为全世界第二大经济体，但金融领域的开放程度还远低于其他发达经济体，甚至低于部分新兴经济体。因此，政府不断加强对外开放，以吸引外资参与国内项目，这样既能促进行业内充分竞争，又可以提高国家金融机构的创新能力及风控能力，最终实现利率市场化和人民币国际化的目标。

对房企而言，在行业整体调控的政策大环境下，政府加强资金监管，致使房地产业整体资金面趋紧。房企必须剥离传统债务融资渠道，考虑采用股权或创新融资形式应对逐步收紧的融资环境。对资本来说，这正是发挥创新能力与盘活存量资产的良机。

1. 对外开放金融领域，资本青睐中国资产

面对中国进一步对外开放的实质利好，外资从 2018 年伊始就疯狂收购中国核心城市的商业物业。

为何外资选择在这个时点纷纷杀入中国商业地产市场？一是中国经济放缓以及中美贸易摩擦导致货币贬值。自 2015 年以来，人民币对美元进入漫长的贬值周期（见图 1–15），这使得外资手上的美元购买力大幅

上升。当然，可能有人会问：外资难道不担心人民币一直贬值，导致其投资亏损吗？这一点其实不用担心。虽然自 2015 年以来人民币贬值了不少，但是过去 20 年国际清算银行计算的人民币名义有效汇率和实际有效汇率都升值了 30% 左右，人民币对美元汇率升值了 20%，人民币是国际主要货币中最强势的货币。贬值不会持续。

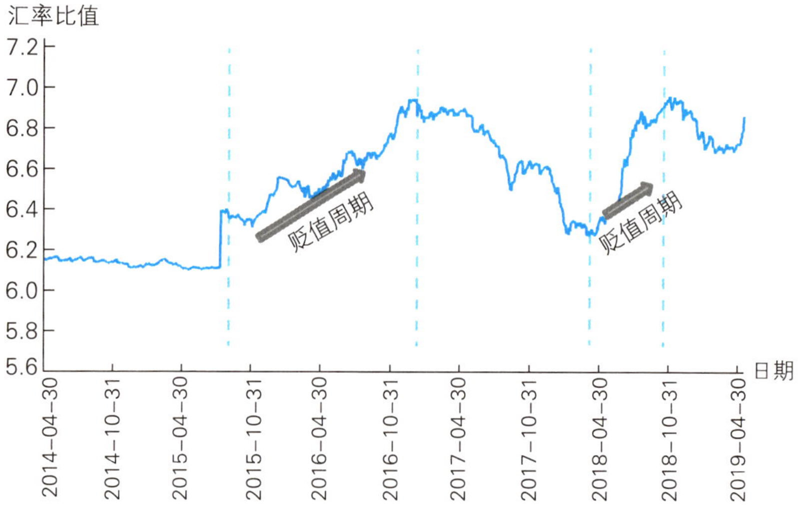

图 1-15　2014 年 4 月—2019 年 4 月美元兑人民币走势（中间价）

资料来源：Wind、明源地产研究院。

二是过去一两年的去杠杆和资管新规等使得整个房地产业的融资渠道收紧，成本大幅提升。资金链紧绷的房企为了纾解流动性困境不得不断臂求生，很多优质资产因此被折价出售，这给了手握雄厚资本的外资绝佳的入场时机。

在这两个短期因素的共同作用下，外资得以用较低对价收购国内资产，而这是非常稳健的投资。特别像黑石、凯德这种擅长对资产进行"整容"的机构，还可以凭借自身的专业能力助力租金提升和物业增值。

以黑石为例，2008 年黑石以 10 亿元收购上海 Channel1（调频壹广场）购物中心，这是黑石在中国内地收购的第一个商业地产项目。在持有该物业的三年时间里，通过对项目的改造提升，黑石将 Channel1 购物中心的出租率提高至 90% 以上，并且于 2011 年以 14.6 亿元成功将其售出，套现约 4 亿元。精准的市场预判再加上对物业的改造升级和价值再造，让中国核心城市的核心物业大有潜力可挖。外资在此时大手笔收购中国商业地产，其实一点都不难理解！

更进一步，从长期来看，在全球经济不确定的环境下，中国资产成为相对稳健的投资标的，外资大举发力更重要的原因是看好中国房地产业乃至中国经济的未来。

一是中国有着较为稳定的币值（见表 1–4）。世界银行的数据显示，2001—2017 年，印度和墨西哥等 10 个新兴经济体的 M2（广义货币）年均增速为 14.3%，这带来的结果是新兴经济体的房价年均增长 5.6%。各国的货币刺激政策带来的地产需求拉动效应十分明显，但是也容易造成通货膨胀率加剧，购买的资产价值虚高。这个时候就要看国家的币值是否稳定，如果货币发多了得不到别人的承认，资产就存在较大的泡沫。由于美元在国际上的认可度较高，而且波动程度较为稳定，因此大部分国家的货币价值都对比美元进行衡量。通过以新兴国家货币对比美元汇率来看，多数发展中国家的货币价值都出现了不同程度的贬值，一些南美的发展中国家（阿根廷、委内瑞拉等）货币几乎已丧失了国际购买力，通货膨胀十分明显。

表 1–4 2018 年以来非美货币市场汇率表现

非美货币兑美元	截至 2019 年 7 月	2018 年 1 月	涨跌幅（%）
阿根廷比索兑美元	0.052 138	0.022 795	–56.28
土耳其里拉兑美元	0.264 621	0.179 874	–32.03
南非兰特兑美元	0.080 760	0.070 413	–12.81
巴西里亚尔兑美元	0.301 891	0.263 804	–12.62
澳大利亚元兑美元	0.779 407	0.687 381	–11.81

（续表）

非美货币兑美元	截至 2019 年 7 月	2018 年 1 月	涨跌幅（%）
俄罗斯卢比兑美元	0.017 363	0.015 744	–9.32
印尼卢比兑美元	0.015 605	0.014 523	–6.93
离岸人民币兑美元	0.153 041	0.145 262	–5.08

资料来源：Wind、明源地产研究院。

二是经济持续增长所带来的强力支撑。虽然 2010 年后中国经济增长速度放缓，引发很多人的担忧，但在全世界范围内，GDP 增速每年维持在 5% 以上的国家其实并不多（见图 1–16）。2018 年，我国 GDP 总量超过 90 万亿元（增速为 6.6%），折合约 13 万亿美元，相当于美国 2000 年的经济体量，当年美国的 GDP 增速为 4.1%。相比之下，同等经济体量的中国增速领先 2.5 个百分点。这也显示出中国经济强劲的增长动力。商业地产是经济的晴雨表，外资敢于大手笔买入商业物业，是因为它们看好中国经济的优异表现。

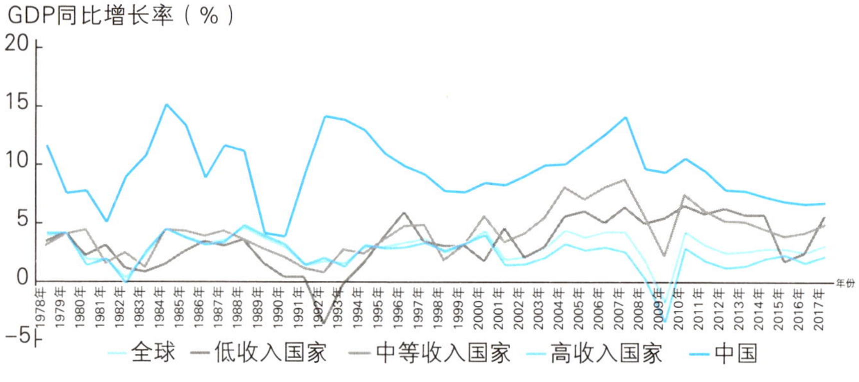

图 1–16　1978—2017 年，世界各国 GDP 的增速情况

资料来源：世界银行、明源地产研究院。

三是可以预见的庞大商业市场空间。根据戴德梁行的统计，目前，整个大中华区的大宗物业交易大概为 2 300 亿元，其中 1 176 亿元在上海，

400 亿元在北京，其他的 700 多亿元在深圳、广州以及所有的二、三线城市。全球每年的大宗物业交易额高达 10 万亿元，仅纽约一个城市就有 5 500 亿元，是整个大中华区 2.4 倍。可以说，在商业存量市场领域，中国才刚刚起步，未来增长空间巨大且会单边上扬。

2. 对内降杠杆成效显著，倒逼融资渠道创新

众所周知，我国房地产业是典型的高负债行业。受楼市调控和去杠杆的影响，各房企都感到莫大压力。为了缓解资金压力，大家纷纷寻找新的融资方式，这也开辟了一条存量资产证券化的全新融资通路。资产证券化这种融资方式的优势就在于摆脱了以往房企需要依靠企业信用作为融资来源的弊端（见图 1–17）。

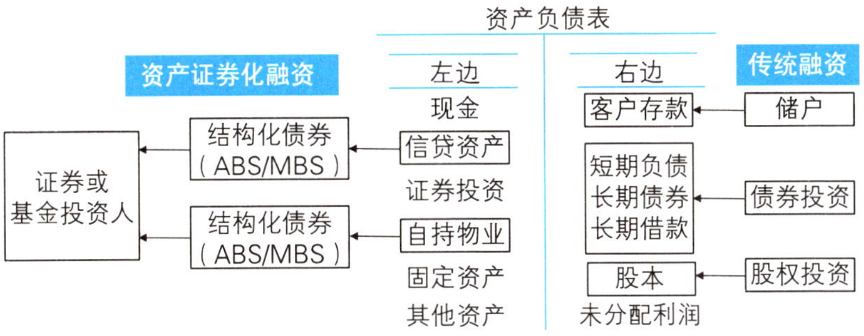

注：ABS 为资产支持证券，MBS 为住房抵押贷款证券化。

图 1–17 资产证券化与传统融资方式的区别

资料来源：明源地产研究院。

以一家房企的资产负债表结构为例，企业传统的股权或债权类融资方式是在资产负债表右边进行融资，表现为银行贷款或股权投资等类型，同时影响资产负债表左侧资产和右侧的权益。在传统融资方式下，不断增加资产负债表右边的融资会导致资产负债表的扩张以及周转率和资产回报率的下降。此外，这种方式把企业整体作为融资主体，企业股权和债权投资者都会关注融资企业的整体信用、表现和发展潜力。因此，企

业还会受到很多来自投资者的限制和自身整体条件的制约。

而资产证券化融资则不同，这种方式主要依赖企业自身的信贷资产和自持物业，将其打包成为资产证券化产品；是在资产负债表左侧进行的融资，表现为资产科目内部的同增同减，不会引发资产负债表的扩张。更进一步来看，由于这种融资方式在企业资产与企业主体之间建立了“破产隔离”机制，证券化产品投资者不必担心主体发起人的整体信用风险，而是可以集中关注基础资产本身的质量和风险，这也解决了融资主体自身受多种条件制约的问题。

自 2016 年以来，排名靠前的大型房企均不同程度地通过发行资产支持证券进行了融资（见图 1–18）。例如，作为房企中的领军代表，碧桂园和万科已经通过资产支持证券等方式融资超过百亿元，远远超过其他房企。存量地产的运营商和投资商等也借此获取流动性。总体来说，作为金融创新工具，资产证券化拓宽了融资渠道，降低了融资成本，提高了融资便利性，是中国房地产业发展的趋势。

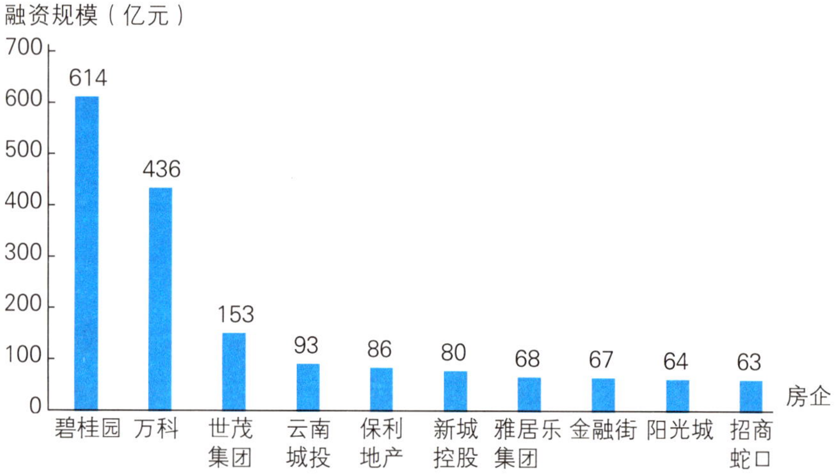

图 1–18　2016 年以来资产证券化产品融资规模前 20 强房企

资料来源：CNABS（中国资产证券化分析网）。

第三节
打通资管血脉，决胜地产存量时代

房地产业正加速进入下半场，那是否意味着在由增量转向存量的拐点期，企业就应该集中资源大力发展存量业务？并非如此，因为任何成熟的商业模式都需要时间淬炼，孤注一掷地抛弃现有业务的做法并不可取，尤其是在城镇化率还有提升空间且高周转模式在三、四线城市依然有利润空间的市场环境下。然而，就发展趋势来看，增量开发与存量运营两条腿走路无疑是最保险的方式（见图 1–19），即在维持现有增量市场规模的增长率继续享受增量开发红利的同时，积极探索存量相关业务。

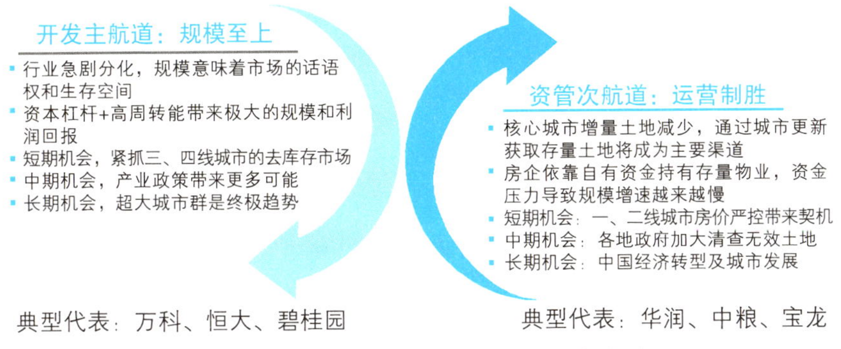

图 1–19　当前房地产业务增长的两条赛道

资料来源：明源地产研究院。

对增量业务来说，冲规模的战略仍适用于大多数企业。虽然一、二线城市的开发强度逐步到达天花板，但三、四线城市仍然具备开发投资的潜力。因此，抓住城市轮动周期的契机，采用高周转的形式获取高额利润的策略，在短期内依然还有空间。

对存量业务来说，核心价值体现在物业运营与资产增值能力方面。

不同于增量开发冲规模的逻辑，虽然存量经营在短时间内难以快速扩张或获取高额利润，但是它拥有稳定的经营现金流和相对理性的估值增长逻辑，这两点对房企创造新的利润增长点和着眼长远的转型都具有战略性意义。特别是在城市分化越发严重，一、二线城市房价受到严厉调控的大背景下，通过对老旧物业的更新、改造和升级获取稳定的经营性现金流，无疑是非常稳健的经营方式。

目前，已经有不少企业采用“增量存量并举、两条腿走路”的策略，例如万科早在 2015 年就推出了“八爪鱼”计划——围绕长租公寓、办公楼和购物中心等地产存量业务，配合传统房地产开发业务形成增量存量并行的企业战略，业务之间能够形成非常好的协同效应。资本通过同时押注增量和存量，可以更好地平衡风险和收益。至于优秀的资产运营商，其重要性更是愈加突显。

一、存量市场五大机会，各路玩家纷纷进场

如同增量市场有住宅、写字楼和商场等细分领域，存量市场也是一个很大的概念，拥有很多细分的赛道。由于其进入壁垒不高，因此吸引了不同行业的企业参与。目前，这些业务条线已经各自成为独立的市场，共同构成房地产业的完整生态链（见图 1–20）。

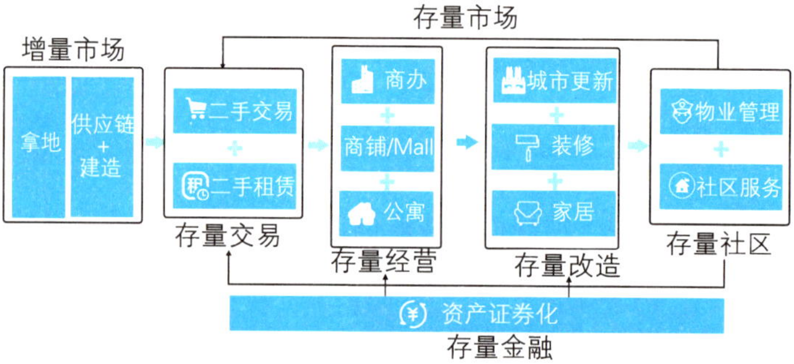

图 1–20　房地产存量业务五大细分赛道

资料来源：明源地产研究院。

1. 存量交易：二手房源共享与联卖将成为趋势

地产存量业务所衍生出来的第一条细分赛道是存量交易，涉及的业态绝大部分为二手住宅。链家研究院发布的报告显示，目前，存量二手房交易市场按照权属可划分为所有权交易、抵押权交易及使用权交易，全国每年二手房交易市场的成交额约 5.5 万亿元（按 2017 年中国保有的存量房估值总和为 275 万亿元，2% 的货币化率推算得出）。

在数万亿元的存量交易市场中，通过信息发布和撮合二手房买卖获取佣金是存量交易的主要赢利模式，也就是房地产经纪企业的生存之道。存量交易市场以大型中介机构为主，消费者与业主在物业交易过程中涉及的信息发布和合同签订等环节均由其代理。由于这块业务起步早而且具有明显的规模效应，目前存量交易市场份额基本固化，典型的市场玩家可以分为三类（见图 1–21）。

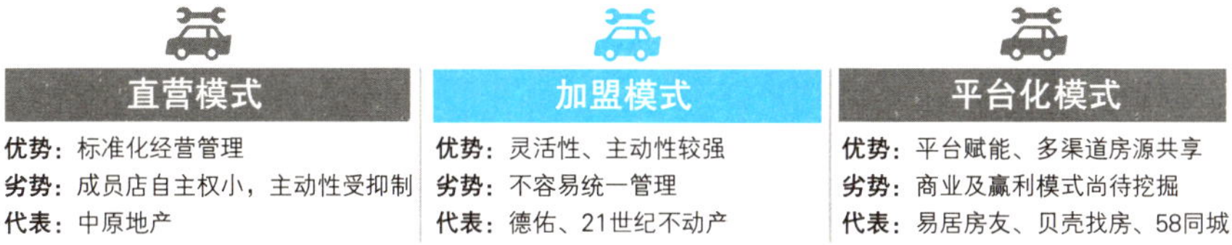

图 1–21 存量地产经纪业务市场玩家分类

资料来源：明源地产研究院。

第一类是做直营门店的中原地产、金丰易居和我爱我家等传统中介系；第二类是加盟形式的德佑和 21 世纪不动产等新兴中介系；第三类是移动互联网浪潮下兴起的平台中介系，典型的如易居房友、贝壳找房和 58 同城等。

以上三类玩家的经营模式各有优劣。参照发达国家的房产中介的演变路径，中国的经纪行业在提升效率、降低成本和提升客户体验等方面，正在逐步向美国学习“多重上市服务系统”（Multiple Listing Service，缩写为 MLS）模式，即房源共享和联卖。

例如，链家建立了经纪人合作网络（ACN），在遵守房源信息充分共享的前提下，同品牌或跨品牌经纪人之间以不同的角色参与到一笔交易中，成交后按照各角色的贡献比例分享佣金。这类新玩法可能会成为未来该行业的发展趋势。

2. 存量经营：供应浪潮下物业经营急需提效

地产存量业务的第二条细分赛道是存量经营，经营对象主要集中在长期自持的商业地产（写字楼、购物中心或公寓）当中。

自 2010 年政府对住宅市场进行调控开始，商业用地的供应量增加，大量企业转型开发商业地产，这导致以购物中心和写字楼为主的商业地产供应量激增。国家统计局的数据显示，2017 年，中国办公楼及商业营业用房开发面积增长率达到 24.3% 与 18.7%，而同期住宅开发面积增长率只有 5.3%（见图 1–22）。

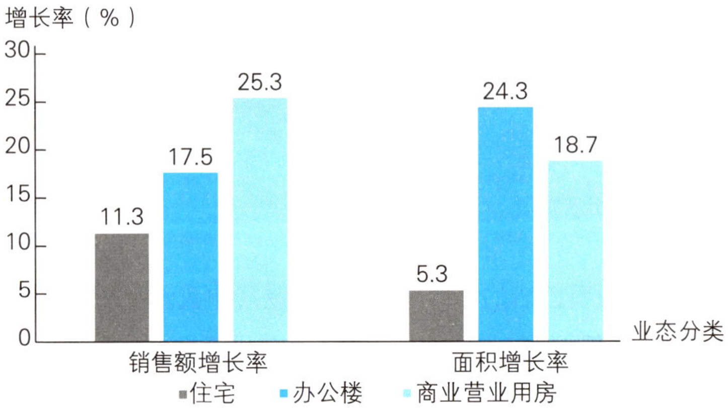

图 1–22　2017 年房地产销售及面积增长率（按业态分）

资料来源：国家统计局、明源地产研究院。

商业物业供应量激增带来了更大的管理压力，自持型商业物业的赢利逻辑是赚取长期经营的租金收入以及未来物业交易的增值收入。

物业的增值收入来自两大部分：一是市场整体上涨的估值收益，二是自身经营创造的额外估值收益。各大运营商都在努力提升其经营效能，例如使用信息化工具降低人工成本，拓展增值服务创造赢利点——这些措施都能放大经营期间的现金流，提升资产回报率。

目前，存量经营业务的主要玩家有专业运营机构（以戴德梁行、第一太平戴维斯、世邦魏理仕、高力国际和仲量联行这五大行为主）、开发商下设的商业管理公司及资本方等。

3. 存量改造：城市更新是城市发展的重要增长点

地产存量业务的第三条细分赛道是存量改造。基于存量物业空间重塑或硬件更换的需求，按照改造强度的不同，存量改造可以分为综合整治或彻底拆除重建。房企涉及存量改造的最典型商业模式是城市更新。

据公开数据显示，国内城市目前存在的老旧房地产总面积预估超过200亿平方米，并且仍处于增长状态。特别是在北京、深圳等地，已经有诸多龙头房企通过深度介入旧改项目获取优质土地，获得了广阔的赢利空间。如今，房企想要进入一线甚至部分二线城市发展，城市更新是获取土地资源的重要途径。

通过更新改造，城市的存量空间可以被二次拓展，从而显著提高土地集约节约利用水平。以深圳为例，2016年深圳市规划国土委发布《深圳市城市更新“十三五”规划通知》，要求为城市更新提供更多新增土地。2018年，深圳市政府就新增了107个城市更新计划项目，通过拆除老旧物业，释放了816公顷的用地（见图1–23）。随着规划的逐步深入推进，深圳市的土地供需矛盾必将得到进一步的缓解与优化。

目前，城市更新领域的参与者以房企为主，品牌企业通过独立运作、收并购与合作三种方式参与城市更新项目。例如，佳兆业成立200多人的专业公司，强化城市更新的品牌内涵；旭辉集团和龙光地产通过收并购获得城市更新项目；碧桂园和美的地产分别与顺控集团成立城市更新平台。

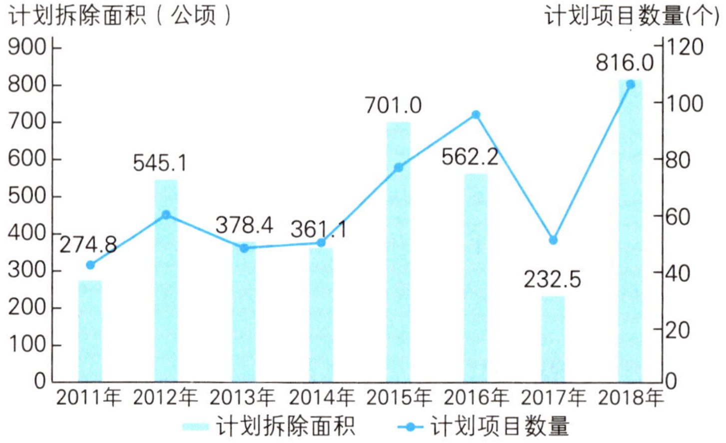

图 1–23 深圳市城市更新项目历年新增计划数量与拆除面积

资料来源：公开资料、明源地产研究院。

此外，大量的资本方也开始关注城市更新。例如国开金融对上海老旧厂区的改造，高和资本发行的首单全国城市更新类 REITs——“高和城市更新权益型房托一号资产支持专项计划”，实现了城市更新基金投资人通过证券交易所私募 REITs 退出的完整闭环。此外，还有居住（如旭辉领寓、万科泊寓）、商业（如大悦城控股、远洋集团）和办公（如优客工场、米域）等领域的专业运营商加入。在各方的积极探索下，城市更新的商业模式也已经逐渐变得清晰。

总体而言，城市更新不仅能够释放土地价值，而且在改造过程中能升级原有建筑功能，借此可以提升核心区域形象，吸引优质企业落户，从而间接促进产业转型升级，培育出城市新的增长极。

4. 存量社区：物业管理延伸出更多服务模式

地产存量业务的第四条细分赛道是存量社区，即以物业管理为入口，通过洞察业主日常需求延展出多样化的增值服务模式。

中国物业管理协会的统计数据显示，截至 2017 年年底，国内物管总面积已经达到 246 亿平方米，以此推算的物业管理市场规模大约为 6 000 亿元（见表 1–5）。

表 1–5　2017 年年底中国物业管理行业发展情况总览

物管总面积	基础物业管理市场规模	物管企业总数量	物业管理行业从业人员	上市企业数量	百强企业市场占有率
246 亿平方米	6 000 亿元	11.8 万家	904.7 万人	104 家	32%

资料来源：中国物业管理协会、复旦大学城市发展研究院。

从行业环境来看，全国物业管理公司总数超过 10 万家，物业管理从业人员超过 900 万人。在这个海量市场中，百强企业的市场占有率只有 32%，整体市场集中度还比较低，呈现出完全竞争的状态。

除了收缴基础物业服务费以外，作为与业务交互最频繁的触点，存量物业的物业管理还具备海量线下流量优势的商业价值——可以作为线上入口导入社区消费。像与住户连接频次高且关系到每天生活的衣食住行服务，甚至在积累了一定的用户黏性之后，物业管理服务商还可以更进一步为住户提供多元化的增值服务（见图 1–24）。

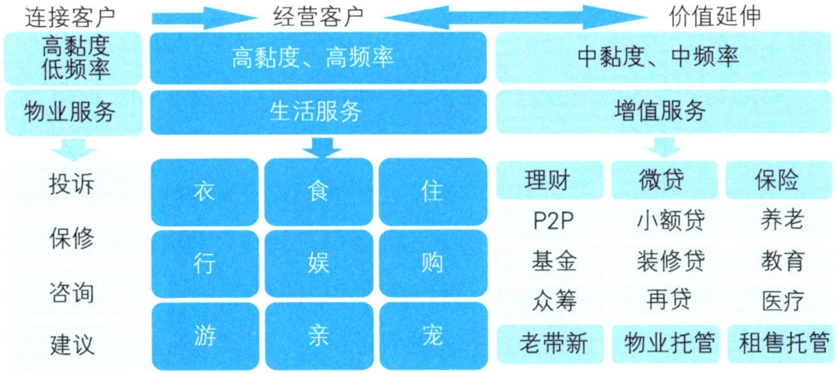

图 1–24　物业管理的服务内容演化

资料来源：明源地产研究院。

例如，物业管理上市龙头企业彩生活基于互联网流量思维，挖掘业主场景价值，以此拓展更多需求发力点。借助大数据平台生成的用户画像，彩生活可以为业主提供实时所需的精准服务。目前，彩生活已经形成了一个满足业主家庭多样化需求的 B2F（企业到家庭）生态圈，从最基本的物业服务（维修、清洁和租房等）开始，不断拓宽生态圈服务外延，挖掘更多业主需求，打造大社区产业体系。

5. 存量金融：各路玩家借力资本推动地产金融化

最后一条赛道是存量金融，其主要体现在存量商业物业中的金融化管理思维。与存量经营业务相似，存量金融的本质是促进物业增值，然后适时退出获取收益，但过程中可以采用私募基金或者 REITs 等股权形式介入项目运作中，以更低的资本投入获得更高投入回报。国外常见的资本优化手段包括资产证券化以及引入机会型、主权财富基金等外部资本，从而让原先持有物业的业主方能够转变成为资本方服务的轻资产运营管理方，也可以转型成以投资见长的资本大咖。

目前中国存量金融的玩家可以分为三类：第一类是收购商业物业的传统金融机构，也就是我们常说的“金主”。这类玩家通常仅持有物业，而将物业管理权外包以获得稳定分红。典型的这类玩家包括险资和养老基金（见图 1–25）。

第二类是专业的商业地产经营公司组成的资产管理机构。这类企业既是资产的持有者，又具有资产管理能力，典型的企业包括外资系的凯德和领展等。这类企业以 REITs 基金公司的形式，充分利用自身在物业经营上的优势，采用小股操盘的方式减少自己的投入和风险，与合伙投资人互利共赢，实现商业运营向资产管理角色的演变。

第三类是专业从事资产证券化的业务机构。这类企业既非物业持有者也非管理者，却扮演着打通资产投融管退闭环的“润滑剂”角色，将资产组合打包做成证券化产品。打包过程中涉及的物业估价、税务及信用评估等均由专业的咨询服务机构负责。

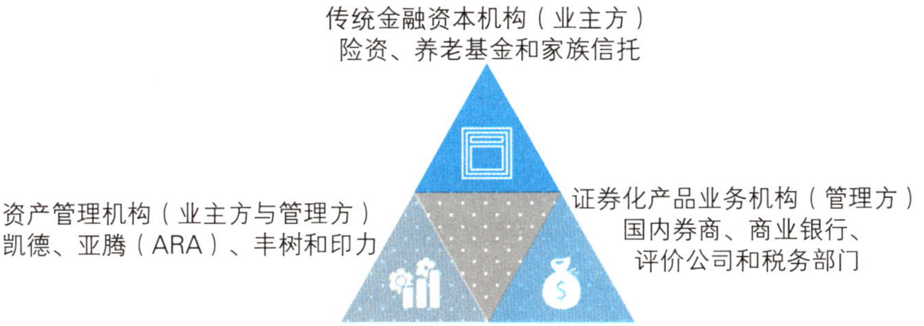

图 1–25 存量金融市场三类主要玩家

资料来源：明源地产研究院。

由于存量金融业务操作专业性强，大部分以开发为主业的房企还不具备资产管理金融思维，诸多房企设立的资产管理部门都存在“有名无实”的情况。不过，随着公募 REITs 越来越近，房企将与金融机构加快合作，从而实现存量时代项目运作的金融化。相比之下，类似高和资本和中国平安等机构，在此领域已十分娴熟。

概而言之，对企业而言，当前适合切入的存量业务包括存量经营、存量社区和存量改造，存量金融则可以起到四两拨千斤的作用。大趋势已经显现，提前布局有助于抢占赛道，站稳脚跟。

二、增量与存量市场逻辑迥异，房企面临巨大挑战

增量和存量是两个不同的市场，两者在商业模式上有着明显区别（见图 1–26）。

1. 从“高杠杆短平快”到“低杠杆长期经营”

受益于过去一二十年来房地产市场的蓬勃发展，以开发商为代表的房地产市场参与者充分享受了中国的人口与城镇化红利。在单边上扬的市场中，增量开发的业务逻辑是尽可能通过举债的方式放大自己的原始

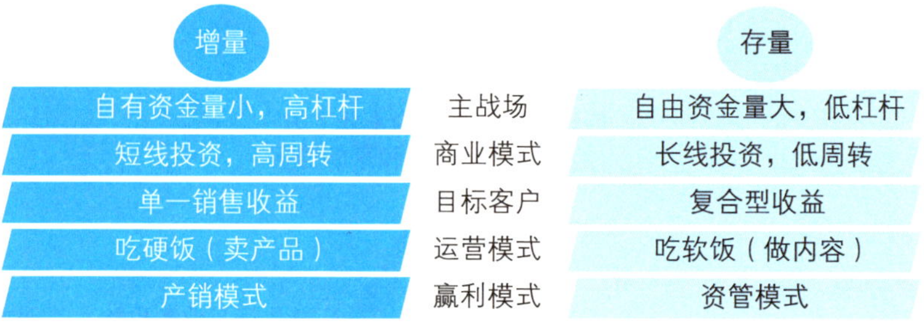

图 1-26　增量市场与存量市场的典型差异

资料来源：明源地产研究院。

资金，通过短平快的运作方式快速滚动现金流，实现规模和利润的积累。如今，这种高杠杆高周转的模式早已成为标配。但随着行业逐步进入存量时代，增量开发的增速减缓。整个行业要从此前的分享红利走向创造价值、精细化且因时而变的运营管理时代。提升物业的物理空间承载新内容的能力，成为这一阶段的新课题。

相比增量开发，存量物业的杠杆通常较低。这会占用大量资金，但是优质的资产可以通过资产证券化的方式将资金提前释放出来。过去，由于融资成本太高，租金回报率五六个点还无利可图，但现在利率下行是大趋势，租金收益率变得有吸引力——持续稳定的现金流不仅可以缓解短期资金压力，而且还可以长期享受资产增值的收益。在此背景下，企业可以考虑以自有资金持有物业并进行运营，以获取稳定的租赁收益与估值溢价。

2. 从“卖硬件产品”到“做软件服务”

增量开发的核心是不断打造新空间，然后卖掉。因此，企业更多关注的是位置、建筑外立面、幕墙、大堂及电梯的豪华程度等。这些因素固然重要，但其毕竟只是物理空间载体，不管是在选址或设计上如何精巧，这些条件都是冰冷的硬件而已。

如今，人们越来越关注“软件”，即关注空间当中每个鲜活的人的体验，关注空间中的舒适度和便利程度，希望通过服务为空间提供更多“内容”。比如，在同一地段，物业管理好的小区，其物业增值的速度会明显高于物业管理糟糕的小区。内容和服务将成为左右物业价值的重要因素。

目前，越来越多的企业向“综合运营商”“内容生产商”“美好生活服务商”等转变，探索“房地产＋服务”模式，希望以此提升用户体验，同时通过增值服务提高物业单位空间的价值产出，进而提高物业溢价。

3. 从“单一销售收益”到“复合型管理收益”

传统开发业务的赢利模式很单一，只是单纯赚取物业（基本上是住宅）销售的收益，是典型的散售逻辑，而存量运营管理的收益是复合型的：首先是最常见也是最主要的租金及物业管理费收益；其次是在经营过程中提供各项增值服务获取的收益；最后是通过长期的经营和物业整售获得的增值溢价收益。

此外，目前存量运营还衍生出股权投资收益，即物业运营管理商通过租金换股权（见表 1–6）。因为企业入驻在你的空间，对方的用水用电等情况你都一清二楚，等于是天然的尽职调查，待被投企业上市或被收购时，你就可以获取股权投资收益。

表 1–6　房地产存量业务收益来源

收益模型	收益来源	特　点
销售性收益	房屋销售	与住宅相同，拿地－建设－销售，属于传统的“开发模式”，专业门槛低
经营性收益	租赁经营	提供持续性的日常经营服务，能获得经营性租金及经营性利润，属于“运营管理”范畴，专业门槛高
	增值或产业服务	
资产性增值收益	资产升值	通过经营性收益，带来物业资产的大幅度增值升值，实现未来的资产溢价及退出变现目的，属于“资产管理”范畴，专业门槛适中
资本性收益	投资孵化	通过资本运作（如投资入股优质企业等）获取股权及资本市场的收益，属于“资本运作”范畴，专业门槛高

资料来源：明源地产研究院。

相应地，运营商为客户打造的也是综合立体的服务，甚至是全生命周期的服务，赚 70 年乃至于更长期的钱，而不是一锤子买卖。

4. 从“产销模式”到“资管模式”

如上所述，传统开发商是集拿地—建设—销售为一体的“产销模式”。在市场单边上行、供不应求的时代，许多开发商大肆举债，行业的资产负债率被推高到 80% 以上。随着金融环境的收紧，这种“高空走钢丝”的玩法风险越来越大，识时务的房企都在逐步降低自身杠杆率。

存量业务则是通过精细化管理获取管理费收益及超额利润分成（轻资产模式），或者管理费收益、超额利润分成及物业增值收益（中资产或重资产模式），杠杆通常是比较温和的。由于存量经营围绕的是人，因此它可以借用“互联网 +”手段逐步建立地产产业链上的各项数据资源，以及基于用户大数据来进行服务创新。这部分商业价值将会有无限的想象空间。

无论是房企还是其他的市场参与者，想跨越到资管模式，都需要考量房企的资本、技术及外部资源，需要建立一批懂管理、会服务、用金融等专业领域的复合人才。

三、借鉴国际经验，抢跑房地产存量市场

我国房地产业最终会由“产销模式”转向“资管模式”，这样说是源于我们对欧美国家的参照。这是一个远比增量开发要精细的行业，可以演化出大量不同类型的商业模式。不过，其核心却都是一样的，那就是围绕不动产全生命周期，聚焦于投融管退四大核心能力。

1. 增量向存量转型是必然趋势

改革开放 40 多年来，我国房地产业的发展路径与世界其他国家在整体趋势上是大致相同的——从美洲、欧洲再到亚洲，世界大多数发达国家在房地产发展历程上都会经历三个阶段。

（1）保障住房建设阶段

从国际经验来看，包括美国、日本和多数西欧国家在内的发达国家都曾经历过这个阶段，特别是在二战后的住房紧缺时期，欧美国家一度保持了极高的住房保障率。

瑞典、荷兰和新加坡等少数福利型国家的大部分国民，直到现在仍在享受着住房保障，例如，目前新加坡的“政府租屋”保障房占全国住宅的 80% 以上。总体来看，这个阶段会持续 20 多年。

与发达国家类似，在我国，这个阶段大致始于 20 世纪 70 年代，全国性的住房短缺是我国当时面临的重要民生问题。为了解决这一难题，中央政府进行了大规模的干预，通过政府直接投资或补贴建设公共住房的方式，大力支持保障性住房的建设。

（2）地产市场化运作阶段

随着住房短缺问题的缓解甚至消失，多数发达国家针对不同收入的人群提供不同的保障力度，住房保障率开始逐步下降。例如，英、美两国将覆盖对象重点转向中低收入群体，将中等收入以上的群体全部交给市场，主动往市场化和商品化方向发展。

中国也不例外。1998 年的“房改”是一道分水岭，取代之前保障性住房的是市场化弹性机制和多重选择。政府从分配体制、供应体制、金融体制和市场交易体系四大方面进行改革，鼓励运用市场机制去解决住房问题。例如，针对不同收入的家庭采取不同的住房供应政策：对中等收入以上家庭提倡购买商品房，并且通过发放个人住房贷款来解决居民购买力不足的问题，从而使中国房地产市场逐步走向市场化阶段。

2004 年，随着招拍挂制度的出台，中国房地产业市场化进一步提速。15 年来，在市场化过程中，行业集中度大幅提升。

（3）增量向存量转型阶段

在这个阶段，城镇化率是一个关键性指标。发达国家的城镇化率普遍在 80% ~ 90%，其中日本、阿根廷和荷兰均超过 90%（见表 1–7）。当人口不断往城镇地区迁移，城镇化率大幅提升时，相伴而生的最显著问题一定是土地资源稀缺、空间不足，此时，旧城改造成为必然选择。

以美国房地产业为例，早在20世纪70年代，美国的城镇化率就已突破了70%，部分都市圈（纽约、洛杉矶等）甚至已经达到了100%。相关的旧城改造从20世纪60年代就开始起步，可以说彼时的美国房地产市场处于增量向存量过渡阶段。

表1-7 全球各国城镇化率统计表

国家	城镇化率（%）	国家	城镇化率（%）
中国	59.58	美国	82.26
英国	83.40	法国	80.44
德国	77.31	意大利	70.44
日本	91.62	加拿大	81.41
巴西	86.57	印度	34.03
俄罗斯	74.43	韩国	81.46
阿根廷	91.87	澳大利亚	86.01
印尼	55.32	墨西哥	80.16
荷兰	91.49	沙特	83.84
南非	66.36	西班牙	80.32
瑞士	73.80	土耳其	75.14

资料来源：Wind、明源地产研究院整理。

放眼国内，2017年年末就已经有12个城市的城镇化率超过了80%，属于高城镇化率地区。尤其是北上广深这样的一线城市，增量土地出让很少，开发业务逐步见顶。当城市外延发展不足时，房地产市场必然转向内生，转向土地的再利用，通过城市更新去做一些存量改造和翻新，做价值的重新塑造和再创造。

因此，从国际经验来看，我国房地产业的发展过程也要遵循其阶段性和规律性。不管房企愿不愿意接受，行业都已经处于增量市场到存量市场转型的进程之中，这个转型不会一蹴而就，一定是漫长的，并且会伴随着诸多挑战。对房企而言，在存量市场快速崛起的当下，它们应该比以往更加关注宏观形势和洞察行业走势，这样才有机会抓住行业大变局中的机遇。这也是 2014 年以来诸多房企纷纷成立研究院的基本逻辑。

2. 资管机构是房企发展终极形态

在存量时代，能开发的土地越来越少，纯做开发的房企必然相应减少，房企的“开发”角色被逐渐弱化，房地产市场主体正在发生变化。

2018 年的最新数据显示，美国房地产业的市场主体有三类。第一类是以工程建设为主的住宅开发商，以住宅设计、工程施工、销售与售后服务为主业。美国典型的住宅开发商有莱纳、霍顿和帕尔迪。

第二类是结合金融与社会资本，投资于能产生现金流的稳定资产，通过专业管理，定期为投资者进行派息的信托或公司型基金公司。目前，美国市值规模较大的 REITs 公司有西蒙地产和普洛斯，两者分别是商业地产与工业地产领域的龙头企业。

第三类是从事物业销售的运营公司，主要为物业租售提供咨询，为物业进行估值，典型的像世邦魏理仕、戴德梁行、仲量联行等。

按照当前上市企业市值计算，第一类（开发企业）的占比只有 8%。这与中国的房地产市场结构完全不同。这反映出在存量房为主的市场下，美国的房地产业逐渐演变到精细化分工时代，物业从投资到开发再到退出的不同阶段都由不同专业公司来完成。例如，房地产基金公司负责筹措资本进行项目投融资，项目开发则由专业开发公司负责，销售和物业服务等环节也由相应的专业公司完成，不同专业公司各自发挥最大价值。在投融资环节，基金公司综合运用银行贷款、养老基金和不动产信贷等多种工具，使美国大多数人都可以参与到房地产投资当中。

相比我国的开发商，美国开发商的工程建设能力更多地体现在对存量物业的改造上，而非完整的土地开发流程。因为增量开发的需求已经得到满足，想要继续生存就必须适应市场转型。通过持有经营，美国开发商大多只能赚取租金收益和资产增值收益，或借助资本的力量，将自己转变为专业的轻资产基金管理公司。

3. 存量时代必然走向“轻重并举”

如上所述，美国房地产市场是以 REITs 公司主导的金融地产模式。这种模式的最大优势在于股权筹资能力强，能够利用长期股权资本进行运作，围绕投资者的回报要求完成目标，最终在管理人与投资者之间形成互利共赢的关系。新加坡也具有类似的金融地产模式，其中最具代表性的企业就是凯德商用。

而国内的商业地产开发多是以举债的方式，靠优化企业自身财务状况来实现企业现金流平衡，这种重资产的模式不可避免地会出现长期债务杠杆与现金流短缺的矛盾，最终又回归到快转快销的产销逻辑上，无法真正实现资产管理。

那么，未来企业到底是应该做轻还是做重？做重可以享受物业增值收益，但如果快速扩大业务规模的话就要面临更高的杠杆与财务风险；做轻可以降低资金压力，但无法享受资产增值收益（见图 1–27）。我们认为，孰好孰坏，具体取决于企业自身的资源与能力。

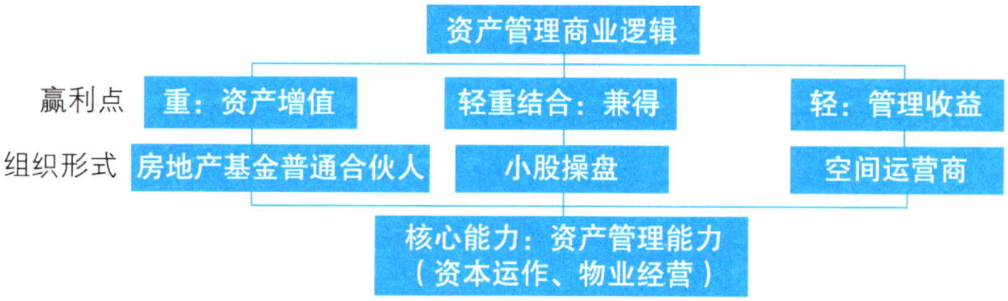

图 1–27 资产管理商业逻辑

资料来源：明源地产研究院。

高和资本认为，在未来，重资产模式将是主流，因为中国的存量商业拥有很大的资产增值空间。行业内之所以纠结到底是“重”还是

“轻”，主要是缺少相应的资本化手段，从而难以获取长期资本。

然而，对企业来说，在当下，做存量运营最好的方式是采取轻重并举的折中策略。以小股操盘的模式，吸引外部投资人进行项目投资，自身仅投少部分钱享受收益，这样不会有过高的财务压力，还能在物业经营过程中掌握管理权，获取更多层次的收益。

更多运营商希望达到的理想状态是：通过自身良好的资本运作与物业管理能力，直接和投资人签订协议，自己一分钱都不投，却可以享受资产的部分增值收益。这也是国内很多机构想做轻资产模式的缘故，但是目前国内有此能力的资产管理商屈指可数。为了让投资方放心投资，运营商通常也要跟投物业价值 5% 或 10% 的比例才行，即“小股操盘”的轻重并举模式。

4. 资管能力是存量时代的决胜法宝

不管是重资产模式还是轻资产模式，存量资产管理的终极目标是一致的——为业主方提升资产估值。而与资产增值关联度最密切且能体现项目之间差异的可控变量就是租金水平。这需要在成本端与收入端同时发力，打造一套降低运营成本并提升多元化收入的方法体系，这非常考验运营商的运营能力。

此外，拥有强资管能力的运营商还会形成所谓的“管理信用”，并让其成为运营商在市场筹资的有力支撑。毕竟有专业的资管能力和历史业绩证明，金融机构才敢将资金交给你打理。

区别于传统的主体信用，管理信用的累积并非基于公司营收规模或现金流的多寡，而是基于公司过往的项目管理业绩——为项目资产提升多少价值。当前，诸多企业转型资管运营商的难点，恰好也在于缺乏足够的管理信用吸引外部资本。

资产管理能力未来终将成为企业的核心竞争力，要练就哪些内功才能做好这块业务？通过与众多标杆的深度交流，我们发现，不管是房企还是独立运营商，提升资产管理能力集中在四个方面（见图 1–28）。

图 1–28　房地产领域资产管理四大能力

资料来源：明源地产研究院。

- 凭借资本方的敏锐嗅觉及“算账”能力，在投资端完成物业的收并购，其中涉及对行业周期的精准把握，寻找被低估的资产标的，实现最佳投资窗口期入场。凭借对资本市场的深度了解，资本方能够帮助企业开展收购洽谈、合理定价及过程中再融资等业务。
- 具有获取稳定长期资本的融资能力。资管机构能够凭借娴熟的金融手段多渠道整合外部资金，通过 ABS、CMBS（商业房地产抵押贷款支持证券）以及国内的类 REITs 工具和产品，配合传统融资手段，以股债结合的方式构建低成本资金池。
- 提升资产管理的核心能力，从顶层设计（战略定位及业务模式）、组织保障（组织架构及岗位权责职责）、能力培养（考核优化及运营提升）和数字化赋能四个方面进行重点发力，铸就全新的资产管理体系。
- 借助资本化手段实现项目退出的变现能力，打通资管业务闭环。但此举的前提是建立优良的“管理信用”并吸引投资人入场，配合私募基金或 REITs 完成外部资本的整合，从而实现自身资本的顺利退出。

以上四种能力反映的是企业能否通过其专业能力和品牌效应，逐步使投资人建立信心并实现外部资本的整合。虽然存量资产管理是行业大势所趋，但资产盘活并非易事，专业的资管团队将成为各家抢占市场并实现盈利的关键。

第二章　投

谋定后动，寻找套利空间

当前，越来越多存量市场的玩家开始关注“投”，关注区域、业务以及市场的布局。因为是否具有先人一步、独到的投资眼光，很可能先天就决定了企业或项目的成败。

以往，大部分商业管理公司其实不太具备这一职能。在实践中，大多是开发商将已经投资并开发完成的项目交到商业管理部门手中。商业多是一种勾地的手段，通常是能卖就卖，卖不掉才由商管部门自持管理。

但是在大资管时代，诸多企业都把存量资产管理作为战略去考虑，这时候就必须慎重考虑“投”的部分。以商业地产开发为例，在前期开发拿地的环节，存量资产管理部门就应该介入，参与项目业态规划和投资回报测算，基于资产整体的估值和回报去审视地块价值。在投资初期，房企就要考虑如何与资本结合。这就要求企业跳出以往纯粹开发的逻辑，用全新的“以退为进”的逻辑去思考。“投”的环节很重要，因为企业只有做到对行业周期的精准把握，才能充分发掘价值洼地；只有对资本市场有深度了解，才能在源头上创造最后退出的基础条件。

为此，本章基于对国内存量地产投资现状的数据分析和趋势洞察，力求为广大存量玩家指明方向。唯有做好定方向、选资产、明标准这三大环节，才能在投资阶段占领先机，为未来顺利退出打下基础，从而真正决胜存量新蓝海！

第一节
国内存量地产的投资现状

在被称为“资本寒冬”的2018年，有人撤退，有人恐惧，然而存量地产领域却如朝阳初升，投资热度始终不减，黑石、凯德、太古等外资频频来中国抄底。外资在中国商业地产投资市场越来越活跃，这已经成为一线城市房地产大宗交易圈的共识。其中，商业和零售等商用物业凭借出色的市场流动性及可观的市场回报率备受资本青睐。

一、诸多国际资本涌向国内存量市场，投资风向初现

从国内存量市场现状来看，从“全面去杠杆”到“结构性去杠杆”，我国宏观调控进入去杠杆的修复期，房地产领域特别是存量地产投资市场已经开始回暖。

1. 投资市场回暖，中国市场潜力巨大

早在2004年，国内商业地产界就兴起过一轮收购潮，并在2005年达到顶峰。上海广场、上海世贸大厦等地标建筑都在这一年被摩根士丹利收入囊中，凯德则收购了北京中环世贸中心两栋接近完工的甲级写字楼。然而，2006年商业地产投资市场迎来一个历史性拐点，政府出台了一系列“限制外资炒房”的规定。此后十年，中国被收购商业物业数量直线下降，直至2015年“限外令”正式解封，存量地产大宗交易才开始显著升温（见图2–1）。

2016年是我国商业地产投资市场的又一历史性拐点。从这一年开始，市场的整体流动性显著加强，市场进入迅速崛起的新时期。戴德梁行的

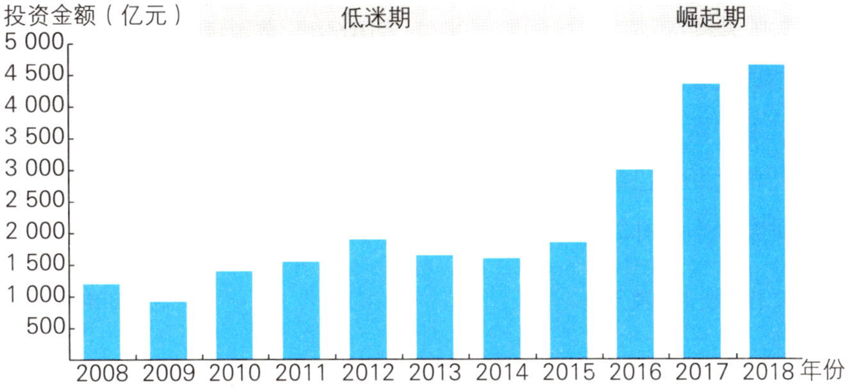

注：大中华区包括一、二、三线城市及香港特别行政区和台湾。

图 2–1　大中华区商业地产投资额走势（2008—2018 年）

资料来源：戴德梁行。

统计数据显示，2016 年，大中华区总投资规模首次达到 3 000 亿元，创下历史新高，其中内地市场大宗交易金额达 2 094 亿元，较 2015 年翻了一番。2017 年虽然是房地产紧密调控的一年，但国内存量物业大宗交易市场的投资热度在这一年并未受影响，继续保持强势增长，总投资额突破 4 500 亿元。经过两年连续激增，2018 年起市场逐渐进入平稳增长期，总投资额增长到 4 630 亿元，其中内地市场投资额为 2 960 亿元。2019 年前三个月，以国际私募巨头黑石为首的机构投资者豪掷了 200 多亿元大肆收购存量资产，奠定了全年持续增长的投资基调。

未来，随着私募基金的强势入市，中国房地产市场的投资潜力还将进一步凸显。世邦魏理仕的报告显示，预计到 2020 年，中国将成为整个亚太地区房地产私募基金最大的一个投资市场。

2. 大宗交易活跃，资本聚焦一线城市

存量地产市场大宗交易频繁，不断创历史新高。从地域分布来看，大宗交易呈现出明显的地域集中性，国内备受资本追逐的市场集中在京沪两地。

与国外高流动性市场相比，2014—2016年，国内商业地产大宗交易在总体成交规模上与世界级金融和商业中心纽约、伦敦还有较大差距。不过，京沪两地成交规模已比肩亚太区主要市场，甚至上海的大宗物业投资额和活跃度已经赶超中国香港和新加坡，北京紧随其后，市场流动性不断提升（见图2–2）。

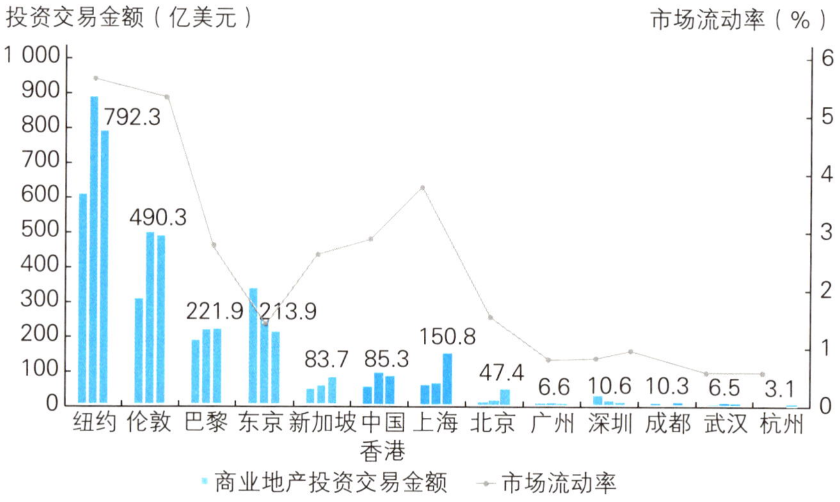

图2–2 全球主要城市商业地产投资交易金额（2014—2016年）

资料来源：世邦魏理仕。

在内地市场，以京沪为首的一线城市的商业地产交易成交额远高于二线城市（见图2–3）。

上海作为存量交易市场的龙头，自2016年以来，始终占据着超过三分之一的市场成交份额，2016当年更是以960亿元的成交额坐拥全年成交总额的一半。上海市场的活跃主要归结于两个原因：一是上海拥有较多的可售存量资产；二是在全国不同区域的不动产收益率日益分化的趋势下，上海的不动产资产具有低风险和稳收益的优势。

北京作为中国的政治、经济、文化中心，商业物业保有量同样巨大，大宗交易市场成交量仅次于上海，2018年的交易总额首次突破500亿元，

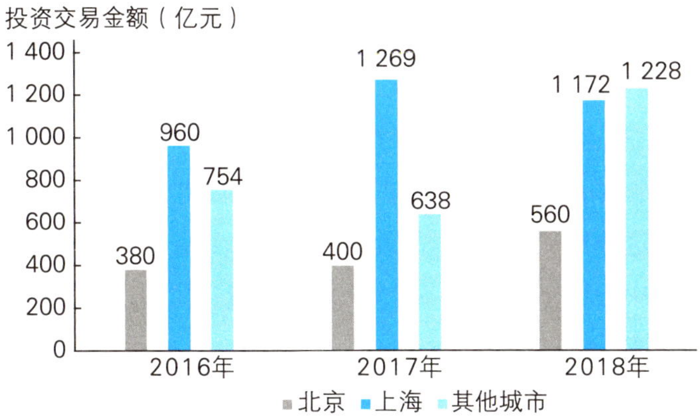

图 2-3　商业地产大宗投资交易金额（2016—2018 年）

资料来源：戴德梁行。

创下历史最高值。

剩下的两个一线城市深圳和广州，受区域经济发展带动影响，它们的自用买家比例较高，2016 年甚至达到两市投资总额的六成以上。特别是深圳，受土地供应紧缺以及拿地门槛攀升的影响，诸多企业倾向于通过直接收购优质存量物业的方式来满足自用需求。

同时，受制于城市能级和交易风险因素，二线城市的商业地产交易目前尚不够活跃，但市场潜力无穷，其流动性及交易规模仍有很大提升空间。比如，在二线城市中，成都的交易量最为活跃，其在 2016 年占到二线城市交易总额的 22%，远超同年一线城市广州的总交易额。

3. 外资大举进入，商业物业备受青睐

从存量领域的投资商来看，自 2008 年以来，我国商业地产投资主力仍然以内资为主，外资只是一个补充力量。然而，从 2018 年开始，存量地产投资商有一个明显变化：外资数量显著提升。

戴德梁行的最新数据显示，自 2016 年进入新一轮外资机构大举进军中国存量投资领域起，外资占比逐年显著增长——从 2016 年的 14% 一

路上升到2017年的25%，2018年960亿元的投资总额，更是占当年交易总额的32%。在投资标的方面，外资偏好以上海为主的一线城市资产，2018年960亿元的总投资额中，有946亿元投向了一线城市，占比接近99%。从每个城市外资交易额的占比来看，上海有61%的投资金额来自外资；北京这一外资不易进入之地，外资也占到了30%的份额；粤港澳大湾区两大中心城市深圳与广州，外资的投资占比则为12%，均高于往年（见图2–4）。

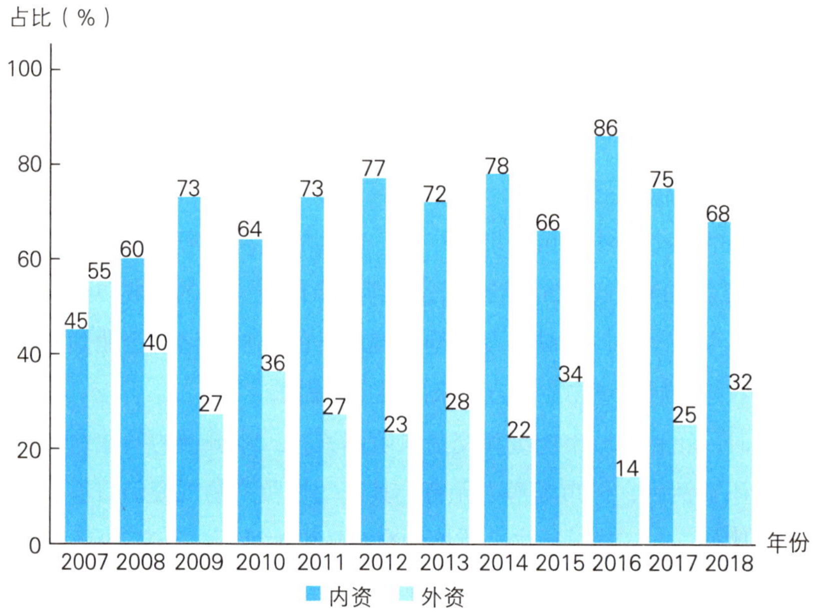

图2–4 全国商业地产大宗交易内外资占比（2007—2018年）

资料来源：戴德梁行。

事实上，中国存量不动产大宗交易连续三年突飞猛进的一个重要原因就是外资助力，尤其是在2017年年底房地产业金融政策不断收紧之后，内地资金投入增长乏力的背景下，外资加速进场。可以预见，外资在2018年的强劲表现在未来2～4年内将为商业物业投资市场带来更好的流动性。

从业态偏好来看，凭借出色的流动性以及透明度，写字楼物业仍然是最受资本欢迎的资产类别；零售物业紧随其后，受外资大举进入影响，2018 年成交额稳中有升。凯德集团就曾豪掷 128 亿元收购上海星港国际中心，黑石也以 12.5 亿美元（约合 82.5 亿元）收购新加坡丰树集团上海怡丰城及相邻办公大楼。写字楼市场是反映产业与经济发展的晴雨表，外资竞相增持的背后反映出看好中国市场发展的信心（见表 2–1、表 2–2 及表 2–3）。

表 2–1　中国写字楼大宗交易市场外资交易事项梳理（2004—2019 年 1 季度）

国家或地区	公司名称	成交年份	成交物业	成交金额	标的属性
美　国	黑石集团	2012	华敏帝豪大厦写字楼部分	23 亿元	写字楼
	摩根士丹利房地产基金	2006	东海广场	19.6 亿元	写字楼
		2005	北京富利	4 亿元	写字楼
		2005	上海世界贸易大厦	0.9 亿美元	写字楼
	高盛	2005	百腾大厦（后更名为铂金大厦）	1.076 亿美元	写字楼
德　国	德国基金 SEB	2007	高腾大厦	1.5 亿美元	写字楼
		2006	上海新茂大厦（后更名为铂金大厦）	2.5 亿美元	写字楼
澳大利亚	麦格里全球房地产咨询公司	2005	上海新茂大厦	0.98 亿美元	写字楼
新加坡	凯德集团	2019	上海浦发大厦	27.54 亿元	写字楼
		2017	上海国正中心	26.4 亿元	写字楼
		2005	北京中环世贸中心 A、B 栋	18.37 亿元	写字楼
	腾飞集团	2010	高腾大厦（后更名为腾飞浦汇大厦）	13 亿元	写字楼
		2006	上海海洋大厦	1.66 亿美元	写字楼
		2004	上海腾飞大厦	8 亿元	写字楼

（续表）

国家或地区	公司名称	成交年份	成交物业	成交金额	标的属性
新加坡	枫树投资（新加坡淡马锡控股全资子公司）	2010	北京佳程广场 2 栋写字楼	29 亿元	写字楼
	吉宝资本	2019	一方大厦	46 亿元	写字楼
中国香港	基汇资本	2019	上海 Mix 万象城四栋超甲级写字楼（A、B、C 及 D 座）	—	写字楼
		2018	上海海洋大厦	29.48 亿元	写字楼
		2018	上海凌空 SOHO 四座办公楼群中两座大楼	49.44 亿元	写字楼
		2013	上海浦汇大厦	16.7 亿元	写字楼
	领展房地产基金	2015	上海“企业天地 1 号及 2 号”	66.37 亿元	写字楼

资料来源：公开资料，明源地产研究院整理。

表 2-2　中国零售物业大宗交易市场外资交易事项梳理（2005—2019 年 1 季度）

国家或地区	公司名称	成交年份	成交物业	成交金额	标的属性
美国	黑石集团	2019	上海华泰广场	15 亿美元	购物中心
		2019	西安熙地港购物中心、郑州熙地港购物中心、韩国 Starfield Hanam 购物中心	4.8 亿美元	购物中心
		2013	深圳购物中心公司 SCP	4 亿美元	购物中心
		2008	上海 Channel1 购物中心	10 亿元	购物中心
	摩根士丹利房地产基金	2018	上海老西门金开利广场、静安华通大厦	——	购物中心
		2005	上海广场（后更名为无限度广场）	9.28 亿元	购物中心
	花旗集团	2005	上海永新广场	0.5 亿美元	购物中心
	美林集团	2005	北京银泰中心	0.3 亿美元	购物中心
加拿大	加拿大养老基金投资公司	2016	大连柏威年购物中心	1.62 亿美元	购物中心
	加拿大博枫	2018	上海金桥太茂、南翔太茂	—	购物中心

（续表）

国家或地区	公司名称	成交年份	成交物业	成交金额	标的属性
澳大利亚	麦格里全球房地产咨询公司	2005	中国内地 9 家大型零售商业中心	6 亿澳元	购物中心
新加坡	凯德集团	2017	广州华峰广场	33.60 亿元	购物中心
		2016	成都凯丹广场	15 亿元	购物中心
		2005	安贞华联商厦、望京华联商厦	17.46 亿元	购物中心
中国香港	基汇资本	2013	广州西城都荟广场	—	购物中心
		2007	北京太古里	48 亿元	购物中心
		2006	东海大厦（后更名为 353 广场）	9 亿元	购物中心
	领展房地产基金	2019	新怡景商业中心	51.1 亿元	购物中心
		2019	北京京通罗斯福广场	25.6 亿元	购物中心
		2017	广州西城都荟广场	40.65 亿元	购物中心
		2015	北京欧美汇购物中心	3.05 亿美元	购物中心

资料来源：公开资料，明源地产研究院整理。

表 2–3 中国混合用途物业大宗交易市场外资交易事项梳理（2013—2018 年）

国家或地区	公司名称	成交年份	成交物业	成交金额	标的属性
美国	黑石集团	2018	上海怡丰城及相邻办公大楼	12.5 亿美元	综合体
	凯雷投资集团	2013	上海中区广场	2.7 亿美元	综合体
新加坡	凯德集团	2018	星港国际中心	127.86 亿元	综合体
		2018	中华 · 两江春城项目	57 亿元	综合体
中国香港	基汇资本	2014	北京盈科中心	9.39 亿美元	综合体
		2007	上海仙乐斯广场	2.43 亿元	综合体

资料来源：公开资料，明源地产研究院整理。

二、存量市场的两大套利机会及三大关键要素

随着 2016 年存量市场投资规模的爆发式增长和各类外资的不断涌入，中国存量地产加速向成熟市场靠近。不过，总体来看，国内市场还处于成长期。在资源不对称的成长型市场里，通常会涌现出许多投资套利机会。

过往的投资，奉行的原则是资源为先，创造“低买”的机会，而资

源又表现在拿到便宜的地、借到便宜的钱、买到便宜的项目。例如，之前不少企业热衷于通过产业地产拿地，或是许多头部房企凭借自身实力设立投资公司开展金融业务，又或是如凯德和领展等外资企业的适时抄底行为，都是凭借自身优势资源和"低买"的低成本赚取投资收益。

然而，未来的存量市场依靠运营制胜，更强调通过专业运营能力创造资产溢价，适时退出，享受"高卖"的利润空间。在这套投资套利逻辑下，专业能力的重要性就愈加凸显。目前，国内这类运营制胜的企业还是凤毛麟角，领先的企业有华润、大悦城、龙湖，这些企业的商业地产投资回报率可以说代表了业界的顶尖水平。

未来，传统企业必须接受运营能力两极分化这一事实，而且所有的钱和资源都会向有专业能力的企业集中。房企需要及时转变自己的思考方式，回归本源，回归专业能力，回归市场的基本逻辑。

对国内存量市场的投资者而言，在存量市场从资源为先逐渐转向运营制胜的大背景下，他们更需要修炼鹰一般的投资眼光——独到的投资眼光很大程度上决定着企业或项目的成功。因此，建立一套完整的存量资产投资逻辑体系就显得尤为重要。这里面，有三个环节是最为关键的，甚至可以说决定了项目投资的生死成败，即定方向、选资产和明标准三大要素（见图 2–5）。

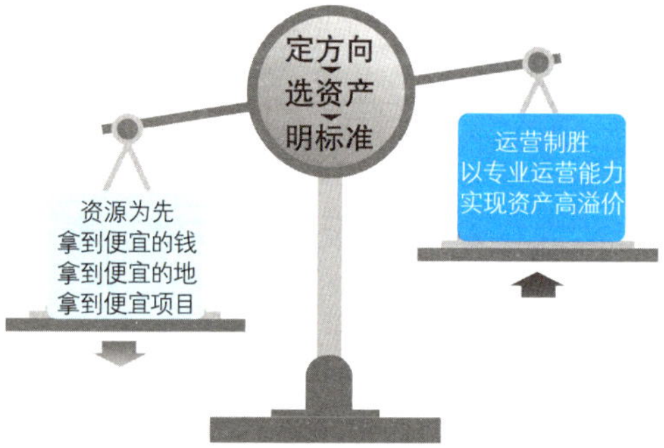

图 2–5　存量市场两大套利机会和三大关键要素

资料来源：明源地产研究院。

第二节
定方向：根据企业优势选择合适的资管切入领域

随着存量投资市场的不断升温，不论中资还是外资，诸多企业都已把存量资产管理作为企业自身战略的一部分。战略既定，如何往下落实？如何在广袤的存量蓝海市场中找到属于自己的那块蛋糕？很多企业对此都十分困惑，因此，定方向十分重要！

越是在大众彷徨疑惑的时候，越是需要研究者基于事实给出精准的判断。为此，我们全面盘点国内外存量市场的玩家结构与各自特点，分析成熟市场和成长型市场的差异及未来发展趋势，帮助企业少走弯路。

虽然存量市场的业态复杂性及玩家的多样性使得在具体方向选择上很难一概而论，但可以确定的是，不论是国企、民企，还是开发商、运营商和资本方，存量资管价值链中都有其一席之地。只不过，不同企业需要根据自身擅长的领域和优势理性选择最适合自身的业务环节或细分领域来切入存量市场。

一、世界成熟存量市场的玩家结构相对简单，基金占主力

从国际视角来看，成熟国家的房地产市场玩家基本分为开发商、PERE（房地产私募股权基金）和 REITs 三大类，其中又以后两类为主。在众多成熟国家中，美国、日本和新加坡的商业地产资本市场凭借其较早的起步时间和超大的市场规模一向被认为是成熟市场的典型代表。

1. 美国市场：公募 REITs 一马当先，市场规模庞大

在全球商业房地产市场中，从市值规模来看，美国的商业地产可谓傲视群雄。

一是因为美国商业地产投资市场起步早。早在20世纪80年代末美国经济危机之后，PERE和REITs就逐渐走上存量投资的舞台，并且成为商业房地产市场的主力玩家。

二是因为美国拥有世界上规模最大且流动性最好的商业地产市场。2017年美国商业地产的投资规模达2 243亿美元，体量接近英国的3倍，德国的4倍。超大的市场规模为投资者带来更多的选择，并且创造了更有效的市场定价和后期更灵活的退出方式。

因此，在美国这样成熟稳定的商业地产市场中，机构投资者是主要的玩家，大宗交易极其活跃。从房地产市场玩家结构来看，以公募或私募REITs为绝对主力，开发商和轻资产管理公司所占的份额较小（见图2–6）。

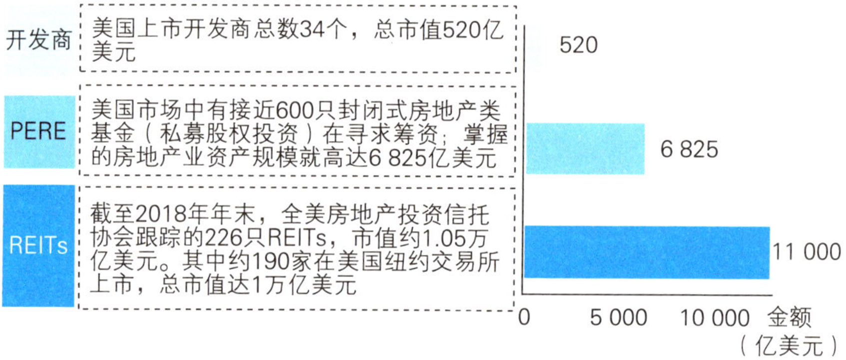

图2–6 美国房地产市场结构分类统计

资料来源：高和资本，明源地产研究院整理。

以公募REITs为例，截至2018年年末，全美房地产投资信托基金协会（NAREIT）跟踪的226只REITs，市值高达1.05万亿美元。其中约190家在纽约交易所上市的REITs，市值达1万亿美元，总体投资规模远远高于全球其他国家。其次是房地产私募基金，目前美国市场上有接近600只封闭式房地产基金（私募股权投资）在寻求筹资，其掌握的房地产资产规模高达 6 825 亿美元。最后，与中国房地产市场形成鲜明对比的是，美国房地产市场开发商的规模远远低于中国，美国的上市开发商总数仅有 34 个，总市值为 520 亿美元（约合人民币 3 493 亿元），而中国房地产上市企业拥有 4.93 万亿元市值，二者体量相当悬殊。

在美国商业地产演进的过程中，出现了许多赫赫有名的机构玩家。例如西蒙和布鲁克菲尔德等企业，都是美国商业地产界具有全球影响力的王者。

2. 日本市场：基金玩家为主，REITs 规模亚洲领先

对比美国房地产基金市场，亚洲房地产基金玩家普遍出现较晚（见图 2–7）。以房地产公募 REITs 为例，一直到 2001 年，日本首只房地产投资信托基金才正式发行上市，新加坡的首只房地产投资信托基金在新交所主板上市比这还要晚一年。在投资规模上，虽然亚洲已经有 10 个国家或地区发行 REITs 产品，可是，主要集中于日本、新加坡和中国香港 3 个国家或地区，合计占到亚洲整体市场份额的 92%。

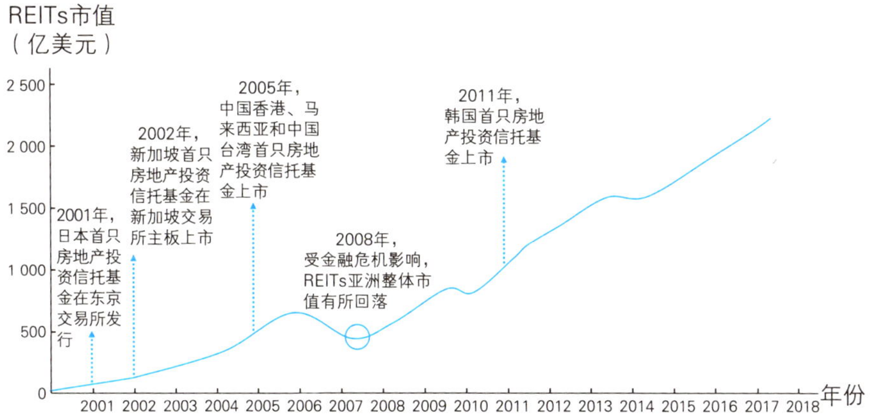

图 2–7　亚洲 REITs 发展历程及市值变化

资料来源：戴德梁行《亚洲房地产投资信托基金 REITs 研究报告》。

日本公募 REITs 的体量历年来一直位居亚洲第一，在全球仅次于美国。戴德梁行最新发布的《亚洲房地产投资信托基金 REITs 研究报告》显示，截至 2018 年 6 月 30 日，日本共有 59 只 REITs，总市值达 1 137 亿美元，占到亚洲各大交易所上市 REITs 总市值的 48%（见表 2–4）。

表 2–4　亚洲各大交易所 REITs 总市值及占比

国家或地区	REITs 市值（亿美元）	占比（%）
日本	1 137	48
新加坡	704	30
中国香港	340	14
马来西亚	74	3
泰国	71	3
中国台湾	21	1
韩国	1	<1
总计	2 348	100

资料来源：戴德梁行。

3. 新加坡市场：国际化投资天堂，玩家以 REITs 为主

新加坡存量地产市场的玩家有相当大一部分都是公募 REITs。作为亚洲第二大 REITs 市场，新加坡的 REITs 规模仅次于日本。然而，不同于日本的是，新加坡的 REITs 更加国际化，其资产遍布亚洲及其他地区，这让新加坡成为亚洲重要的国际化 REITs 市场。

新加坡交易所的最新数据显示，截至 2018 年年底，新加坡拥有 42 只 REITs 和商业信托基金，总市值已经超过 620 亿美元，平均股息率达 5.9%（按市值加权平均值计算）。在这些上市的房地产信托资产中，如图 2–8 所示，有超过 75% 的资产来自新加坡以外的市场，包括来自亚太区、美国和欧洲的多元资产。其中，也有很多中国的资产。据戴德梁行的数

据，截至 2018 年 10 月，共有 10 只新加坡 REITs 持有位于中国境内的物业，约占新加坡交易所全部上市 REITs 的 24%。

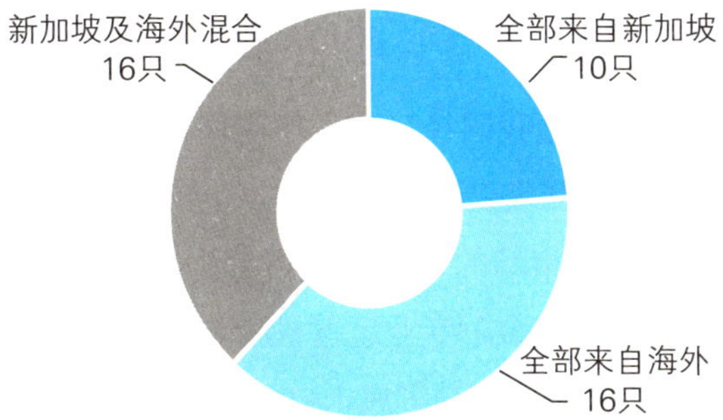

图 2-8　42 只新加坡上市 REITs 和商业信托的资产分布

资料来源：新交所、戴德梁行。

业界诸多投资者通过直接在新加坡市场发行 REITs，或与新加坡本土基金合作设立 REITs 的方式，实现轻资产化或最终退出。例如，绿地集团就曾和新加坡荣耀基金联合设立 Amare–绿地酒店业房地产投资信托，并且在新加坡证交所主板上市，用以向绿地收购 19 家位于中国境内的酒店物业。绿地在信托中认购 30% 的份额，REITs 产品发行上市之后，绿地将继续以适当的方式参与酒店的管理。

全球像绿地这样选择新加坡作为上市地的企业不在少数，它们之所以看好新加坡市场，有一个很重要的原因：看重新加坡这个国际性的房地产投资平台。将资产在新加坡上市，融资的对象是国际的投资者。并且，新加坡融资平台的有效性较高，具有稳定的投资回报与收益率，使新加坡市场深受资产证券化产品发行人和投资者的青睐，这也进一步扩大了新加坡市场规模。

综合来看，成熟市场存量领域的玩家结构相对简单，以资本运作为核心的基金和 REITs 占据主力，高居资管价值链顶端。未来，随着我国房地产业进入成熟阶段，从开发商向资管企业转型以及从包工头向资本家转型升级也将成为必然。在这个过程中，开发能力相对弱化，资本运作和后续的运营能力则将成为制胜关键。

二、从国内现状来看，万亿蓝海市场吸引六大玩家竞选赛跑

纵观国内市场，伴随我国经济步入新周期，房地产存量市场正式拉开帷幕。万亿存量大蛋糕吸引了各路玩家纷纷参与。

现阶段，国内存量市场的玩家大致可分为以下六大类：国资企业、民营房企、险资、私募基金、专业运营机构和其他。这六类玩家凭借自身优势都在万亿存量市场中分到了属于自己的一块蛋糕。

经过与国内知名资本机构的深入探讨，我们对各类玩家的资产规模占比进行了初步预估（见图 2–9）。

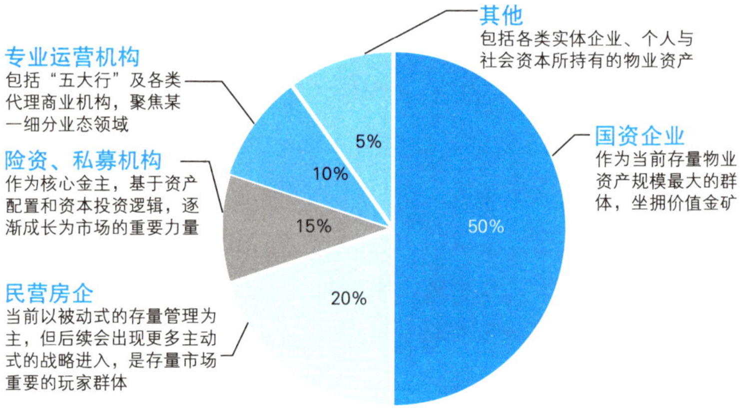

图 2–9 国内存量玩家主体结构分布

资料来源：明源地产研究院。

1. 国资企业：留存资产规模最大，坐拥价值金矿

对于国企存量资产的具体规模，外界知之甚少。不过，国有资产转让需要通过产权交易所公开进行，各方可以从房地产相关资产挂牌量与成交量的指标来窥见部分规模情况。2018 年以来，明源地产研究院在全

国范围内进行市场走访，发现最多的存量优质资产其实都集中于低调的国企手中。

以存量大宗交易活跃的一线城市上海和广州为例，有留存资产持有及运营业务的国资委下属企业数量巨大，其中有存量资产的企业占比达到 80% 以上。以上海为例，全市共计 3 家央级、23 家市属和 58 家区属国企[①] 持有存量物业。在广州的各类国企中，共计 21 家省属、33 家市属和 55 家区属企业持有大量的留存资产，涉及各种厂房、写字楼、园区、宿舍、学校及公建物业。特别是公建物业资产，比如很火的 TID（轨道交通站点综合开发项目）、TOD（轨道上盖物业项目）等优质资产大多掌握在国资企业手中。

这类国资企业每家通常都有三四十万平方米甚至上百万平方米的在管资产。它们不缺现金流，不缺资产，更不缺资源，是所有存量玩家中最具先天优势的一类。

2. 民营房企：被动持有向主动管理转变，存量市场主要玩家

过去，传统的民营房企普遍追求高周转和高回报，其存量资产通常是作为增量业务的附属物产生的，主要来自以下三种情形：一是住宅项目配套建设因各种情况较难去化而积累下来的商业资产；二是房企保留的以自用为主的写字楼；三是在土地资源日益稀缺的当下，作为拿地突破口的产业地产。不管是哪一种情形，以往的存量管理模式都属于被动式的存量物业管理。

随着市场格局和政策的变化，更多民营房企开始转变思维，从被动式持有管理向主动式战略转型。放眼国内存量地产领域，诸多房企已经抢先明确存量资产管理新战略。例如，作为民营领军房企的龙湖集团，

① 央级、省属、市属国企样本量均为所属级别下的一级单位，区属国企数量为不完全统计。

相继确立C1到C4四大战略业务，分别对应住宅开发、商业运营、长租公寓及物业管理四大主航道业务，在保持住宅开发业务增长的同时寻找其他新赛道。

从龙湖的年报数据得知，截至2018年年末，已开业商场建筑面积为296万平方米（加上车位，总建筑面积为386万平方米），整体出租率为97.4%，分为天街、星悦荟、家悦荟三个商业品牌进行运营。天街系列定位是针对中等收入新兴家庭的区域性购物中心；星悦荟则是走社区特色路线，体量以3万~5万平方米为主；家悦荟则是龙湖的高端家居生活馆。新涉足的长租公寓已陆续在北京、上海、深圳、杭州和南京等一线及二线城市开业运营，其资产规模不容小觑。

就涉及业态而言，国内顶级房企除了以往最擅长的住宅开发业务之外，纷纷选择存量细分领域进行布局，业务遍布商业运营、物业管理、长租公寓、文化旅游和养老地产等新兴领域（见表2–5）。

表2–5 顶级房企布局存量领域的业态分布

房企	联合办公	长租公寓	物业社区	创新商业	创新金融	产业地产
万科	云工坊	泊寓	万科睿服务	万科印力	—	万纬物流
龙湖	一展空间	冠寓	龙湖千丁	龙湖天街	—	椿山万树
碧桂园	碧桂园方糖小镇 普陀科技中心社区	碧家 国际社区	碧桂园和美社区	碧桂园凤凰荟	—	天鸿度假村
首开	清创首开 X+SAPCE	—	益点通智慧社区	—	—	—
花样年	WEWORTH	—	彩生活服务	花生唐系列	钱生花、合花易贷	福泰年 养老产业
远洋	OK SAPCE 商务中心	邦舍 Boonself	远洋亿家	—	—	远洋椿萱茂养老
绿地	雄安绿地 双创中心	雄安绿地 铂骊公寓	联合雅生活服务	绿地缤纷城	信托、小贷公司	—

（续表）

房　企	联合办公	长租公寓	物业社区	创新商业	创新金融	产业地产
SOHO	SOHO 3Q	—	SOHO 中国服务	远洋未来汇	—	—
中骏	FUNWORK 联合办公	FUNLIVE 方隅公寓	悦社区	—		大健康产业 FUNSUPER
招商	与优客工场合作	壹间	到家汇、慧到家	—	招商金融	中百驿站
金地	ibase 原点	草莓社区	荣尚汇、半径颐养	金地广场	家家盈	体育产业 弘金地
旭辉	与 Workingdom 合作	领域	永升物业	旭辉 U 天地	—	—

资料来源：公开资料，明源地产研究院整理。

总体来看，民营房企手中的存量资产规模不在少数，涉及的业态也较为多元，因此民营房企是当前存量市场的重要玩家。相信在未来，会有更多的民营房企加入，在存量市场这个新蓝海进一步发力，创造新的利润增长点。

3. 私募和险资：作为金主进行资本投资，是未来市场重要力量

由于我国公募 REITs 渠道还没有打开，所以目前存量领域的资本主要以险资和私募基金为主。从资产管理价值链来看，私募和险资这两类玩家高居食物链顶端，充当金主的角色进行资产配置和资本投资。

首先是房地产私募基金。从规模来看，2016—2018 年，我国房地产私募基金总体规模保持在 17 亿美元以上。2018 年 1—9 月，活跃在中国的房地产私募基金突破 20 只，基金发行总额高达 21 亿美元，较 2017 年全年增长 17%（见图 2–10）。

其次是险资。保险公司一直是房地产市场上的主要买家，主要收购与其风险承受能力相匹配且能够提供稳定现金流的核心资产。从第一太平戴维斯的数据来看，保险公司主要投资对象是位于核心城市的写字楼

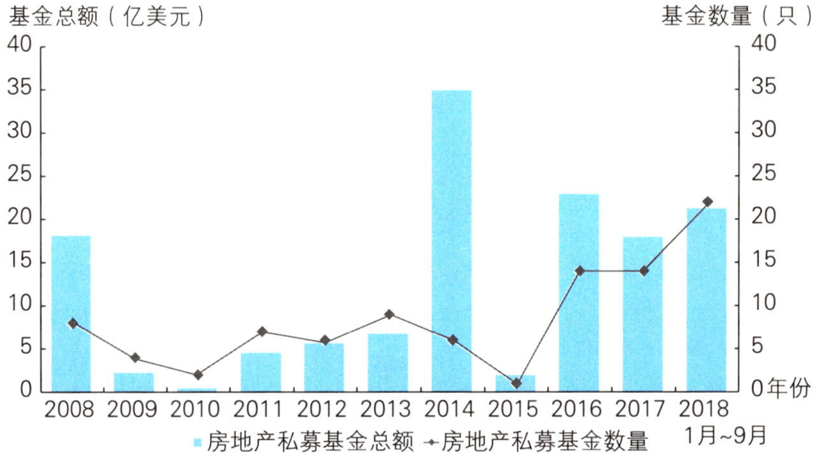

图 2–10　我国房地产私募基金发行数量与发行总额（2008—2018 年）

资料来源：第一太平戴维斯。

资产，过去五年单笔交易的平均金额超过 10 亿元。除了核心资产，险资也在通过信托基金收购总部大楼、养老地产及新开发项目。2018 年，随着中国银行保险监督委员会正式发布《关于保险资金参与长租市场有关事项的通知》（银保监发〔2018〕26 号），险资也被正式放开，获准进入长租公寓领域。

目前，在我国存量市场上活跃的资本玩家中，外资有美国黑石和新加坡凯德等知名机构，它们正频繁在中国商业地产市场抄底。同时，如中国人寿、平安保险、阳光保险和人保投资等国内的险资均成立资管机构，并已有不少项目在运作之中，它们的资金储备充足，对风险偏好较低，投资周期大多在 5 ~ 10 年。国内的私募基金玩家以平安不动产、光大安石、高和资本、翰同资本和歌斐资产等知名机构为代表，它们手上的资产体量都相当可观。这类私募基金玩家看重稳定的现金流以及中国物业的长期估值，因此愿意承担物业改造升级的成本，在长期持有的过程中获得价值提升（见表 2–6）。

表 2–6　活跃在中国存量市场的国内外资本玩家

资本类型		主要玩家
外资	美国	黑石集团、摩根士丹利、凯雷投资、高盛、花旗集团、美林集团
	新加坡	凯德集团、腾飞集团、枫树投资、吉宝资本
	加拿大	加拿大养老基金投资公司（CPPIB）、加拿大博枫（Brookfield）
	澳大利亚	麦格理全球房地产咨询公司（MGPA）
	德国	德国基金（SEB）
内资	保险公司	中国人寿、华夏人寿、平安保险、阳光保险、天安人寿、合众人寿、人保投资
	私募基金	光大安石、高和资本、钜派投资、翰同资本、稳盛投资、歌斐资产

资料来源：公开资料，明源地产研究院整理。

目前，这类资本玩家在各城市的活跃度差异很大，主要聚焦于一、二线城市。可以预见的是，随着资本市场的进一步放开，这类群体占据的比例会进一步增大。

4. 专业运营机构：各类商业代理机构，聚焦细分业态领域管理

与险资和私募基金主要聚焦于一、二线城市不同，专业运营机构这类玩家的身影遍布全国房地产市场。因为在存量地产领域，无论是城市商业综合体、产业园区、养老地产还是大热的文旅地产或特色小镇，增值的主要方式都要依赖于强大的运营能力。

这类专业运营机构的代表是以仲量联行、世邦魏理仕、戴德梁行、第一太平戴维斯和高力国际为首的国际“五大行”，它们在国际房地产顾问和物业管理服务领域代表着行业服务的最高水准。具体到各个细分业态，深耕细作的专业运营机构就更多了，例如聚焦产业地产领域的专业运营商星河产业集团和中城新产业等，专注物流资产的普洛斯和澳洲嘉民等。这类玩家一般深耕于存量地产领域的某几个细分业态，赚取“长期饭票”。

从国外的发展经验来看，国际知名的综合服务机构多是由房地产代理公司转型而来的。业内普遍认为当城镇化率高于60%时，房地产业就进入了持有和经营并重的阶段。1968年，美国的城镇化率就已高达72%，新房需求开始萎缩，商业地产开始蓬勃发展，于是包括世邦魏理士在内的多家代理公司纷纷转型，凭借专业的团队协助开发商、运营商以及投资方实现资产增值，最终发展为现在的房地产综合服务商。

当前，国内的商业地产代理行业亦在呈现这种趋势。除了目前市场上活跃的专业服务机构和专业运营机构以外，随着大资管模式的日渐铺开，以及存量资产管理大幕揭起，我们预期未来国内成熟的资产管理团队将越来越多，将带动整个存量市场朝更多元和更专业的方向发展。

5. 其他玩家：各类实体企业，未来占据市场份额不断增大

除了前文所述的四大类主要玩家，存量地产市场还有一批新兴力量涌入，这股力量以实体企业为主，主要集中于产业地产领域。如中国著名的几家家电企业（海尔、美的、长虹、海信和TCL）相继开展房地产业务，试图在主业之外寻求新的利润增长点。

早在2002年，海尔集团就成立了海尔地产。2019年，公司战略正式升级为“产城创”模式，通过产业聚集带动城市发展，打造产业新城。与海尔相比，美的置业成立稍晚一些，主要聚焦在智慧健康住宅开发与智能产业配套领域。

与海尔、美的这类跨行转入房地产业和寻求新增利润点的企业不同的是，还有一些实体企业进军房地产业旨在借助房地产为自身产业服务，同时进行资产管理的“轻”输出，国内典型的有京东方和海康威视。以京东方健康园区（BOE PARK）为例，凭借多年专业园区建设运营经验，京东方紧紧围绕自身主打的科技和健康产业，通过整合生态链资源，为客户提供从投资引进到运营管理的整体解决方案服务，目前在北京运营的恒通国际商务园（UBP）和恒通国际创新园（UCP）已成为业内标杆项目。

诸如此类的实体企业转战房地产业的案例还有很多，它们一致选择的产业地产的确是一个绝佳的突破口。与其他做产业地产的玩家相比，实体企业最大的优势就在于其深耕自身产业多年积累的宝贵经验以及优质的产业资源，使得它们便于最大程度地发挥产业集群效用，从而促进产业的长足发展。

三、基于自身资源禀赋，企业应理性选择细分领域切入

从整个存量市场的业务价值链来看，有做前端开发和融资业务的企业，有做中端运营管理业务的企业，也有专业做后端退出或者说资产证券化产品的机构。那么，将各领域专业服务商的资源聚合在一起，就形成了存量资产管理的业务闭环（见图 2–11）。

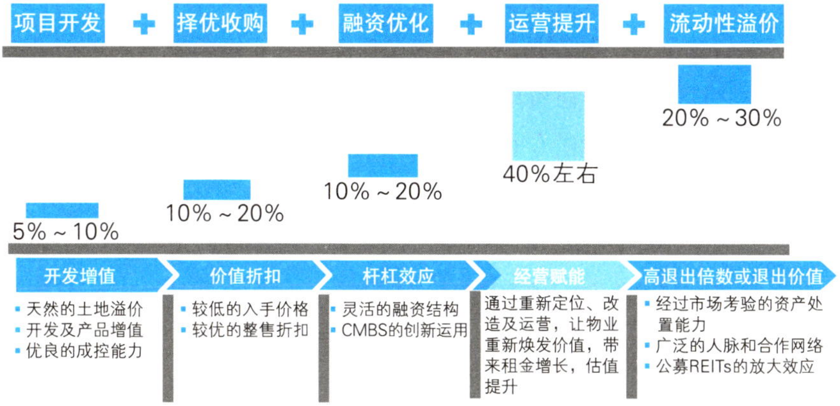

图 2–11 地产存量市场业务价值链

资料来源：高和资本、明源地产研究院。

在存量市场中，相当一部分玩家紧抓其核心的前端开发业务，将非核心的中端运营和后端退出业务进行外包。事实上，存量资产管理是行业大势所趋，尤其在竞争日益激烈的当下，专业的资管团队将成为各家比拼实力的有力武器。企业需要做的，是基于自身资源禀赋，在这个价值链闭环中理性选择适合自身的业务领域来投身存量市场。

1. 资本及金融机构：以资本运作为核心，赚取管理费用和超额回报

资产管理的终极目标是提升资产价值，提升价值有三种方式：一是增量逻辑下依赖土地和产品自身的价值提升，这种逻辑在政策调控下产生的收益已经逐渐式微；二是提升存量地产自身的运营租金收益，也就是存量地产运营商的专业领域；三是改善资产的流动性，无论是散售还是大宗交易，又或者是通过资产证券化产品实现退出，都是兑现流动性溢价，资产的流动性提升了，资产估值也将相应地得到提升。

对于资本及金融机构来说，它们实际上采用了第三种提升价值的方式，赚取的是融资优化和流动性溢价的收益。

一是融资优化。对资金密集型的房地产业来说，融资的重要性不言而喻。相比传统住宅地产需要短期资金，持有型的商业地产则需要长期而稳定的资金支持。随着房地产市场调控的深入，传统融资渠道的难度增加不少，这倒逼地产融资产品不断优化。

资本及金融机构凭借专业技能设计了灵活的融资结构，并通过资产证券化的方式等额化、标准化地降低了投资介入的门槛，实现投资大众化。例如，使用 ABS、CMBS 和类 REITs 等各种新型融资产品，帮助企业将部分资产进行松绑，降低负债率与资金成本，使资金回流，以便保障未来的拓展开发。

二是流动性溢价。资本的嗅觉最为灵敏，资本对资产价值的判定也最为精准。在退出环节，有专业的资本及金融机构助力，凭借其广泛的合作网络及人脉资源，加上技术性的交易结构设计，能帮助资产持有者获得更灵活更低成本的融资，加大高倍数退出的可能性，使资产最终得以变现。

2. 专业运营机构：择优收购和运营提升，赚取租金收益和资产溢价

专业运营机构采用的是前面提到的第二种价值提升方式，主要赚取

的是择优收购和运营提升的收益，表现为资产运营水平提升后的租金收益和资产溢价。

一是择优收购。专业运营机构通过专业的价值研判发掘市场的价值洼地项目以开展精准收购，通常是以较低价格入手或拿到较优的整售折扣来拉低成本，再经过更新改造和运营提升后出售，赚取资产增值溢价，总体获利区间为 10%～20%。

二是运营提升。专业的运营机构可以提供横跨开发阶段、建设阶段和运营阶段的全链条服务，从项目规划、产品设计、工程施工到后期运营管理，凭借过硬的运营实力和管理实力赚钱。在前期筹开阶段，它们通过重新调整项目定位或加以改造来收取前期的设计、工程和其他一些专项服务费用；在运营阶段，它们通过盘活与提高闲置物业的使用率使原有物业资产重新焕发出全新价值，以此收取运营基础费用、佣金及溢价分成，还能从租客和社群运营中挖掘出更多的非租收益，如通过对接第三方提供相应的增值服务，赚取更多的收入。

3. 房地产开发商：以地产开发为主，赚取改造阶段的工程溢价

对开发商而言，它们最擅长的就是项目开发环节，通过天然的土地溢价、优良的成本控制能力以及产品增值溢价来获取应有的开发增值利润。在存量地产领域，通常这部分的收益区间为 5%～10%，与商业配套的住宅项目，由于加入了商业的增值因素，其收益会比普通住宅更高。

当然，随着土地资源越来越稀缺，地价越来越贵，开发板块的利润空间被不断挤压，不少开发商也开始逐步向存量资产运营商转型，在未来，还可以进一步赚取改造阶段的工程溢价。

综上所述，每一块业务都有其专业门槛和价值空间。任何进入存量市场的企业只要清楚自身的资源优势及专业能力，选择合适的战略方向切入，聚焦细分领域，就能实现资源价值的最大化，切忌“贪多嚼不烂”！

第三节
选资产：没有更好，只有更合适

为了提升销售溢价，传统的增量市场或多或少都配套了相应的商业资产，如写字楼、酒店、购物中心或底商等常见业态。此外，还有长租公寓和产业园区等新兴业态。诸多的赛道让企业难以选择。

不同业态的基础收益各不一样。这些资产到底有怎样的价值，是否存在价值梯度差异，都是企业需要关注的。因为未来资产退出的主流路径一定是资本市场，这是业内的共识。

所以，在选资产的时候，要对存量市场有清晰的认知，选好企业发力的赛道并从投资人的视角来看待不同的资产价值，这样才有可能在未来顺利实现退出（见图 2–12）。

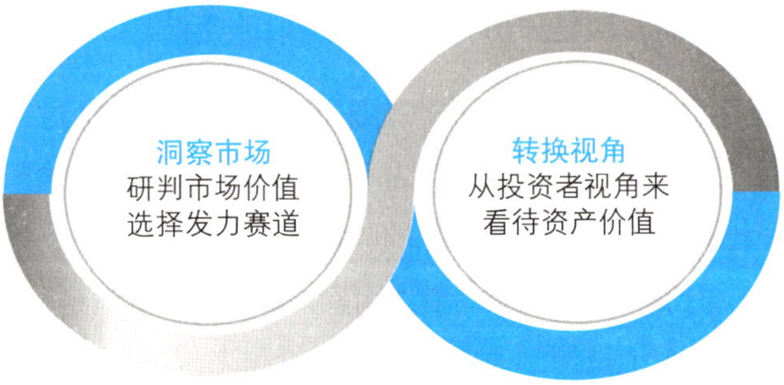

图 2–12 选资产的两大发力方向

资料来源：明源地产研究院。

一、"知己知彼"，洞察存量市场发展现状和未来趋势

经过多年的摸索，企业进军存量市场的方向应该说是越来越清晰。目前来看，房企主要聚焦在与存量经营、城市更新及存量社区相关的细

分赛道，其中又以商办市场、零售物业、产业园区和长租公寓这几大主流业态为代表。

1. 商办市场

2018 年对于中国经济而言注定是不平凡的一年。面对持续性的中美贸易摩擦和国家去杠杆的政策等压力，我国未来的经济增长面临着巨大的挑战。作为反映产业发展与经济发展的晴雨表，中国写字楼市场需求也呈现出先高后低的态势。

短暂的市场波动并不足以动摇未来的发展，北上广深等核心城市正在积极规划的新区能够长期承载写字楼的供应。同时，联合办公等新兴模式的崛起也不断冲击着传统办公理念，这为写字楼运营商们提供了更大的赢利空间。

（1）市场供需：供需不平衡现象明显，主要租户受影响

目前，中国写字楼市场的有效供应与需求存在明显的错配，表现为供过于求，未来该行业的运营管理商们的竞争将更加激烈。我们分别从供给端与需求端来分析这一问题。

①供给端：政策推动带来新供应浪潮

据 Wind 数据统计，自 2016 年供应高峰过后投放至市场的写字楼供应量平均维持在每年 500 万平方米相对恒定的水平。通常来说，现有供应量一般反映一两年前的新开工量，而 2016 年和 2017 年刚好是企业集中拿地、高强度开发的时期，大量的写字楼以综合体组成部分的形式诞生。时代造就了当年新增供应量的暴增，也使得 2017 年之后的市场需要更多的时间消化现有存量（见图 2–13）。

写字楼供应量暴增背后的逻辑是什么？不仅是开发商对于市场的乐观预期，而且是写字楼本身的供应模式。

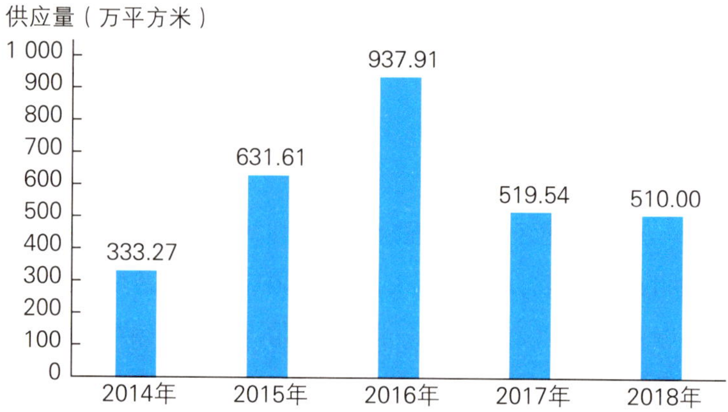

注：主要城市包括北京、上海、广州、深圳、天津、沈阳、杭州、南京、宁波、青岛、武汉和重庆，剔除部分异常数据。

图 2–13 2014—2018 年全国主要城市甲级写字楼新增供应量

资料来源：Wind，明源地产研究院整理。

就国际经验来看，一个城市的写字楼供应量与城镇化的进程密切相关。以美国市场为例，决定写字楼新增供应量的逻辑是：开发商基于市场供需预测，在新开发区以试点的方式建设写字楼，同步进行招商工作，保证存量写字楼达到 95% 以上的出租率后再考虑新项目的开发，采用点式扩张的方式。这一逻辑使得美国写字楼市场的整体空置率长年维持在稳定水平。

相比之下，我国写字楼新增供应量的逻辑更多基于地方政府拉动区域经济等政策导向。相继上演的城市抢人大战和优质企业引进战略（甚至以股权投资的形式拉拢潜在核心企业），都体现了地方政府对产业的招商力度不惜下血本。优质的企业需要优质的营商环境滋养，各地大量的新区规划如雨后春笋般出现，典型的有北京的丽泽商务区、深圳的前海自贸区和成都的金融街等（见表 2–7）。这些新区承载着产业升级与经济增长的使命，在短期之内必须有对标的基建与商业物业作为先行配套设施。

表 2–7 部分城市新增商务区及供应面积预测（2018—2020 年）

城市	新区名称	预计供应面积（平方米）	预计引入产业
北京	丽泽商务区	184 万	金融业
上海	徐汇滨江、世博前滩	64 万以上	文化传媒行业、金融业
深圳	后海、前海片区	56.4 万以上	TMT、其他行业
广州	琶洲、金融城商务区	70 万以上	TMT、金融业
成都	东大街、天府新城	94 万	TMT、金融业
武汉	滨江区域	39 万	其他行业

注：TMT 是指融合科技、媒体和通信（包括信息技术）的产业。
资料来源：戴德梁行。

从开发商角度来看，一旦在新区拿地，它们就面临着高昂的时间成本，快建快销成了实现盈利的首选方式。新区规划完成后，很多开发商在招拍挂的同时就已经开始预售，短时间内产生大量的预期供应，按照当期的需求水平可能要 3～5 年才能逐步消化，这自然拉高了写字楼市场整体的空置率。

在未来经济下行预期明显且写字楼短期的消化能力难以增长的情况下，如果采用政府主导的集约化发展模式，那么供需关系在短期内必然会出现缺口。我们相信，在市场机制的调控下，未来的写字楼市场会逐步回到合理的供给区间。

②需求端：经济下行与资本寒冬冲击主要租户群体

从需求端来看，通常衡量写字楼需求的指标一般为净吸纳量，其具体计算公式为净吸纳量 = 当期写字楼销售数量 + 当期出租数量 – 当期退租数量。据世邦魏理仕统计，2004—2018 年，写字楼需求市场历经多个成熟的波段周期，包括 2008—2009 年全球金融危机之后写字楼市场的需求复苏。

从 2018 年的数据可以看到，三类代表性城市组的净吸纳量都出现了不同程度的下滑，这反映出全国写字楼市场需求减少，经济下行预期对写字楼需求的影响十分明显（见图 2–14）。

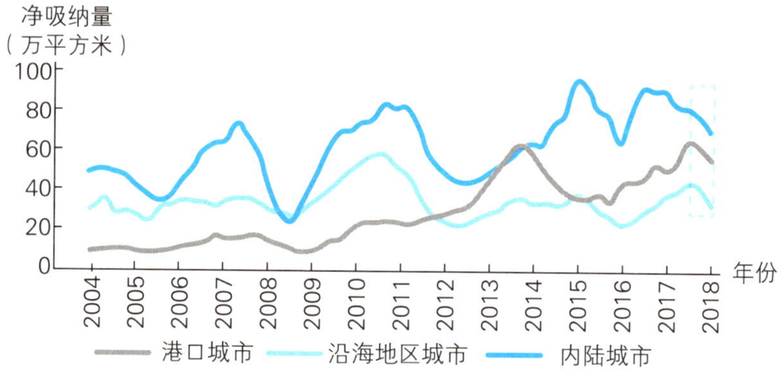

注：港口城市包括大连、天津、青岛、宁波、上海、广州和深圳，沿海地区城市包括沈阳、北京、无锡、南京、苏州和杭州，内陆城市包括武汉、长沙、成都和重庆。

图 2–14　2004—2018 年全国甲级写字楼市场净吸纳量（季度移动平均）

资料来源：世邦魏理仕。

具体从租赁群体来看，基于商务与交流需求，中国写字楼的租户群体类别已经基本固化，金融业、TMT 行业以及专业服务业（法律、财务、咨询）等行业现已成为写字楼租户的主力军。在一线城市中，这三类行业的需求占比普遍在 60% 以上（见图 2–15）。

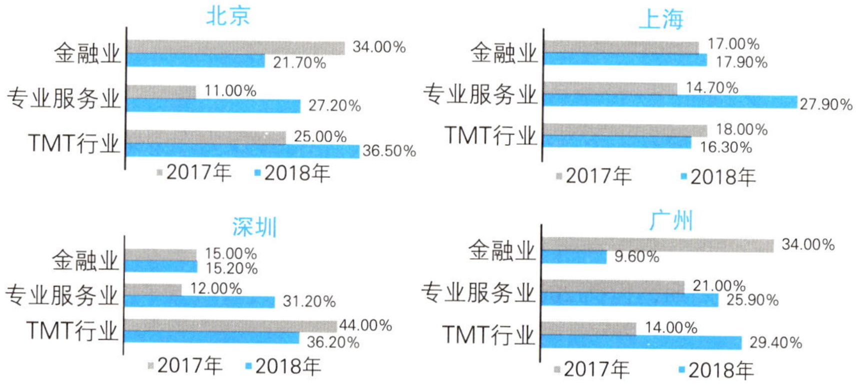

图 2–15　2017—2018 年主要城市甲级写字楼成交面积对比（按主要产业分类）

资料来源：戴德梁行。

但从 2017—2018 年的数据来看，金融业与 TMT 行业两大租户群体的比重都有不同程度的缩减，专业服务行业则有上升趋势。比如，广州金融业从 2017 年的写字楼租赁大户（占当地市场租赁成交量的比重为 34%）直接跌落至 2018 年不到 10% 的租赁成交占比；北京的写字楼租赁成交量第一名由金融业变为 TMT 行业；而 TMT 行业在深圳的承租比重则在 2018 年滑落至 36.2%，这些行业的退租潮与经济大环境不无关系。

（2）竞争环境：三类玩家主体参与，海外资本大举进入

虽然说目前写字楼市场存在供需不匹配的情况，但交易市场却热度不减，尤其是一线城市核心地段的写字楼已经成为热门投资标的，而参与市场的玩家主体也十分丰富。根据购买写字楼的目的，我们可以将当前的写字楼市场玩家分为三类（见表 2–8）。

表 2–8 写字楼市场主要玩家分类情况

玩家分类	购买主体	购买目的	典型代表	投资特点
内资投资者	开发商	获取物业稳定租金收入、处置收益及物业估值贡献	太古地产、金融街	以获取投资回报及未来收益为投资关注点
		获取物业销售收益	SOHO 中国	
	境内保险与信托机构	长期持有物业，获得稳定租金回报	中国人寿、平安信托	
	其他行业企业	长期持有物业，获得稳定租金回报或适时处置获得收益	雨润集团、红豆集团	
	国资企业	长期持有物业，确保国有资产保值增值	珠江实业、南沙城投、济高控股	多为被动性投资，以承担政府社会职能为主，同时关注资产长期租金回报
外资投资者	境外基金	获取物业中短期升值收益，或为物业的长期持有提供前期运营优化	腾飞基金、丰树基金	—
	境外 REITs	长期持有物业，获得稳定租金回报	凯德、麦格理	—

（续表）

玩家分类	购买主体	购买目的	典型代表	投资特点
自用买家	境内外大中型企业	作为区域总部，展示企业形象	中国远洋、中国石油	以物业地段、建筑质量与标准及资产保值与增值为投资关注点
	境内银行等金融机构	作为区域总部，展示企业形象	中国银行、中国人寿	

资料来源：明源地产研究院。

- 内资投资者，代表机构为商业地产开发商、境内险资与信托机构或其他行业企业。不同类型的企业赢利模式有所区别：有以购买写字楼进行长期持有为目的的“管理型”企业，像太古地产和金融街等拥有长期资本的开发商或险资机构。也有购置物业以散售为目的的“销售型”企业，如 SOHO 中国等传统地产开发商。此外，国企在写字楼市场的投资地位也不可忽视，大部分国企多以被动性投资的方式持有写字楼，本着承担社会职能的角色长期经营物业，获取期间收益的同时重视资产的保值增值。
- 外资投资者，主要代表为境外私募基金或 REITs 基金，作为拥有全球化投资意识的机构，诸多外资看好中国未来经济发展，在 2018 年后大举收购内地物业。这类机构的特征在于它们坚持长期经营，为背后的投资人赚取稳定的回报，因此更倾向于选择满租类型的物业，对于物业的购置价格不会太敏感。
- 自用买家，以世界 500 强等大型企业或新兴互联网独角兽企业为主。这些企业基于品牌溢价的提升诉求，会购买整层甚至整栋写字楼物业，它们关注物业本身的区域与建筑设计，注重办公体验。

（3）行业趋势：共享办公成为改善供需利器

当以 TMT 和金融等传统行业撤离写字楼之后，空出的办公室却正在被新的群体吸纳，许多共享办公平台正在迅猛圈地。截至 2018 年 10 月，一线城市共享办公平台累积规模达到了394万平方米，提供工位52万个，规模比前两年翻了4倍（见表2–9）。像纳什空间、优客工场等头部企业通过与开发商或写字楼运营商联合，针对传统办公楼空间进行改造，盘活了部分闲置资源，成为当下写字楼租赁市场的热门需求者。

表2–9 一线城市共享办公空间发展情况

时间	一线城市供应量（万个工位）	一线城市供应面积（万平方米）	接受共享办公企业占比（%）
2016年	12	95	5
2017年	31	250	7
2018年10月	52	394	12

资料来源：好租。

借助互联网的便捷运作及商业的快捷迭代，现在的共享办公正在不断添加更多的场景元素，成为集传统办公及其关联增值服务于一体的新办公体验。相比于传统办公，共享办公的优势主要体现在以下两点。

①工位共享：空间定制满足中小企业需求

共享办公的首要特征就是能以产品线的形式打造出符合不同企业诉求的集体办公空间，而不只是单纯地按照工位的方式进行共享出租。这对那些需要不断更新规模的中小企业甚至创业团队具有很强的吸引力。

例如国内联合办公企业F企，就针对不同企业规模开创了三条产品线：蜂巢式企业——移动办公，中小企业——共享，大企业——定制。F企既可以提供以小时计的自由工位，也可以按周、月或年为周期提供固定工位。针对短期办公需求者，F企还提供了专门的类似星巴克的“第三空间”，持有特制会员卡的从业者可以在全国所有F企项目进行自由办公。通过将工位进行碎片化与移动化的处理，F企将办公空间的单位面积使用效率最大化，出租率常年维持在90%以上。

除了产品线以外，新办公模式可以植入其他物业形态当中，产业园区、中小写字楼甚至购物中心等都可以灵活安插办公空间，全面实现了多地及多个项目之间的企业移动化办公需求。未来，这种新的理念会贯彻至主流的办公场所之中，衍生出更多的办公新元素。

②场景延伸：多元化场景满足人群需求

如果说从企业的角度出发可以设计出不同类型的空间产品，面对每个办公的最小社会单元，那么对人的服务也至关重要，这也是新办公模式提升竞争力的关键着力点。

大多数新办公运营商在管理过程中注重项目的租户结构，比如每个租户的人员构成、年龄段分布和企业发展阶段，优质的运营商还需要考虑员工对所在办公场所的喜好，是否能更便捷高效地完成工作，是否有归属感，等等。为此，运营商在选址及空间设计上应尽量为办公人群提供隐形福利，以服务水平赢得更高的租金与稳定的租约（见图 2–16）。

图 2–16 写字楼办公主要人群肖像及场景需求

资料来源：明源地产研究院。

具体而言，新办公运营商可以聚焦写字楼人群的场景诉求，从而构造出对应的增值服务体系。传统写字楼办公群体可大致分为管理层、基层和流动人群，中高层管理者在写字楼中的诉求偏重于商务交际，类似于顶楼的行政酒廊或特设的总裁电梯等设施都能体现出高端圈子的定位；新进的“90 后”基层白领群体喜欢工作与生活相结合，办公空间可以与健身房或咖啡厅相互融合，或者建设周边配套的长租公寓，工作生活两不误；流动工作人员（司机或保洁）等群体更需要的是短暂的休息空间，设立“司机之家”等功能设施既能满足特定人群的诉求，又可以体现运营商的人文关怀，全方位解决人员服务难题。

在传统办公需求逐步达到瓶颈，而新办公模式悄然兴起的当下，运营商必须顺应行业环境，可竞逐的写字楼管理赛道不外乎有两条：要么在基础业务方面提供更多增值服务，赚取服务溢价；要么坚持集约化的管理思维，降低运营成本，利用信息化手段对业务流程进行赋能，投入稳定并且维持长期高效率运作，从而综合节省人力和物力成本。

综合来看，当前写字楼物业正面临需求收缩、资本涌入和共享办公等新环境的冲击。对于写字楼运营商而言，市场如同战场一般竞争激烈，未来它们必须抓紧时间顺应市场趋势，在探索更加丰富的赢利点的同时修炼好内功，坚持集约化的管理思维，降低运营成本。这样才能在愈加激烈的写字楼管理市场中获得先机。

2. 零售物业

在2019年的全国“两会”上，各项利好频出，其中不乏大规模减税、增加优质产品与服务供给等实质性举措，“消费即为国家基础需求”这个论调多次被提及。事实上，消费现已位居拉动经济增长的三驾马车之首。在强劲的需求下，以线下消费为代表的零售物业和线上电商平台的市场争夺也已经趋于稳定，甚至两者开始融合，演化出“新零售”等商业模式。接下来，我们从市场供需、竞争环境和行业趋势三个视角为大家阐述零售物业市场的发展情况。

（1）市场供需：城镇化保证基础需求，存量改造成供应新战场

①需求端：城镇化与人口增长，保障基础消费需求

一般而言，决定写字楼需求的因素涉及区域经济环境、产业发展与政策支持，而零售物业的需求更多依靠基础人口，城镇化率是体现购买力人口流动水平的主要指标。

国家统计局的数据显示，2018 年年底全国城镇化率已经达到 59.58%，距离发达国家的及格线还有 15% 的差距，预计到 2030 年，全国城镇化率将达到 67%。按此目标进行推算，未来每年将有 1 200 万～1 400 万农村人口进入城市，由此会形成 2 万个以上的新社区，农村人口迁移所带来的消费空间将不断延伸。

另一个直观需求体现在每年增长的消费能力，2018 年全国社会消费品零售总额再创新高，达到 380 987 亿元，比上年增长 9%。消费对国内生产总值的增长贡献率为 76.2%，虽然 2018 年伊始整个宏观环境面临经济下行与中美贸易摩擦等冲击，但消费作为我国经济增长的主动力依然强劲。政府也不断借助内需弹性来稳定经济和抵消外部冲击，例如 2018 年年底政府出台的个税改革措施对零售消费市场无疑是利好因素，相信政府在保内需思维下，更多刺激政策将持续为消费需求提供增长动能（见图 2–17）。

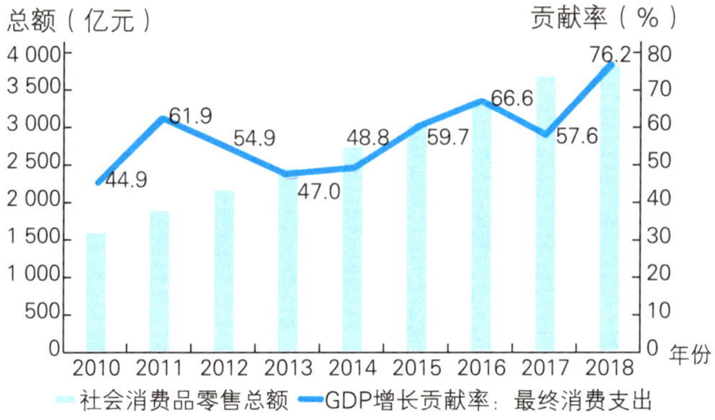

图 2–17　2010—2018 社会消费品零售情况

资料来源：国家统计局。

①供给端：新增供应趋于平缓，存量改造成供应新主力

从供应端来看，我国零售类物业市场自 2005 年后进入快速增长期，除了 2007 年金融危机有所影响之外，综合每年的供应量增长率达

到 30%，仅 2015 年的新增供应就超过了当年的存量面积，在此之后供应才急速下滑。2017 年，增量零售物业占现有存量不到 20%，整体供应已经趋于平稳。2015—2018 年，新增零售物业更多源于大型开发商向三、四线城市下沉拓展。在地少价贵的一线城市，增量零售物业占总存量地产的比重已经连续三年维持在 15% 以内，市场已进入存量时代（见图 2–18）。

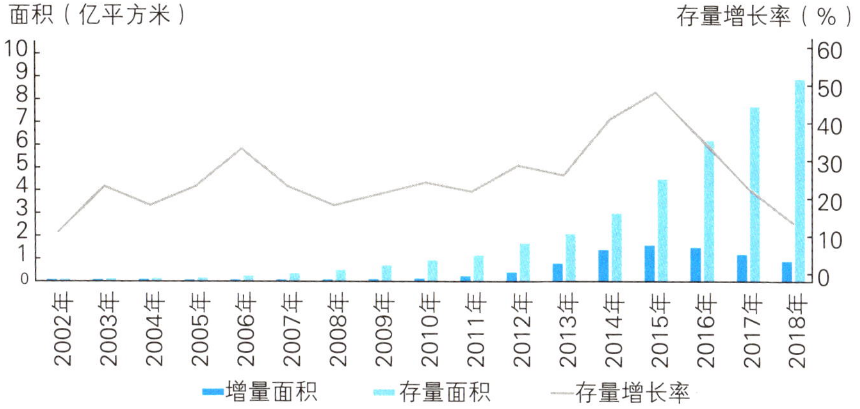

注：1. 此处商业物业包含购物中心、百货商场、超市卖场、专业市场、交通枢纽商业，以及统一经营的写字楼、住宅、产业园区和文旅项目的配套商业；

2. 此处增量面积指成功开业的有效商业面积。

图 2–18　2002—2018 年零售物业新增供应量与存量增长情况

资料来源：睿意德地产研究院。

面对有限的零售物业资源与快速更迭的消费行业需求，各零售物业运营商通过升级改造的方式维持市场的竞争力。像日本的永旺集团，每年都会将 14% 左右的投资预算用于存量项目的改造，每三年对旗下一半以上的购物中心进行翻修，以适应消费趋势的变化。

目前，国内部分一线城市的零售物业采用更换硬件与调整业态比例的方式实现内容翻新，也有彻底改变物业功能从而换发第二春的实例（见表 2–10）。例如，北京 798 电子工业老厂区历时多年打造成为艺术园区，盘活闲置土地资源的同时也带动了周边乃至整个北京的人流走向。未来，针对存量零售物业的改造将成为保持项目生命力的重要手段。

表 2–10　国内典型零售物业改造案例与改造模式

改造项目	改造类型	改造内容
北京 SKP 广州太古汇	周期性改造型更新	定期的硬件维护与品牌更换，为适应新消费潮流进行局部更新
天津津汇广场 北京龙德广场	效率提升型更新	具有一定市场优势的项目，为适应不断变化的竞争环境而进行的改造
朝阳大悦城 广州正佳广场	优势增强型更新	标杆项目为巩固其市场地位，洞悉新消费潮流，提前投资以引领市场为主的改造活动
北京 798 艺术区 三里屯盈科中心	功能转化型更新	改变物业功能，转换竞争赛道，以实现物业价值最大化

资料来源：睿意德地产研究院。

（2）竞争环境：百货零售商领跑，开发商与互联网企业加速布局

对于管理方而言，零售物业的管理难度相对较大，需要同时考虑市场中各类消费者的需求以及租户企业的业态配置，这使得零售物业市场的进入壁垒相对较高。从现有市场环境来看，零售物业市场的玩家基本可以分为以下三类（见图 2–19）。

百货零售商
代表：王府井百货、天虹百货、新世界百货
优势：品牌效应、一手把握客户需求

地产开发商
代表：万达、大悦城、华润
优势：资本优势、平台服务能力

互联网企业
代表：京东和天猫等电商平台
优势：数据洞察、海量用户数据挖掘需求

图 2–19　零售物业市场的三大主要玩家

资料来源：明源地产研究院。

- 传统的百货零售商，代表企业有王府井百货和天虹百货等。作为最

早的零售物业运营商，这类企业都积累了相当多的客户资源，线下品牌效应明显。在互联网数据时代的背景下，诸多传统零售商也开始加快创新步伐。例如天虹百货在2013年就提出了“全渠道”业务战略，打通线上线下生态圈，借助App（应用程序）及微信公众号等端口实现多渠道营销。

- 房地产开发商，代表企业有万达、大悦城和华润等商业地产龙头企业。开发商在资本方面具有很大的优势，可以通过资金杠杆快速扩张，配合住宅开发业务，在短期往往能够给区域商业带来大量的人流支持。目前，诸多开发商与零售企业展开深入合作，零售商提供产品与需求，开发商提供场地与服务，两者的合作使整个零售物业市场的竞争格局发生了变化。
- 互联网企业，尤其是以阿里与腾讯为代表的互联网巨头，借助关联电商平台大规模向线下渗透。互联网企业的优势在于拥有大数据，能够基于海量的线上用户交易数据挖掘出消费者的需求。比较知名的案例是阿里巴巴旗下的盒马鲜生，它打破了原先“货—场—人”的商业逻辑，以消费者的潜在需求为出发点，实现“人—货—场”的定向销售模式。

（3）行业趋势：电商转实体蔚然成风，体验经济成为市场主力

一直以来，线下零售门店与线上网络购物（电商）的市场竞争非常激烈。在2014年之前，电商发展一骑绝尘，然而，不论势头多猛的行业，总有回归平稳的一天。中国电子商务研究中心的数据显示，2018年网购交易规模达到90 065亿元，同比增长23.9%，对比2014年增速明显下滑（见图2–20）。在历经数年的高速增长后，网购成交规模增速持续放缓，线上市场进入饱和期，电商所依赖的人口红利正在逐步消失。

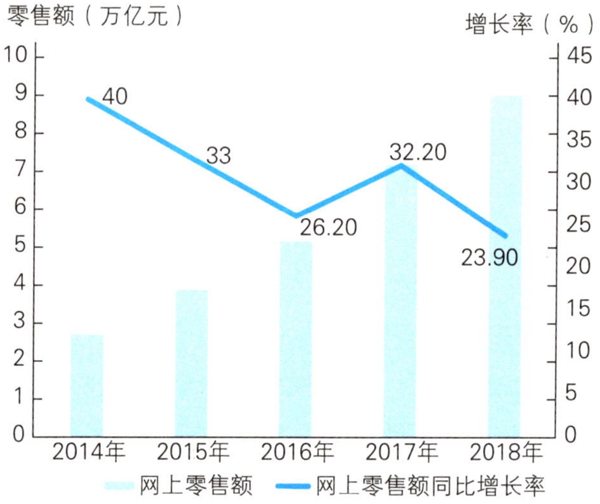

图 2–20 2014—2018 年中国网络购物交易金额和增速

资料来源：中国电子商务研究中心。

除收入增长乏力以外，电商的成本也在快速上升。相关统计显示，2017 年主流电商的获客成本较两年前增长近 10 倍，平均获客成本高于 300 元 / 人。不断升高的销售与运营成本正在挤压电商的利润空间，线下渠道引流的优势促使电商重归实体商业渠道。

2018 年有 10 个大型电商平台陆续开出线下首家门店，大部分门店选址核心商圈的优质购物中心，业态多以超市或者科技体验店的形式为主（见表 2–11）。事实上，在此之前，以盒马鲜生和永辉超级物种等主打生鲜的线上线下融合体已经广泛地存在于各大型商业综合体当中了。

表 2–11 2018 年大型电商开设线下门店案例

电 商	开业时间	所在城市	入驻项目
苏宁极物	2018–3	南京	新街口商圈商铺
天猫国际	2018–4	杭州	西湖银泰
淘宝心选	2018–4	杭州	亲橙里

（续表）

电 商	开业时间	所在城市	入驻项目
网易考拉	2018–04	杭州	杭州大厦中央商场
有生品见	2018–04	上海	七宝万科广场
小红书	2018–06	上海	静安大悦城
一 条	2018–09	上海	凯德晶萃
唯品会	2018–10	北京	国瑞城购物中心
蘑菇街	2018–11	杭州	西溪银泰城
网易严选	2018–12	杭州	杭州解百购物广场

资料来源：公开资料，明源地产研究院整理。

从物业运营商的角度来看，电商生鲜超市因整合线上、线下双销售渠道，推行酷炫的零售新科技，能汇集众多的客流，坪效可以达到传统超市的 5 倍以上。因此，这类商户成为运营商或业主改造项目的首选招商对象。

另外一种热门的电商转线下业态是科技体验店。与电商生鲜超市不同，此类商户租赁面积较小，线下空间更多地承担展示和互动的功能，通过广泛运用 AR（增强现实）、AI（人工智能）和电子价签等科技方式在面积有限的门店内虚拟陈列更多的单品，提供虚拟试用的服务并增强互动性。同时，以线上数据为基础且具有导向的线下单品摆放也使得产品高度迎合消费者需求。未来，电商平台将进一步在线下扩张，而定位年轻时尚的优质商场会是该类租户拓展的首选。

利好线下零售的因素之一是体验经济的走热。体验经济是从服务经济中分离出来的，它追求的是顾客情感的高度满足，重视消费过程中的自我体验，满足消费者日趋个性化和定制化的需求。

因此，结合场景化体验的新零售模式开始出现，将传统的业态与体验经济结合之后延伸出更多的可能性。常见的零售 + 体验创新业态有各类生活体验馆，包括餐饮与体验相结合的主题类餐厅，运用 VR 技术营造的场景化游戏馆以及注重场景化搭配的家居体验馆等（见图 2–21）。

图 2–21　传统零售与体验经济结合产生的创新业态

资料来源：明源地产研究院。

除了搭建场景平台营造体验环境，通过科技手段丰富感知也能为体验经济增加更多内容。例如 2018 年天猫打造的 Tmall × Intersport 超级体育智慧门店，该店在入口处有一个智慧橱窗系统，通过运用人脸识别技术，首先会对顾客的消费背景做出预判，店内配有 AI 魔镜，在顾客试穿试戴时，根据先前收集到的年龄和体形等信息为顾客提供最佳选择和搭配建议。

未来提供场景体验的新零售模式将成为线下市场主流，零售物业也不再只是以出售商品为目的的载体。物业运营商们可以根据区域消费人口结构适当对零售业态与体验类别进行调整，以便让更多的消费者愿意为其精神体验诉求买单。

总结 2018 年，“存量时代”“体验经济”“新零售”已成为零售物业发展大道上的风向标，而以“核心地段 + 高租金”为特征的传统零售业务模式将面临重构。在此契机下，物业运营商们势必要利用新兴的技术手段实现快速转型，唯有如此才能在存量市场竞争中站稳脚跟。

3. 产业园区

2019年1月，物流巨头普洛斯成功收购上海浦江云创商务园，打响了2019物流园区收购第一炮。事实上，早在2017年，市场就曾掀起过一轮产业园区集中收购潮，彼时万科以168亿元拿下普洛斯，碧桂园以9.26亿元入股中集产城，启迪协信收购恒生科技园资产包，案例不胜枚举。2018年，杭州市场资产板块投资热度需求调研结果显示，产业园区备受资本市场青睐，甚至超过甲级写字楼，成为第二大受欢迎的业态，排名仅次于零售物业。

资本的嗅觉一向敏锐，无论是企业间的收并购，还是强强联合重组，各方势力布局产业园区，无不显示着这种业态未来巨大的发展潜力。那么，在新经济周期新政频出的当下，产业园区究竟发展得怎么样？又有何投资价值？我们汇集了多方机构和政府平台的研究数据，从发展现状到未来演变趋势，为大家解读产业园区的变革与发展。

（1）市场供需：供应逐步回暖，世界工厂确保基础需求

与写字楼和购物中心等传统业态不同，产业园区占地宽广，而工业用地作为产业园区发展的重要空间载体，其供给量对产业园区建设有着较大影响。

2008—2018年的10年间，我国工业用地经历了由供应过剩转向趋紧，再逐步平稳的过程。在2013—2015年，整体土地供应量连续三年下滑。伴随着产业地产投资热度升温，工业用地市场供应量在2016年实现触底反弹，2017—2018年，工业土地供应维持平稳攀升的态势。工业用地供给情况的改善为产业园区落地生根提供了充足的空间，大量园区应势而起（见图2–22）。

从存量上看，全国大大小小的产业园区数以万计、分布广泛，包括了552家国家级产业园区，1 991家省级开发区分布在全国31个省市，其他地市级甚至县级产业园区更是多达万家（见图2–23）。

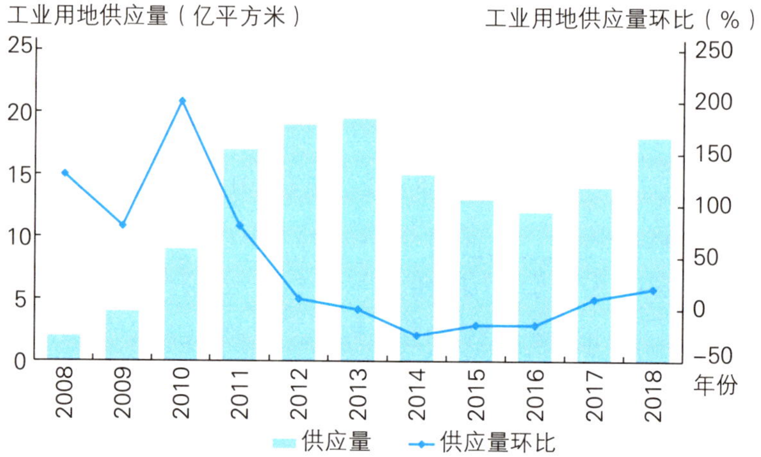

图 2–22 全国工业用地供应情况（2008—2018 年）

资料来源：国家统计局，明源地产研究院整理。

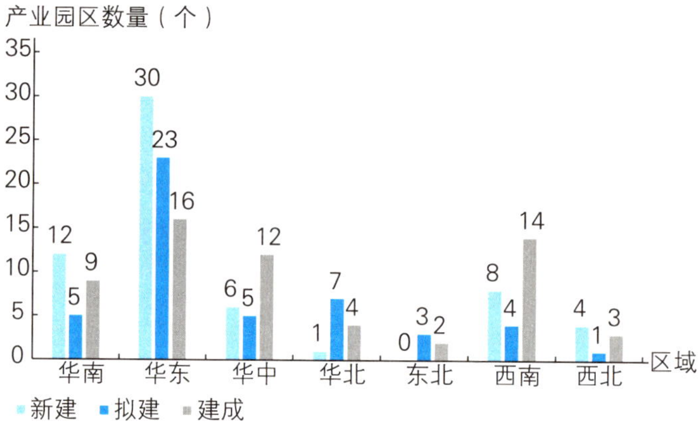

图 2–23 2018 年 12 月至 2019 年 1 月中国产业园区建设动态

资料来源：前瞻产业研究院，明源地产研究院整理。

从增量上看，仅 2018 年 12 月至 2019 年 1 月，全国新增产业园区就超 160 个，包括新建、拟建以及建成的园区总量，其中华东地区建设数量占据绝对领先地位，而三北地区则整体建设数量较少，园区建设呈现明显的地域差距（见图 2–24）。

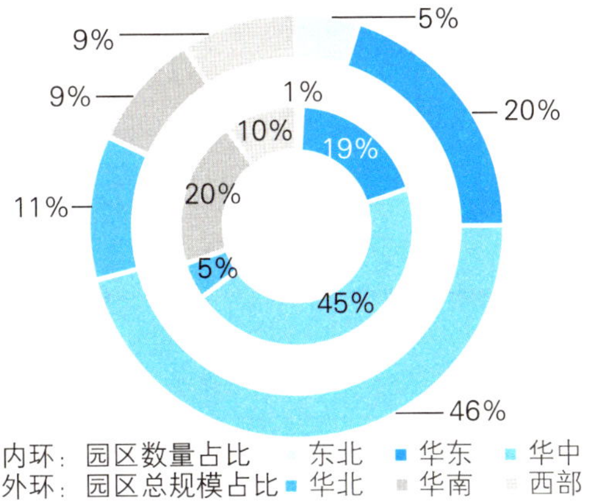

图 2-24 各区域产业园区数量及建设面积占全国比重

资料来源：克而瑞，明源地产研究院整理。

从宏观需求来看，作为我国区域和城市制造业发展的承载主体，产业园区的需求直观体现在规模庞大的制造业。很多报道称，中国世界工厂地位不保，传统制造业正在向越南、印度尼西亚和新加坡等东南亚地区转移，但从制造业规模和占 GDP 比重来看，中国世界工厂地位短期内难以被撼动，制造业仍然是中国最大的行业。2004—2016 年，虽然我国制造业占 GDP 比例总体呈现震荡下降趋势，但在 2016 年出现了触底反弹，2017 继续保持上升，制造业占当期 GDP 的比重为 29.4%（见图 2–25），而位列第二的批发和零售业仅占 GDP 的 9.4%。在绝对规模上，制造业当之无愧是我国最大的行业，这决定了我国对产业园区的需求是很强劲的。

从微观需求来看，企业投资产业园区热情高涨。以传统产业地产类为例，华夏幸福和张江高科 2017 年新增产业园区数量大幅增加，几近翻倍，单华夏幸福一家企业 2017 年新增产业新城和产业小镇就有 21 个（见图 2–26）。新增园区开发项目主要集中在电子信息、高端装备和新能源汽车等风口行业。

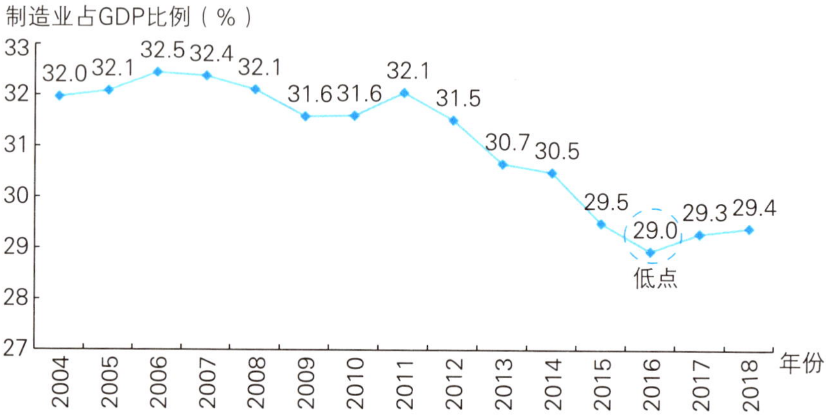

图 2-25　中国制造业占 GDP 的比例

资料来源：世界银行。

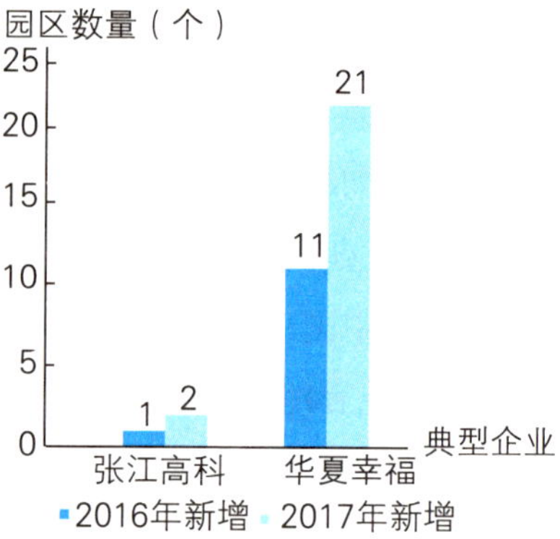

图 2-26　2016—2017 年龙头企业新增产业园区数量

资料来源：企业年报，明源地产研究院整理。

总体来看，我国产业园区市场供需基本平衡，这一方面得益于国家宏观政策导向与各地强烈的发展诉求；另一方面，企业的多元布局与迭代转型也加速了园区的供需升级。

①外生：国家政策导向与区域诉求助推园区供需浪潮

我国产业园区数量激增以及产业地产的蓬勃发展，在很大程度上得益于国家政策的大力扶持。2017 年，全国 375 家国家级经济开发区和高新区贡献了超过 1/5（22.5%）的 GDP，在巨大的经济效益驱动下，发展产业园区成为各地政府的头号工程。

于是，中央与地方联动，各级产业扶持政策密集出台。

在国家层面，“十三五”规划、“十九大”报告中频频提及产业发展关键词。国家级新区、开发区以及自贸区等政策支持，让各地建设热度此起彼伏。发改委打破传统行政区域限制，明确支持“飞地经济”发展模式，张江长三角科技城、上海漕河泾新兴技术开发区海宁分区等共建园区平台应运而生。

在地方政府层面，各市县相继出台产业园区扶持与优惠政策。例如，浙江省嘉兴市 2017 年出台的《嘉兴市人民政府关于推进“泛孵化器”建设的意见》，通过补助和奖励的形式对入驻园区的科技企业孵化器给予 20 万 ~ 150 万元不等的奖励，极大地鼓舞了企业进行园区开发的热情。

我国产业园区数量激增的另一个重要原因来自不同地区发展的多元化诉求。对于发达地区来说，土地财政无法持续，通过产业获取税收才能持续良性发展。对于欠发达地区而言，没有产业就无法聚集人气，人口无法导入，以至地方经济无活力。而贫困地区则需要以自然资源为核心，建立新型的产业模式，带动区域发展。总体来说，区域经济增长、税收以及就业等多方诉求促成了产业园区的繁荣发展。

②内沿：企业多元布局与迭代转型加速园区供需升级

在新经济周期下，开发商顺应国家振兴实体经济的号召，纷纷布局产业地产。以房地产开发为例，走在行业前端的大型企业开始了战略转型，大量做住宅开发的房企纷纷投身于产业地产、园区开发、特色小镇和产业新城运营的市场中。发展产业园区并构造多元化的业务布局结构成为开发商拓展的核心策略。

国内前 50 强的房企有 45 家都涉足了产业地产，其优势在于强大的设计能力、开发能力及融资能力。以万科、富力和碧桂园为代表的一批龙头房企均成立了独立业务板块，以“园区 + 地产”的模式为集团寻找全新利润增长点。

不同规模的企业在业务选择上呈现差异化。数据显示，房地产百强企业的多元化布局存在差异化选择：2017 年，排名前 10 的龙头企业凭借自身的资源优势和稳健的运营能力在各大产业进行布局，方向大而全，60% 的企业积极抢占特色小镇、商业地产、文旅地产和养老地产高地。在排名第 11 ~ 30 位的企业中，超过 50% 重点关注特色小镇、商业地产、文旅地产和养老地产；而排名后 70 位的企业受自身规模和资源限制，布局结构相对单一，关注领域集中在相对成熟的社区服务以及“新风口”特色小镇（见图 2–27）。

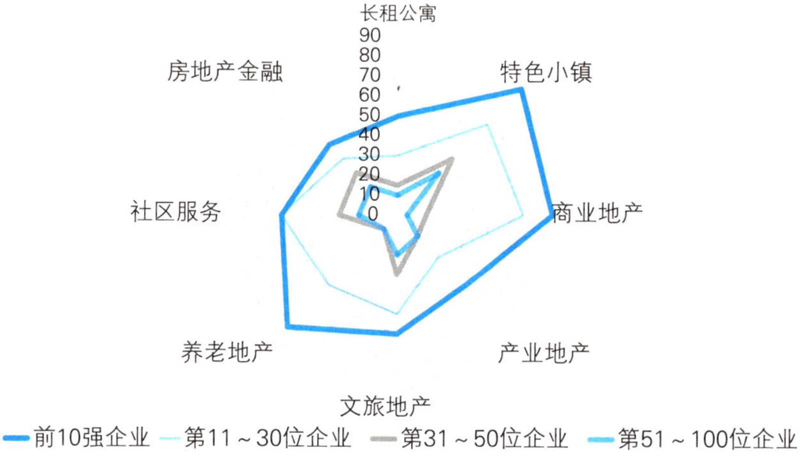

图 2–27　2017 年房地产百强企业产业布局方向

资料来源：中国指数研究院，明源地产研究院制图。

（2）竞争环境：诸多玩家兵分四路，各凭本事占山为王

各类产业园的爆发式增长，为实体经济提供了充足的空间，同时也吸引了各路玩家涌入。从市场竞争来看，产业园区市场玩家可以分为以下四大类。

- 传统产业地产类：以华夏幸福、张江高科、天安和联东等传统内资园区企业以及普洛斯和腾飞等外资企业为代表，它们的优势在于拥有较为成熟的赢利模式，能够提供全产业链服务，完善企业生态圈。
- 房企转型产业类：包括万科和碧桂园等企业在这一领域动作频繁，凭借其雄厚的资金实力和优秀的资源整合能力在产业园区阵地上慢慢站稳了脚跟。
- 实体企业：以海尔和格力等传统制造业为主业的企业也开始涉足这一领域，试图在主业之外寻求新的业务增长点，它们的优势在于拥有良好的产业资源，容易发挥产业集群优势。
- 金融大鳄：以黑石和复星等为代表的股权投资企业也有所布局，它们的优势在于资金实力雄厚，善于整合资源，合作模式灵活。

（3）行业趋势：老旧存量改造焕新，配套升级造就城市综合体

随着各路玩家大举进军产业园区市场，园区遍地开花，这势必会带来空置率高企的结果。截至 2014 年，我国产业园区整体空置率高达 43.2%，即便是长江沿岸产业成熟的上海和苏州等地园区空置率也超过 10%，部分园区空置率超过 20%。

紧跟政策步伐、前景看好的产业园区为何建成后会遭遇滑铁卢？原因主要有两个。一是重资产开发。不管是政策东风鼓吹，还是拿地需求驱使，部分开发商虽然转战园区后继续沿用短平快、高周转的开发逻辑，通过快速建成—销售的模式享受到了政策红利并赚取了土地增值溢价，但是都缺乏可持续经营能力。二是轻产业发展。脱离了产业本身的产业园区面临配套不齐与服务不到位等诸多问题，这导致入驻企业综合成本上升，进一步推高了园区空置率。

从这个角度来看，房企轻车熟路的规模开发逻辑在产业园区领域并不适用。在存量时代，重建设、轻运营的模式走不远，产业园区增长方式必须由注重规模向更加注重发展质量转变。

①老旧存量更新改造，场景体验焕发新生活力

对于空置已久、陈年老旧的产业园区，改造更新将成为未来解决这些存量难题的利器。一方面，包括万科、恒大、佳兆业和中粮等在内的一大批知名房企，都在借助"工改工"类城市更新项目加快自身的转型升级。另一方面，各类资本也加入存量改造的队伍中，并且随着2019年银保监会支持保险机构加大股权投资力度，作为与险资最匹配的投资标的，产业园区无疑迎来了极大利好。

随着存量改造市场的发展，结合场景体验的更新改造应运而生——在传统更新改造中融入新的特色元素，可以让老旧园区焕发新生活力。例如，上海的M50创意园就是老旧厂区改造成为时尚产业园的典型案例。

M50时尚创意园的前身是上海春明粗纺厂，经历改造更新后，原本逐渐衰败的厂区却与周边建筑完美融合，保留了典型的粗放式工业建筑结构，又融入了浓厚的艺术气息，成为独具特色的工业旅游景点（见图2–28）。

图2–28　M50时尚创意园——改造后的艺术涂鸦

资料来源：公开资料。

为什么M50时尚创意园能取得成功？总结来看，有以下两点原因。第一是成本较低。不同于其他老园区大兴土木推倒重建的方式，M50时尚创意园以更新改造的方式延续建筑物的使用年限。老旧工业厂房改造

成创意园区，投入成本低，为降低入驻企业的物业成本奠定了基础。第二是科学规划运营模式。M50 时尚创意园从管理系统和业务流程上进行了精心设计，形成了一套可供复制的、以产业置换为载体的老厂房改造为产业园区的系统框架。海上新东坊和 1930 创意园区等都按照这种思路改造，改造投资的收回期仅需 3～4 年。

未来，预计更多的开发商和投资机构将会加入这个存量园区更新改造的细分市场，形成一个新的热点。

②从产业园区到新城，区域配套造就城市综合体

随着产业园区的演化和发展，园区承载的功能日益多元化，其表现形式也从单一的生产型园区经济向多功能的生产、服务和消费等“多点支撑”的城市型经济转型。

注重区域配套是产业新城的最大特点。以产城一体的模式在工业物业、写字楼、住宅、商业配套与社会综合配套方面做到统筹兼顾，不仅能提供基本的生产作业场所，还能提供商务及生活配套等必要设施，形成 12 小时工作圈和 24 小时生活圈，进而满足入驻企业的多元化需求。

未来，配套完善设施的产业新城将成为主流，产业园区将不再仅仅停留在“产”的阶段，而是向着一种新型的“产城人”多级融合发展模式进化。

4. 长租公寓

自 2014 年雷军投资 You+（优家）并将长租公寓拉入大众视野，到 2018 年上半年，整个长租公寓市场一片风和日丽，各类运营商热火朝天扩规模，纷纷期待在行业获得一席之地。不料 8 月份行业形势急转直下，负面舆论此起彼伏，资金链断裂的公寓企业频频出现。到 2019 年，一些房企开始剥离长租公寓业务，还有一些房企暂停了在部分区域的拿房计划。

在大众舆论场里，长租公寓成了嗜血恶魔；而在资本的眼里，长租公寓成了烫手山芋。可这并非长租公寓市场的本来面目。在国外成熟市

场，长租公寓租金回报率高、资产流动性强，是一类具有明显优势的投资级资产。

不过中国长租公寓市场在资本的推动下，快速进入“发展期”，阵痛必不可少。从现状来看，尽管中国长租公寓投资的市场化程度还比较低，有效供应并不足，但中国有庞大的租赁人口，需求旺盛，加上政府支持性政策的不断推出，中国长租公寓依旧有市场，此时不过是中场。

（1）市场供需：供应结构失衡，供需错配现象明显

总体来看，租赁房源面临结构性供给失衡的问题，房源供给端与租客需求端的匹配性面临挑战。

①供给端：政策支持不断，新增和存量改造多渠道增加供应

从租赁土地供给来看，租赁房源的供应有新增和存量改造两条途径。新增包括招拍挂地块中的自持面积及大量的集体土地入市，而存量改造则主要是对老旧小区、破旧城中村和闲置商业（如商务办公和废弃厂房等）的升级改造。

从城市来看，北京、上海和杭州等地突出强调新建商品房配建及集体土地建租赁住房；而深圳、广州和佛山等珠三角城市则侧重通过城市更新项目增加租赁供给，例如，深圳110万套房源的供应中，有100万套属于存量房改造；其他二线城市则强调新建商品房配建租赁住房（见图2–29）。

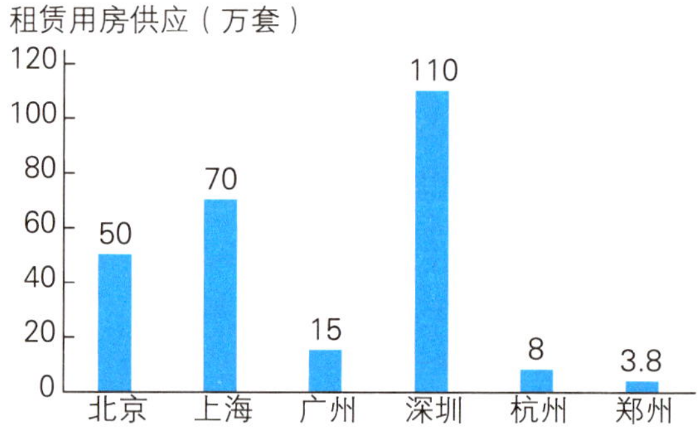

图2–29 未来五年主要城市租赁用房供应计划

资料来源：公开资料，明源地产研究院整理。

从供给结构来看，国内的长租公寓供应主要集中在中端，高端和低端的产品供应较少，呈橄榄形的结构（见图 2–30）。

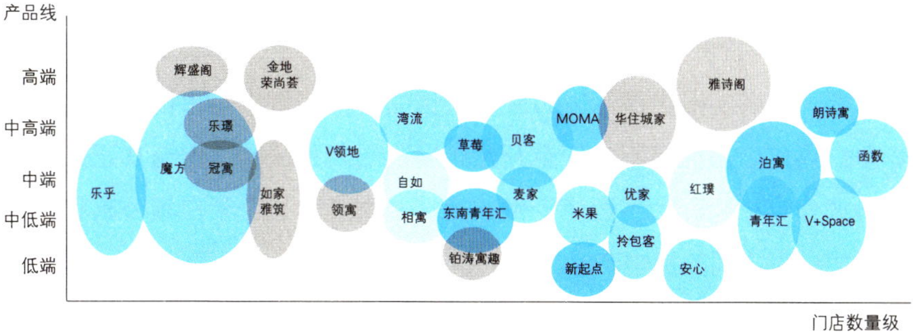

图 2–30 全国部分品牌公寓产品线及门店数量级对比

资料来源：链家研究院。

②需求端：专业机构即将崛起，特殊公寓供小于求

目前，长租公寓占整个房屋租赁市场的比例不足 5%，而在房价涨幅最大的 10 个城市中，租赁住房的机构化比例同样不高，最高的北京也仅为 10.3%，是唯一一个超过 10% 的城市（见图 2–31）。

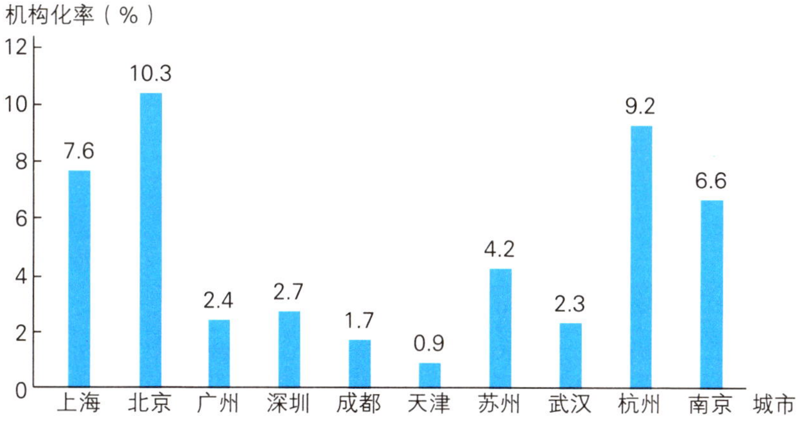

图 2–31 全国十大城市租赁住房机构化比例

资料来源：贝壳研究院。

从国际经验来看，美国由机构持有或管理的房源占比约为 30%，日本的这一比例高达 83%。伴随着我国居民消费的升级、租赁金融的日趋成熟以及住房租赁制度的逐步完善，个人持有租赁房源占比将降低，规模化专业机构的崛起将是大势所趋。

智研咨询的报告显示，80% 的长租品牌都在做中端市场，由此导致竞争白热化。虽然有不少房企开始布局高端长租公寓，但与真正的高端服务式公寓相比，大多数房企做的高端公寓其实是介于白领公寓和高端服务式公寓之间的折中产品。

从市场供给现状来看，按照房源能够容纳的入住人数测算，相比竞争白热的白领市场，两端的蓝领和金领公寓拥有更大的增长空间。除此以外，未来中端市场的"家庭公寓"产品将陆续问世，各类产品设计更加精细化，消费者对品牌公寓的认可度有望逐渐增强。

（2）竞争环境：五大主体竞速赛跑，企业分化洗牌加速

五大主体角力长租市场，但是行业分化严重，开发商、创业系和中介系占领了有利的市场地位，国企系具有强大的发展后劲，未来可期。

①开发商：有一定的土地资源和相对充足的资金

2017 年前后，房企纷纷进军长租公寓市场，并且借助自身雄厚的资金实力和改造装修的供应链集采优势获得了迅猛的发展，典型代表如万科泊寓、龙湖冠寓、旭辉领寓和碧桂园碧家等（见表 2–12）。

表 2–12　2019 年上半年房企长租公寓规模排名

排名	品　牌	拓展规模（间）	排名	品　牌	开业规模（间）
1	万科泊寓	230 000	1	万科泊寓	70 000
2	龙湖冠寓	110 000	2	龙湖冠寓	62 000
3	旭辉领寓	60 000	3	旭辉领寓	20 000
4	碧桂园	40 000	4	朗诗寓	15 000
5	朗诗寓	40 000	5	招商公寓	14 300

资料来源：地新引力。

不过，由于长租公寓前期投入大、行业租金收益率低且投资回报周期长，所以，一些房企目前开始调整长租公寓业务的发展，比如 2019 年 7 月，有媒体报道，万科开始放弃部分已签约的城中村改造项目。

②创业系：运营能力强，更懂得客户需求

创业系是最早接触长租公寓业务的企业之一，运营是它们的强项。而且，创业系基本上都深耕某一区域，深入研究客户需求，因而比较了解区域客户的需求，产品更具设计感，服务方面更加注重租户的体验。创业类企业的典型代表包括魔方公寓、乐乎、湾流和贝客等，它们在长期业务上有不俗的表现（见表 2–13）。

表 2–13　2019 年上半年创业系长租公寓规模排名

排名	品　牌	管理规模（间）
1	魔　方	100 000
2	乐　乎	54 000
3	湾流国际	30 000
4	未来域	30 000
5	安歆集团	100 980（床位）

资料来源：地新引力。

③中介系：拥有完备的获客渠道，规模扩张迅猛

有中介背景的公寓运营企业，凭借其在做二手房交易和租赁业务时积累的大批房源和客源，做长租公寓时可以将这些资源引流至长租业务，所以中介系公寓运营企业的房源拓展快，规模远远领先于其他系企业。不过相比集中式房源，中介系公寓运营企业更擅长做分散式公寓，典型代表如自如、相寓、蛋壳和青客等（见表 2–14）。

④酒店系：具有完善的运营体系和丰富的运营经验

酒店系公寓运营企业在住宿行业往往有较长时间的经验积累，房间和客户运营体系完善，运营经验也很丰富，因此很多酒店系长租品牌往

表 2-14 2019 年上半年中介系长租公寓规模排名

排名	品 牌	管理规模（间）
1	自 如	850 000
2	相 寓	700 000
3	蛋 壳	500 000
4	青 客	100 000
5	美丽屋	75 000

资料来源：地新引力。

往在运营服务和成本控制等方面具有独特的优势。酒店系公寓运营企业的典型代表包括华住城家、铂涛窝趣和辉盛阁等。

⑤国企系：先天拥有存量资产和资本资源

此外还有一个不得不提的市场参与者，那就是大型国有租赁企业。这类企业一是可以以低于市场价的低成本拿地或包租；二是有着较强的品牌背书，也更容易签下企业客户。不足之处在于，国企系公寓运营企业不擅于打造和经营管理长租产品，一般以与运营商合作的形式进行运营。国企系企业的典型代表包括上海地产和深业集团等。

（3）行业趋势：运营驱动与金融手段加持，突破租金收益困境

在长租公寓的上半场，房间规模成为各类玩家追逐的焦点，但多个公寓“暴雷”，多起负面舆论事件，将长租公寓市场拉入理性发展阶段。此时，规模不再是行业的唯一诉求，是否具有运营能力和资本运作能力将是各玩家能否决胜未来和突破租金收益困境的关键。

如今长租公寓赢利空间有限，社会又不能给它匹配到便宜的稳定资金。在这种背景下，一些运营商还不顾一切蒙眼狂奔，等扩张到了一定房间规模才发现没有足够的运营能力快速出房以保证高出租率，加之出现一些质量问题，最终将自身和整个行业引入窘境。

对于租客来说，他们期待安全舒适的居住环境，同时资方对长租公寓的考察点也越来越细。比如目前很多资本机构投资公寓，不只看公寓

规模，还会综合考察企业运营能力、团队情况、不同产品线的卡位情况和商业模式等，关注点越来越细。这给了公寓运营商以警示，要想获得资本青睐，不能单纯考虑扩规模，需要冷静下来考虑经营质量。

结合企业自身发展、租户的诉求及资本的关注点来看，长租公寓市场不能一味追求规模，获得市场占位等待盈利，这是一个需要精心细"酿"的市场，不能简单粗暴地"烧开水"。

由于长租公寓收益的长期性和持续性使其成为资产证券化的理想标的，所以险资这样的长线资金也对其比较感兴趣。比如平安不动产就对外宣布，未来10年，平安不动产计划发展200万间、总面积约8 000万平方米的长租公寓，总资产管理规模将达到2 000亿元。不过，由于目前长租公寓收益率仍处于2%左右的较低水平，相关法律法规不完善且长期投资人仍然较为缺乏，租赁住房资产证券化操作也面临着不少难题，仍需要相当时间的发展和完善。

如今来看，各类玩家都有各自独特的市场优势，但是它们如何利用已有优势，抓住市场发展空缺，最终成功步入资管发展快车道，享受资管红利，仍值得我们寄予期待。

二、"以退为进"，以投资者的视角看待不同业态的资产价值

在明确了存量市场的供需情况和发展趋势后，企业还需要转换视角，以投资者的视角进行业务布局及业态和产品的选择。

存量资产的收益无非来自租金增长和资产增值。租金增长是运营提升带来的长期的稳定性收益，而资产增值则是在不断接力的过程中资本退出时获取的溢价。事实上，在存量资产的全生命周期中，最大的收益来自退出环节兑现的资产增值。

因此，房企在投资阶段必须洞察投资者对资产的评价标准，这是将来资本能否在市场中顺利退出的关键。因此，所有存量市场的玩家都应该培养"以退为进"的资本前介思维，以投资者的视角看待所处区域的市场情

况，再结合自身的战略方向，从存量市场中找到合适的赛道进行发力。

1. 资本对资产有偏好，房企应提前筹措，做好业态分离

不同地域的资本偏好度会呈现一定的差异，这与各区域的市场情况有很大关系。例如，在不同能级的城市，资本偏好的业态就可能不同。

就大宗交易市场数据来看，2017 年北京的物业投资市场表现为不同业态成交量呈现出明显的分化。首先，写字楼仍然是 2017 年北京大宗物业交易的主角，当年共成交 10 宗，相比商业、产业园和酒店等其他业态，写字楼的成交量遥遥领先。在成交的这 10 宗写字楼交易里，有 4 宗位于通州核心区，3 宗位于朝阳核心商务区及周边。其次，产业地产以 7 宗的成交量位居第二，主要集中在中关村与望京这两处成熟商务区周边。最后，商业和酒店这两类资产就成交量来看不分伯仲，而长租公寓市场遭遇滑铁卢，仅有 1 宗交易（见图 2–32）。

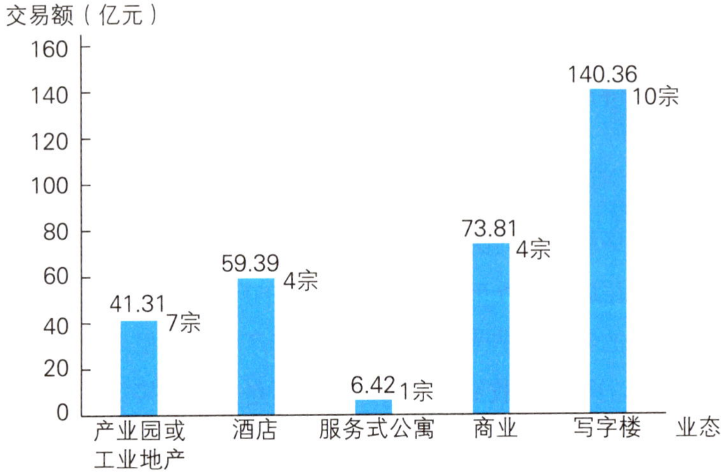

图 2–32　2017 年北京物业投资市场表现

资料来源：第一太平戴维斯。

呈现这种格局的原因其实不难理解。北京写字楼表现强势，备受资

本青睐，一方面是因为北京作为全国政治经济中心聚集了大量的跨国企业和总部基地，它们提供了强劲的需求保障；另一方面，写字楼是典型的被动管理模式，对运营水平要求较低，使得资本的天平在源头上就已经向它倾斜。

产业园区需求量旺盛并且交易显著集中于商务园区，主要作为商办物业的替代产品并凭借其价格优势受到自用买家及投资性客户的关注。例如，很多中小型企业为了业务方便需要将公司设立在商务中心，但又付不起传统写字楼高昂的租金，只能选择性价比相对较高的园区型物业，因此商务园区具有较高的投资潜力。

零售物业和酒店交易表现平平，其实并不意外。对这两类资产而言，运营是资产管理的灵魂。相对于写字楼这种被动管理的资产，零售物业和酒店都需要主动进行经营和管理，对运营水平有着极高的要求。

然而，与北京大宗交易市场不同的是，在杭州 2018 年投资机构偏好的资产板块热度调查结果中，资本对购物中心、物流园区和科技园区偏好更甚，在北京市场中最受资本欢迎的写字楼却排在了杭州资本偏好度的最后。这里面其实反映出来的就是不同城市资本偏好的差异（见表 2–15）。

剖析不同区域资本偏好度差异背后的原因，资本对资产类型的青睐其实与城市本身的产业结构和定位有很大关系。作为我国的“电商之都”，杭州汇集了以阿里巴巴为首的数万家电商企业，并且城市人口密度高，消费能力强，辐射范围广，所以商业有极大的发展空间。同理，杭州的物流地产特别受欢迎，这也得益于当地星罗棋布、数不胜数的电商企业，它们在很大程度上带动了物流地产的发展。

不过，资本对杭州甲级写字楼的偏好度很低另当别论，很重要的原因是杭州的大型企业已经有了自己的总部基地，而中小型企业由于支付租金的能力有限，会更偏向于选择园区办公。

总体而言，不同城市的资本对业态偏好不同，这背后其实代表了不同资本偏好的差异。不管资本更偏好于哪一种业态，对于企业而言，只

表 2-15　2018 年杭州商业地产市场投资热度调研

资产类型	1	2	3	4	5
写字楼					
传统甲级写字楼	●	●			
产业研发科技园区	●	●	●	●	
购物中心					
大型购物中心	●	●	●	●	●
中小型社区商业	●	●	●	●	●
酒店					
4 星级及 5 星级高档酒店	●	●			
3 星级经济型中档酒店	●	●	●		
物流地产	●	●	●	●	
长租公寓	●	●			
养老地产	●	●			

注：1 表示投资需求最低，5 表示投资需求最高。
资料来源：公开资料，明源地产研究院整理。

要是未来有可能谋求退出的计划，就应该提前对混合业态进行分离。特别是对于综合体项目，企业在规划产品时就应该将不同业态的物理结构尽可能地分割干净，便于未来退出时进行分割销售。

只要投资方有未来谋求退出的计划，就应该提前对组织架构及税筹进行科学的规划，避免退出阶段陷入被动的局面。

2. 资本追求收益与风险平衡，建议依据此逻辑优化投资布局

以投资者的眼光来看待资产，企业首先需要转换思维，学会像投资人看待不同产品一样去审视存量资产，把它当成一只基金来管理，像对待金融产品一样考察回报率、到期时间和交易费率等常见评价指标，存量资产同样会关注如图 2-33 所示的多个维度的指标。

	高（多）			低（少）
建造成本（万元/平方米）	酒店	购物中心（1.2~2.0）	写字楼（1.0~1.5）	长租公寓
租金收益	购物中心（5%~8%）	写字楼（4%~6%）	长租公寓（1.5%~3%）	酒店（1%~3%）
运营能力要求	购物中心	酒店	写字楼	长租公寓
市场敏感度	酒店	购物中心	写字楼	长租公寓
租金跨度	购物中心	写字楼	长租公寓	酒店
现金流可预见性	写字楼	长租公寓	购物中心	酒店
信息透明及流动性	写字楼	购物中心	长租公寓	酒店
项目来源	写字楼	购物中心	长租公寓	酒店
市场参与者	长租公寓	写字楼	购物中心	酒店

图 2-33　各业态投资评价分析维度

资料来源：明源地产研究院。

（1）写字楼门槛较低，对市场风险及运营要求也相对较低

写字楼类物业是典型的被动型管理业态，相对来说对运营能力的要求是比较低的，并且从现金流可预见度、信息透明度和项目来源这几个维度比较，写字楼都具有显著优势。所以，在众多业态中，写字楼成为最受资本追捧的一种资产类型。

从成本来看，由于写字楼接近于标准产品，所以其建造成本通常不会太高，单方成本（加上建安）一般为 10 000 ~ 15 000 元。这类产品按品质通常可分为国际甲级、甲级、乙级写字楼，不同级别的写字楼的主要区别体现在配套、物业硬件条件与物业服务方面等。写字楼的品质越高，其保值和增值能力越强。

从运营来看，运营成本一般由营业费用和管理费用构成，并且整体呈现逐年下降的趋势。通常写字楼刚入市时运营管理成本比较高，后期会随着写字楼步入培育期、稳定运营期和成熟期而逐步下降。

从收益来看，写字楼属于收益较高的业态，其盈利源于以较低成本获取或收购物业后取得较高的经营型收入或处置型收入。不管是经营型还是处置型，企业都需具有出色的综合运营能力，对于写字楼的区位、品

质以及租户质量有一个整体的把控，从而博取资本的关注。目前全国办公物业的体量保守估计有 10 万亿平方米，但由于门槛低，运营能力参差不齐，一线与二、三线城市的租金涨幅和空置率都有明显差异（见图 2–34、表 2–16），一线城市写字楼自 2008 年以来累计涨幅远高于全国重点城市。

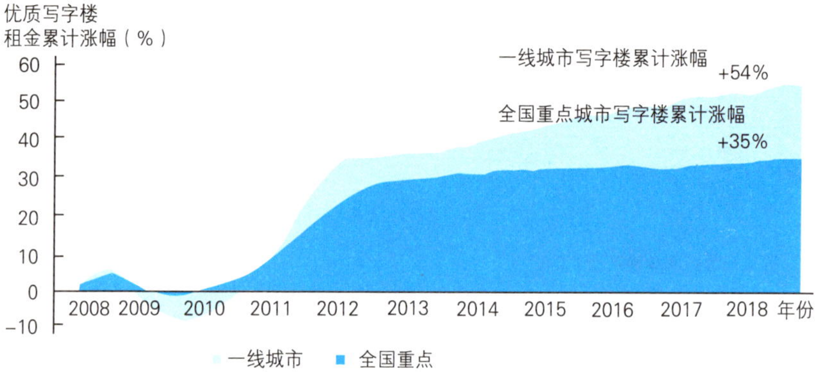

图 2–34 全国一线及重点城市写字楼租金涨幅（2008—2018 年）

资料来源：国泰君安社会服务研究。

投资写字楼的资本不在少数。虽然主流投资机构（包括境内外投资者或保险、信托等机构）都会去买一些写字楼，但不同的资本有不同的目的：有的以自持为主，获取稳定回报；有的则希望通过改造提升，再次转售出去，赚取增值收益。

综合来看，写字楼市场门槛较低，是风险较低但收益较高的资产。特别是一线城市的甲级写字楼，凭借其较好的流动性、透明度及基本面的支撑，一直以来都受到各类资本的追逐。尽管一些城市在未来可能会出现过度供应，面临空置率上升、租金下滑等情况，但这些城市的核心写字楼资产仍是长期投资者最安全的资本投放地。

不过，需要注意的是，受各类新办公品牌的冲击，行业竞争格局正处于重构阶段。2018 年，共享办公在大中华区写字楼市场上高歌猛进，吸纳的物业面积约为 50 万平方米，为 2017 年的三倍，规模效益提升明

表 2–16 写字楼空置率与租金水平分化体现一线城市优势

城市能级	城市名称	空置率（%）	月租金（元 / 平方米）	同比增长（%）
一线城市	北京	3.4	442.4	6.9
	上海	9.1	318.2	0.6
	深圳	10.3	278.2	2.9
	广州	4.3	195.9	11.1
二线发达城市	杭州	11.4	158.2	2.8
	南京	11.0	123.5	1.4
	重庆	35.9	92.9	-2.4
	厦门	24.2	116.7	-1.1
	天津	32.8	108.2	-1.3
二线普通城市	苏州	21.8	98.7	0
	成都	21.0	113.3	4.1
	武汉	32.9	96.6	2.0
	西安	30.1	91.7	-2.2

资料来源：第一太平戴维斯、Wind。

显，未来市场相当有想象空间。

（2）资本对购物中心较为慎重，尤其要考虑自身运营能力

在众多业态中，购物中心其实是最赚钱的一类，对零售商来讲每寸空间都是稀缺资源。随着消费升级，针对细分市场的商业需求将进一步加大。

然而，许多资本对于零售物业的态度还是较为慎重的。因为这类资产对运营能力的要求是最高的，运营商不仅要关注入驻零售商的需求，而且要关注消费者的需求，B 端和 C 端缺一不可。

从成本来看，购物中心的建造成本也是非常高的，因为它们是非标准化产品。更何况许多购物中心都追求外观造型上的标新立异，每一个购物中心都要有自己的特色和亮点才行。具体到购物中心内部，其主力

店的技术参数也各有不同。比如餐饮业要考虑到管道煤气、排烟通道、排污设施等诸多参数细节；大型超市要考虑货物通道、卸货场及仓储空间等特殊参数标准。因此，在建造成本上，购物中心的单方成本会比写字楼多 2 000 ~ 5 000 元。

从收益上看，购物中心一直保持着较高的赢利水平，一线城市优质零售物业首层的租金在 2014 年最高涨幅超过 27%。但受电商冲击影响，目前零售物业的租金水平有所下滑（见图 2–35）。

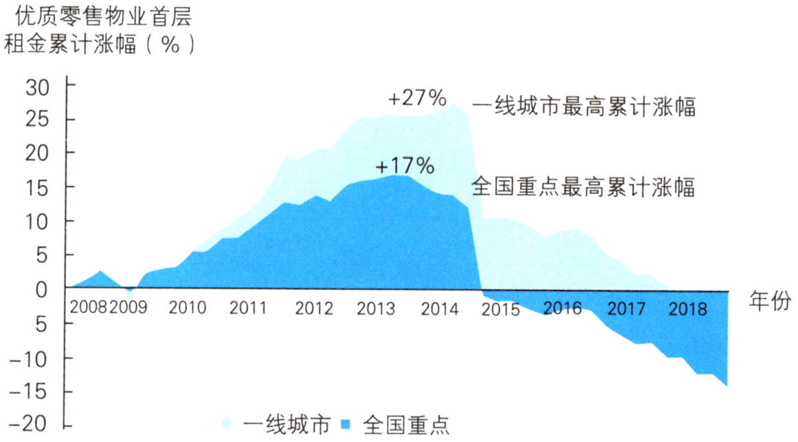

图 2–35 全国一线及重点城市零售物业的租金涨幅（2008—2018 年）

资料来源：国泰君安社会服务研究。

在国内零售物业市场上，目前真正运营得好的企业或项目比较少。然而，尽管可售的高品质商场及优秀的商场管理团队有限，实体零售商也面临来自电商的激烈竞争，但高品质的商场项目凭借其物业的独特性和稀缺性，仍然对许多投资者具有很强的吸引力。因此，对于能够沉下心来修炼资产运营内功并打造资产管理能力的企业而言，零售物业市场还是大有机会的。

（3）酒店资产最为特殊，考验运营和品牌的叠加效应

酒店是一种特殊性比较强的物业，与一般商业地产的资产管理不同，

酒店的运营讲究自己的特色。虽说一看地段，二看星级定位，但实际上更看运营方针，讲究运营和品牌的叠加效应。

比起单纯地追求资产的升值和现金收益最大化，酒店业更注重自身品牌形象的打造、服务理念的传播。因为酒店业的风格与定位各不相同，只有突出的特色、鲜明的形象及深入人心的品牌传播才能令其在竞争中脱颖而出，从而获得稳定和良好的现金流。目前，很多酒店都是配套性项目，与办公楼、购物中心做配套，互相导入人流，有较强的业态聚拢效果。

单就酒店资产而言，其建造成本是所有业态中花费最高的，但是平均收益却处于较低水平。这是因为酒店资产的市场敏感度较强，也就是说抗风险波动性较差。在经济下行时期，大家的第一反应就是减少旅游出行，因此带来酒店入住率的降低，或是挑选非星级的中低档酒店，降低居住水准从而减少开销。酒店跟旅游业的相关性很强，而旅游业有淡季和旺季之分，因此酒店的收益水平也会具有较强的波动性和不确定性。

就酒店市场规模而言，以各城市能级、城市现有酒店产品结构及理想状态的酒店产品结构为基础，我们可以计算未来中国酒店品牌连锁化率空间，进而发现各大城市的经济型酒店和奢华酒店目前都存在供给过剩的现象，唯有中、高档酒店还存在一定的投资和发展空间（见图 2–36）。因为在消费快速升级的当下，年轻一代一方面看不上经济型酒店，另一方面又因消费能力不足，无法高频次入住奢华酒店。这就给中、高档精品酒店提供了很好的发展土壤，亚朵、全季、桔子水晶以及欢阁（Citigo）等众多精品酒店应运而生。

当前，资本市场上也有不少收购酒店的案例，但这些资本多是为了将酒店改造成写字楼这类高价值的业态。事实上，自 2016 年起，市场上就兴起过一阵“酒改写”的热潮，金融街洲际酒店、万豪酒店、开元酒店等星级酒店改造案例不断涌现。2019 年，这股热潮仍留有余温，年初京东收购了北京翠宫饭店，意在将其改造为写字楼作为自己的办公场地。不难看出，在星级酒店供应超出市场需求且居住率偏低的情况下，业主

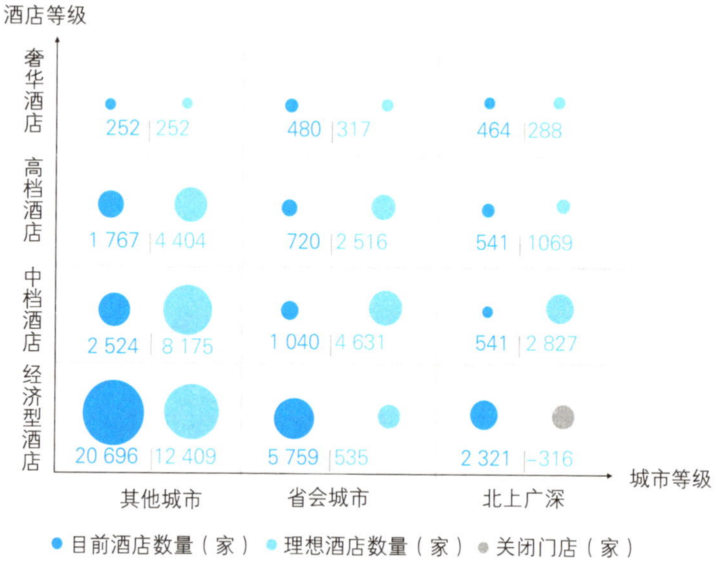

图 2-36 酒店业态市场空间测算

资料来源：国泰君安社会服务研究。

或资本将这类资产改造为回报率更高的写字楼，不管是作为自用资产，还是出租赚取稳定租金收益，都不失为一个好的选择。

（4）长租公寓回报偏低，特别强调成本的管控能力

长租公寓市场回报率水平普遍偏低，就行业平均的租金收益这一项，仅为 1%～2%。拿地成本是影响收益率的最大因素。

新派公寓创始人兼 CEO 王戈宏在多次公开演讲中表示，长租公寓会成为继互联网之后第二个烧钱的行业，因为资金出去之后要 5～7 年才能收回来。如果我们到市场上去拿楼做长租公寓，那么 70% 是拿房成本，还有 12% 的折旧，12% 的经营管理费，6% 的税，利润实际为 0。最终，我们会发现运营型现金流无法支撑规模扩张。但不继续扩张就无法赚钱，而继续扩张将导致运营型现金流无法支撑，陷入一个难以自拔的怪圈。

长租公寓主要吸引的是机会型投资者或天使投资人，这类资本看重的是新兴市场带来的无限可能以及获取增值收益的机会。对追求稳健的核心

投资人而言，长租公寓这种不确定性较大的资产基本不在他们的选择范围之内，因为这类投资者更倾向于长期持有资产，以求获得稳定的租金回报。

对长租公寓市场的开发商和运营商而言，国资企业无疑具备先天的优势，例如拥有土地资源优势（可以低成本拿地）、政策倾斜支持和相对较低的融资成本，这些核心资源使得国企进军长租公寓市场变得有利可图。而对广大民营企业而言，虽然前有碧桂园、恒大、万科、龙湖和旭辉等已经大刀阔斧地挺进长租公寓市场了，但更多的企业还需要根据自身的战略布局和优劣势进行慎重的选择。未来长租公寓会成为拥有强大开发、品牌、运营和资本运作能力企业的天下。

综合来看，考虑市场敏感度、租金跨度、现金流可预见性、信息透明度及流动性等维度，可以得出以下结论：写字楼的综合性价比最高，现金流能力最强，市场流动性最好；购物中心的运营赋能效果最佳，资产增值溢价空间最大，并且管理相对透明，现金流可预测性较强；酒店受制于宏观经济发展环境，不稳定性较为突出；长租公寓总体收益较低，资本投资需谨慎。其中，前两类资产都是未来特别适合做 REITs 的。

到底哪些资产好？其实没有绝对的标准。毕竟，不同的资本对资产业态的偏好不同；而且在不同的城市，不同业态的资产受欢迎度也不一样。投资者一方面要根据自身偏好进行资产选择；另一方面也要寻求与其风险承受能力相匹配的投资机会，随着市场变化调整投资战略。

第四节
明标准：匹配需求，即是王道

具体到每个项目的投资标准，因为出发点不同，每家企业可能都不一样。有些是为了企业的战略转型服务，有些是为了满足政府的业绩诉求，有些是为了销售溢价服务，等等。但无论是哪种出发点，企业在进行存量项目投资决策时都应该遵循一个基本原则：尊重市场需求，以此为原点，综合考虑区域或城市、产品或租售以及融资或套利等因素，从而做出正确的投资决策（见图 2–37）。

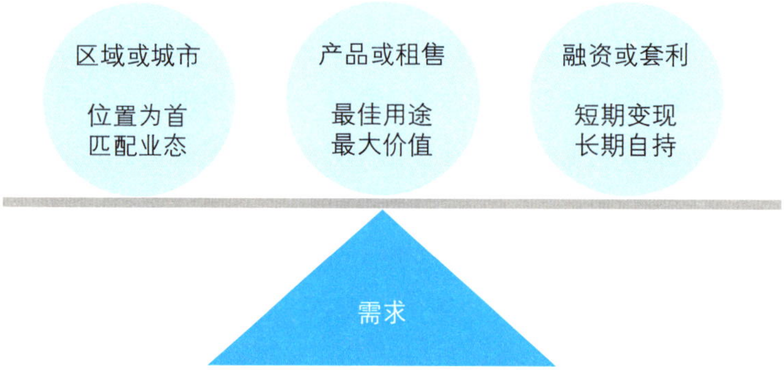

图 2–37 进行存量项目投资决策时应该遵循的基本原则

资料来源：明源地产研究院。

一、区域或城市选择

存量地产投资首先要考虑的标准一定是区域或城市选择，好的地段蕴藏的价值与潜力会给不同的存量物业带来先天性的价值和优势。人们常说的选择大于努力，也正是这个道理。在存量投资领域，在区域或城市选择的背后其实是对城市能级、发展契机和产业支撑等综合实力的评判。真正要做对这道选择题，需要遵从以下两个原则。

1. 位置为首，选择最有价值潜力的地段

李嘉诚曾说过，决定物业投资价值的因素第一是地段，第二是地段，第三还是地段！尤其是商业物业，最讲究地段。因为锁定了黄金地段，就等于锁定了核心商圈内的有效消费群体。

以城市选择为例。很多企业的第一反应是进军存量地产市场必选一

线城市，事实上，一线城市只是存量投资的充分非必要条件。换句话说，存量投资与发展并不是说非去一线城市不可。明源地产研究院也曾解读过不少“小而美”的存量企业依托自身在区域内的深耕优势，在当地的三、四线城市做少量小规模的园区或商业，整体利润率也不错。但是如果要进一步将规模做大，那么它们的投资逻辑就会发生改变，势必要重点关注一、二线城市和有核心价值的区域，这就需要对城市能级和发展契机进行精准的判断。

在城市或区域选择方面，业内有个顺口溜“咬紧一线不松口，看准二线莫摇头，三线城市谨慎投，四线城市绕着走”，这反映了区域选择中的阶梯式差距。具体来看，一线城市一直是外资、国内险资和其他投资机构的重点投资对象，正是因为其资产的抗波动性非常强。二线城市存在诸多潜在机会和发展空间，差异化也非常明显，更考验各路玩家的资管能力，以及对产业、政策和环境的精准研判。三、四、五线城市虽然在存量保有量和发展空间上存在明显天花板，但是随着产业协同带来的城市群发展机会，有核心城市支撑的三、四、五线城市仍有很大发展空间，需要依托全省经济区域布局来选择合适的产业。可见，城市群和特定区域对产业节点的选取具有重要价值。

2. 不同业态对于城市或区域的选择有所区分

对于零售商业、产业地产、长租公寓和商办物业这几类主流业态，企业在进行城市或区域选择时各自着重关注的维度都应有所不同。

（1）零售商业：匹配城市能级选择不同的零售商业切入点

从百货商店到购物中心，零售商业成为一门越来越重视流量的生意。人口数量大、人流量较高的城市和区域，商业的客流量也相应较大。客流量提上来了，商业可能带来的收入就会增加，这是做商业最简单的逻辑，也是国内诸多大型购物中心都费尽心思开在城市核心区域的黄金地段的主要原因之一。概而言之，有五项核心要素会影响零售商业的城市和区域选择：城市能级、商业辐射力、客流、消费潜力以及商业竞争。

城市能级是最容易被忽略却非常重要的一个核心要素，因为它能从源头上决定零售物业的具体形态和规模——是打造地标型的顶级商业还是小商业或小集市，都取决于城市能级的区分。

对于众多百货零售商来说，它们在城市布局上就非常强调商业与城市能级相匹配。就城市能级划分来看，国务院 2014 年调整的城市规模划分标准以城区常住人口为统计口径，将我国的城市划分成五个能级：城区常住人口 50 万以下的为小城市，50 万 ~ 100 万区间的为中等城市，在此基础上以 500 万人口为界限，分别划分为大城市和特大城市，最后 1 000 万人口以上的为超大城市（见图 2–38）。

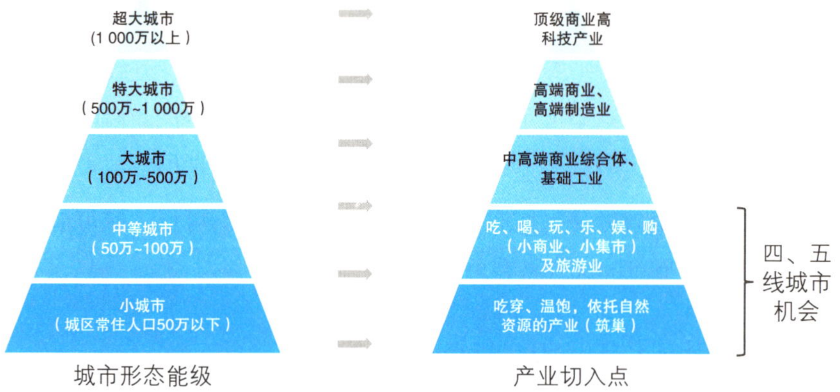

图 2–38　商业与城市能级相匹配

资料来源：明源地产研究院。

就超大型城市而言，一方面，得益于当地领先的经济发展水平、消费升级需求以及人口红利，企业适合在这类城市发展顶级商业，如打造商业地标建筑。另一方面，由于人口大量集聚下的土地与交通等资源配置的紧张，所以低附加值产业不得不转型或被淘汰，超大型城市雄厚的研发实力造就了高科技产业发展的基础条件。

在核心城市外溢发展的趋势下，紧随其后的特大城市则适合发展较为高端的商业综合体。对于大城市而言，周边有多个卫星城市，可以凭借良好的产业承接和人群集聚效应发展中高端商业综合体以及基础制造业。

而对于四、五线城市而言，机会主要在吃、穿、住、行、购领域的商业，以及旅游业和住宅业。因为就中等城市来说，小商业、小集市以及旅游业是值得关注的。那些站在金字塔底的小城市，首要要解决的是吃穿以及温饱问题，以筑巢为中心的住宅则是小城市的发展重点，商业发展潜力较小。

这样，企业在搞清了城市能级并据此匹配和框定了大致范围后，就可以逐一审视其余四项核心要素（PRCC，见图 2–39）进行区域细分或灵活调整。其中，商业辐射力主要强调选择对周边城市消费有明显虹吸效应的核心城市，比如武汉、成都与西安这类区域绝对中心城市。客流在城市和区域选择中也都很关键，特别是对于厦门这类旅游城市，虽然城市常住人口较少，但得益于规模庞大的消费型旅游群体，他们推高了城市购物中心整体的活跃度。消费潜力，主要是指城市整体消费性支出占总体收入的比重，例如长沙这类消费支出占比较高，具有爱消费和敢消费特性的城市，其商业发展表现也会超出其城市能级水平。商业竞争则是考虑拟开设的商业周边有无同等规模、类似水准或相同定位的竞争对手，在商圈辐射区域内商业竞争能力强的商业物业必然会瓜分部分客流量。

总而言之，在城市和区域选择上，企业布局零售商业宏观层面上首先需要匹配城市能级，再结合城市或区域的商业辐射力、客流、消费潜力及商业竞争四大要素进行灵活调整，科学布局商业蓝图。

（2）产业地产：以产业聚集为核心，考虑政府和人才等要素

对产业地产的城市或区域选择，首先要搞清到底是做产业还是做房地产。明确这一点非常重要，因为不同的定位对位置的要求会有所差别。

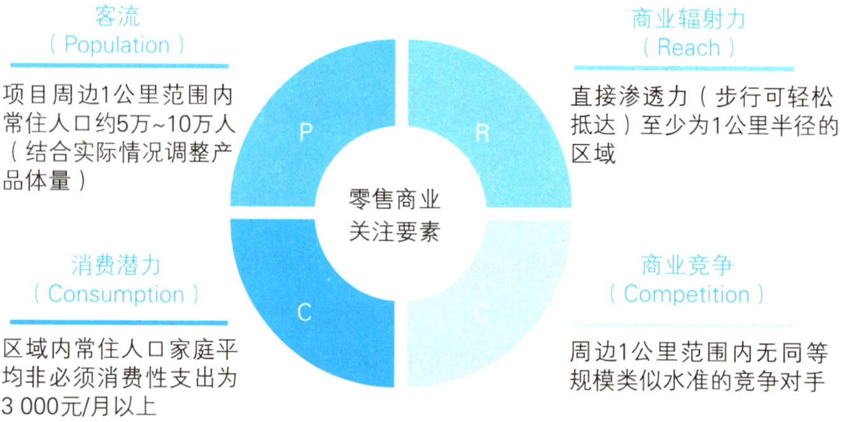

图 2-39 零售商业关注要素——以生活广场为例

资料来源：中盈仁和。

产业地产是以产业为核，以房地产为壳，企业在进行产业地产落地区域和城市选择时，应该优先考虑有产业基础或产业成熟度已经较高的城市，利用规模经济效应。产业地产发展商应当强调围绕主导产业整合上下游企业形成产业集群，主要有三大原因：一是可以实现垂直产业分工，提高生产效率并降低生产成本；二是发挥产业协同效应和放大作用，实现产业集中度高、上下游连接紧密及产业间关联度强；三是专业的产业集群有利于行业信息的汇聚，各企业间交流将加速知识溢出。通常来说，一个产业园区的主导产业原则上数量为 1 ~ 2 个，产值占产业园总产值的比重应该在 50% 以上。

其次，产业地产发展商对产业的选择还需要兼顾地方政府的意愿。因为在新的时代背景下，产业园区未来的发展必然要适应我国战略转型的要求，认清产业的发展方向和趋势是做好园区长远发展规划必不可少的一环。

国家和各地出台的“十三五规划”系列文件已经为中国产业地产发展指明了方向。从大的趋势来看，随着科学技术的不断发展，国民经济产业类型由纺织、煤炭、钢铁、机械等传统工业产业逐渐向先进制造业、生物医药制造、高新技术产业等新兴产业转变。各地的“十三五规划”通常会精细到各个具体城市和区域的产业布局，企业在进行业务布局时，必须仔细研读当地的相关规划文件。

表 2–17 是粤港澳大湾区各城市的发展定位和产业布局。

表 2–17　粤港澳大湾区“9+2”城市群定位的产业布局

城市	发展定位	产业布局
广州	国际产业服务中心	贸易物流、汽车制造、纺织服装、造船业
深圳	国际科技创新中心	IT 服务、电子信息、生物医药、新能源
东莞	国际产业制造中心	电子信息、电气机械、纺织服装
惠州	世界级石化产业基地	石化产业、电子信息、汽车产业
佛山	国际产业制造中心	电气机械制造、陶瓷制造、家电电气
珠海	国际重大装备制造中心	电子信息、机械制造、家电电气
中山	国家级先进制造基地	装备制造、生物医药、五金家电
江门	国家级先进制造基地	轨道交通、海洋装备、现代农业
肇庆	传统产业转型升级聚集区	机械制造、林产化工、现代农业
香港	全国金融中心	金融服务、贸易物流、科技服务、旅游业
澳门	全球最大博彩业基地	博彩旅游、出口加工、建筑地产、金融服务

资料来源：广东省发改委。

最后，产业地产还需要考虑人才支撑。与其他各大业态不同，产业需要大量人才，没有人或者没有优秀的人才，产业是难以发展的。另外，不同类型的产业需要的人才也不同。比如，高科技新兴产业需要大量的年轻高学历人才去推动产业升级和发展；加工制造业则需要大量技术型产业工人，以满足加工生产的需求。

（3）长租公寓：围绕公寓租赁人口，订立城市选择十大标准

随着 2018 年的一拨行业洗牌，长租公寓市场风向已变，以往火热的

市场已经悄然开始降温。虽然从 2019 年年初开始，一小拨资本的注入让长租市场回暖，魔方公寓、蛋壳公寓、城家公寓相继拿到融资，但不可否认的是，这个市场已经过了野蛮增长、资本为所欲为的时期。不管是在“围城”里的玩家，还是仍在“城外”观望的玩家，在选择上都必须更为慎重。在未来，注重培养精细化运营的能力将是企业生存发展的关键。对于新涉足长租公寓或是寻求业务调整的企业而言，城市选择是必须经历的第一道关卡，说是一道事关未来生死的选择题也不为过。

从国际市场来看，不同长租公寓运营商在城市选择上可谓“仁者见仁，智者见智”：大多数企业还是以租赁人口为核心，聚焦于人口较多的城市及区域；少部分走差异化战略的企业，选择避开竞争激烈的核心城市，转而选择高成长性的潜力城市。

例如，以美国资产住宅公司（EQR）、日本公寓运营商 Leopalace21 为代表的企业就坚持选择核心区域。美国资产住宅公司的布局主要集中于以波士顿、纽约、旧金山和洛杉矶为首的东西海岸六大核心区域：东海岸地区金融服务业发达，行业发展成熟，因此吸引了大量高素质人才，较高的居民收入为高租金及高出租率提供了保障；而西海岸非常发达的计算机业、影视娱乐业及生物制造业以及大量聚集的人口为良好的出租率提供了支撑。同样，Leopalace21 将开发重心聚焦在人口正向流入、房屋自有率低、租赁需求量大的核心城市地区，甚至通过预测每个地区的人口流动量来选择人口净流入较多的城市与地区作为其公寓和租赁门店的选址。这些企业选择核心城市与地段各有优劣：优势是能够保障较高的租金水平及出租率，而劣势是需要付出较为高昂的拿房成本，还需要承受优质地段租赁房源短缺的压力。

此外，还有一些选择潜力股城市的企业，以美国 MAA（中美公寓社区公司）房产信托为例，该公司从人口复合增长率与人均工资涨幅的角度综合考虑，选择布局美国东南部、西南部等工业较为发达的地区，以便分享城市发展的红利。当然，与前面两个企业相比，这类玩家在出租率上虽然没那么亮眼，但由于竞争没有那么激烈，并且在建造时就锁定了大部分成本，加之每年可以享受较大的租金增幅，只要有足够精准的眼光，这种投资策略就不失为一个好的选择。

就国内市场而言，目前我国长租公寓城市布局策略趋同，大家普遍倾向于人口密度高的一、二线城市。这其实不难理解，重点城市的优势在于其经济实力较强，就业情况较好，对人口吸附力也强，加之城市房价居高不下，租赁人口众多，因此城市对租赁市场需求量大，促使长租公寓的开发商与运营商趋之若鹜。北上广深这些一线城市以及杭州、南京、武汉、苏州等热点二线城市，成为长租公寓商家布局的首选之地。

就具体的选择标准而言，我们以旭辉的领寓为例加以说明。对于到底应该进军哪个城市的长租公寓市场，旭辉领寓制定了十大标准（见图 2–40）。其他运营商站在行业“巨人”的肩膀上，不仅可以省时省力，更重要的是能避免踩坑。

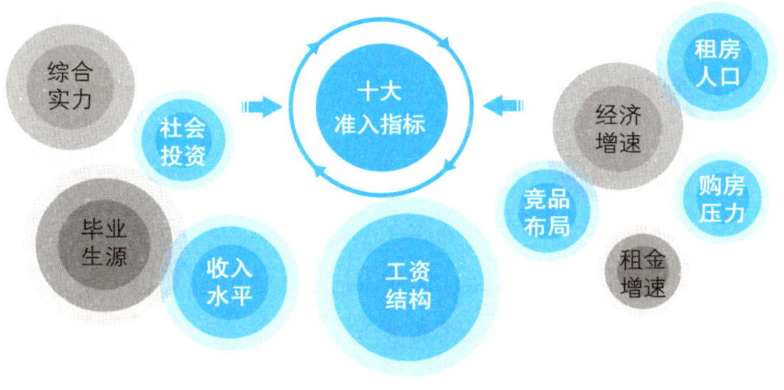

图 2–40　领寓的城市选择十大标准

资料来源：明源地产研究院。

我们可以看出，旭辉领寓的十大标准有一半都是围绕公寓租赁人口设置的，包括租房人口、毕业生源、工资结构、收入水平和购房压力。因为租赁市场很大程度上会受到人口流量这种因素波动的影响，比如毕业季会迎来大批刚毕业、迈入职场的应届生，他们大部分都会选择租赁房居住，并且偏爱拎包入住的公寓这种产品形态。因此，租房人口和毕业生源的数据筛选与透视对城市或区域的选择尤其重要。

同时，旭辉领寓还会考量工资结构和收入水平等诸多因素，摸底不同城市及区域的租金承受能力，成立不同的产品线以适应不同的人群。因为不同区域有不同的产业结构，加工制造业与高新企业的收入水平、租金承受力以及关注的维度都是不同的。

为此，旭辉领寓针对细分客群专门开设了菁社、柚米国际社区及博乐诗服务公寓三大产品线，分别对应以学生为代表的初入职场者、职场白领及自由职业者、商业精英和企业高管，以满足不同阶层住户的租住需求。

总体来看，不管是国外还是国内的长租公寓市场，在城市或区域选择上都紧紧围绕着租赁人口做文章——有关注人口密度的，有关注人口正向流动的，有关注租房人口的，甚至还有关注毕业生源的。无论是哪一种，都需要对相应城市做深度调研以获得数据支撑，以免在城市选择这个决定成败的源头上行差踏错！

二、产品或租售选择

对产品或租售的选择标准，本质就是决定该商用物业将来做什么，靠什么去吸引消费者，怎样在既定空间实现价值最大化。企业在投资拿一个项目的时候，应该做办公、做酒店，还是做创意园区，甚至做医疗健康、养老旅游等，包括相关的业态配比等决策都需要从投资收益的角度进行整体测算，而不是凭感觉拍脑袋决定。

1. 存量投资产业链中，不同环节的收益要求均有所差异

在做产品或租售的配比选择之前，企业首先要了解存量地产市场的投资现状。就存量市场产业链来说，主要有两大投资形式：一是传统的拿地做开发，二是做已有存量物业的收购。针对诸多企业所关注的投资形式，以及每种形式对应的收益率、投资周期、风险与责任等诸多要素，

我们大致总结如下，供大家参考（见表 2–18）。

表 2–18 存量投资产业链重点要素总结

投资产业链	责 任	投资特点及风险	投资周期（年）	内部收益率
土地一级开发	投资对土地进行拆迁和整理，以达到出让条件	政府信用、土地稀有、风险可控、收益稳定	1 ~ 2	8% ~ 10%
房地产开发	按规划条件及设计开发房地产，自行销售产品	前期拿地占用资金最多，建设、市场及产品的风险相对较高	3 ~ 5	20% ~ 40%+
新落成收购	对新建成物业进行定位与招商	自行或委托招商、租赁风险、竞争风险、市场变动风险	1 ~ 3	15%+
			5 ~ 10	8% ~ 10%
不良资产收购	对烂尾楼、空置或经营不良的物业进行重新定位、包装和招商	物业品质风险、产品风险、租赁风险、竞争风险、市场变动风险	1 ~ 3	15%+
			5 ~ 10	10% ~ 12%
带租收购	对有租赁合约的物业长期持有，逐步提高租金水平	未来竞争风险、市场变动风险	5 ~ 10	8%

资料来源：明源地产研究院。

对于房企最擅长的开发环节，从内部收益率来看，商业地产开发的收益率无疑是最高的，可以达到 20% ~ 40%，5 年以内的投资周期也比较可以接受。在这样的双重优势下，大部分房企难免倾向于开发，甚至即便去借高杠杆的资金也要放手豪赌一把。这种模式与传统住宅产销模式非常类似，也是依靠销售快速实现收益，在实践中主要散售给中小业主。

然而，在不同城市及区域，这种赚快钱的机会也不一样。因为这种模式最早普遍存在于商业地产刚兴起时，所以，在商业不发达的四、五线城市，这种模式还有机会，而在一、二线城市，这种模式已经行不通。这一方面是由于核心城市土地资源稀缺，满足商业地产开发要求的地段更是有限，没有土地，谈何开发；另一方面，一旦将商业地产散售，后期的品质、运营与管理等一系列工作都很难进行统一和规范。因此，在竞争激烈的核心城市，这些项目将逐渐被管理优质、运营有方的物业所淘汰。基于这两方面的原因，放弃开发、转做收购成为诸多有实力或有前瞻性的企业一致的选择。

基于标的物所处生命周期阶段的不同，收购又可以分为新落成收购、带租收购和不良资产收购。

其中，带租收购的收益是最低的，仅有 8%，因为带有租约的资产已经是成熟的并能够产生稳定收益，所以其风险也相对较低，属于“旱涝保收”型标的，可以长期持有。

对于新落成收购和不良资产收购，从投资周期来看，有两种选择：要么经过定位、改造、运营和提升等一系列过程，1～3 年后找准时机再次出售，获取超过 15% 的投资回报率，有极大的探索潜力和空间；要么改造提升后，长期持有以获取稳定的现金流。新落成收购的回报率一般为 8%～10%，不良资产收购因为成本较低，会拉高收入，投资回报率一般可以达到 10%～12%。

总体来看，在商业地产投资逐渐趋于理性的情况下，存量玩家的决策者们需要注意的是：对于开发板块，在四、五线城市，有土地或资金优势的开发商仍旧可以发力；对于带租收购，市场上多为养老基金和险资玩家，开发商等其他玩家也可以适当配置，在经济下行时期作为利润的护城河，保证一定比例的稳定收益；而对于新落成收购以及不良资产收购，目前从事这块业务的一般是私募基金、银行或资管公司，房企等其他玩家要根据自身能力差异、现金流需求以及持有周期进行综合考虑（见图 2–41）。

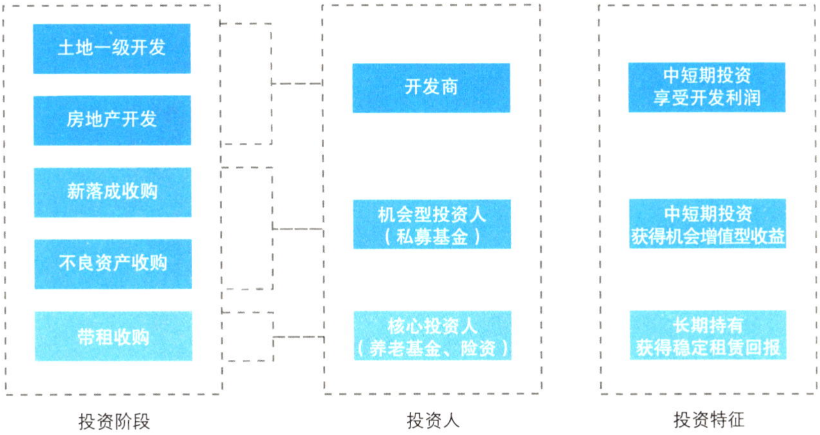

图 2–41　投资人需要根据自身需求选择投资产业链

资料来源：明源地产研究院。

2. 根据企业实际情况，有针对性地选择投资标的或租售配比

关于存量地产投资标的和租售配比的具体选择标准，投资者是选择机会型的开发项目、成长型的培育项目还是成熟型的稳定项目，需要企业根据自身要求的收益和可以承受的风险进行抉择。对于租售配比来说，核心是要兼顾持有资产和现金流的平衡，这取决于企业对资产和资本的偏好。

企业首先进行投资标的选择，从收益要求和风险敏感度两方面进行审视（见图 2–42）：机会型资产处于开发期，可能存在的建设、开发和产品风险都比较高，前期也需要投入大量资金，因此风险最高，但相应地，这种资产可以带来的收益也是最高的；增值型资产需要孵化和培育，对于管理能力的要求是最高的，但随着项目逐渐成长，现金流也逐步稳定，其收益空间和风险相对均衡，这类资产是未来应该着重发力的对象；核心型资产是已经成熟且能产生稳定现金流的一类，需要长期持有，但由于物业总量较小，这类资产在未来的竞争一定是激烈的。

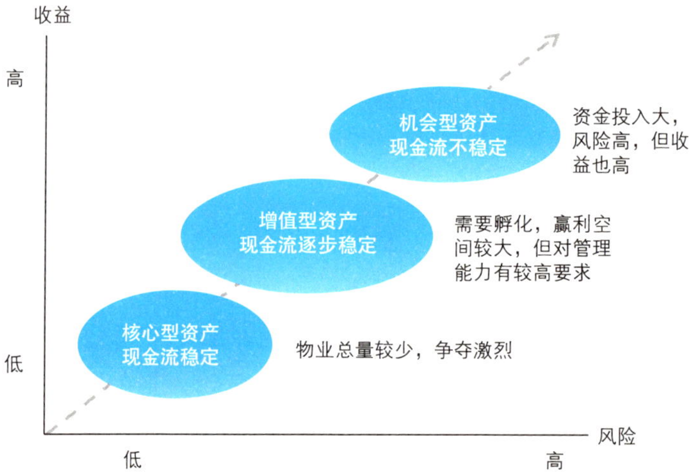

图 2–42　标的物成熟度选择

资料来源：明源地产研究院。

确定了投资的标的物，企业还需要着重考虑租售配比——有以下三种常见的模式（见图 2–43）。

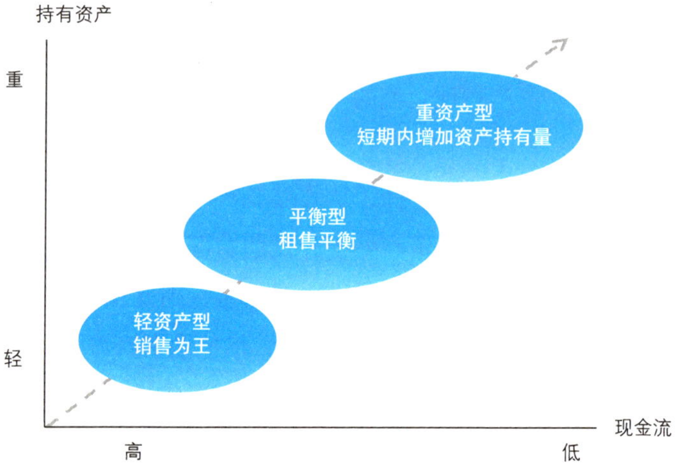

图 2–43　租售配比

资料来源：明源地产研究院。

一是轻资产的纯销售模式，这里是指一种偏债的去化型轻资产模式。这种模式比较依赖银行贷款融资，以财务管理为核心，强调现金流，例如万达早期提出的轻资产模式就接近这一类。

二是重资产的纯出租模式，这种只租不售的纯物业经营实际上是国际商业地产的主流经营模式，国外企业一般对商业物业拥有 95% 的持有率。为了统一经营和管理，这种模式通常需要 2 ~ 3 年甚至更长的培育期。国内的港资企业（如恒隆和瑞安等）都是这一模式的优秀实践者。

三是轻重资产平衡模式，分为售后返租和租售并举两种。在售后返租模式下，以商场为例，开发商一般会将商场分割成许多面积很小的商铺进行销售，并承诺将售出的商铺从投资者手中租回，委托发展商或第三方公司进行统一的品牌经营，同时给予投资者一定的投资回报。事实上，开发商最初承诺的回报率通常都达不到，因为产权分割转移后往往是很难管理。在这种模式下，各类法律风险、税务风险都暴露了出来，留下一地鸡毛。当然，这类售后返租统一运营的商铺项目也有做得好的，最典型的例子就是 20 世纪 90 年代一些产业源头地区的项目，如浙江海宁皮革城、绍兴柯桥的轻纺城、义乌小商品市场等。依托集聚的产业基础和产业源头的优势，这些地区的商铺需求大，因此项目价值被极大拉升，投资者获得了几十倍的投资收益。但这种模式也仅仅流行于 20 世纪 90 年代，进入 21 世纪后，很多想要模仿这条路径的项目都难言成功。

另一种是租售并举模式，开发商出售部分商业物业用于收回投资成本，剩余的部分则出售经营权，以赚取后期运营的利润。同样以商场为例，国内主要采取“地产大鳄 + 商业巨头”的形式，在开发前期就让入驻的商业巨头参与相关的规划工作，以便进行准确的商圈分析、合理的产品定位以及优质的业态组合，在项目完工后加快这些商业企业的进驻速度。因为项目在规划之前就确定了租户，所以降低了项目竣工后再进行工程改造的可能性，从而不仅避免了时间和资金浪费，而且使项目预算更准确；商业巨头提供的稳定租金还能提高商场整体经营的稳定性，最终使整个开发经营过程更加合理和科学。

国内诸多购物中心和产业园区都已经采用租售并举模式，我们以联东 U 谷产业园区为例。通过“物业租售 + 增值服务”的模式，联东 U 谷产业园区得以实现单个产业园区内部的资金平衡：可售物业快速回笼的资金又能及时投入下一个项目，确保了企业的快速发展；租赁物业除了稳定的租赁收入以外，还可以保值增值，并随着土地、租金的上涨获得长期稳定的收益。

3. 从投资全周期出发，控制项目节点，平衡企业现金流

在产品和租售的选择中，关键需要考虑的是现金流的平衡和未来投资全周期的资金预算。比如，对于前期拿到的 20% 的可售地块，如何通过产品销售快速滚动现金流，如何通过基金孵化产业来获得长期运营持有收益，然后通过资产证券化产品套现，最终实现资产的增值溢价，这些都需要在前期进行规划和设计。对于想要进军产业地产的企业而言，这些是需要特别注意的。

以绿地为例，其在布局特色小镇时最重要的原则就是控制开发节奏，实现长短期资金平衡。在不同的阶段开发不同的产品，获取不同的收益。例如，在小镇初期开发的 1 ~ 2 年，绿地注重产业要素聚集，与当地高校、医院、科研机构联合打造产业基地，建立产业转移示范区并快速形成居住氛围。这个阶段的收入主要来自政府的政策补贴返还、入驻企业政府补贴、住宅销售收入和租金收入。在中期的 2 ~ 5 年中，绿地注重生活配套、商业配套和医疗配套的建设和打造，当城市形象逐步呈现时，小镇就可以大规模地承接市区外溢刚需、市区养老投资客户和当地产业人口。此时，相关配套设施的运营收入占比提高，项目收入不再仅仅依赖于政府补贴和房产的销售收入。远期，在产业及城市环境成熟并形成自给自足的产业新城之后，居住产品就以中端改善产品为主，提供各类增值服务。

对于租金收入、物业费增值的投资、入驻企业政府补贴，以及配套的住宅开发现金流如何去滚动，企业都需要在项目层面乃至公司层面去做好平衡，诸多考虑因素其实也间接跟企业的融资渠道和融资成本密切相关。

三、融资或套利选择

对于融资和套利的选择，企业需要根据投资标的物的持有期限决定匹配的项目融资策略和套利期限，这很考验企业的融资能力。但是无论如何，一切肯定都是要基于市场根本逻辑去规避期限错配的误区并转换原有的债权融资思维，最后企业还要综合多方因素去权衡。

1. 规避误区，避免投资标的与资本期限错配

以运营模式、收益周期和风险程度来看，每一种投资标的都有最为匹配的资本。对于住宅类开发这种玩短线的，企业就要敢于加杠杆，找短期贷款、民间游资，甚至成本达 15% 以上的钱都敢借，因为这类项目的模式就在于高周转，因此企业不关心利息的高低。但对于玩中线的如公寓、办公、商业等业态，企业应该去找险资，因为险资的投资期限相对来说较长，并且利率相对低一些。至于玩长线的如文旅这种典型的长期项目，企业就只能找政策性贷款或者国外的养老基金，因为这类资本的利息回报要求更低、期限更长。

2018 年，长租公寓发生诸多暴雷事件，其本质就是融资期限错配造成的后果。例如，杭州鼎家公寓的暴雷事件就是最好的证据。

事实上，在以往的房屋租赁关系里，房屋中介只提供信息撮合功能，收取单次的服务费用，租客与房东直接签订合同并直接交付租金。但是，在像鼎家这类分散式长租公寓模式下，租客实际是作为次承租人与公寓运营商签订合同，而公寓运营商才是房屋的直接承租人，即所谓的“二房东”。运营商集中收取租金后再付给房东，由于中间存在时间差，于

是形成了资金池，而长租公寓公司拿到这笔钱作何用途，我们不得而知（见图 2–44）。

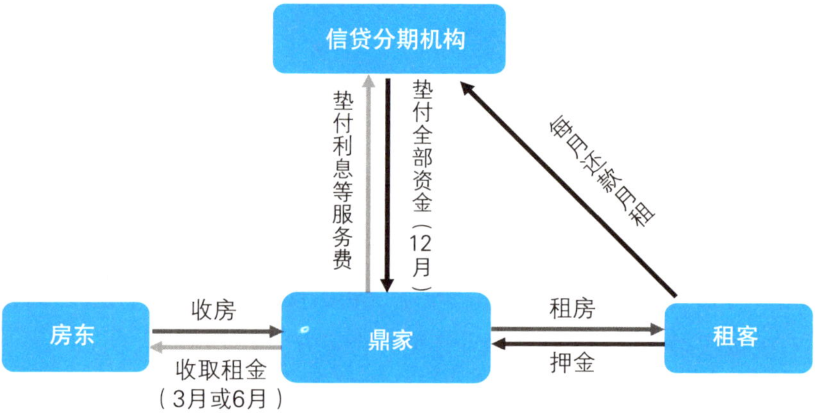

图 2–44 鼎家长租公寓租房分期模式

资料来源：《财经》杂志。

资金和期限的错配使得大量资金沉淀到中介机构等“二房东”手中，“二房东”将其用于大量收房源、做装修等扩张，有些“二房东”甚至拿这笔资金去做其他投资，如炒股、开餐厅等。将短期的资金用于长线的投资，风险暴露之时就是暴雷之时。因此，企业在进行融资和套利选择时切忌“短融长投”！

2. 转换思维，传统债权思维转向新型股权思维

企业的融资方式归根结底不外乎两种：债权融资和股权融资。做传统项目开发的房企，大部分选择的都是债权融资，最简单的如银行贷款、公司债。然而，银行的机制决定了它们的资金对房企而言只能锦上添花，不能雪中送炭，上市公司惯用的发债的成本也在节节攀升。

克而瑞数据显示，2018 年 64 家重点房企融资成本回升至 6.61%；内外发债综合成本已创下 2015 年以来单月融资成本最高水平，达 8.54%；

境外债成本更是大幅增长，达到 11.47%。更有甚者，2019 年 7 月 12 日国家发改委明确表示，房企发行外债只能用于置换未来一年内到期的中长期境外债务。这意味着未来仅有发行过海外债且在一年内到期的房企可以境外发债，未曾发行过海外债的企业将直接被切断海外发债的资格。

此前，借新还旧滚雪球式的债权融资是房企惯用的模式。随着政策趋紧，融资成本走高，未来房企想要持续的融资，将不得不从债权思维转换到股权思维上来。最典型的股权思维就是诸多资产管理者都推崇的"凯德模式"，即在商业地产项目的不同阶段引入不同的基金——在开发、运营、改造、成熟的每一个阶段都引入不同基金，提前兑现资产的溢价，获取收益。

例如，在项目开发阶段引入短期的私募基金共同开发，事实上这一步相当于提前实现了一次销售；在项目培育或者运营阶段，通过跟专业的商业基金合作共同培育资产，在把资产"养肥"有了新的溢价之后部分退出并结算第二次资产升值的利润；等到项目运营成熟后，再通过资产证券化产品（如 REITs），最后一把套现。

在整个过程中，一旦有投资者跟投，作为建造运营主体的企业就可以向投资者收取管理费用，包括资产收购费、资产管理费、开发管理费、经营管理费等一系列费用，甚至在投资者退出时还可以收资产处置费，这在基金的设计架构里都是普遍存在的（见图 2–45）。

可见，相比传统的债权，股权的收益来源其实更多，并且更加灵活。一直以来，虽然国内很多企业都提出要学习"凯德模式"，但这种模式是有一定门槛的，企业不仅需要具备强大的开发管理能力、运营管理能力及资金募集能力，还要与诸多大型投资者建立长期合作关系。当然，这也并非完全无法模仿。毕竟对房企来说，开发是它们最熟悉的领域，只要有过硬的资产管理能力，就不怕没有资本青睐。

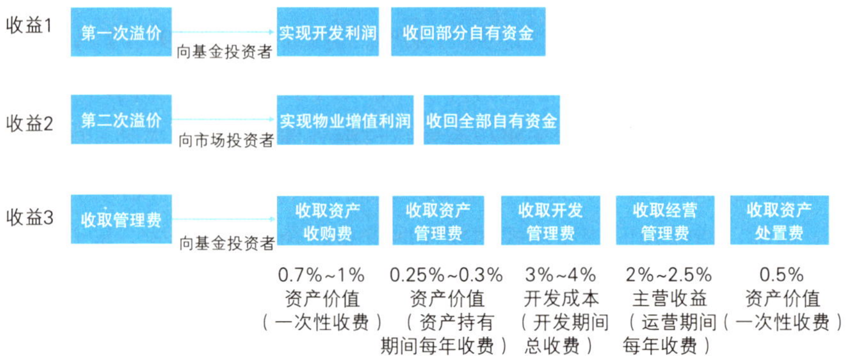

图 2-45 股权思维下的收益模式

资料来源：明源地产研究院。

3. 多方权衡，选择合适的套利期限及理性的融资决策

企业需要综合权衡多方因素，根据自身情况量身定制最适合的资产投资标准。我们建议企业主要从以下四个方面进行考虑。

一是灵活性，是否是有这种特征会影响投资者未来按照可接受条款筹集资金的能力，各企业需要考虑自身的长远发展以及在各个项目中整体利益的平衡。例如，快速增长的房企需要维持合理稳定的财务杠杆水平，帮助企业在金融市场上保持充足的借贷能力。

二是风险与收益的平衡，这是衡量财务杠杆的“双刃剑”，能提高自有资金收益率，也能带来更大的财务风险。企业需要确定债务资本和权益资本的比例关系，找到一个风险和收益的最佳平衡点。

三是控制权，这会直接影响公司决策权的分配，企业需要慎重考虑。在实践中，对于控制权有九条线的划分，企业在进行股权稀释时，每跨过一条线就代表舍弃一项权利（见表 2-19）。

四是时间性，衡量资金投放和使用的时间与额度是否合理。企业在项目初期就应做好现金流平衡计划，使资金在时间上相互衔接，避免由于获得资金过早而造成资金限制，或由于取得资金过晚而延误资金投入时机的情况。

表 2–19　控制权的九条线详解

线序	股权占比（%）	权利内容
1	67	绝对控制权，相当于 100% 的权力，拥有修改公司章程与分立、合并或变更主营项目及重大决策的权利
2	51	相对控制权，属于控制线，可以控制公司
3	34	安全控制权，拥有一票否决权
4	30	上市公司要约收购线，持有上市公司股份 30% 及以上时，若要继续增持股份，应当采取要约方式进行
5	20	重大同业竞争警示线，股份公司通过 20% 以上股权关系或重大债权关系所能控制或者对其经营决策施加重大影响的任何企业，可以划归为关联企业
6	10	临时会议权，可提出质询、调查、起诉、清算和解散公司
7	5	重大股权变动警示线，持有上市公司股份超过 5% 以上的股东权益变动需要进行披露
8	3	临时提案权，可以提前开小会
9	1	代位诉讼权，亦称派生诉讼权，可以间接地调查和起诉（如提起监事会或董事会调查）

资料来源：明源地产研究院根据公开资料整理。

最后，企业还需要考虑其他外界的因素，如对行业整体走向的把握以及对影响资金流量的外界因素的监控等，科学合理地选择最适合的融资与套利的策略。

第五节
洞察各业态投资策略，培养鹰一般的战略眼光

相比增量开发市场，国内的存量市场还处于起步阶段，但越是混沌初开，越考验入场玩家的魄力与眼力。“有钱任性哥”或“邯郸学步者”

会感觉市场中处处是坑，但在专业投资者眼中，存量市场则是“遍地黄金”和一片蓝海。为此，我们研究了国外的诸多经典投资案例，希望能借鉴标杆企业的一些做法，为国内存量市场的众多玩家打开一扇天窗，让它们“站在巨人的肩膀上”，减少踩坑概率，尽快寻找到自身的发展路径。

一、写字楼物业典型投资案例

1. 日本 Kenedix：差异化布局策略，寻找蓝海机会

当下，诸多企业都已进军商业地产市场，大量地标与超甲级写字楼项目拔地而起，产品同质化严重，企业陷入残酷的红海厮杀。

在日本，有一家本土“资管企业之王”Kenedix 集团（以下简称“K 企”），旗下的在管资产（公募 + 私募 REITs、产业定向基金等）规模已达到约 2 万亿日元，在 2013—2018 年保持着年均 13.5% 的增长率，从管理体量上来看是当之无愧的日本资管企业之王。

作为一家老牌写字楼运营商，K 企围绕核心城市进行布局，资产包当中 70% 的物业布局在东京经济圈内，剩下的 30% 也布局在日本的主要大型城市。在业态选择上，K 企另辟蹊径，不拿商业地标，不拿甲级写字楼，选择的写字楼物业均为中小型写字楼。这种差异化的布局策略反而让 K 企在中小型写字楼市场一骑绝尘，在管物业长期保持着 99% 的租用率，物业估值溢价率都在 10% 以上。

这么靓丽的业绩得益于 K 企对日本写字楼市场的精准研判，以及制定了相应的差异化竞争策略——主要体现在以下三个方面。

（1）研究市场供需关系，抓住时间断层机遇

在资产管理的投资理念中，选好业态是关键一环，这离不开对市场的精准分析，企业也许从供需关系当中就能寻找到新的机遇。K 企通过市场分析发现，日本长期存在中小型写字楼供需不匹配的现象，时间上

的断层机遇为其后续的投资策略奠定了基础。

从供给的角度来看，随着土地集约化以及人口密度不断增大，大型商业综合体和超大型甲级写字楼的供应持续增加，而中小型写字楼新增供应则明显不足。在日本泡沫时代破裂后的 20 年，东京经济圈的大型甲级写字楼的供应显著增加（见图 2–46）。对比之下，中小型写字楼的新增供应已经远远不及大型写字楼，在有限的存量基础上，中小型写字楼已经成了当今的稀缺性物业。

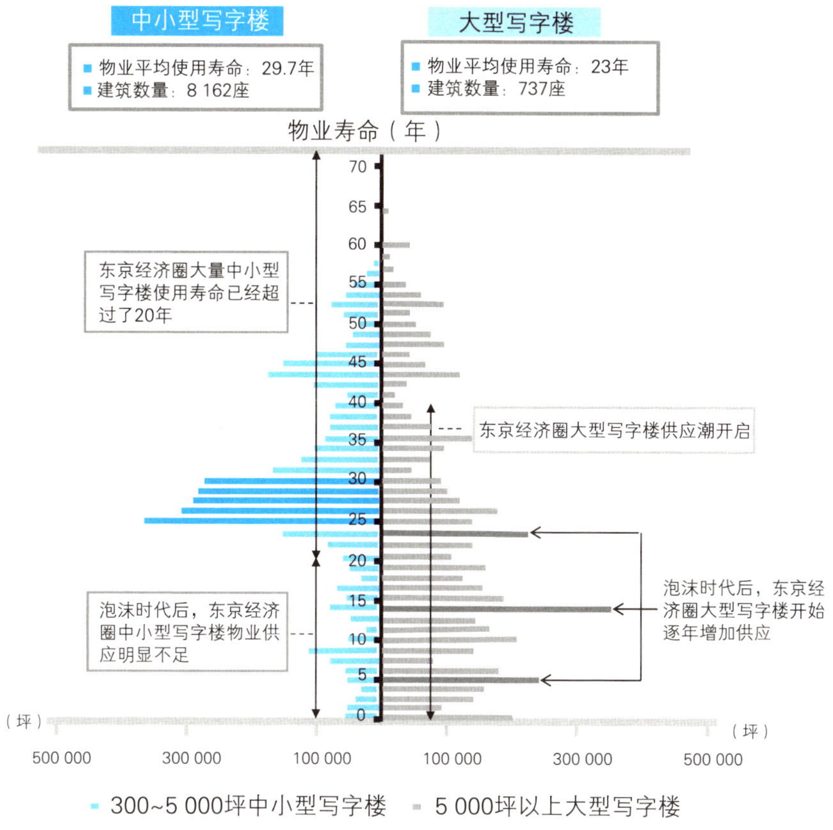

注：坪为土地或房屋面积单位，1 坪约合 3.3 平方米。

图 2–46 东京经济圈中小型写字楼与大型写字楼在 70 年间供应对比图

资料来源：Kenedix 官网。

从需求的角度来看，对客群需求的精确分析也是K企投资中小型写字楼的动因。《东京商业框架经济普查》的调研显示，东京写字楼市场有92.1%的租户群体是规模不到30人的中小企业，而这正匹配了K企物业的主要租户群体（见图2–47）。即使租户空缺，足量的潜在客源池也能够让K企更加容易找到新租户，这降低了主动寻客的时间成本，同时弥补了老租户退租产生的空置费用，从而保障了较高的物业租用率。

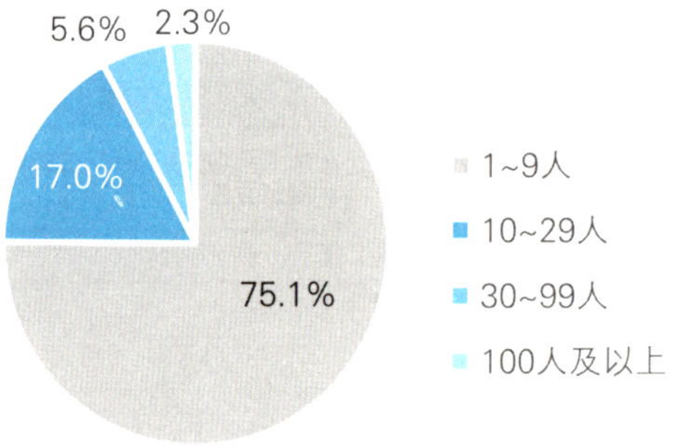

图2–47 东京经济圈企业规模分布（按人数）

资料来源：Kenedix官网。

（2）定位中小型写字楼市场，挖掘资产增值潜力

从物业特征来看，东京经济圈很多中小型写字楼都属于日本泡沫经济时代的遗留产物，建筑平均年限达到了29.7年，相比大型写字楼略显陈旧，基础租金又低，这使得大部分写字楼管理商不愿意介入此类资产。

然而，K企却敏锐地捕捉到了中小型写字楼的优势——物业虽然陈旧，但都具有较好的地理位置。以年报数据为例，目前，K企所管理的写字楼物业地段均处于交通要道，其中80%以上的办公室物业到最近车站的平均步行时间在6分钟以内，这无疑降低了员工的通勤压力（见图2–48）。

另外，老旧的中小型写字楼虽然基础租金较低，但调整的灵活性强，具有改造与价值挖掘的潜力。K企拥有专门的工程设计公司，其在小型物业的翻新上已积累了丰富经验，可以在6个月之内按照入驻企业的需求进行办公空间的定制化设计，完成旧址改造并协助企业搬迁。潜在的增值空间加上快速的改造流程，使得小型物业的租金水平有较大的提升。

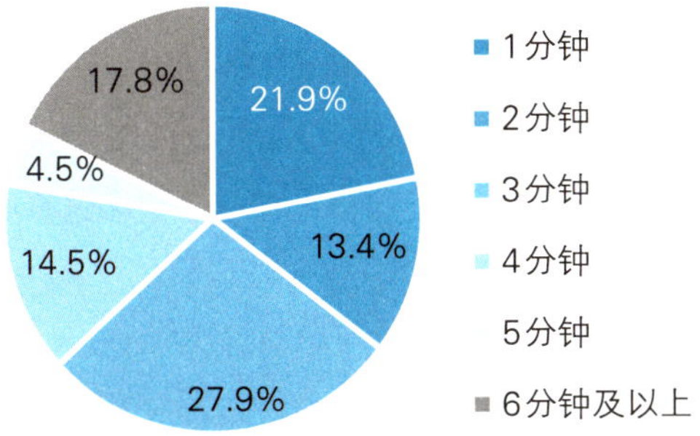

图2–48　K企下属办公楼到最近车站步行时间

资料来源：Kenedix官网。

（3）注重市场流动性，促进资本快速循环

K企不仅关注供需环境与改造潜力，它选择中小型写字楼的又一理由就是高流动性的交易市场。据研究分析，在2017年东京经济圈写字楼交易市场中，55.6%的交易都涉及100亿日元以下的资产，也就是说，中小型写字楼是交易的热门标的（见图2–49）。

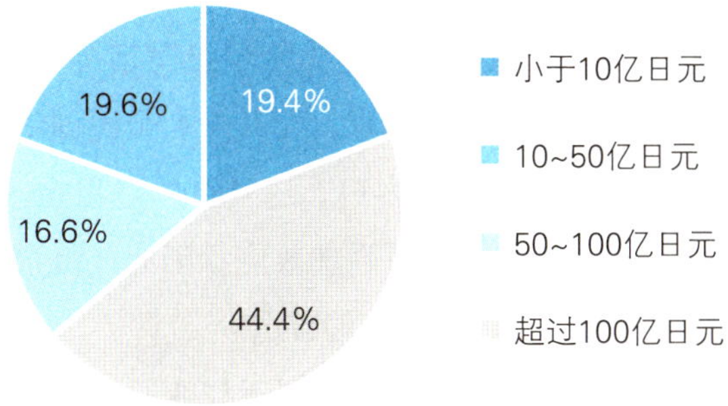

图2–49　东京经济圈写字楼市场单笔交易规模分布（按金额）

资料来源：Kenedix官网。

对于资管企业而言，高流动性的交易市场能为资本加速循环提供保障。K 企可以通过市场交易的方式将成熟资产及时退出或者剥离不良资产，从而获取资金收购优质物业，实现资本再循环操作，避免所持物业有价无市，避免面临退出困境，进而让管理者拥有更多选择优质物业的机会。

依托于高流动性的市场，K 企频频进行收购动作。2013—2017 年，K 企每年都会有 5 项以上的写字楼收购项目，每年交易金额都维持在 200 亿日元以上，在资产的收购及出售上拥有了更多选择权（见表 2–20）。

表 2–20　2013—2017 年 K 企收购写字楼物业情况统计

项　目	2013 年	2014 年	2015 年	2016 年	2017 年
收购物业数量（个）	8	13	5	5	5
收购物业总价值（亿日元）	308.5	633.9	213.5	283.9	306.2
收购物业总建筑面积（平方米）	46 212	189 199	56 944	200 537	133 192

资料来源：Kenedix 官网，明源地产研究院整理。

（4）小结与启示

K 企的投资策略对国内写字楼开发商与运营商具有参考意义。一些拥有资本加持的开发商急于彰显品牌价值，对商业资产的收购倾向于核心地段 CBD（中央商务区）或者以超大型甲级写字楼为主。但实际上，国内仍存在着大量中小型写字楼需求，尤其是在全民创新的氛围下，许多小微企业成为写字楼市场的新客户。这类客户对租金水平比较敏感，暂时不需要高端写字楼带来的品牌附加效应。因此，租金较低且具有区位优势的中小型写字楼成为这类租户的首选。

综上来看，K 企的崛起代表着不断创新与变通的资管逻辑。相比一些老牌日本资管企业的保守战略，K 企更愿意在投资布局上另辟蹊径，在保障高出租率的前提下提升资产规模，最终成为写字楼细分领域的领航者。这种差异化的选择策略可以为国内写字楼管理企业提供借鉴。

2. 绿地：做政府所想，为市场所需

由于我国还处于城镇化进程中，不同能级的城市均存在对写字楼物业的需求，各地政府为了拉动经济，对写字楼开发也给予较大的支持。国内布局写字楼物业的开发商众多，不过做得好的仍是少数，绿地就是其中的佼佼者。长期以来，绿地以擅长建设超高层物业闻名于业内，且其采用的是开发、散售的模式。

早在 2014 年，绿地全年的销售额就达到了 2 408 亿元，其中 1 296 亿元来自商办销售，占比达 53.8%。商办包括商业和办公。绿地的财报显示，2018 年，其投资开发的 526 个房地产项目中含有办公物业 146 个，其中 137 个是与住宅、商业、酒店等混合的项目，纯办公物业 9 个；销售的 755 个项目中含有办公物业 208 个，其中纯办公物业 9 个，面积达 531 819.91 平方米；出租的 138 个项目中含有办公物业 27 个。

办公楼销售对绿地的规模扩张和整体销售业绩提升起到了极大的推动作用，而这又与绿地的投资眼光和发展战略是密不可分的。绿地的投资布局很好地关照到了“定方向”、“选资产”和“明标准”三大要素。

（1）定位超高写字楼市场，打造城市地标

自 2014 年以来，不少房企纷纷宣称要转型做城市运营商，绿地则自称是最懂政府的城市运营商。

其实，绿地是 2015 年才全面转型做“全球城市运营服务商”的。可是，绿地懂政府之所想却是早已有之。自 1992 年创立之后，绿地就始终坚持“做政府所想，为市场所需”的发展理念，通过产业经营与资本经营并举发展。绿地这一对自身的定位，决定了其不可能像其他开发商一样只做住宅开发。

最大的投资逻辑是顺势而为。在中国房地产业的大环境下，房企的发展逻辑并非“产品力”，而是要顺应政策提前预判市场需求。“做政府

所想，为市场所需”是绿地的发展理念，这一理念是绿地办公乃至集团得以快速成长的关键。

在住宅开发的“黄金十年”（2003—2013 年），大规模建造办公产品的房企并不多，甚至房企龙头万科也不愿涉足该领域。然而，当时中国经济增长迅速，超高层也刚开始兴起，各地政府都希望通过建筑来树立城市形象，因此绿地的超高层技术非常符合地方政府的需求。

在一片荒凉中造出生机盎然的城市景象，需要深谙世界城市发展脉络的前瞻性眼光，更需要超凡的资金实力，而绿地恰好具备这些优势。这些项目虽然投资金额大、建设周期长，但能在短期内拉近绿地与地方政府的关系，降低绿地进入这些城市的门槛。绿地通过商业办公与住宅联动开发大举进军商业地产的开发模式大获成功，不仅住宅卖得好，商办也卖得非常好，二者互相促进。

（2）根据城市布局产品，随着市场需求不断升级

当全国的办公楼库存高企时，绿地却依然能保持较快的去化速度，根本原因在于其充分了解和把握了地方政府和入驻企业的需求，且能随着经济形势和人们办公习惯的变化不断升级。

截至 2018 年年底，绿地在全国各大省市均有布局。自全国化道路开启后，绿地就重点研究和投入办公产品并不断升级，针对不同的区域规划、地理位置和人口类型落地不同的产品。

- 对位于核心城市的核心地段（如市区、中央商务区和高铁站旁的地块），即辐射一定区域或经济带的二级城市交通枢纽位置，落地绿地中心系产品（超高层地标“绿地中心”，是绿地集团的明星产品线），其既高端又有较高性价比。
- 对交通不够便利、缺乏配套的城市远郊区域或政府规划的新城，则落地绿地启航系产品，利用低价优势打造创业园区、创客基地等产品，同时配套住宅商业，方便入驻企业员工的日常生活，这对资金

不宽裕的中小企业非常具有吸引力。

- 对三、四线乃至五线城市或县城，则落地接近于产业地产的绿地未来系产品，并围绕当地需求建设更丰富的配套，实现产城一体化。

目前，绿地是办公楼项目最多、产品线最齐全的房企，在硬件上已经十分成熟，转而开始在城市配套、企业服务等方面进行探索和创新。

例如，城际空间站就是绿地基于高铁经济发展打造的高铁节点城市新门户、产业新高地、文化新中心。城际空间站以全国高铁站旁的地块为载体，将高铁站、居住、商务、会展、商业、教育、医养、旅游等业态融合重组，依托产业多板块、产品多元化的集团优势，全面解决入驻企业及产业人群的衣食住行、娱教商办医等各种需求。

（3）小结与启示

前瞻性眼光、全国化布局、丰富的产品线，以及因时而变满足当地企业和政府的需求，使得绿地在与地方政府谈判勾地时能获得更优惠的条件。

首先，高举高打，绿地通过打造城市地标为自己打上地标专家的标签，品牌形象在行业内外深入人心，摩天大楼经济模式获取了地方政府的极大好感；其次，因地制宜，绿地根据不同城市布局不同的产品线，既能满足当地政企需求，又能够使自身产品快速去化；最后，绿地根据城市进化和经济的转型升级不断迭代产品。

我国正处于经济转型升级时期，写字楼细分市场的需求依然存在，绿地的经验非常值得众多房企学习。总体来说，自建散售的写字楼在城市选择上没有太多要求，在城镇化的特定阶段也不愁卖，勾地也方便。需要注意的是，企业要因地制宜，满足城市潜在投资者和租户的偏好。

3. 中国平安：一看地段、二看管理

自建散售可以多城市布局，以全产品线满足各类需求。然而，买入持有却又是不同的逻辑。中国平安可谓这方面的典型代表。

中国平安的财报显示，截至 2018 年 12 月 31 日，其投资性房地产中房屋及建筑物的公允价值为 681.36 亿元（包括房屋及土地使用权，2017 年为 675.32 亿元）。在不动产投资中，写字楼是中国平安比较重点配置的一块。

那么，中国平安是怎么投的呢？早在 2016 年，中国平安首席投资官陈德贤就在接受《证券时报》记者采访时表示，对于险资在不动产上的投资策略，我们主要看的是写字楼及物流。因为写字楼已经建好了，有稳定的租金收益，所以重点是看位置、看管理。这一选择跟中国平安自身的优势紧密相关。

（1）商办物业的耗资大，市场风险低，符合险资诉求

作为险资，中国平安最不缺的就是钱。手里的钱需要投资增值，只有能够消耗大笔资金的投资标的才能满足平安的投资要求。不动产是保险公司匹配长期负债最好的资产。

在中国平安旗下，平安不动产是专业的不动产投资及资产管理平台，中国平安将其定位为“集团险资投资不动产的主渠道”以及“第三方不动产投资资金管理者”。其中，险资投资不动产的业态和比例都严格遵守银保监会的相关规范及监管要求。此外，平安不动产还积极利用自有资金、第三方资金进行不动产投资，主要包含开发投资、策略投资、基金投资、商业地产投资等。

如上所述，在各类存量不动产中，写字楼无论是在现金流可预见度、信息透明度上还是在项目来源度上，都有很显著的优势，受到资本的青睐。中国平安自然也将目光紧紧聚焦于此。

（2）投资一看地段、二看管理，既控风险又博取高收益

险资最核心的诉求是持续稳定的收入，安全是第一位的，收益率相对是第二位的，因此核心城市核心地段的物业是险资的首选，因为其抗风险能力强。如果资产方的管理能力也很强，那就是锦上添花。前者是保底，获得稳健租金收益；后者是冲刺，谋求更高的收益。中国平安两

者都追求。

①看地段

在我国保险类大宗购置资产形态中，大部分企业选择的是城市金融核心区写字楼物业。中国平安在这方面的表现十分突出，其投资的写字楼一律是位于核心城市核心地段的高端物业。

比如，中国平安整栋购买的成都银泰中心 T3 办公楼位于西部经济核心引擎——成都的金融城 CBD，是成都金融城片区已交付的标准极高的办公楼之一。又如，2013 年，中国平安以 2.6 亿英镑收购了伦敦金融城地标性建筑——劳合社保险大厦。2015 年，中国平安以 4.19 亿欧元收购了位于伦敦市金融区的 Tower Place 大厦。

核心城市核心地段和整栋收购持有是中国平安投资写字楼的典型特征。

事实上，从全球范围来看，高端写字楼一直都为险资所偏好。因为险资企业往往不会做直接的开发者，其主要策略就是以投资者身份投入资金直接购买，以获得后期物业增值所带来的利润。核心地段的优质物业不仅可以获得稳定的租金收益（顶级写字楼的市场回报率在正常情况下是 5% 左右），而且增值空间巨大。

选择以整栋或其他大宗交易的形式购买，一方面可提升企业自身的品牌形象；另一方面可维持物业本身的高素质，有助于物业升值。当然，如果项目过小，就另当别论。有的项目预期回报率不错，但消耗的资金量太小，对险资而言成本太大（因为与其他资金量大的项目的流程是一样的），也并非理想的投资标的。

优质物业的遴选就比较靠手艺。一般来说，判断写字楼优劣的因素主要有地段、软件配备、物业管理、经营业态以及周边氛围等。概而言之，地段、硬件、服务三者缺一不可。

②看管理

类似中国平安这样的金融机构，最大的优势是资金成本低，最大的能力是投资能力。秉着术业有专攻的原则，在收购物业之后，它们通常会委托原来的运营商进行管理。

商办类物业是典型的被动型管理业态，对运营能力的要求相对是比较低的。不过，随着竞争越来越激烈，资产本身的质量和团队运营管理能力越来越重要。同一物业，若团队运营能力强，不仅租金收入更高，而且还可以创造更高的资产溢价。因此，中国平安也十分看重被收购资产方的管理能力。

比如，虽然中国平安和华夏分别购买了一栋成都银泰中心写字楼，但是两家险资巨头却全权委托银泰进行经营管理，统一进行租售。因为银泰在商业项目运营方面有着丰富的经验和较高的水准，比如北京银泰中心写字楼的租赁水平常年位居北京前三名。让银泰来做运营，不仅有利于培养项目整体的商务氛围，还能将项目整体品质和服务上升到更高的层次，使物业的价值最大化。这也是中国平安等险资巨头看中成都银泰中心写字楼的原因之一。

除了收购顶级物业，中国平安还会与专业的运营商联合收购被低估的存量资产，并通过改造升级和运营推动资产增值。

比如，2019 年 7 月 9 日，朗诗集团公告称，公司旗下青杉资本所持有的上海朗昊、平安不动产与嘉兴朗裕订立合作协议，收购并经营位于上海市浦东新区张江高科技园区科苑路的一宗写字楼物业，上海朗昊及平安不动产将分别持有嘉兴朗裕 30% 的股权及 70% 的股权。该标的物业紧邻上海浦东内环线和龙东大道，是张江高新区门户地带，属于区域最早开发的板块，交通条件十分优越，本身具有较大的改造和提升潜力。

朗诗集团表示，其看好中国核心城市存量资产改造业务的发展机遇，积极寻找合适的项目进行存量资产的重新定位、设计、改造和运营，希望借此显著提升物业价值并获得增值回报。

（3）小结与启示

除了投资持有，中国平安自己也建写字楼。平安不动产是中国平安下属子公司，其业务涵盖开发投资、商业地产等领域。其中，商业地产业务专注于商业办公性质的土地和物业的投资、收购、建设及资产运营。目前，平安不动产已经在深圳、杭州、天津、北京、长沙、济南等地打造了国际金融中心，比如深圳平安金融中心项目占地约 28.45 亩，建筑总高度为 592.5 米。

平安不动产发布的财报显示，凭借全价值链投资能力、全过程金融产品设计能力、全方位风险控制能力，截至 2018 年年底，其资产管理规模超过 3 500 亿元。这种通过金融赋能深入挖掘房地产全产业链价值的模式，反过来又能帮助中国平安更好地捕捉投资机会。

随着银行利率下调、经济步入下行周期，高收益的固定收益类资产变得相对稀缺，关于如何找到优质投资标的，中国平安投资不动产的逻辑值得借鉴。

4. 嘉里建设：只在核心城市的核心地段建写字楼

对于开发商来说，写字楼有着两种不同的开发模式：一种是分割散售模式，上面提到的绿地就是典型代表；另一种是只租不售模式，典型代表是嘉里建设。

截至 2018 年年底，嘉里建设在内地、香港以及海外分别持有（权益部分）434.3 万千平方英尺[①]、84.1 万平方英尺和 40.6 万平方英尺。其中，内地的写字楼位于北京、上海、深圳、杭州、沈阳、天津和济南，出租率为 88%；香港的写字楼出租率为 96%；海外的写字楼主要在菲律宾。内地的写字楼整体出租率较低，主要是因为沈阳嘉里中心拉低了平均水平（见表 2–21）。

---

① 1 平方英尺 ≈0.09 平方米。

表 2–21 嘉里建设主要投资物业的出租率

物业	截至 2018 年 12 月 31 日的出租率（%）	截至 2017 年 12 月 31 日的出租率（%）
静安嘉里中心一期	96	95
静安嘉里中心二期	98	98
浦东嘉里城	97	97
北京嘉里中心	96	97
深圳嘉里建设广场一期	97	94
深圳嘉里建设广场二期	97	94
杭州嘉里中心	92	95
沈阳嘉里中心	39	—

资料来源：公司年报、明源地产研究院。

在租金收益方面，2018 年，嘉里建设内地写字楼的租金和其他费用的年均收入为 4 698.139 8 元 / 平方米，香港同类物业的年均收入则为 4 376.247 7 港元 / 平方米，均处于高水平。

这跟嘉里建设的投资发展理念紧密相关。首先，在战略定位上，嘉里建设就是奔着租售并举去的，即做存量的持有经营是公司的核心战略；其次，在经营资产的选择上，覆盖写字楼、商场、酒店等可以实现相互协同；最后，只在极少数核心城市的核心地段建设、持有和经营高品质写字楼物业。

（1）采用租售并举的模式，对抗周期风险

1974 年，郭氏集团（由有“亚洲糖王”之称的华人企业家郭鹤年先生于 1949 年创办）在香港成立嘉里控股有限公司，嘉里建设是嘉里旗下的三大品牌之一，于 1978 年在香港成立。

与内地很多房企做存量不情不愿或者只是小规模试水不同，港资房企的发展战略就是做存量经营。这跟港资房企所处的区域有关。在改革开放之前乃至改革开放之后的较长一段时期内，大部分港资房企都只在香港布局，比如李嘉诚是 1993 年才开始在内地投资的。可是，香港毕竟比较小，好的地块开发一块就少一块。好的地块如果建完就卖了，企业还得重新拿地。因此，持有核心地段的物业就成了一个值得企业考虑的选择。

此外，港资房企经历过亚洲金融危机等大的经济和行业周期，危机意识更强，对高杠杆的模式敬而远之。持有优质资产经营虽然不容易扩大规模，但是可以带来持续稳定的现金流，在面对经济和行业下行周期的冲击时，企业抗风险的能力更强。由于自身就是开发企业，因此港资房企自然而然地选择自己拿地、开发，然后持有经营。

2018 年，在嘉里建设的营收构成中，销售物业收入、租金收入及其他和酒店业务收入的占比分别为 58%、22% 和 10%，嘉里建设是名副其实的租售并举（见图 2–50）。

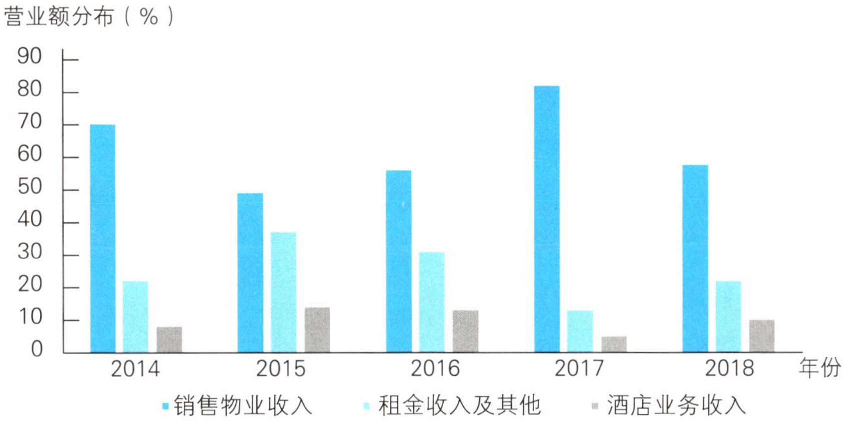

图 2–50　2018 年嘉里建设营业额分布情况

资料来源：公司年报、明源地产研究院。

这种模式也越来越得到内地政府的认可。自 2010 年以来，深圳前海深港现代服务业合作区部分土地出让的条件之一就是只有港资房企才能够拿地。2018 年，嘉里建设以 26.32 亿元夺得前海一块商业用地，该地块毗邻其2015年和2016年末投得的地块。嘉里建设计划结合现有地块打造集办公、酒店、商业及公寓为一体的国际化大型城市综合体。

（2）青睐核心城市的核心地段，专注打造精品

因为地域的因素，嘉里建设长期以来开发的项目都不以规模取胜，“精品”才是它最终的诉求。进入内地市场以来，嘉里建设拿下的项目一直延续着这样一个特征，即只在城市的繁华枢纽地段打造项目，不求规模，只论价值。

嘉里建设在2018年年报中表示，本集团的投资重心在于精选中心地段发展尊尚物业。除物业发展外，嘉里建设还向客户提供专业物业管理服务及广泛的增值服务。

我们注意到，嘉里建设在内地布局的城市约有20个，然而，大部分城市只有住宅或者商业，布局高端写字楼的城市不到一半（综合项目发展所在地均是甲级写字楼+商业，或者还有配套酒店）。嘉里建设投资的物业主要集中在省会城市、直辖市以及沿海城市，长期以来均是如此。

其项目不仅在核心城市，而且必须在核心地段。例如，1997年，嘉里建设在罗湖区人民南路打造了首个综合体项目——嘉里中心，当时那里是罗湖以及深圳的中心区；嘉里建设广场位于深圳福田CBD南区，紧邻会展中心和中心城。

（3）慢周转，精心打磨产品

嘉里建设在每个布局城市都遵循同样的发展轨迹：低调进入，潜心打造产品，一个项目普遍要花5年左右的时间。比如，深圳嘉里建设广场花了7年时间建成，北京国贸的开发周期长达几十年。

1984年，由当时的外经贸部牵头，嘉里正式参与投资和建设“中国国际贸易中心”。经过5年建设，国贸一期工程于1990年竣工。可是，直到2017年4月国贸大厦B座完成竣工验收，国贸三期B阶段工程才正式完工。三期B工程的建筑面积为22.3万平方米，建筑高度为296米，与国贸三期A组成“国贸双璧”，同时与国贸一期、二期、三期A组成

国贸建筑群。

如今，国贸建筑群的总建筑面积为110万平方米，是全球最大、功能最齐全、设备最先进的国际贸易中心之一，世界500强企业云集，早已成为北京的地标建筑。

较长的开发周期使得嘉里建设既可以精心打磨产品，便于租金溢价和后期的运营管理，又可以享受土地的增值。当然，这样会占用大量的资金。为此，嘉里建设也对办公楼的开发体量有所控制，使办公楼物业占总土地面积长期维持在15%左右的水平。

（4）小结与启示

自建持有的写字楼必须布局在核心城市的核心地段，同时企业要有长线思维，精心打磨产品，以赚取土地增值、物业增值、租金收入。

在资管的逻辑下，嘉里建设的自建持有模式十分值得推崇。事实上，绿地也有往这个方向靠拢的趋势，其在2018年年报中表示：对于商办类产品，通过"先运营后销售""持有一部分销售一部分"等途径助力库存的去化。因此，嘉里建设的模式非常值得想要在写字楼建设、自持、经营方面发展的企业借鉴：一是区位的选择，二是对高品质的追求，三是慢工出细活。

二、零售商业物业典型投资案例

1. 香港领展：前瞻性眼光，洞察高潜力项目

自2016年以来，外资大肆扫货内地商业物业，其中就有香港领展的身影。领展分批次剥离市值约为300亿港元的香港物业，然后出手收购内地优质物业，包括2019年年初以66亿元的价格收购了深圳怡景中心城。领展这一系列的资产结构调整，显示出其对内地一线城市存量市场长期看好。

作为以社区零售物业为主的REITs基金公司，领展在多年的实践中

形成了成熟的商业模式，其不仅保证了旗下资产的稳步增值，也帮助投资者实现了丰厚的回报。领展自 2005 年上市至今，其股价已经上涨了 12 倍有余，这种穿越牛熊周期的高收益打破了大家对 REITs 期间收益低的固有思维。那么，领展为什么能够在 10 多年内保持稳定的规模增长？其又有哪些投资策略值得借鉴？

（1）择时承接政府公屋，低价获取潜力资产

领展的发展历程始于 2003 年，不同于传统的地产开发运营商，领展最早承接的一批项目是香港房屋委员会的公屋商铺。房屋委员会属于政府机构，对物业管理缺乏经验，又恰逢当年香港房地产市场处于低谷期，致使其零售物业的租赁回报率一直处于较低水平。领展敏锐地察觉到了未来公屋市场化之后发展的潜力，以极低的价格接手了房屋委员会约 80 多个商场与停车场项目，其中就包括乐富广场、慈云山中心等原公屋商业购物中心。

由于本身承接的是公屋商铺，原有的商户租金与市场价格差距很大，所以即使领展将物业打包上市后逐年加租，其基础租金也依然不及市场价格。因此，大部分商户还是会选择领展，这也保证了这批物业的出租率和租金增长空间。

从历史表现来看，这些公屋项目的估值在 2007—2017 年普遍都有 10% 以上的增幅（见表 2–22）。这些项目带来的现金流与估值溢价直接助力领展在资本市场上获得高额资金支持，助推其股价稳步上升。

表 2–22　2007—2017 年领展主要商业项目估值　（单位：亿港元）

时　间	乐富广场	T-TOWN（颂富广场）	慈云山中心	TKO Gateway（厚德二广场）	尚德广场
2017 年	58.6	40.5	38.9	38.4	33.2
2007 年	19.0	12.1	11.7	8.2	10.2
复合增长率（%）	11.9	12.8	12.8	16.8	12.5

资料来源：企业年报、明源地产研究院整理。

（2）关注市场行情波动，及时调仓换货

随着内地居民消费水平的提升，领展也顺应时代规律不断调整资产组合，通过积极的收并购与出售举措回笼资金，挖掘潜力项目，让资产组合地域分布更为多元化。

自 2014 年以来，领展陆续开始出售香港的物业，包括 2017 年以 230 亿港元出售位于香港屯门、马鞍山及葵涌等地的 17 项商场物业，2018 年以 120 亿港元出售鸭脷洲物业、秦石物业等 12 项物业。

与之相对，在 2015 年之后领展开始进入内地零售物业市场，依次收购了北京海淀区的欧美汇购物中心及广州荔湾区的西城都荟广场，在 2018 年又将京通罗斯福广场收入囊中（见表 2–23）。这批物业都定位为社区购物中心，彰显出领展看好内地物业的决心。

表 2–23　2015—2018 年领展部分收购与出售项目情况

收购标的	收购时间	出售标的	出售时间
北京欧美汇购物中心	2015–04	峰华邨商铺、嘉福商场等 5 项物业	2015–10
上海企业天地	2015–08	长康物业、安荫物业等 5 项物业	2016–12
广州西城都荟广场	2017–05	香港屯门、马鞍山等地的 17 项物业	2017–09
京通罗斯福广场	2018–011	香港鸭脷洲物业、秦石物业等 12 项物业	2018–12

资料来源：企业年报、明源地产研究院整理。

截至 2019 年 3 月，领展旗下的香港物业组合总收益增长 7.2%，内地物业组合总收益则增长 16.1%。领展投资内地物业的回报已经开始逐步兑现。

正如领展策略总监丘兆祺所说，领展希望将面积较小、缺乏协同效应的物业予以出售，回收资本再投资到具备高增长潜力的区域。相信在内地经济与消费增长的驱动下，领展会继续增加在内地的投资力度。

（3）定位社区刚需消费，翻新提升租金溢价

在零售物业的投资理念中，产品线的安排要依托城市能级，对于人口不足 50 万的小镇或者社区来说，最适合的业态多以社区小型商业为主。基于这个理念，领展在香港的大部分零售物业都是以便利店、餐馆、菜市等社区店铺的形式存在的，业态集中于餐饮和日常必需品，定位于大众基础消费，这主要是为了迎合公屋居民的消费能力。

随着居民消费能力不断提升，原有的业态定位已经无法支撑消费需求，而老旧的菜市商铺加上基础零售业微薄的利润也使得领展在涨租方面存在较大的阻力。为了在满足居民消费需求的同时合理提升物业估值与租金溢价，领展实施以老旧物业改造为主的资产提升计划。领展拥有一批强大的物业改造以及市场规划团队，其能够针对不同物业特点进行设施改造与格局重构，以期在短时间内提升资产的物业估值。

在实行资产提升计划后，领展针对有潜质的资产项目进行重新招商定位，不断调整商户组合。最实际的行动就是引入付租能力较高的连锁店及高档商户，建立了诸如 7-ELEVEN、万宁等战略合作客户群（见图 2-51）。对于领展来说，连锁零售商户相比个体商户具有更高的租金议价空间，同时其本身的业态也能满足周边居民购买日常必需品的需求。

- 牛奶公司
- 屈臣氏集团
- 大家乐集团
- 麦当劳
- 美心食品
- 华润零售
- 利亚零售
- 大快活快餐
- 日本城香港

图 2-51　领展主要战略合作商户名单

资料来源：公开资料、明源地产研究院整理。

截至 2018 年 3 月，领展有 67 个项目已实施资产提升计划，经过设施改造与格局重构的新零售物业带来的租金收益提升也相当明显。据年报数据分析，自 2015 年以来，领展零售物业的月均租金由 45.4 港元 / 平方尺提升至 62.4 港元 / 平方尺，几乎保持着每年 8% ~ 10% 的增长幅度（见表 2–24）。值得一提的是，现阶段的租金相比市场依然存在较大空间，能够保障未来租金收入的持续增长。

表 2–24　领展零售物业各业态月均租金变化趋势　（单位：港元 / 平方尺）

业态	2018 年 3 月	2017 年	2016 年	2015 年
都会	83.0	76.0	70.8	62.3
汇坊	70.6	65.9	60.8	55.8
邻里	44.9	40.3	34.9	32.8
平均	62.4	55.3	50.0	45.4

资料来源：企业年报、明源地产研究院整理。

（4）小结与启示

总体而言，领展的成功不仅是依靠一双发掘价值洼地的"慧眼"，而且在于其对周边居民消费的精确定位和强大的改造能力。对于专业的投资者来说，目前国内市场仍然有不少价值低估的资产项目。能否练就"鹰"一般的投资眼光，洞察高潜力的资产项目，并且通过改造翻新提升估值，将是企业一项非常重要的核心能力。

2. 香港太古：精心挑选优质地段，匹配城市文化特色

在香港，太古的名字家喻户晓，太古从一家糖厂摇身一变成为地产商的传奇故事不断被传颂。事实上，这家自英国远渡而来的企业涉足的板块远远不止这些。太古船坞、港机集团、国泰航空等皆隶属太古集团旗下，这家企业的品牌早已渗入人们的衣食住行。

在太古200年的发展史中，成立于1972年的太古地产可谓是太古集团中最为年轻的一个业务板块，但是其能量与业绩却不容小觑。截至2018年年末，太古地产在中国内地的物业总楼面面积已达1 410万平方英尺（逾130万平方米），并且每个项目都保持了极高的出租率（见表2–25）。

表2–25 太古地产中国内地零售物业项目

中国内地零售物业项目	总楼面面积（平方英尺）	权益占比（%）	物业出租率（%）
北京三里屯太古里	1 465 771	100	100
北京颐堤港	1 886 865	50	99
上海兴业太古里	3 468 806	50	97
广州太古里	3 840 197	97	100
广州汇坊	90 847	100	—
成都远洋太古里	2 092 341	50	99
上海前滩太古里（在建）	—	50	—

注：太古地产中国内地物业总楼面面积为14 094 657平方英尺，包含已落成零售物业12 844 827平方英尺，以及其他物业2 917平方英尺。

资料来源：企业年报。

究其原因，太古地产的成功离不开在投资源头上的精心布局，其投资策略可以用两个关键词高度概括：选城市和定产品。

（1）地段选择三大原则，保证拿到最优用地

纵观太古地产内地零售物业项目，可以得见其投资法则，其中有三大原则是需要坚守的：一是聚焦一线城市，二是注重地块的连接性，三是只拿不带拆迁改造的净地。

①聚焦一线城市

太古地产在内地有七大零售物业项目，分别是位于北京、上海、广州和成都的综合发展项目——北京有三里屯太古里、颐堤港，上海有兴业太古汇、前滩太古里（在建），广州有广州太古汇、汇坊，成都有远洋太古里。

细数这些项目可以明显地看出，除了新一线城市成都，太古地产的项目均布局于核心一线城市。在国内四大一线城市中，虽然太古地产尚未布局深圳，但是其中国区总裁曾多次表示，未来希望在深圳也有发展的机会，只要有合适的时间、地段和价格，太古地产都会积极投入。

可见，太古地产专注于一线城市进行投资布局的信念非常坚定。尽管已进入内地市场10余年，但太古地产至今建成的零售物业项目也只有为数不多的6个，布局可谓较为缓慢。然而，其核心一线城市项目的高收益和高出租率不得不让人肯定它的“慢中取胜”策略的正确性，这也愈加坚定了它聚焦一线城市布局的信心。正因为如此，在一线城市释放土地量不多的情况下，太古地产仍然力求寻找这种结构性机会，比如其最新建设的项目就选址于上海前滩。

②注重地块的连接性

太古地产还极其注重地块的连接性。这主要体现在地块的选址上，零售物业的选址一定是接近地铁站的，或者处于交通接驳点上。

太古地产在香港投资的零售物业项目全部是地铁上盖物业。香港太古广场就是一个典型例子，其虽然建成于约30年前，但因为处于金钟地铁站之上，是港岛线和九龙线的重要接驳点，因此客流量和热度一直不减。不仅如此，太古广场四周还串联着放射状的过街人行天桥。得益于极其便利且四通八达的动线设计，不同功能、不同用途的物业都被贯穿了起来，从而形成人流、物流以及资金流的互通和共享，这种正向叠加效应也是太古广场所处商圈多年来长盛不衰的一大重要原因。

同时，太古地产的内地项目也很好地延续了香港的这种选址策略。太古地产在内地已经建成的项目无一例外地都选择了邻近地铁或正处于地铁交汇处（见表2–26）。四通八达的动线规划、流畅多变的行进动线、交错变化的虚实空间在带来客流量的同时，也给消费者带来一种极致享受的绝佳体验。这就是太古里的魅力所在，也是太古地产每个项目都能“叫好又叫座”的秘密武器。

③只拿不带拆迁改造的净地

太古地产多年来的投资策略中还有一个重要原则，就是只拿净地。

在城镇化率不断攀升的情况下，一线城市新增土地供应愈加吃紧，于是诸多企业纷纷抢食城市更新的万亿蛋糕。然而，旧改往往面临着较长的开发周期和较高的资金要求，并且存在一些需要解决的历史遗留问题，加之地域限制和政策的摇摆变化，使得涉足城市更新的企业将会经受长期考验。

表 2-26 太古地产内地部分零售物业选址

项目	北京三里屯太古里	广州太古汇	成都远洋太古里	上海兴业太古汇	北京颐堤港
地理区位	位于北京三里屯路，南临酒吧街，北临使馆区，邻近地铁 2 号线、10 号线	位于广州天河中央商务区核心地段，商场 M 层连通地铁 3 号线，毗邻地铁 1 号线体育中心站	位于成都锦江区大慈寺路以南，纱帽街以东，与春熙路步行街接壤，与地铁 2 号线及 3 号线交汇站春熙路站连通	位于上海浦西静安区南京西路商圈核心优越地段，与地铁 13 号线无缝连接，毗连 2 号线及 12 号线	位于朝阳区酒仙桥地段，周边高端住宅、国际学校和顶尖跨过企业云集，接驳地铁 14 号线
物业形态	开放式街区	盒子式	开放式街区	半开放式街区	盒子式
开业时间	2008–07	2011–09	2014–04	2017–11	2012–09
商铺数量	260 间	421 间	360 间	203 间	170 间

资料来源：公开资料。

不少企业已经及早赶上了这趟城市更新的快车，比如招商蛇口、华润置地这类极具实力的央企，它们早已把自己的旧改和片区运营能力作为核心能力向其他城市输出。然而，太古地产作为常年盘踞香港的英资企业，它更清楚自身的优劣势所在。因此，对于内地市场的城市更新机会，太古地产的态度会更为谨慎。太古地产行政总裁白德利先生曾表示，太古地产在项目获取方面虽然会采取灵活的方式，也愿意寻求与其他企业合适的合作机会，但是有一点是非常明确的，即地块一定不能涉及拆迁问题。换句话说，太古地产一定不拿城市更新的地块，而是更倾向于已经整备好的熟地。

这一点从当下参与城市更新市场的房企也足以见得，有能力参与城市更新的房企不外乎分为两类：一是涉足城市更新较早的区域性龙头房企，它们因为更加熟悉本地市场，并且与当地政府沟通较为顺畅和便捷，有一定的话语权，所以有实力参与城市更新；二是全国性的大型房企，以国央企最为典型，凭借多年的实力积累和对本地市场的一定了解，城市更新成为它们的绝佳选择。

太古地产显然不属于这两类房企中的任何一类，故其不拿净地的选择也就不难理解了。

（2）匹配地方文化，打造城市名片

很多人质疑太古地产的项目发展速度，认为港式保守的风格不适合在内地复杂多变的环境下生存，但至今太古地产的每一个内地项目都被冠以精品，甚至成为当地城市文化的一部分。这离不开太古地产在投资规划阶段设立的标准，即明确项目与城市之间的匹配效应，打造特色商业地产项目。

当下，很多国内的商业地产企业为了追求开发速度和在最短的时间内回笼资金，对于项目打造越发趋向同质化。不管是外在的建筑外观、空间布局，还是内在的功能定位、品牌招商，各项目之间几乎没有差异，长此以往，项目的品牌价值也会被磨损殆尽。因此，太古地产在项目投资上有一个原则，即要找到项目与当地文化的契合点。管理者会花费时间向地方学者、建筑设计师了解项目所在地的文化特色与社区需求，同时了解政府的想法与未来规划。在这一过程中，哪怕牺牲项目进度也没

关系，太古地产要保证每一个项目都拥有独立的文化概念。

正是对项目的精雕细琢成就了太古项目地方名片的价值。当其他地产商的项目概念逐渐沦为“口号”时，太古里却真正将项目融入地方文化。例如，北京三里屯太古里定位于潮流时尚，已经成为全国皆知的街拍网红打卡地；成都远洋太古里定位于“快耍慢活”的成都气息，保留了项目中的古老街巷与历史建筑，以人、自然、文化为主题提升商业内街观赏趣味性及品牌辨识度，为消费者营造出老街漫步的闲适感；上海兴业太古汇“爱混敢嗲”突破传统，以业态混搭与特色活动反映出上海年轻人敢于出众、热爱探索的精神。

项目与地方文化的成功结合间接刺激了地区消费，这也反映到了太古的业绩当中。最新的数据显示，截至 2019 年 6 月，太古地产内地的 5 个在运营项目的零售增长率都在 9% 以上，出租率也都维持在 98% 以上，大部分项目均保持着良好增长，成为业界的佳话（见表 2–27）。

表 2–27　太古地产内地项目发展情况

项目名称	2019 年上半年零售额同比增长率（%）	2019 年上半年物业出租率（%）
北京三里屯太古里	9	100
广州太古汇	15	100
北京颐堤港	18	99
成都远洋太古里	19	98
上海兴业太古汇	67	98

资料来源：企业年报。

（3）小结与启示

没有规矩不成方圆，太古地产保留着港资所独有的谨慎投资态度，严格限定项目地段与土地属性，并且积极融入地方文化做好调研。太古地产在过程中也许花费了很多时间，错失了规模扩张的机遇，但正如其行政总裁白德利所言："我们的投资逻辑是一场马拉松而不是短跑，眼光要长远一些。"立足长远稳定的回报，以高品质的产品和服务为出发点，太古地产的这一投资策略可能在未来会成为许多高周转企业的学习标杆。

三、产业园区物业典型投资案例

1. 嘉民：精准的市场研判，发掘市场供需缺口

国内产业地产风起云涌、发展迅猛，然而在蓬勃发展的情况下，园区空置率高、招商难是整个行业面临的两大难题。面对这两大难题，有一部分企业深陷泥潭，彷徨不知所措；也有一部分企业选择迎难而上，死磕招商，成效不一；还有一部分更聪明的企业选择走差异化路线，从市场源头上理性分析，在细分市场中发掘出物流园区这一价值洼地。

万科在 2018 年组团收购全球物流霸主普洛斯就释放出了一个明确的信号，即未来物流地产前景可期。同样看好这一市场的还有一家澳大利亚的企业嘉民，凭借敏锐的市场分析与洞察能力，其把差异化路线走到了极致。

凭数据辨枭雄，短短两年内，嘉民就实现了资产管理规模增长 60%。在亚洲市场，嘉民自 2015 年起已经连续 4 年保持强劲增长（见图 2–52），并且在 2018 年总体回报率达到 15%，远超行业平均水平，同时中国市场的平均出租率高达 99% 以上。

归根结底，所有的投资策略都离不开选城市、选行业和选产品三个维度。下面，我们就从嘉民的城市选择、市场研判和发展路线三个方面揭开这家物流巨头的成功秘诀，为广大物流地产投资商、运营商提供借鉴。

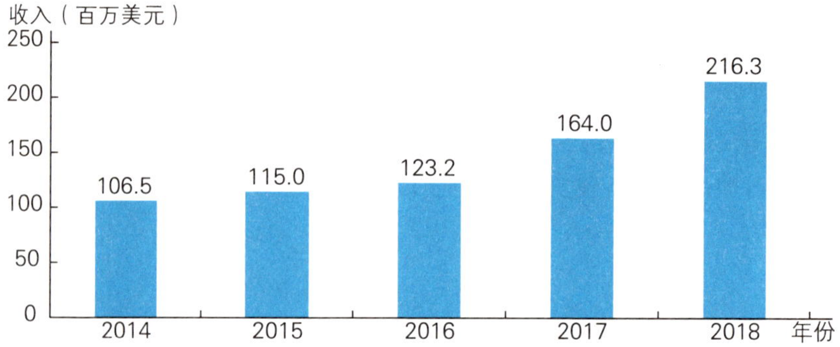

图 2–52　嘉民亚洲市场收入的稳定增长趋势

资料来源：企业官网、明源地产研究院。

（1）蓝海市场开疆拓土，选择节点城市发力

众所周知，中国物流地产领域以外资玩家为主。从中国物流地产市场占有率来看，以普洛斯为首的外资玩家占据了接近 80% 的市场份额，形成了牢固的“一超多强”竞争格局。然而，世人仅知普洛斯这一物流超级巨头，却很少提及位列“多强”之首的嘉民。

事实上，早在 2005 年，嘉民就已经进入了中国市场。那是最好的时期，更是最坏的时期。物流地产方兴未艾，先发优势意味着巨大的蓝海市场和未知的可能性。然而，在以拿地为主要竞争力且土地资源被政府牢牢掌握的中国市场，如何调整战略、找准突破口是作为外资企业的嘉民面临的首要挑战。除了外部困局，嘉民还经受着强大竞争对手普洛斯的巨大威胁。由于进入中国市场比普洛斯整整晚了两年时间，嘉民给了对手先发制人的机会，此时的普洛斯已经占据了中国物流地产市场约 20% 的份额。

在外有强豪、内有劲敌的情况下，嘉民在中国物流地产细分领域左右逢源，在夹缝中打开了一方天地，并且越做越大（见表 2–28）。这得益于其在城市选择上的绝佳策略。

从城市布局来看，在刚进入中国时，嘉民的业务主要布局在以上海为首的长三角地区。其把上海康桥作为起点，逐渐拓展至以北京、天津为首

表 2–28 中国物流设施前十大供应商排名

物流设施供应商	已完工（万平方米）	在建（万平方米）	总计（万平方米）
普洛斯	1 280	570	1 850
嘉民	190	70	260
中国物流资产	97	112	209
宝湾物流	142	45	187
易商	83	47	130
安博中国	91	39	130
丰树	68	57	125
平安不动产	16	85	101
维龙	54	47	101
盖世理	22	9	31

资料来源：中国物流资产招股说明书。

的京津冀地区，以重庆、成都为核心的成渝城市群和广州、惠州等地所在的珠三角地区，以及一些核心城市（包括沈阳、青岛、西安、武汉等）。

总结来看，嘉民在城市选择上有以下两大原则。

一是倾向于优先选择五大国家级城市群。这种选择其实与城市群的人口规模以及物流仓储需求有着极大的关系。一方面，物流地产始终是与消费能力相关性非常强的行业，而人口规模则是城市消费力的基础。中国主要城市人口规模情况也正说明了这一点，长三角人口规模遥遥领先其他城市群，其次是津京冀、长江中游和成渝地区（见图 2–53）。另一方面，长三角“包邮区”无疑是物流仓储需求最大的城市群，电商的聚集给这个城市群的物流园区注入了源源不断的活力。

二是呈现出由高线城市向周边卫星城市以及更低线城市扩张的趋势，这也是解决“拿地难”问题的必然选择。城市群中的低能级城市在土地供给、土地价格和用工成本方面较高能级城市都享有优势，而地理位置和出租价格却未必落后太多，所以“立足二线，服务一线”成为包括嘉

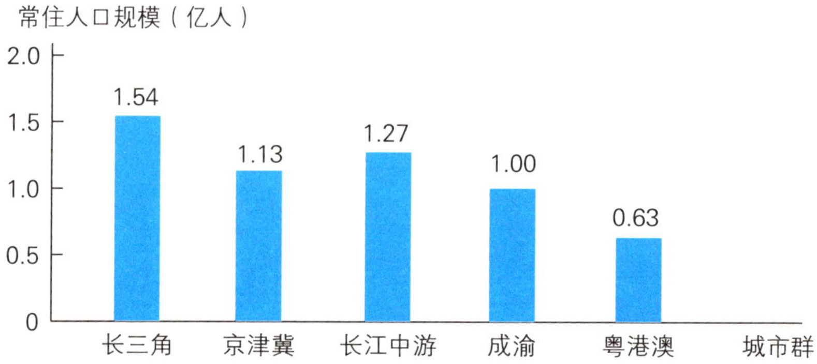

图 2-53 2018 年城市群人口规模

资料来源：公开资料。

民在内的许多物流地产商的城市选择策略。

得益于这两大原则，嘉民在 10 年内迅速拿下了中国市场 11% 的份额，位居全国第二，仅次于普洛斯，并且持续保持着物流设施总供给量第二的位置。2018 年，嘉民在中国的管理资产突破了 400 万平方米，在 2016 年的 260 万平方米的基础上实现了近 60% 的增长。

（2）洞察行业升级趋势，提前布局高端仓储

在产业不断升级、供应链能力持续提升、物流现代化进程不断加速的过程中，传统园区由于前期未能科学选址，在货物周转效率和运营管理方面与高端仓储有较大差距，未来势必将被更加优质的高端仓储设施替代。不可否认，高端仓储是现代物流业发展和供应链管理技术进步的重要基础配套设施。

在 2005 年进入中国时，嘉民就已经敏锐地捕捉到了中国市场即将面临的物流行业升级趋势。加之中国高端仓储设施的极度匮乏，嘉民更加坚定了提前布局高端仓储的决心。

据世邦魏理仕统计，我国现有的物流仓储设施约有 70% 建于 20 世纪 90 年代之前，全国仅有不到 4% 的物流仓储设施是高端物流仓储（见图 2-54）。同时，这些传统物流仓储主要以旧式仓库等老旧设施为主，

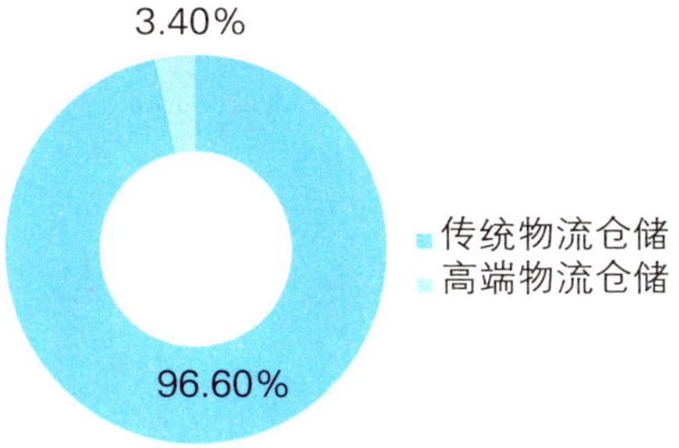

图 2–54　我国高端仓储设施极度匮乏

资料来源：世邦魏理仕、明源地产研究院。

建设标准和安保管理均无法满足现代化存储装配需求，企业不能进行简单的替代改造，只能进行高标准仓储设施新建。

与发达国家相比，我国人均高端仓储面积还远远不足。与物流地产业发展超前的日本和美国相比，2015 年，我国高标准物流设施人均面积不到 0.015 平方米，不足美国的 1.5%（见图 2–55）；2017 年，我国人均仓储面积也仅有 0.4 平方米，与日本人均 4.0 平方米的仓储面积相比，差距达 10 倍之巨，且在这仅有的 0.4 平方米中，只有四分之一是拥有信息化管理的高端物流仓储（见图 2–56）。巨大的差距之下蕴藏的是巨大的市场潜力，相信这也是嘉民选择在当时进入中国市场的重要原因之一。

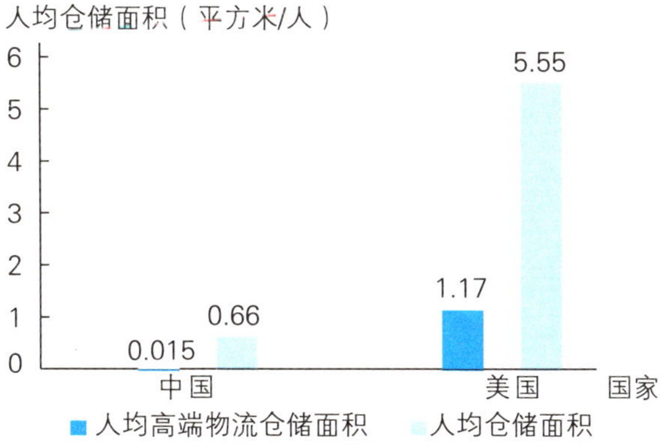

图 2–55　2015 年中美人均仓储面积差距巨大

资料来源：世邦魏理仕、观点指数、明源地产研究院。

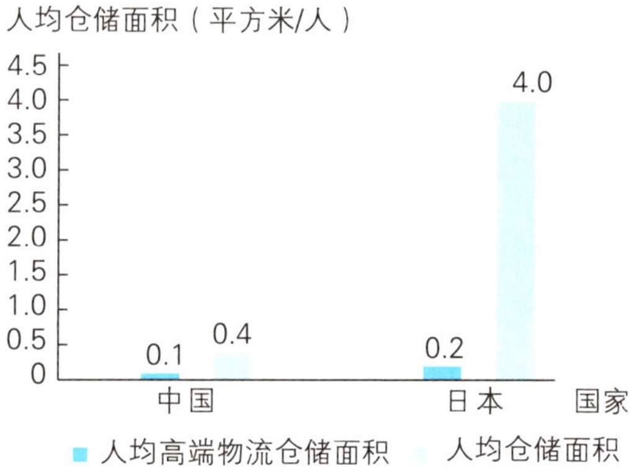

图 2–56　2017 年中日人均仓储面积差距巨大

资料来源：世邦魏理仕、观点指数、明源地产研究院。

（3）匹配市场高端定位，进行产品迭代优化

为了匹配高端仓储的市场定位，嘉民选择走定制化路线，并且针对中国市场进行了因地制宜的改变。

通常，在商业环境较为稳定的海外，嘉民选择的是一条纯粹的定制化路线，“有客户就定制，没有客户就不开发”。在进入中国后，由于作为稀缺资源的土地的供应相对有限，土地指标需要申请，所以嘉民修正了自己的策略，更加注重开发品质和普适性高的标准仓库。因此，嘉民修正后的定制化模式则是在买地后再与客户洽谈定制意向，达成协议则定制，否则就开发标准仓库（见图 2–57）。嘉民在中国市场已完工的仓库中，有 70% ~ 80% 是定制的，在建的项目中约有 70% 也是定制的。

图 2–57　嘉民在中国的定制仓库模式

资料来源：明源地产研究院。

（4）小结与启示

综上所述，嘉民实现规模与利润并举的秘诀在于其一直以来贯彻的三大投资策略：一是节点城市的选择，嘉民挑选重要城市群，并且从高线城市向卫星城市及低能级城市转移，从源头上保障仓储设施的需求；二是精准的行业及市场研判，只有洞察行业升级的趋势，才能发掘出高端仓储的蓝海市场；三是因地制宜的产品优化，嘉民在做高端仓储时会针对不同的市场改变产品路线，以更加适应市场环境和客户需求。

这些策略值得中国物流地产投资人和运营商细细思索，更重要的是，要总结出其对于中国市场的启示。

首先，在城市选择上，物流园区的布局应重点关注国家级城市群、流通节点城市及沿海发达地区国家级节点附近的卫星城市。特别是在粤港澳大湾区被定位为世界级城市群并上升为国家级战略之后，企业应该重点关注湾区内优质的物流地产投资机会，如广佛、深莞都市圈以及中山。

其次，不仅仅是物流地产，所有的产业地产都需要捕捉产业未来发展动向，密切关注产业升级趋势。因为一旦产业升级或新的产业出现了，原来与之匹配的园区就会丧失核心竞争力。

最后，产品和战略路线需要根据市场的局势变化进行动态微调整。在中国市场，特别是高线城市，土地是稀缺资源，因此拿地和土储就显得极为关键。在哪些城市、哪些地段、哪个合适时机拿地，物流地产商们都需要运筹帷幄和提早布局，只有这样才能在“投”的维度真正占领先机，一击制胜！

2. 联东：定位制造业刚需，标准化复制全国，做大规模

“住宅看万科、商业看万达、产业看联东”，这句话足以说明联东在产业地产领域的江湖地位，同时也凸显了联东在产业园区运营环节的身份——开发商。的确，联东重开发，也擅长项目开发，其通过天然的土

地溢价、优秀的成本管控能力以及精准的市场研判走规模化扩张之路，获取了应有的开发增值利润。

联东的前期发展模式主要是大建大卖，但是在2018年年底，联东的老板提出一个5年目标，即5年之后联东将转变成一家纯服务的公司，标志就是服务收入超过园区租售收入。达成这个目标的前提是有足够大的园区规模提供支撑，而联东刚好在这个方面做足了准备。截至2019年7月，联东在全国40多个城市投建园区190余个，拥有1万多家企业客户，是产业地产领域唯一能在全国复制项目的企业。

联东之所以有如此坚定的投资战略和精准的投资眼光，主要是因为它想清楚了以下几件事。

（1）商业模式：早期重开发，如今期待成为纯服务公司

联东曾说自己可能是产业地产圈里犯错误最多的企业，但它也从众多失误中汲取了最丰富、最坚定的战略养分。物业自持还是销售直接关乎现金流问题，也决定着企业的商业模式，联东并不是一开始就确定了自己的商业模式，而是在不断探索中逐渐找到了一条适合自己的路线。

在20多年的发展中，联东由早期以售卖为主的公司——一家踏实而纯粹的园区开发商，发展成为一家纯服务的公司。不过，这种变化并不是一蹴而就的，而是通过不断观察市场、研判政策，并结合企业自身的发展战略逐渐调整而成的。

2014年，联东项目的租售比为7∶3（70%为销售，30%为租赁），但这并不是固定不变的。随着一线城市土地供应的变化，以及市场整体重运营、重服务的趋势，联东发生了一些变化。从公开报道来看，目前联东的租售比为4∶3∶3到6∶2∶2，即40%~60%为销售，20%~30%为租赁，其余20%~30%为合作经营。同样，联东也打算直接投资高成长企业，注重物业管理服务，增加盈利渠道。

（2）城市布局："区域、城市、选址"三步方法论

联东并非一开始就想清楚了项目布局，也走了很多弯路。产业地产

业内人士表示，现在企业想要在北京做产业地产很难，不好拿地，除了联东，因为联东很早就布局一线城市，成长于北京高歌猛进的产业开发黄金时代。

从区域来看，联东早期着重布局一、二线城市，之后转战三、四线城市。结果，2015 年，联东在三、四线城市（如山东）的布局遇到很大问题，招商和销售都受挫，其最终决定专注于一、二线产业市场。

从城市来看，现在联东选择进入哪个城市，主要有以下几个研判标准：一是关注土地情况。预先了解该城市过往的土地供应量，特别是工业土地的供应量，同时关注单个土地的供应面积，以此推测和把握未来一、二级市场的供应状况。二是关注城市企业类型。这是衡量投资价值的重要因素，比如，市场由民企和外资主导，就说明市场环境宽松、比较活跃，由国企主导则相反。三是关注工业增长值。联东的主要客群是中小制造业企业，从工业增长值可看出这个城市的工业潜力，进而判断客群的消费能力。

从选址来看，联东集团常务副总裁梁环宇曾在公开场合表示，一线城市的好位置和二线城市的核心区域可以投资项目。投资的核心是投人才，许多三、四线城市并不具备投资买商的基础，强行做只会自讨没趣。

（3）产品：定位制造业刚需，同时考虑城市和客户设计产品

联东打造的园区产品契合企业的需求，而且在细节处理上足够“贴心”。而联东之所以能做到如此，是跟它的企业基因、战略判断息息相关的。

首先，联东母体公司是做钢结构模板的制造业企业，曾为水立方、鸟巢、奥体中心体育场、中央电视台总部大楼等著名工程提供模板和钢结构产品。基于工业基础，联东进入工业园区面向制造业客户是理所当然的。由于联东自己做制造业，对厂房产品的工艺设计，比如物业内的坡度、尺寸、角度、生产工艺动线等细化要求很敏感，所以它设计的产品很合客户心意。

其次，联东认为，虽然中小企业的税收少，但其数量多，能积少成多；虽然大企业是税收大户，但其战略失误带来的影响更大。而且，中小企业具有成长想象空间，若是园区能为它们提供生长的沃土和服务平台，它们可以成长为有竞争力的企业，园区也能因此实现溢价。

所以，联东的产业园区主要针对制造业企业。在具体产品设计上，联东设计的产品不仅对客户胃口，而且价格也很合适。

联东认为，要想做好产业地产就得懂客户，客户的行业属性、区域差异、不同企业生命周期的特征、行业的升级换代等都影响着园区产品的定位和设计。企业如果没弄明白这些，那么迟早要进死胡同。联东根据自己多年的行业经验，认为企业客户有以下特征。

其一，客户属于企业群体，它们买的是生产资料，它们非常关心性价比，并且决策周期长。

其二，客户个性化强，不同地域的客户的需求偏好有差异。比如，在标准厂房的楼层需求上，北方城市的客户喜欢单层厂房，最多两层；而南方城市的客户则能接受 4 ~ 5 层，到了华南可能 7 ~ 8 层都没问题。

其三，不同地域的客户文化不同。比如，有些区域的客户群体性格直爽，谈起来很容易，但是在双方谈完后对方毁约的可能性很大，而且即便双方谈妥签约了，对方回款难度也很大；而有些区域的客户群体生性谨慎，谈业务的时候很难，但是一旦双方谈妥了，对方违约的可能性就很小，且回款没有太大问题。

其四，客户群体多为区域内的老牌企业用户。比如，城市内的转移企业客户、跨城市转移的大型客户等，它们非常理智，谈判能力、议价能力非常高。

其五，中小企业比较多。这些中小企业虽有成长空间，但是具有很大的不确定性，易受经济波动的影响。

根据这些特点，联东将自己的产品定位刚需，且价格控制在 4 000 万元以内。但是，具体产品线如何设计，联东会根据城市目标客群和具体土地属性来定。

首先，城市目标客群主要分为两类：政府和企业。其中，企业客户因购买动机和企业规模的差异划分为四类：生产制造型、中试研发型、总部办公型、上下游服务型（见图 2–58）。

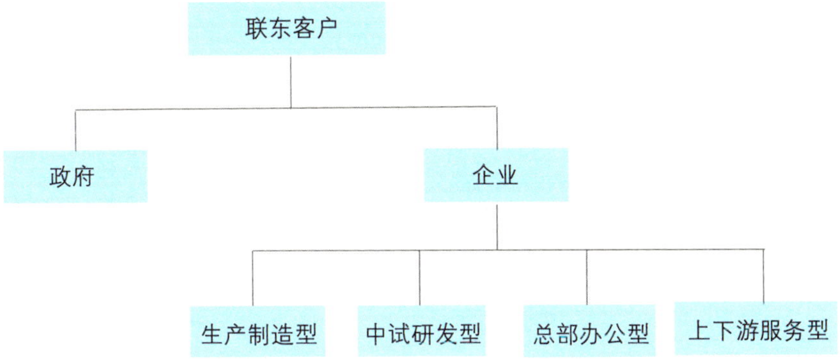

图 2–58　联东的客户分类

资料来源：联东官方公告。

其次，联东将适合自身发展的城市土地属性按照客户价值划分为四个类型：老城区中心、新城区副中心、城郊边缘、城郊卫星城开发区（见表 2–29）。由此细分出两大产品，即总部综合体和产业综合体。产品线中高端系列指的是业态配置、建筑形态上的高端，并不是建筑体量变高或变大。客户与不同土地属性的关联组成不同的产品业态组合。

其中，联东认为选址和定位（前端）尤为关键。如果这两个环节能做好，剩余的包括开发节奏、建设周期、招商服务、运营管理等在内的后端因素就比较好控制。

在前端中，选址是第一环，选址对了就有客户；定位则是第二环，定位决定你能有多少客户。没有哪个园区因为定位低而发展不好，倒是很多定位高端的园区最后以失败告终。

表 2-29 联东产品业态组合

<table>
<tr><th rowspan="2">产品线名称</th><th colspan="3">土地属性</th><th rowspan="2">项目定位</th><th rowspan="2">客户价值</th><th rowspan="2">名 称</th></tr>
<tr><th>位置</th><th>交通</th><th>配套</th></tr>
<tr><td rowspan="2">总部综合体（Headquarters complex，简称 H 类）</td><td>老城区中心</td><td>发达</td><td>配套完善</td><td>高端</td><td rowspan="2">高土地价值；稀缺产品形态；办公需求</td><td>待定</td></tr>
<tr><td>新城区副中心</td><td>便利</td><td>规划有完善的配套</td><td>标准</td><td>联东 U 谷总部大楼</td></tr>
<tr><td rowspan="2">产业综合体（U Valley industrial complex，简称 U 类）</td><td>城郊边缘</td><td>道路交通发达，但是公共交通缺失</td><td>相对完善</td><td>高端</td><td rowspan="2">高性价比；升级产品形态；产业物业需求</td><td>待定</td></tr>
<tr><td>城郊卫星城开发区</td><td>高速通达</td><td>一般完善</td><td>标准</td><td>联东 U 谷</td></tr>
</table>

资料来源：联东公司公告、明源地产研究院。

（4）小结与启示

经过分析我们发现，联东之所以能在全国百来个经济水平不同的城市复制项目，得益于其早期明确的商业思路，即“区域、城市、选址”的三步投资方法论和定位清晰的产品观。因此，联东才能在全国有条不紊地布局，同时凭借大规模的产业园区基础更好地实现纯服务转型的发展愿望。

3. 星河产业集团：坚持产城融合模式，投资孵化园区企业

截至 2018 年年底，排名前 50 的房企中有 45 家进入了产业地产领域。不过，它们的诉求各异——有的想借此拿到便宜的地，做住宅开发；有的只是将其视为多元化探索的一次尝试；即便是真正做产业地产的企业，很多也是用散售的方式回笼资金。

星河则看到了产业升级的大趋势，不仅重资产持有，还做起了股东，成功探索出一种“产、城、融、投”四位一体的经营模式，走出了一条以产促城、以城兴产、产城融合、融投并举的产业之路，实现了“产业、

城市、资本”的和谐发展与共赢（见图 2–59）。

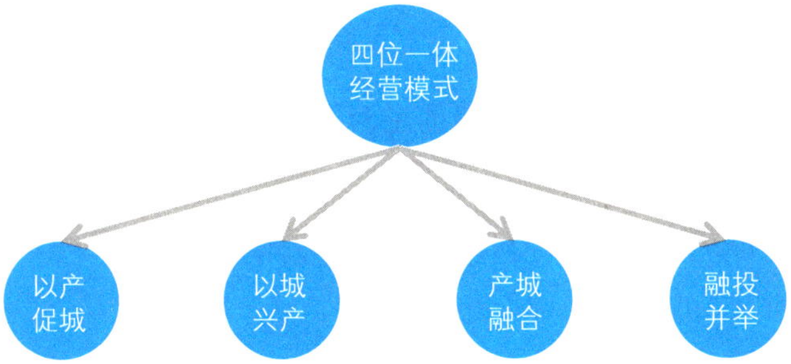

图 2–59　星河产业集团四位一体的经营模式

资料来源：星河产业官网。

星河之所以能有如此大的魄力做产业地产，是因为其很早就开始思考转型，且前期在商业地产领域的探索积累的丰富经验使其具有产业投资思维，有信心做好产业地产。

（1）战略选择：坚定早转型，园区重持有

星河总裁陈忠表示，星河产业是星河控股集团基于对大趋势的判断，为了向城市运营商转型而成立的。星河认为国内地产业发展迅猛，短短三四十年就透支了国外房地产 100 年的发展红利，未来实业或者新的科技业将成为中国经济发展的主驱力，所以星河很早就决定转型做产业。2007 年，星河趁着大量前期做来料加工的企业迁出深圳的时机，顺势拿下一大块产业用地，正式涉足产业地产领域。

陈忠表示，之所以选择持有，是因为星河早期做购物中心 COCO Park 时吸取的经验教训。在经营过程中，星河意识到采用散售的方式是无法做好存量运营的，因而星河在做产业时打算核心资产全部自持。

陈忠认为，自持经营本身是一个倒逼机制，因为良好的产业运营服务能加快产业集聚，提升园区产业氛围和租金水平，拉高物业估值，倒逼星河产业不断挖掘自身的运营能力，而且成效显著。以星河 WORLD · 深圳为例，其写字楼的日平均租金为 4.4 元 / 平方米，而深圳龙岗区的日平均租金为 2.7 元 / 平方米，这表明星河的租金水平远高于当地平均水平。

（2）产品打造：产城综合体为主导，做好商业配套

经过多年的探索和发展，目前星河已经形成了四条产品线——产融联盟新城、双创社区、特色小镇以及中心系商务综合体（见表 2–30）。在星河的产品类别中，产城综合体占据主导地位，以办公和研发类用房为主——研发类占 60%，商务办公占 40%。

在每布局一个城市前，星河都会对这个城市和其发展战略、产业基础、未来三五年的发展方向、扶持政策等做深入研究。星河产城研究院有一个将近 20 人的团队，专门负责研究这些。

表 2–30 星河产业集团的产品线

产品线	特 点	代表项目
产融联盟新城	一线城市及强二线城市中心、次中心，打造“园区 + 金融”双闭环总部基地	星河 WORLD · 深圳、郑州二砂文化创意园、重庆渝中区自贸区项目等
双创社区	一线城市及强二线城市核心地带，辐射全球，打造一站式创新创业创投平台	星河 · 领创天下（深圳、成都、珠海、南京等）
特色小镇	一线城市及强二线城市周边，依托当地产业资源和文化底蕴，导入深圳新兴科技创新特色	惠州湾巽寮湾—智汇文旅小镇、中山港口科创小镇、广州南沙国际珠宝小镇
中心系商务综合体	一线城市及强二线城市中心，打造高端商务综合体系	深圳星河中心、厦门中心、深圳星河世纪

资料来源：星河产业集团、明源地产研究院。

以星河 WORLD · 深圳为例，2007 年，星河拿下位于龙岗的这块地。经过大量调研，星河发现深圳的高科技、金融服务很有前景，电商也已显露出蓬勃发展的态势，文化创意产业也成为深圳重点打造的产业。于是，星河将其定位为中小型企业的培育基地。星河有商业项目经验，因

此这个基地也配套了商业，解决了入驻企业员工的吃喝娱购问题，提高了企业入驻的动力。因为这个地方的租金收入高于周边，所以星河容易获得融资，这为其投资入驻企业提供了充沛的资金。

陈忠表示，短期内星河还是会以产城综合体这类产品形态为主，并进一步完善功能以及产品的适用性，更好地适配一些特殊行业，同时做好成本控制。

（3）区域布局：选热点城市，要有产业基础或政策支持

由于星河对大趋势看得很清楚，所以经过一段时间的摸索，截至 2019 年年中，星河已布局了二十几个城市。

对于落子城市的选择，陈忠表示，主要标准有两个：一是要有一定的产业基础，二是当地政府是不是真的在大力扶持实业。

第一，城市要有产业基础。首先是北、上、广、深这几个城市，轻重资产都可以考虑；其次是新一线城市，比如重庆、成都、南京、郑州、武汉等产业基础较好的省会城市；再次是计划单列市，比如厦门等市场经济比较发达和活跃的城市；最后是有产业特色的城市，比如互联网经济发达的，人工智能、新兴行业比较好的，以及教育资源丰富的城市。

第二，城市要有政府的政策扶持。众所周知，产业地产的开发运营需要占用大量资金，因此政府的扶持特别重要。在星河的产业模式下，陈忠认为，如果是做重资产，政府的扶持主要体现在地价上，因为前期仍然需要住宅等的销售提供现金流；如果是做轻资产纯运营的话，那么政府在租金、产业政策上要有足够的支持。

星河的发展模式追求的是长期收益和短期现金流平衡，同时产业的投资与地产开发并进，短期地产开发贡献部分利润以支持产业的长期发展。当然，星河对单个项目的体量也会有一定的要求。一般来说，项目的规模要不小于 10 万平方米，否则不会考虑。

（4）企业股权投资：利用天然尽调身份，投资孵化入驻企业

只有园区的企业成长起来，园区才能更好地成长和赢利。为了吸引

部分关键企业入驻，星河愿意给出租金折扣。用陈忠的话说，要打造一个产业就必须有强大的产业资源，这既要有实力，也需要有情怀。此外，星河还亲自培育入驻的企业，这一点和很多产业地产运营商不一样。

星河不仅舍得给部分入驻企业优惠，还大力投资看好的企业。事实上，“以投资的眼光去看待租金和产权换股权，将投资合作、金融服务作为重要抓手；通过产业项目参与到国家新兴产业的发展中，去分享产业更新、产业增长的红利，以参与产业发展的思维进行产业地产开发运营”，是星河发展思维的核心。

在星河 WORLD 项目投入运营之后，很多投资机构找上门来寻找项目投资，这给了星河很大的启发——为什么不自己投？星河形成了“房东 + 股东”的概念，二者相辅相成——因为是房东，星河对交房租水电这种细节都了如指掌，这是天然的尽调；因为是股东，星河有充分的动力去服务这些公司（见图 2–60）。

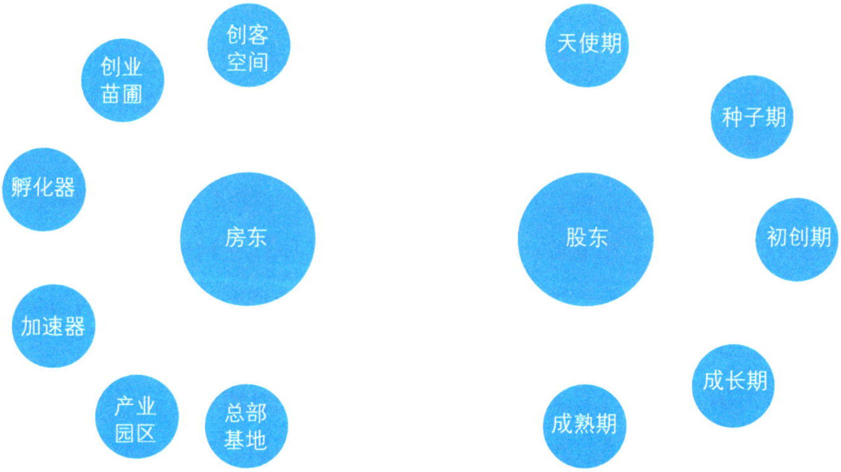

图 2–60 “房东 + 股东”双闭环

资料来源：星河产业集团、明源地产研究院。

为此，星河还在 2015 年成立了众创空间。与一般的孵化器不同，星河·领创天下包括两部分：一是众创空间，二是早期基金。两部分既互相联系，又独立运作。

众创空间就像一个漏斗，可以为基金提供源源不断的优质项目。对于入驻众创空间的企业，星河一方面提供优厚的免租金待遇，另一方面也设置了严格的筛选条件：在入驻之前，项目团队必须提出明确的商业计划，并分解为每个季度的阶段性指标。在通过筛选入驻之后，领创天下会对其进行持续三年的考核，并有权要求不达标的企业退出。通过这样严格、残酷的筛选之后，能留下的项目都是具有顽强生命力的项目。

孵化培育入驻企业与星河一贯以来的投资逻辑是相通的。其多年来不仅以普通合伙人的身份在股权投资上投入了大量资金，入股了多家投资机构（如深创投、东方富海），而且是前海母基金的发起人之一，合伙人包括马蔚华、沈南鹏、熊晓鸽。这些经历让星河在股权投资行业积累了丰富的经验和资源。

当然，星河的投资也有侧重点。对于商业模式创新的团队，星河采用租金、服务、产权换股权的方式，帮助其创造市场。比如，对 2C（面向消费者的公司）的客户，星河可以将 100 多万的会员开放给对方，并做好商业模式的把关。对于技术创新的团队，星河重点关注，尤其是航空航天、人工智能领域，这些也是星河重点投资的领域。

目前，星河实现退出的也基本以技术创新类公司为主。比如，星河投资的国星宇航于 2018 年成功发射全球首颗商业 AI 卫星“星河号”，这是中国商业航天领域发展的里程碑，给星河带来的收益也不少。在星河入股时，国星宇航的估值只有 8 000 万元；在星河入股 9 个月之后，其估值就飙升到了 5 亿多元。

2009 年，星河控股集团开始发展股权投资业务，目前已投资 119 个项目，其中星河 4 年投资了 40 家，且已有多个项目成功上市。在获取经济收益的同时，星河更加清楚各类企业的需求，为产品的改善、运营和服务的升级提供指导。

目前，在星河的盈利中，租金占到70%，资产运营占到10%左右，投资收益折算下来占到百分之二三十，剩下的是增值服务的收入。陈忠表示，星河的目标是，七八年后租金在总收入中的占比下降到50%左右，投资以及产业运营的收益占比上升到40%左右。

（5）小结与启示

很多企业觉得产业地产难做，然而星河的成功实践给我们提供了一个很好的思路。要想做好产业地产的运营服务，企业最好拥有长线思维，自己持有运营，同时在产业产品打造上以产城综合体为主导，为入驻企业做好商业配套，为企业迁入带来动力。此外，企业还可以利用天然的尽调优势和能力在股权投资上有所投入，在租金收入、物业增值等之外创造新的利润增长点。

第三章　融

积极创新，拓宽募资渠道

随着行业整体销售增速放缓，政策加强对融资通道的管控，目前房地产业正面临着新一轮的“资金荒”。不少采用高杠杆模式的开发商的资金压力巨大，部分在地产领域投资比重较高的地产基金、财富管理公司等也都面临着爆仓的风险。

如何能融到相对便宜的钱？这是当下行业普遍面临的难题。他山之石，可以攻玉。通过参阅成熟市场的融资体系，我们可以看到金融体系与融资主体的差异是影响房地产业融资规模的重要因素。

因此，破局房地产业融资困境的关键在于，企业是否能够改变其融资依据，从以往重视规模、依托主体信用的融资方式过渡到以运营能力见长、依托管理信用的融资方式，并借助金融创新的契机，采用资产证券化等方式拓宽融资渠道。特别是在行业迈进存量时代之时，拥有核心管理能力的企业在资本市场上将被更加青睐。

第一节
降速分化，解读中国房地产业融资现状

作为历经30年市场化发展的资金密集型行业，中国房地产业早已与国家经济牢牢绑定，特别是在2008年金融危机过后，政府推出“4万亿计划”，让中国房地产业迎来了“黄金时代”。但在2018年以后，政府加大调控力度，现今房地产业的融资环境已经发生了深层次的变革。

一、政策调控趋稳，融资趋势降速分化

目前，中国的房地产业已形成了以内生融资与外生融资为主的二元融资体系（见图 3–1）。内生融资特指开发类的企业通过住宅快转快销或者挤压供应链上下游资金，从而快速回笼资金。外生融资是企业通过境内外金融机构或者资本市场筹资，以获取股权或者债权类的长短期资金。

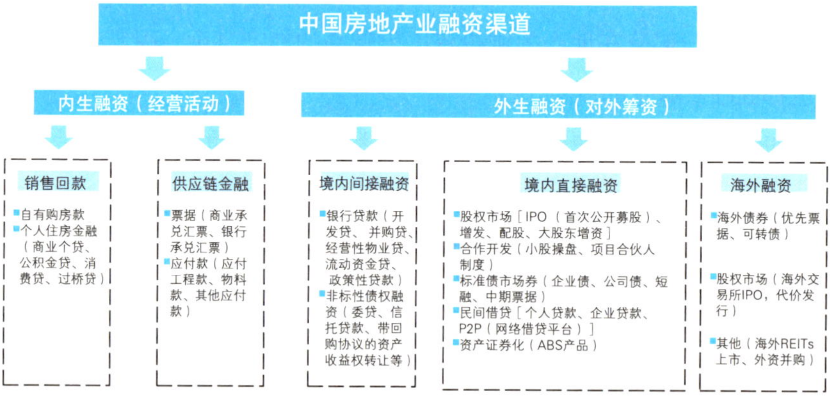

图 3–1 中国房地产业融资体系

资料来源：恒大地产研究院。

在行业发展最鼎盛的十年里，一些企业利用现行融资体系最大程度地放大资金杠杆，使得资产规模飞速膨胀。但在增长的背后，行业整体也出现投机氛围浓厚、居民住房杠杆率不断攀升等问题。面对潜在的金融风险，政府针对行业融资的调控也像水闸一样，时开时紧。2018 年的数据表明，中国房地产业融资环境呈现出三大新趋势。

1. 融资规模增速放缓，资金供应面临挑战

对于高杠杆企业来说，流动性是命，命悬流动性。资金能否及时到位对于传统房地产开发企业而言是至关重要的。融资增速对开发投资增速具有十分显著的正向影响。

在2008年金融危机之后，行业迎来了多轮调整与增长周期（见图3–2）。对比融资增速与开发增速，最近的一次正周期出现在2015—2017年，行业融资规模增速分别为2.6%、15.2%、8.2%，均超过了同期行业开发投资增速。行业资金预期宽松会带动开发投资增长。

然而，从2017年9月开始，行业融资规模增速首次低于开发投资增速。截至2018年第三季度末，开发增速已高于融资增速约3%。这个缺口代表行业正面临着巨大的资金压力。如果未来这一趋势保持不变的话，那么行业资金缺口将会越拉越大。

2. 资金结构分化明显，直接融资比重上升

规模增速的下降也引发了行业整体融资结构调整。由于统计口径限制，本书采用国家统计局的数据进行行业资金结构静态分析（见表3–1）。我们从表3–1中可以看到，自2017年以后，房地产开发的资金来源结构出现了大的调整。

表3–1 2010—2018年房地产开发资金主要来源

时间	银行贷款规模（亿元）	银行贷款占比（%）	利用外资规模（亿元）	利用外资占比（%）	直接融资规模（亿元）	直接融资占比（%）	销售回款规模（亿元）	销售回款占比（%）
2010年	12 564	38.13	791	1.08	26 637	36.52	32 952	45.17
2011年	13 057	35.44	785	0.92	35 005	40.85	36 842	43.00
2012年	14 778	34.96	402	0.42	39 082	40.48	42 274	43.79
2013年	19 673	36.10	534	0.44	47 425	38.83	54 491	44.62
2014年	21 243	42.75	639	0.52	50 420	41.33	49 690	40.73
2015年	20 214	36.32	297	0.24	49 038	39.17	55 655	44.45
2016年	21 512	29.30	140	0.10	49 133	34.07	73 428	50.92
2017年	25 242	31.64	168	0.11	50 872	32.60	79 770	51.12
2018年	24 005	27.91	108	0.07	55 831	33.64	86 020	51.83

资料来源：Wind，明源地产研究院整理。

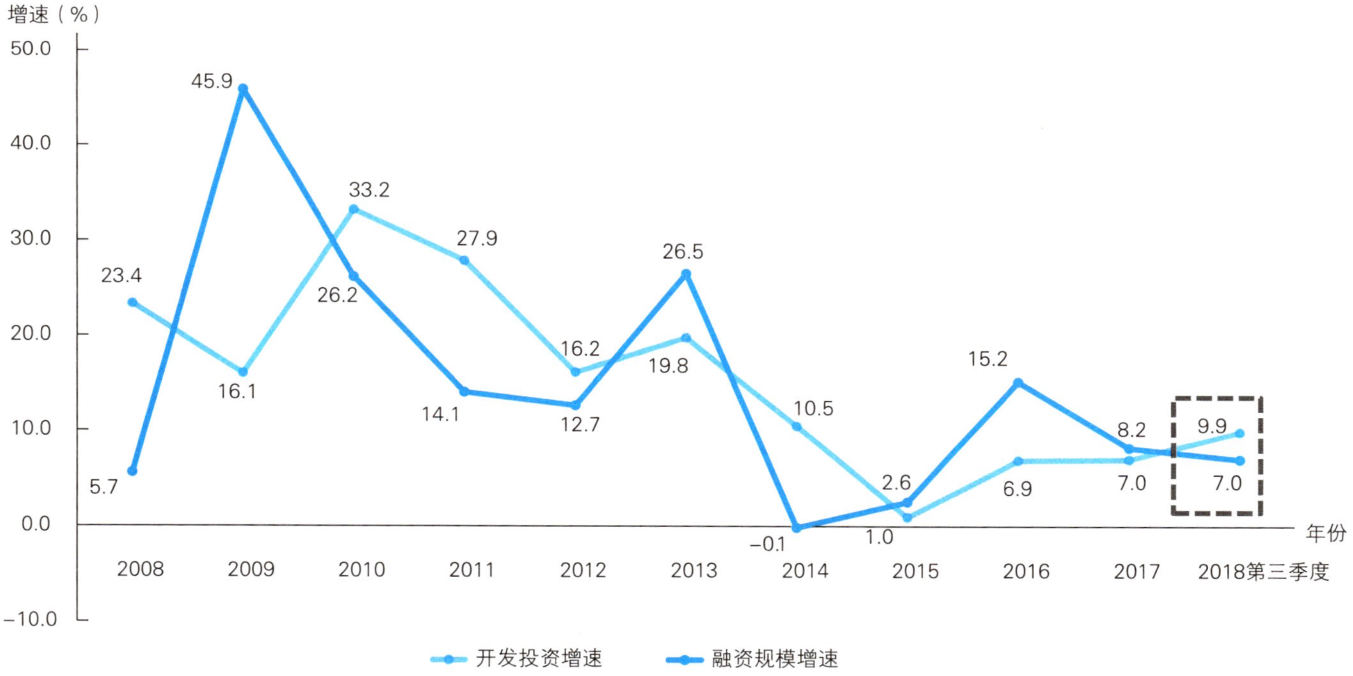

图 3-2　2008—2018 年中国房地产业开发投资与融资规模同比增速

资料来源：Wind，明源地产研究院整理。

首先，2018 年国内银行贷款占融资规模的比重下降至 27.91%，达到自 2010 年以来的最低值，这主要是因为银行理财监管导致资本限流。

其次，销售回款是开发类地产企业最大的资金来源，截至 2018 年第三季度末达到了 51.83%。房价与销售额是主导销售回款的主要因素。目前，中央针对地产的“五限”调控尚未松口，大部分地区的房价已经趋于平稳，但销售面积开始出现预期下滑，未来销售回款的增长空间相对有限。

最后，直接融资比重开始逐步上升，2018 年达到 33.64%，成为仅次于销售回款的资金来源。一般而言，统计局将直接融资渠道分解为股权资金、债权资金和少部分信托私募基金。直接融资占比提升也表明，在融资成本居高不下的当下，绕开传统金融机构直接对接资本市场将会成为行业主流的融资模式。

3. 政策调控逐步趋稳，融资政策适度宽松

政策是市场的催化剂，从 2018 年开始，中央严格控制资金流入房地产业，大批龙头地产企业纷纷强化回款工作以保证现金流。许多小企业则出现资金链断裂，直接破产倒闭。慢病不能快医，中央在 2018 年年中过后适当调整了部分政策，适度松绑了行业整体融资环境（见图 3–3）。

图 3–3 2 017—2018 年房地产业融资政策演变

资料来源：明源地产研究院。

以调控力度最大的非标融资手段为例，早在2018年年初，银保监会就开始对委贷投向房地产业进行严格监管，后续的5月资管新规则直接将通道类信托封堵。但在7月的资管新规细则出台后，银保监会又规定可以让公募产品适当投资非标准化债权类资产，在过渡期适当放松了对非标融资的整改力度，使得整体非标融资规模有了些许缓释机会。

在债券方面，政策信号也已经从限制规模过渡到了限制用途，典型政策就是2018年12月发改委发布的《国家发展改革委关于支持优质企业直接融资进一步增强企业债券服务实体经济能力的通知》。该通知明确说明，支持优质的房地产企业发债，发债企业需满足资产总额1 500亿元以上、营收300亿元以上、资产负债率不超过85%、评级AAA四大硬性指标，并且融资用途规定不能投向房地产投资业务。虽然满足这类标准的企业不多，但对于一些亟待去地产化的房企而言，这也属于实质性利好。

总体而言，2018年房地产业融资政策实现了由松到紧再到稳的调控转变，从原来的去杠杆逐步过渡到了稳杠杆的状态。在非标转标上做出的渐进性指导以及温和的调整政策降低了预期的金融风险，也给足了房企适应空间和转型时间。

二、资金来源趋紧，行业融资渠道受阻

受制于调控持续加码，房企外部融资的难度不断加大，门槛逐步提升，各融资渠道也遭到不同程度的阻碍。

1. 非标融资量缩价升，政策指导效果显著

在中国房地产业的外部融资渠道中，规模变动最明显的就是非标融资。非标融资是房企和金融机构以专项合约形式进行的债权性融资，主要包括委托贷款和信托贷款，少量来自融资租赁、小贷和财务公司贷款。

2017年以前，非标融资渠道因监管弱、利率高、门槛低等特点，成

为房地产业融资的重要非常规手段。正因如此，为了控制资金过多流向房地产业和避免系统性风险，国家相继出台了各类金融政策来抑制以信托为主的非标债权融资。同时，其目的也是平衡行业各融资渠道的规模，保证资本在受监管和安全的前提下促进行业健康发展。

大量政策对非标债权的封堵严重冲击了行业外部的资金链体系。以委托贷款为例，2017 年，银行业集体开始业内整顿，委贷规模同比增速开始下滑（见图 3–4）。2018 年 1 月 6 日，银保监会出台《商业银行委托贷款管理办法》，禁止受托管理的他人资金、银行授信及其他债务性资金通过委贷套利，禁止委托人为资管公司和贷款经营机构，封堵了金融机构通过委贷投资非标、绕道放贷的行为。自 2018 年 4 月起，委贷的比例开始连续呈现负增长态势。截至 2018 年 6 月底，保守估计投向房地产业的贷款规模达 27 657 亿元，相对于 2017 年 29 337 亿元的存量，整个委贷规模下降了 1 680 亿元。

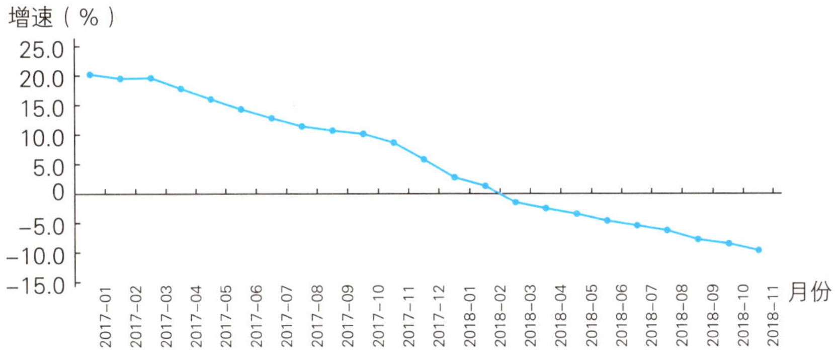

图 3–4　2017—2018 年 11 月委托贷款存量同比增幅

资料来源：Wind，明源地产研究院整理。

同样，受到监管的还有信托。随着 2018 年房地产业调控加码，监管层减少了房地产信托资金的供应，推动行业信托融资成本持续上行。资管新规严禁未上市股权的资管产品期限错配，这使得新成立的信托期限缩短，而面临兑付风险的房地产信托大幅增加。为了保证较高的风险溢价，此后发行的信托平均收益率持续走高，从 2017 年年初的 6% 左右涨到 8%（见图 3–5）。

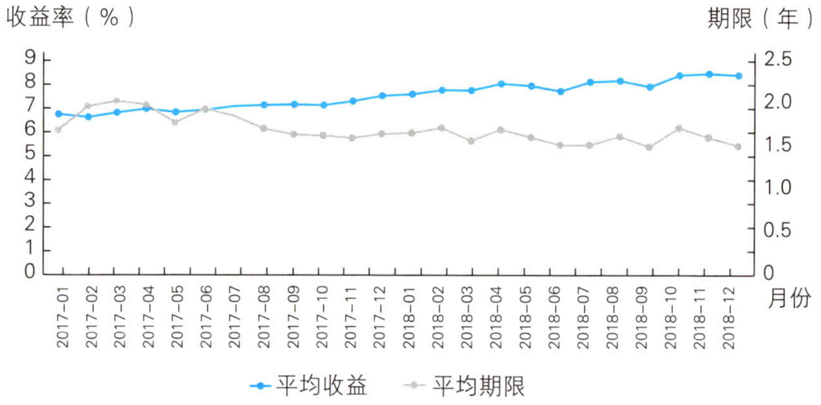

图 3–5 房地产类集合信托平均到期收益率与期限

资料来源：用益信托网。

总体来看，以委贷和信托为代表的非标融资在 2018 年基本上是量缩价升的，政策对于非标转标的指导效果显著。

2. 银行贷款规模提升，主体项目门槛提高

在非标融资渠道受阻的背景下，行业对表外的资金需求逐步回迁至表内。虽然国家本着防范重大金融风险的原则持续调控，但是调控力度也不能过猛。所以，从规模上看，银行表内信用贷款对房地产企业的总体融资支持反而增加。

以开发贷为例，截至 2018 年 12 月底，全国房地产开发贷余额为 10.19 万亿元，同比增长 22.6%。房地产开发贷余额增速并没因政策收紧而降低，反而开始加速增长，特别是从 2017 年第一季度开始，商品房开发贷余额增速已经反弹，目前整体呈上升趋势（见图 3–6）。

但银行贷款规模的提升并不代表政府对市场“开闸放水”，事实上，大部分银行都抬高了对房企的信贷投放门槛。其目的是限制资信不足的

中小房企和风格激进的高负债房企获取银行信贷，信贷投放逐步向财务杠杆可控、偿债能力强、资信优良的国有或上市房企集中。最明显的是，银行从主体与项目维度对贷款标准进行严格限定，主要的三项措施如下。

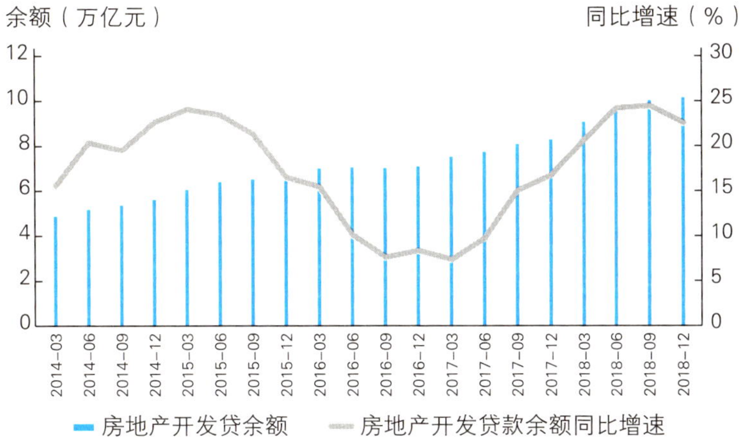

图 3-6　2014—2018 年房地产开发贷款余额增长情况

资料来源：Wind、明源地产研究院。

一是建立白名单制度，对房企的销售规模、是否有国有和上市背景，以及债务规模和偿债能力做出明确要求。例如，对房企授信实行白名单制度，要求授信房企的销售规模要在行业前列甚至更高、申请房企具有国有或上市背景。照此标准，中小房企和民营非上市房企基本无法获取银行开发贷。

二是确立项目获批条件。例如，要求并购贷项目满足“四三二”条件（“四证齐全”，项目自有资金在 30% 以上，企业拥有国家二级资质），并且不允许资金跨地区使用。

三是试行联合授信，控制企业的过度融资和多头融资行为。2018 年 5 月 22 日，银保监会印发《银行业金融机构联合授信管理办法（试行）》并部署试点工作，对于三家以上银行融资余额合计超过 50 亿元的企业，银行将建立联合授信，地方银监局于 2018 年 6 月 30 日上报试点方案。

随着试点铺开，债务规模大、杠杆率高、偿债能力不足的房企在银行信贷将受到限制，利用多头融资的方式即将终结。

3. 股权融资杯水车薪，权益资本获取乏力

当前，行业主流的股权融资方式有企业发行 IPO、增发和战略投资合作（以下简称“战略投资”）等。2010 年以后，内地 A 股市场的地产类企业 IPO 基本处于停滞状态，许多中小地产企业被迫赴香港上市。虽然不断有企业试图申请回归 A 股，但是政策调控加上紧张的市场情绪导致其回归之路漫漫，上市募资的通道阻力明显。

相比之下，增发成为股权融资的主流方法之一。2014 年 3 月，在房企再融资重启之后，房企定向增发迎来井喷之势，仅 2015 年房企就增发 1 490 亿元——是 2014 年的 3.8 倍。但 2016 年受“930”政策的影响，除个别资产并购外，房企再融资也基本暂停，房企定增规模明显回落；2018 年几乎没有房企定增案例（见表 3–2）。

表 3–2　2016 年“930”政策出台后房地产相关业务再融资情况

名　称	发行日期	发行方式	募资（亿元）	增　发
中粮地产	2019-02-02	定增	144.5	收购大悦城
中华企业	2018-11-15	定增	19.9	收购大股东旗下地产资产
西藏城投	2017-09-30	定增	11.7	收购酒店资产
广宇发展	2017-09-29	定增	91.1	鲁能地产借壳
香江控股	2017-01-25	定增	23.5	收购商业经营性物业并募集配套资金
上海临港	2017-01-18	定增	31.6	购买园区资产并募集配套资金
海航基础	2016-10-14	定增	160.0	收购大股东旗下基础产业投资建设运营平台

资料来源：Wind，明源地产研究院整理。

企业间战略投资也是股权融资的另一个发力渠道。自 2009 年以来，很多金融机构就已开始与地产类企业进行股权层面的合作，直接注资持有优质房企的股份。例如，2018 年 7 月，平安集团斥资 137 亿元入股华夏幸福，成为其第二大股东，这彰显出平安对于产业地产发展前景的看好。但从整体上看，地产与资本之间的大金额合作案例可遇而可不求，此渠道的募资规模仍十分有限（见表 3–3）。

表 3–3　2009—2018 年房企股权战略投资情况

房　企	资金来源	首次入股时间	2018 年中期股权占比（%）
远洋集团	中国人寿	2009-12-31	29.59
富力地产	澳洲联邦银行	2012-12-31	5.24
金地集团	生命人寿	2013-01-25	29.83
金地集团	安邦保险	2013-06-30	20.43
佳兆业	生命人寿	2013-12-31	25.34
碧桂园	中国平安	2015-04-01	8.97
中国金茂	新华人寿	2015-06-09	9.66
首创置业	北京融通正和	2015-11-11	11.82
远洋集团	安邦保险	2015-12-31	29.58
保利地产	泰康人寿	2016-06-24	5.31
融创中国	中国平安	2016-11-09	36.10
旭辉集团	中国平安	2017-08-10	9.64
绿城中国	平安证券	2018-04-12	8.05
华夏幸福	中国平安	2018-07-10	19.88

资料来源：企业公告，明源地产研究院整理。

4. 债务融资明增实降，借新还旧已成常态

标准化的信用债市场是当前行业最大的直接融资渠道，按照债券类型可分为企业债、公司债和非金融企业债务融资工具等，其中公司债占比最高。数据显示，2018 年房地产债券发行与 2017 年相比明显回暖，2018 年前 11 个月的房地产债发行量接近 3 580 亿元，而 2017 年全年只有 1 900 亿元。

但发债规模增长并不代表企业拥有充沛的资金，因为大部分债务主要是借新还旧，净融资同比反而减少。由于一般的公司债都是 3 年期，所以 2015 年、2016 年大量发行的公司债在 2018 年下半年迎来了偿还高峰期，导致 2018 年净融资额累计仅为 1 059 亿元，同比上年反而减少了 232 亿元（见图 3–7）。这也解释了为什么 2018 年 6 月以后，政策层面对发债有所松动，主要是为了化解行业面临的大量兑付风险。

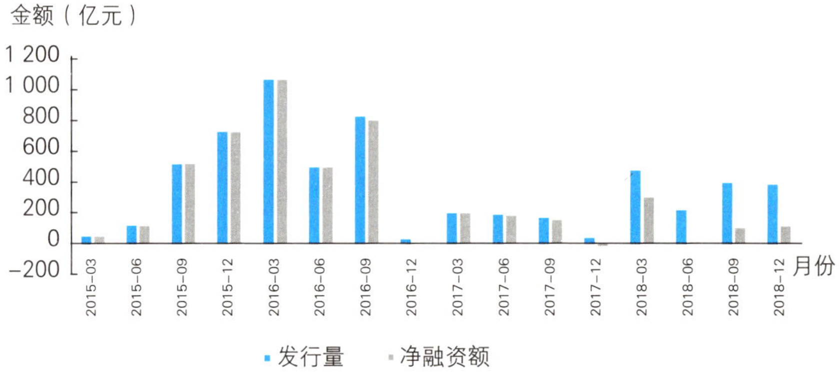

图 3–7　2018 年 1 ~ 11 月房地产信用债融资情况

资料来源：海通证券。

从存续房地产债的到期情况来看，2019 年全年房地产债偿还量估计将有 3 998 亿元，比 2018 年的 3 090 亿元的偿还量压力更大（见表 3–4）。大部分企业积极发债融资也是为了应对即将到来的偿债小高峰。

表 3-4　房地产国内信用债和美元债计划到期规模

时　间	信用债（亿元）	海外债（亿美元）
2018 年	3 090	113
2019 年	3 998	204
2020 年	5 187	161
2021 年	5 879	222

资料来源：Wind，明源地产研究院整理。

第二节
钱贵钱紧，对比国内融资市场与海外市场差异

放眼世界，国外成熟市场可以为行业发展提供经验借鉴。特别是发达国家的房地产业已步入存量时代，对应的行业主体结构与融资模式也有所不同。通过解析成熟市场的融资体系，我们可以更好地指引中国房地产业找到未来的融资发展方向。

一、美国市场以基金为主导，融资体系发达

美国是房地产业成熟市场的典型代表，其城市化率目前已达到 80% 以上，城市发展已达到平台期，增量住房开发需求已经很弱，房地产业与金融行业的融合愈加紧密。当前，美国房地产业整体融资环境呈现出两大规律。

1. 从主体上看，机构主导的基金模式是融资主流

数据显示，截至 2019 年 6 月，美国房地产类上市公司基本以 REITs 公司为主，市值占比达到了 86%，而传统住宅开发商的市值占比只有 8%，专业的房地产运营公司的市值占比只有 6%，后两者的市值总和只

占整个市场的 14%（见图 3–8）。

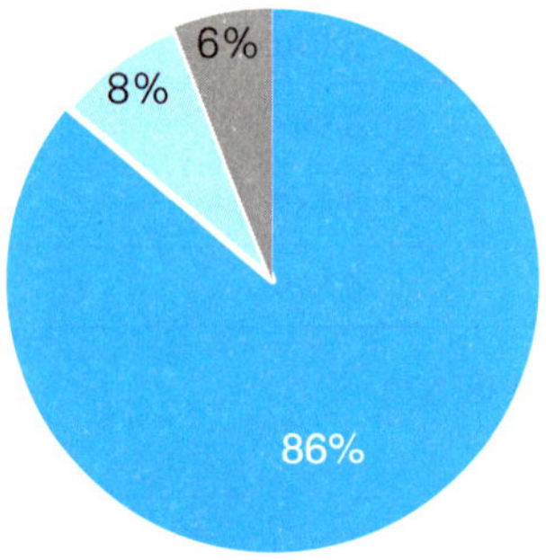

图 3–8 2019 年 6 月美国房地产类上市公司市值结构

资料来源：恒大地产研究院。

这与中国房地产业当前的主体结构截然相反。美国的房地产业基本上已经形成了以基金运营与管理机构为主导的市场，资管与开发主体分离特征明显。由于综合性开发商需要兼顾“开发—设计—运营”等全流程，庞大的运作载体必然会导致运营效率下降。尤其是在美国以存量房为主的市场环境下，涉及开发环节的业务数量少，因而许多开发商便逐渐弱化为代建公司，或者成为基金公司的独立部门。

当市场过渡到以资产管理为主要业务的环境时，整个行业资金获取的本质也会发生根本改变。以往，资金都是流向开发能力强的企业，现在擅长物业运营与资产管理的基金公司则更受资本青睐。

2. 从类型上看，融资体系发达且融资产品丰富

美国拥有全球最为发达的金融体系，各类金融衍生品层出不穷。房地产业与金融关联密切，房地产企业拥有大量的融资渠道。当下，美国房地产业融资环境呈现出两大特征（见图 3–9）。

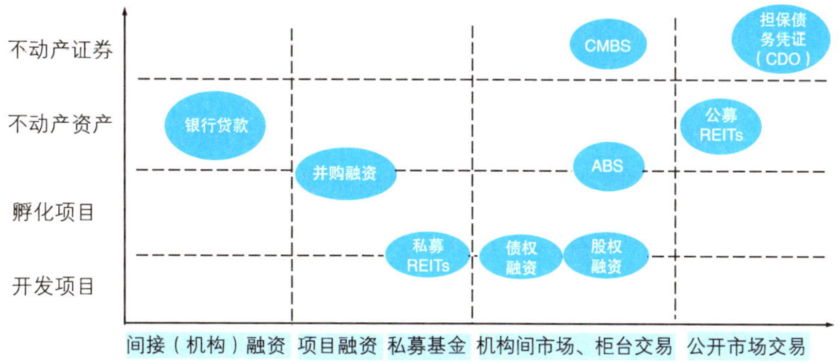

图 3–9 美国房地产业的融资体系象限图

资料来源：公开资料，明源地产研究院整理。

第一个特征是多样化的融资渠道贯穿了资产全生命周期。从资产开发到培育、再到后期运营阶段，企业都能通过直接或间接的方式进行融资。例如，在物业开发阶段，企业可以借助私募股权投资、发债等股权债权融资渠道获取开发建设所需的资金。在物业建设成型后的运营阶段，管理者可以将预期项目租金收益打包成 ABS 产品在证券市场上发行融资，或者可以抵押物业，将抵押贷款债权作为基础资产打包成 CMBS 产品融资，甚至可以将 CMBS 与 ABS 这类具有现金流量的债权包整合形成担保债务凭证，并在市场上发售获取融资。

第二个特征是美国房地产业的公募类融资产品繁多，除了机构间交易的资产证券化产品（ABS、CMBS）以外，房地产投资信托基金（公募 REITs）已经成为行业募集散户资金的主流渠道，这给予美国房地产企业更多的资金来源。

二、我国房地产业面临两大融资难题

相比美国房地产业的融资环境和渠道，目前我国房地产业融资普遍面临着两大难题。

1. 融资偏科，缺少创新融资渠道

目前，我国房地产企业在外部筹资上严重依赖银行贷款。一旦融资渠道收紧，整个行业的融资规模受到明显抑制，企业的融资能力就会严重分化：头部房企在主体资质能力上获得金融机构的青睐，但中小房企的主体资质不足，在银贷审核方面不具有优势，想在其他渠道突破更是难上加难。

长期的融资偏科也使得金融创新的动力不足。虽然我国房地产业在前30年的发展进程中形成了多样化融资体系，但与美国等发达国家相比，我国房地产业的融资体系还存在两大短板（见图3–10）。

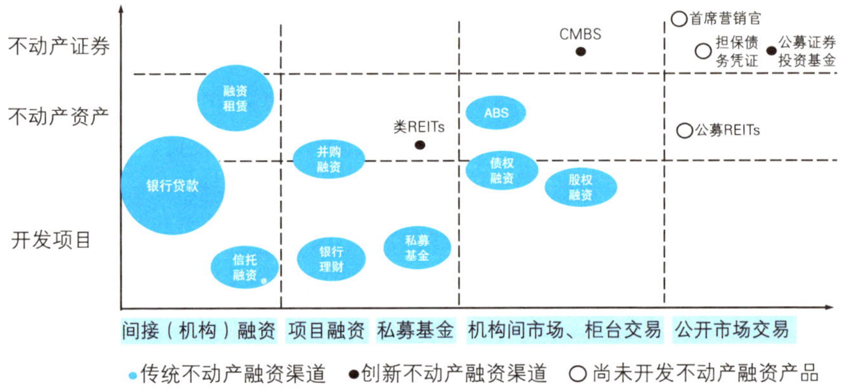

图3–10　中国地产行业的融资体系象限图

资料来源：公开资料，明源地产研究院整理。

一是在资产运营阶段缺乏融资渠道。众所周知，房地产业正在迈向存量时代，像深圳等一线城市基本上已无地开发，想在这种城市立足和深耕，存量资产的管理能力比增量开发能力更重要。可是，资产运营也需要资金支持，而且需求量还不小，但目前市场上很少有针对资产经营阶段进行支持的融资产品。

二是股权性融资渠道偏少。目前，房地产业的融资产品基本是以固定收益的债性产品为主的，原因主要有两点：第一，我国的金融体系建

设起步较晚，部分资本市场投资人的风险意识不足，加之当前整体经济增速放缓，大部分投资者属于风险厌恶方，倾向于选择固收类债权投资；第二，房地产项目的信息极不对称，没有相对应的监管机制，导致最大的社会资本主体散户只能通过有限渠道（股票二级市场）针对房地产企业主体信用进行投资，创新股权性融资产品较为罕见。

2. 钱贵钱紧，融资成本畸高

目前，绝大部分房企仍然依赖银行贷款与债券等传统融资渠道。在政策调控下，融资成本一路上涨，迭创新高。

Wind 统计数据显示，2019 年 1 ~ 4 月房企融资成本分化明显，头部房企依托强主体信用评级，采用公司债与票据形式，融资利率大多在 6% ~ 7% 左右；部分具有国企背景的房企的融资利率可以达到 3%。然而，行业平均融资利率已经达到 10% 左右，不同企业间的融资利率差甚至高达 12% 左右（见表 3–5）。

表 3–5　2019 年第一季度 10 家典型房企融资利率对比

房　企	融资方式	融资金额（亿美元）	融资利率（%）
当代置业	海外债	2	15.50
富力地产	海外债	5	9.13
中国恒大	海外债	8.75	8.25
金科股份	公司债	20	6.90
新城控股	公司债	10	5.90
世茂股份	公司债	20	4.65
华侨城	公司债	25	3.88
保利地产	中期票据	5	3.60
万科	公司债	20	3.65
招商蛇口	其他债权融资	15	2.98

资料来源：Wind，明源地产研究院整理。

如果仅依靠传统的融资工具，房企就必须提升主体信用才能够获得低廉的融资成本，而这对于没有足够的主体增信能力的中小房企或者以持有型经营为主的房企来说都是一种巨大的考验。管理者为了融资而疲于奔命，没有动力与耐心经营好物业。不单是房企，任何持有优质物业但主体信用评级不高的中小企业都很难获得低成本融资，这使得整个市场弥漫着浮躁的气息，无法形成长期经营的匠人精神。

第三节
由粗到细，由重到轻，寻找存量地产融资破局思路

如上所述，随着政府采用稳调控策略，中国房地产业的融资环境已步入新时期。面对不断推升的融资成本，如何在不增加金融风险的前提下缓解当前的融资困境，从而满足中小企业对资金的渴求呢？我们认为有以下两大解决思路。

一、由粗到细，主体信用意识回归管理信用

从市场上看，行业正从增量住宅开发逐步向存量商业物业经营的模式过渡。商业模式的不同决定着融资能力的差异，企业应基于自身业务属性，重新审视融资战略。具体来看，企业可以从以下两个方面发力。

1. 消费驱动，粗放式增长向精细化杠杆迈进

抛开政策及历史因素，还原到基本的商业逻辑，我们就可以发现传统的开发模式所能提供的融资渠道已经固化。在增量时代，大多住宅开发企业依托“银贷＋非标”进行快建快销，不断轮动回款进行再投资，以撬动杠杆冲规模。在这种模式下，银行的贷款标准就在于企业自身的

周转能力，周转能力强的企业，哪怕债务高举依然具有还款的能力。

从本质上看，高周转模式靠的是购房者对楼市的乐观预期与投资需求。开发商通过高价拿地来快速开发项目并销售给个人，个人使用自有资金+银行抵押贷款支付，在此过程中，银行一方面低成本吸纳储户存款，另一方面以高成本的非标产品为开发商拿地提供资金，为购房者提供住房抵押贷款，杠杆被层层放大。一旦调控持续，民众对楼市上涨的预期改变，销量下降，回款减少，开发商的内生融资渠道将会面临阻碍，整个周转体系就会出现问题。这种粗放的扩张逻辑已然不适合行业的长期稳定发展。

随着房地产业迈向存量时代，行业正在实现开发建设与运营管理之间的逻辑切换，尤其是在商业地产方面，出现了一批挖掘运营价值、深耕细作实现稳定收益的资产管理运营商。这类资管商的融资逻辑是与众不同的。

这类资管商获得融资的必要条件在于项目是否能够提供长期稳定增长的现金流，它们重点关注资产本身所产生的收益的价值，对主体规模以及信用评级等要求相对宽松。商业地产短期内兑现的主要收益就是租金，商户收入高才能支付高租金，而商户的高收入又源于民众对商品、服务和产业的需求的增长。

存量经营与开发模式最根本的差异在于，存量资管模式的收益增长动因是消费需求，而开发模式的收益增长则源于投资需求。

基于存量时代资管模式的特点，融资渠道自然衍生出更多的空间，除了传统的间接融资之外，企业还可以将单个或者多个资产进行打包处理，以其所有权或者抵押债权为标的进行融资。只要资产能源源不断地产生现金流，企业就可以将其做成 CMBS、REITs 等证券化产品在资本市场发售并进行融资（见图 3–11）。

特别是对于以开发为主业的企业来说，依靠冲规模、加杠杆的暴利时代已经一去不复返，存量资产的稳定经营逐渐成为房地产下半场的主题。

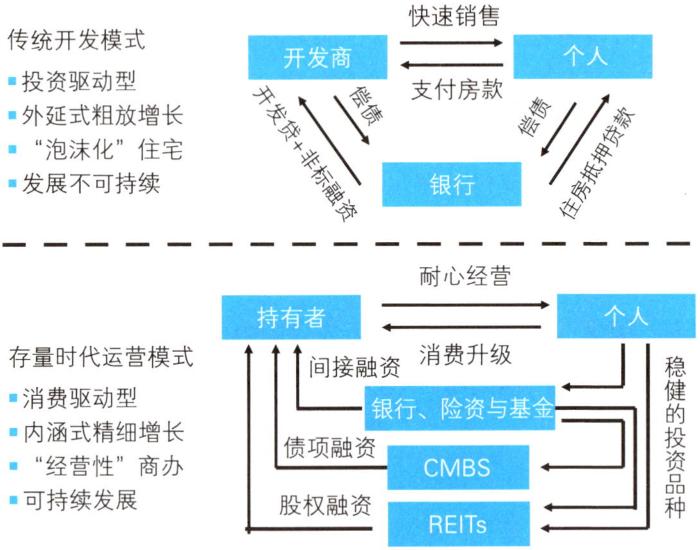

图 3-11 开发模式与运营模式下企业融资渠道对比

资料来源：高和资本、明源地产研究院。

2. 结构优化，资产证券化产品改变融资逻辑

在行业融资趋势发生变化的同时，国家也大力鼓励金融创新，各地相继探索创新性融资产品，首推 ABS。ABS 和国外资产证券化产品的结构设计类似，是将企业能够产生稳定预期现金流的资产打包组合形成基础资产，并以其产生的现金流为支持而发行证券产品的过程。

自 2014 年开始，国内企业的 ABS 发行规模显著增长，尤其是房地产业的资产证券化产品呈爆发增长态势。当前，以不动产为主的证券化产品规模累积已经达到了 1 200 亿元以上，尤其是 2017 年发行的产品在数量以及规模上超过了此前三年的总和。

资产证券化市场的火热，源于其可以从资产端为企业提供一种区别于传统股权或债权方式的融资渠道。以房企为例，传统融资渠道一般以企业作为信用主体，通过资产负债表右栏项目进行融资。基于企业会永续经营这一假设条件，传统的股权和债权投资者都会关注融资企业的整体信用与发展潜力，因此企业在传统融资中会受到投资者的限制和自身整体条件的制约。同时，过度依赖资产负债表右栏项目的融资也会使企业的资产周转率和回报率下降。

资产证券化关注的是资产负债表左栏项目，其信用依据是可预测现金流的资产。通过搭建交易结构设置 SPV（特殊目的载体），企业可以将流动性差但预期收益明显的存量资产打包，并且作为资产证券化产品拿到证券市场发售融资。这部分资产在资产负债表中不仅会形成企业负债，而且可以降低企业资产负债率，从而让企业实现表外融资，盘活存量资产（见图 3–12）。

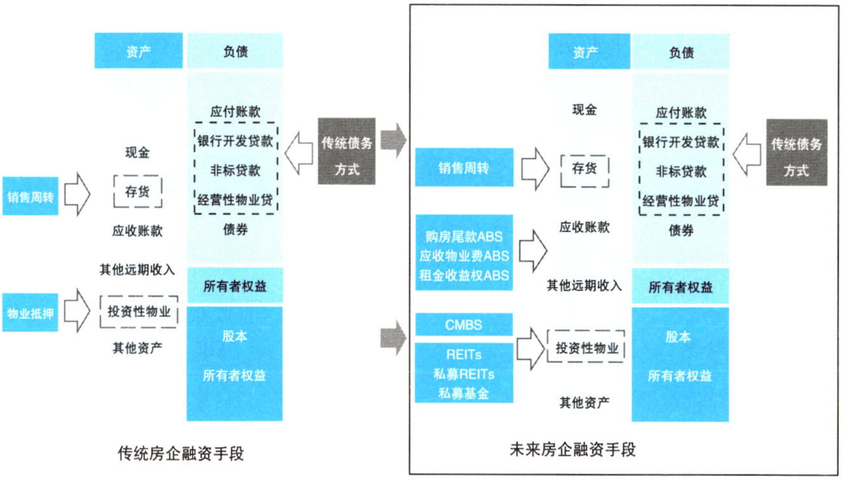

图 3–12 存量时代下房企融资手段转变

资料来源：高和资本、明源地产研究院。

房地产业运用资产证券化产品的最大优势在于，融资受到主体信用的限制较小。对于拥有优质资产的中小企业而言，虽然资产证券化产品难以越过传统融资手段设立的主体门槛，但它完全可以依托单个或多个资产的稳定现金流进行证券化融资，这无疑打开了一道新的资金大门。

二、由重到轻，资产证券化满足存量融资需求

从具体的融资手段来看，目前房地产业主要的资产证券化产品分为债权与股权两类，其对应的基础资产都能提供稳定的现金流。例如，在房企开发业务中产生的购房尾款或供应链收款都可以被设计成 ABS 产品并在市场上发售融资。

随着整个房地产市场逐渐迈入存量时代，未来住宅开发的比重以及依附于此的融资规模将逐步减少，与存量资产运营相关的 CMBS、REITs、收益权类 ABS 证券化融资产品将占据越来越大的比重（见表 3–6）。对于正在转型的企业而言，这三类产品正好能满足重资产（持有）或者轻资产（运营）业务模式的融资诉求。

表 3–6　当前房地产市场主要资产证券化产品

品种	基础资产	基础资产	对应产品	产品属性	
1	供应链应收款	保理债权	地产保理 ABS	保理 ABS	增量开发
2	购房应收尾款	应收账款	购房尾款 ABS	应收账款 ABS	
3	物业收入收益权	基于物业服务合同既有的或未来的债权	物业费 ABS	应收账款 ABS	存量运营
4	租金收益权	抵押贷款	CMBS	CMBS	
5		基金份额	REITs	REITs	
6		信托受益权或信托份额	租房 ABS	信托受益权 ABS 或 REITs	

资料来源：明源地产研究院。

接下来，我们将详细阐释存量时代这三种资产证券化产品的特点。

1. CMBS：保证产权稳定融资，适合重资产模式

对于重资产的商业物业持有者来说，如果想在保证产权稳定的前提下进行融资，那么 CMBS 将是最优选择。

CMBS 是一种商业物业的证券化融资工具，是将单个或者多个商业物业的抵押贷款组合打包成基础资产，通过信托或基金与资产支持专项计划组成的双 SPV 结构，以资产支持证券的形式向投资者募集资金，并以此基础资产的未来收入作为还本付息来源的资产证券化产品（见图 3–13）。

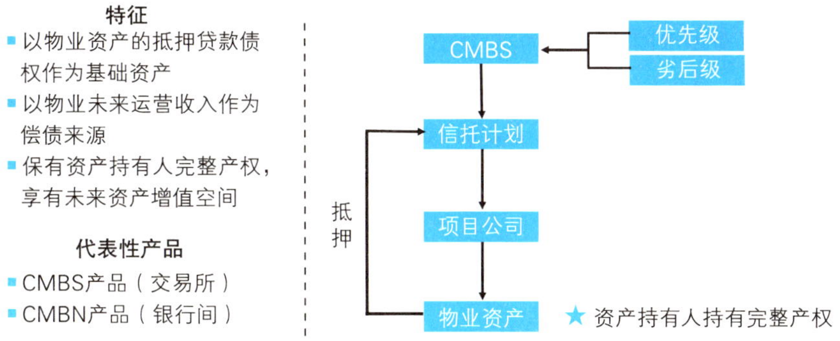

注：CMBN 是指商业地产抵押贷款支持票据。

图 3–13 典型地产 CMBS 产品结构简化图

资料来源：公开资料、明源地产研究院。

由于基础资产是商业物业抵押贷款，物业产权没有发生实质性转移，所以原物业持有人依然可以享受物业未来的增值收益。因为产品还款的基础是物业的租金收入与运营收入，所以商业地产现金流是被重点关注的指标，与其相关的影响因素有很多，比如商业地产的基础业态、物业所在地的区域定位和历史租金的收缴情况等。

与传统的债权融资不同，CMBS 产品对投资人的吸引力更多源于基础资产本身的资质，而非其所属企业的信用评级，主体企业规模只是辅

助增信，只能为产品评级“锦上添花”。

在产品交易结构上，CMBS 普遍采用双 SPV 的形式，原始权益人（债权所属银行）以设立信托或借助委贷的方式向项目融资方（物业持有人）发放标的物业的抵押贷款，同时借助信托收益权与委托贷款债权将抵押贷款债权转让给专项计划，让其他机构投资人“接盘”。

2. 权益型 REITs：重资产向轻资产转型的利器

当前，市场上的部分企业受制于高负债、高杠杆的压力，渴望朝轻资产模式转型，类似万达那样的转型案例比比皆是。对于转型阶段所涉及的资产变现或者“出表”需求，相关的资产证券化产品也能提供支持，主要以权益型 REITs 产品为主。

REITs 是以股权形式汇集投资者资金，由专门的投资机构进行房地产投资经营管理，将投资综合收益按比例分配给投资者的一种信托基金。国内发行的 REITs 产品由于在交易结构、税负、运营方式和收益分配等方面与国外市场存在差异，因此称作类 REITs 产品。

REITs 产品的基础资产一般是房地产项目的股权。股权转移是 REITs 类产品有别于其他证券化产品的最大特征。

REITs 产品的交易结构较为复杂（至少是双 SPV 结构），通过私募基金或者信托等形式持有项目公司股权，然后基于信托收益权或者基金份额的形式转移给专项计划持有人，从而让投资人持有项目公司股权和间接控制物业（见图 3–14）。

通常，企业发行 REITs 产品的目的都是希望能将资产“出表”，但其涉及的资产转移本质无法避免，对应的税负问题就成了 REITs 产品在国内推广的一道坎。虽然企业通过技术手段能够节省部分税费支出，但从国外的经验来看，政府的税收优惠政策是驱动 REITs 产品发展的关键。在国内资产证券化市场机制相对不够完善的背景下，未来 REITs 产品的推广还有待各方的共同努力。

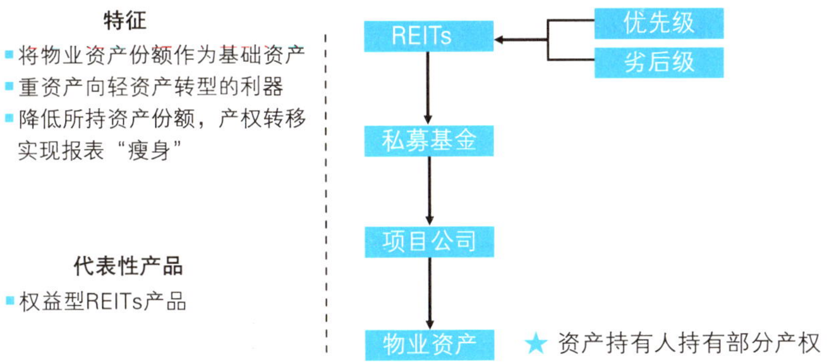

图 3–14 典型地产权益型 REITs 产品结构简化图

资料来源：公开资料、明源地产研究院。

3. 收益权 ABS：轻资产运营融资通路

那些没有持有物业资产但专注运营的轻资产运营商（比如房企下属物管企业或者长租公寓运营商）的赢利来源就是运营服务所获得的管理费收益，这类未来可预期的现金流债权也可以作为证券化产品的基础资产，也就是收益权类别的 ABS 产品，比如预期的物业费和预期的管理租金等。

以物业管理公司发行的物业费 ABS 为例，该产品的基础资产主要是物业合同债权未来现金流。合同债权现金流的影响因素包括物业服务的连续性、物业费收缴情况、续签情况和前期物业服务占比等。由于物业管理主要面向 C 端市场，服务水平参差不齐，所以物业费 ABS 需要地产母公司对物业管理公司进行增信支持，比如提供担保或者承诺流动性支持。

在交易结构上，物业费 ABS 主要有单 SPV 或者双 SPV 结构，原始权益人可以将合同债权作为基础资产直接转让给资产专项计划，这种操作可以尽可能地节省交易成本并简化流程。但物业合同的期限普遍较短，实施单 SPV 架构无法让产品发行期限突破合同期限。因此，更多的项目采用双 SPV 架构（见图 3–15），原始权益人（资产方）先利用信托计划将债权特定化，再将其转让给资产支持专项计划，以此来解决期限配置问题。

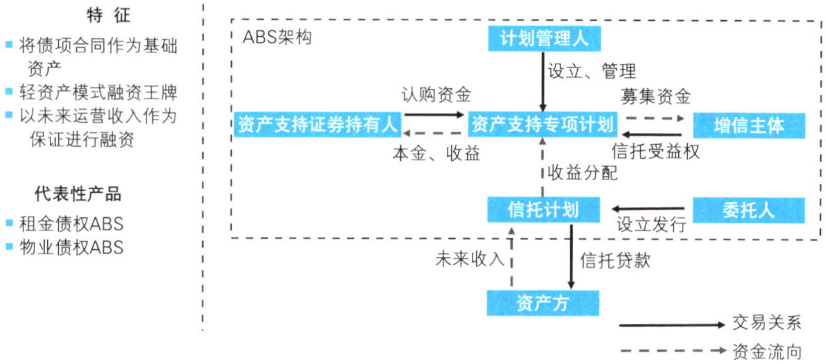

图 3–15 典型地产收益权 ABS 产品结构简化图

资料来源：公开资料、明源地产研究院。

第四节 典型创新性存量融资产品解读

虽然行业意识转变尚待时日，但金融创新却可以切实有效地缓解行业当下的融资困境。目前，诸多资产证券化产品相继在国内市场上推出，特别是部分行业“首单”案例，值得那些想在存量市场上有一番作为的机构借鉴。

一、CMBS 产品典型案例分析

1. 国内首单标准化 CMBS

2016 年 8 月，“高和招商—金茂凯晨资产支持专项管理计划”发行成功，成为我国市场上首单符合国际标准的 CMBS。该期资产支持证券发行规模高达 40 亿元，3 年期优先级证券成本仅为 3.3%，远低于同期限的银行贷款。

（1）项目基础资产概况

该资产支持证券的基础资产为物业抵押贷款转变的信托收益权，实际还款来源为北京凯晨置业有限公司拥有的凯晨世茂中心产生的租金收入。

凯晨世茂中心建成于 2006 年，北临复兴门内大街、西临闹市口大街，周边交通便捷、商业设施便利，汇聚了西长安街、金融街和西单三大商圈的优势，地理位置得天独厚。凯晨世贸中心大厦底层的商业租户的月租金介于 200 元 / 平方米至 600 元 / 平方米之间，主力租户包括中国进出口银行总行、中化集团总部及其关联公司和路透社中国总部等，租金支付能力强，租金支付违约率低。

从凯晨世茂中心的历史租金收入来看，2013—2015 年，其租金收入呈逐年上升趋势，年均复合增长率为 11.24%，出租率稳定保持在 99% 左右（见表 3–7）。

表 3–7　凯晨世茂中心 2013—2015 年租金收入

年　份	租金收入（万元）	同比增长率（%）	出租率（%）
2013 年	48 177.31	—	99.3
2014 年	55 560.42	15.32	98.9
2015 年	59 615.75	7.30	99.3

资料来源："高和招商—金茂凯晨资产支持专项计划"产品计划书。

（2）结构设计安排

在交易结构方面，该资产支持证券采用双 SPV 结构，即单一资金信托计划和资产支持专项计划，从而有效隔离了基础资产与原始权益人的破产风险（见图 3–16）。

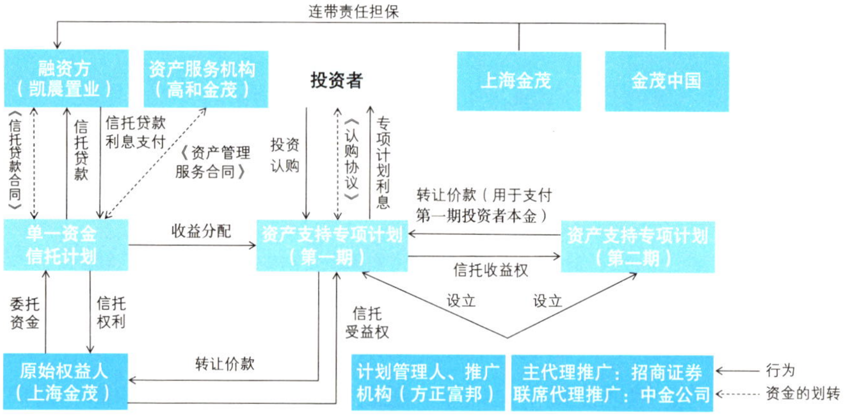

图 3–16 “高和招商—金茂凯晨资产支持专项管理计划”产品结构图

资料来源：“高和招商—金茂凯晨资产支持专项管理计划”产品计划书。

在增信措施方面，该资产支持证券采用了现金流超额覆盖、资产抵押等增信措施，产品最低的利息覆盖比率达到 2.16 倍，前两期的本息覆盖比率在第一年最低，但也达到了 1.79 倍。上海金茂和金茂中国还为借款人信托贷款本息偿付提供连带责任担保。

该资产支持证券还设置了到期续发事项。由于资产为 18 年期单一资金信托计划受益权，专项计划为 3 年期，所以在专项计划到期后，凯晨置业拟继续将信托受益权作为基础资产发行资产支持证券。

在证券结构分级方面，该资产支持证券分为优先级和次级证券。优先级证券发行规模为 40 亿元，存续期为 3 年，按年付息，每年摊还 5 000 万元本金，剩余本金到期一次性偿还，债务利率固定。次级证券由凯晨置业自身认购，募集规模只有 0.01 亿元，在每个兑付日满足优先级投资人的本金和收益兑现后，剩余资金再全部向次级持有人分配。

（3）产品总体评价

作为国内第一单 CMBS，该产品的交易在设计上十分贴近美国的标准化结构，在增信措施上也实现了最大程度的补充，同时还有金茂等强主体提供的担保，产品几乎没有兑付风险。

该单产品的另一个亮点在于采用了第三方服务机构——高和金茂作为支持证券的资产服务机构，定期进行重大租约变更审核、重大支出审核、检查物业经营情况和抵押物情况等投后管理与风险监控工作。虽然说采用资产服务机构，资金的划转成本及操作成本就会相对较高，但从维护投资者利益的角度来看，这样做是完全值得的。这种方式可以增强产品存续期财务数据的透明性，提升资产运营效率。

该单产品也有不足之处，即为了确保首单能够顺利发行，依托金茂中国与上海金茂两大主体进行担保增信，这相对拉高了监管审批 CMBS 项目的标准。虽然该单产品更多还是依靠资产信用，但由于存在主体支持，其并未完全以资产信用为支撑。所以，这从严格意义上说并不是一单完全依托资产信用的产品，对于一些弱主体、强资产的企业而言，这单产品的成功是很难复制的。

2. 国内首单不依赖主体资质的 CMBN

在意识到首单产品没有达到行业预期效果后，2017 年 6 月，通过与监管层反复沟通，高和资本联手北京奥中兴业房地产开发有限公司在银行间交易商协会成功注册“世贸天阶 2017 年第一期资产支持票据”。该单产品是资产主体世贸天阶集团首次尝试直接融资的“破冰之旅”，也验证了弱主体发行 CMBS 产品的可能性。

（1）项目基础资产概况

该单产品的基础资产是物业抵押贷款转变的信托收益权，并以其经营所产生的现金流作为专项计划的还款来源。

世贸天阶集团位于北京市朝阳区东大桥路的东侧，紧邻国贸、嘉里中心等众多顶级写字楼以及世贸国际公寓、新城国际等名品公寓，拥有号称“亚洲第一块天幕”的展示屏，周边人流密集，是北京建设较早的 CBD 旗舰商业。该物业资产的整体估值为 60 亿元，2003—2017 年，其资产的毛租金收入从每年 1 亿元递增至每年 5.8 亿元，资产收益相当稳定。

该基础资产的主体是世贸天阶集团，融资主体是中型民营企业，其增信能力较弱，不具有传统的发债融资能力。因此，该单产品具有典型的强资产、弱主体的特征。

（2）结构设计安排

首先，该单产品没有选择在交易所发行，而是选择以 CMBN 这种票据形式在银行间发行。这是因为这个市场的投资人都是以银行为主的，而银行由于有经营性物业贷款业务经验，对弱主体、强资产的项目融资具有相对成熟的判断力，能给该单产品发行创造最好的认购条件。

其次，在证券投资分级方面，该单产品采用优先、夹层和次级的结构化分层（见图 3–17）。其中优先级共设两档，优先 A 评级为 AA+，规模为 26 亿元，优先 B 评级为 AA，规模为 1 亿元；夹层评级为 AA-，规模为 0.5 亿元；次级档无评级，规模为 1.5 亿元。针对弱主体的项目，该单产品采用三层分级制度显著增强了投资人的信心。

（3）产品总体评价

这款世贸天阶产品“破冰”的意义在于，该 CMBN 产品在结构设计上不再依赖融资主体信用，而是基于资产本身的资质进行融资，这能够更好地支持中小企业盘活商业地产存量，对助力实体经济发展具有重要的战略意义。

此外，第三方资产服务机构高和资本参与投资夹层份额，并作为特殊资产服务商对所有投资人负责，对底层资产的运营进行持续的监管和风险控制，包括在产品违约的情况下，受投资人委托进行债权追收和清收工作。高和资本管理方兼投资方的双重角色，使得双方能够利益绑定成为共同体，这在一定程度上提升了产品的信誉。

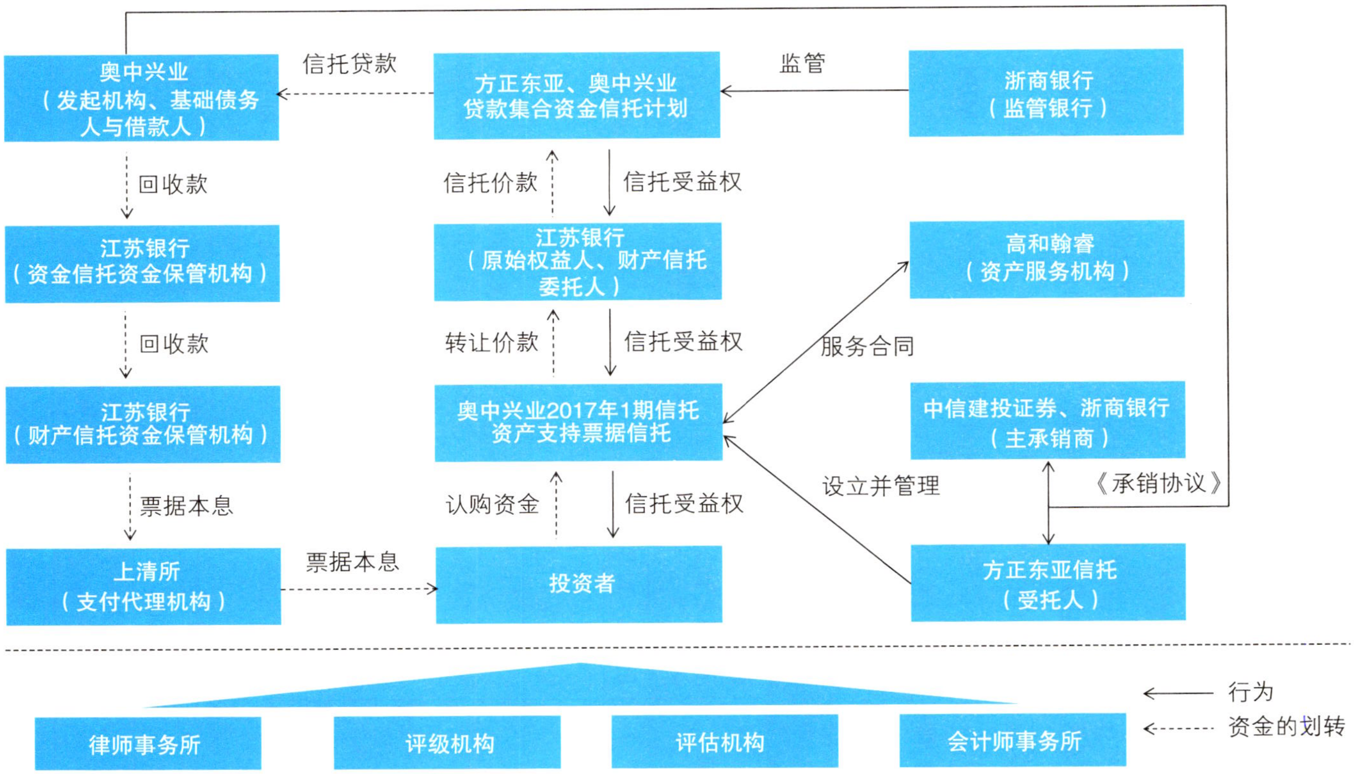

图 3-17 “世贸天阶 2017 年第一期资产支持票据”产品结构图

资料来源：“世贸天阶 2017 年第一期资产支持票据”产品计划书。

3. 产品小结：优于传统融资，但灵活性不足

（1）CMBS 对比经营性物业贷存在多重优势

目前，CMBS 已成为国内成熟的资产证券化融资产品，特别是在行业限制非标融资并加紧银贷审核的趋势下，拥有政策环境的 CMBS 产品呈现出爆发态势，融资规模迭创新高。仅在 2018 年上半年 CMBS 产品就累计发行 268.23 亿元，位列国内资产证券化产品规模第一位。

CMBS 和传统经营性物业抵押贷款的目的都是融资，但 CMBS 产品有其独特的优势（见表 3–8）。

表 3–8 经营性物业抵押贷款与 CMBS 产品的区别

项 目	经营性物业抵押贷款	CMBS 或 CMBN 产品
融资规模	经营性现金流的 6 ~ 8 倍 通常不高于物业公允价值的 50%	经营性现金流的 10 ~ 15 倍 通常不高于物业公允价值的 60% ~ 70%
期限	最长 10 ~ 12 年	可设计为单期 3 ~ 5 年，到期滚动续发
资金用途	严格按照《固定资产贷款管理办法》使用	根据融资人需要灵活使用
定价	银行审批政策	根据产品评级，市场化定价 通过结构设计，可以使得产品评级高于主体评级
增信措施	通常需要股东提供担保	主要依靠物业自身增信，也可增加外部增信
后续交易	银行要求融资人股权结构稳定，不能接受融资人股东退出	通过技术安排，使得未来进行 REITs 交易
风险资产占用	银行表内资产投放，风险资产 100%	银行表内资金认购，若产品评级为 AA+ 以上，风险资产仅为 20%
操作流程	银行内部流程，不确定性较大	公开透明

资料来源：公开资料，明源地产研究院整理。

其一，融资规模更大。同样的物业，做经营性抵押贷款所获得的融资额度只有基础物业估值的 50% 左右，而 CMBS 最高可以达到 70%。

其二，募集资金用途广。经营性抵押贷必须遵守相关资金使用守则，而 CMBS 对资金用途不做特殊要求，这是吸引很多行业融资人的重要因素。

其三，融资成本更低。例如，在产品当中采用分级制度引入不同的风险偏好投资人，从而实现每个等级债券的不同风险定价，这样在加权平均法计算下的融资成本均低于同规模的经营性物业抵押贷款。

其四，风险资产占用低。由于 CMBS 是标准化产品，所以其可以挂牌转让。若银行采用表内资金认购投资，评级 AA+ 以上的产品所占用的风险资产仅为抵押性贷款的 20%，那么这会减轻了银行资本压力。

CMBS 的这几大优势对融资人与投资人都很有吸引力。CMBS 产品更重要的里程碑意义在于，将商业资产的经营性现金流作为还款来源，打破了传统企业只能依靠主体信用进行融资的困境，回归资产本质价值，让一些弱主体的中小企业无须依靠外部资源，而是通过其优质的资产获得融资。

（2）CMBS 灵活性不如传统融资工具

当然，尽管 CMBS 作为融资工具存在诸多好处，但同时也存在风险。尤其对融资人来说，CMBS 产品所附加的条款已经绑定了融资期限与规模，如果条款要求与集团本身的诉求不符，那么集团盲目跟风使用 CMBS 产品就会适得其反，对集团经营战略造成干扰。总体来看，CMBS 主要存在以下三点潜在风险。

首先，CMBS 的条款内容一旦制定就较难更改，灵活性不如银行贷款。融资人若签订了经营性物业抵押贷款，在贷款期间就可以针对期限和利率与银行进行协商调整。但如果公开发行 CMBS 产品，虽然融资人可以通过召集投资人进行决议的方式来调整相应的融资结构，但在实际操作中难度很大。这就要求融资人在发行 CMBS 产品前，一定要基于企业整体的战略考虑，提前谋划发行期限与资产选择。

其次，CMBS 产品在发行期内体现出刚需兑付的特征，特别是当物业现金流存在负面影响时，其不可能通过双边协调的方式调整还款期，所以一般弱主体 CMBS 结构都会采取借助外部机构做差额补足或留存备付金的增信措施。

最后，CMBS 发行失败会对整个主体的关联性产生负面影响。虽然 CMBS 更多依靠资产信用进行融资，但是在融资政策不稳定的情况下，产品发行失败反而会牵连到主体信用。

2018 年有多家房企计划通过发行 CMBS 改善融资结构。然而，由于过度依赖 CMBS 发行融资，房企没有充分准备其他融资工具，当市场出现资管新规和受一些违约事件影响时，银行等金融机构不再积极支持，市场流动性收紧，CMBS 未能如期设立发行，这直接导致集团现金流中断，使得企业出现违约事件。如果出现了证券化产品违约事件，那么即使资产的属性再好，受制于主体信用压力，投资人也很难再去接受该产品。

二、抵押型 REITs 产品典型案例分析

目前，国内 REITs 产品主要分为权益型 REITs 与抵押型 REITs。权益型 REITs 已经在上文介绍过，其偏向于物业基础股权的转移；而抵押型 REITs 的基础资产不涉及物业股权的转移，因此使用此产品的企业大多以融资为目的。由于本章围绕着融资的主题展开，所以本章仅选择抵押型 REITs 案例，关于权益型 REITs 的详细案例可以参考第五章的内容。

1. 国内首单抵押型类 REITs

“北京银泰中心资产支持专项计划”于 2016 年 8 月发行，项目规模达 75 亿元，是国内首单抵押型 REITs 和国内单只规模最大的房地产 ABS 项目。其发行利率达到了 4.65% 左右，对投资人具有相当大的吸引力。

（1）项目基础资产概况

该项目的基础资产为资金信托收益权，并将物业未来预期收入作为还款来源，是偏债型的抵押类 REITs 产品，符合主体融资的主要需求。

从资产属性来看，北京银泰中心位于国贸 CBD 核心区域，包含酒店、写字楼和商业物业等多种业态，地理位置优越、建筑品质高、租金收入高、增值空间大。根据戴德梁行的评估，其目标资产评估价值为 105.19 亿元，折合约 6.08 万元 / 平方米，而该产品的总标的额为 75 亿元，折合约 4.34 万元 / 平方米。

（2）结构设计安排

银泰中心项目采用传统的双 SPV 架构，即资产专项计划拥有信托计划受益权，信托计划拥有信托贷款债权、项目公司质押权和标的物业抵押权（见图 3–18）。在此架构下，其基础资产为信托受益权和信托贷款债权。重要参与者有中国银泰（原始权益人，担保人）、恒泰证券（资管计划管理人）、银泰置业（浦发大厦所有人）和北京国俊（项目公司第二大股东、担保人）。

在投资者分级方面，产品分为优先 A 档、B 档、C 档，相对应的债项评级均在 AA 级以上；发售期一共是 18 年，每 3 年开放一次回售，老投资者可以在 3 年后退出，新投资者可以加入，这种设计显著降低了流动性缺口（见表 3–9）。

由于该项目融资总额巨大，为了避免在每 3 年开放回售时出现流动性风险，产品专门附带了投资者的票面利率调整权，通过利率提升吸引新进投资者，从而保证先前一批投资者能够通过回售收到本金。

在增信措施方面，该产品设计了预期现金流的动态管理机制，即把优先 A 档的本息超额覆盖倍数控制在 1.31 ~ 1.4 倍。如果因为市场波动导致租金下滑，使得某一时点的现金覆盖倍数低于 1.15 倍，触发了相应的补偿机制，增信主体就需要支付保证金，把钱打到专项计划账户，从而使当期现金流净额达到预付分配收益之和的 1.3 倍。

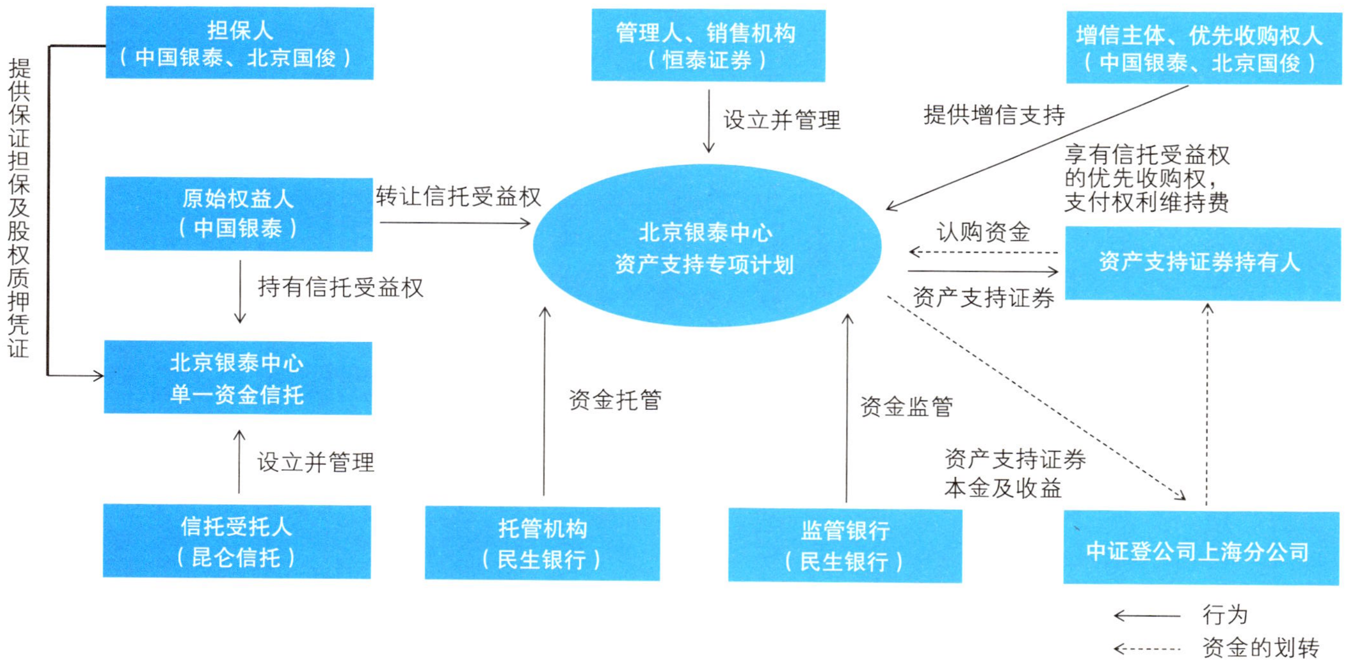

图 3-18 “北京银泰中心资产支持专项计划”交易结构图

资料来源：“北京银泰中心资产支持专项计划”产品计划书。

表 3-9　“北京银泰中心资产支持专项计划”产品细则

产　品	规模（亿元）	评级	期限	开放安排	预期收益	还本付息方式	收入来源
优先 A 类证券	40	AA+	18 年	每 3 年	4.5% ~ 5.5%	每年还本付息	租金收入
优先 B 类证券	33	AA	18 年	每 3 年	5% ~ 6%	每年付息、到期还本	未分配租金收入、权利维持费
优先 C 类证券	2	AA	18 年	每 3 年	6% ~ 7%	每年付息、到期还本	未分配租金收入、权利维持费

注：1. 在开放期内所含权利包括管理人有票面利率调整权，证券持有人有回售权，优先收购权人有信托受益权的优先收购权（每年须支付权利维持费）。
2. 中国银泰、北京国俊为回售安排流动性支持。

资料来源：“北京银泰中心资产支持专项计划”产品计划书，明源地产研究院整理。

另外，该产品还提升了资金的归集频率，优先债的本息支付频率要从按年支付调整为按季支付。如果增信主体没有履行上述机制，产品就会提前终止，这样的控制机制能够有效保护投资者的利益。

2. 产品小结：融资还是退出？明确产品核心诉求

总的来说，目前国内发行类 REITs 产品的企业主要有两个诉求：一是以融资为目的，资产不发生实质性转移，这种以抵押型 REITs 为主；二是以物业过户或者说以资产退出为目的，这种以权益型 REITs 为主。

目前，大部分企业都只是将 REITs 理解为纯粹的融资工具，而忽视了其投资属性。很多企业发行所谓的权益型类 REITs 产品，基本上都设有回购与兜底措施，物业持有人本身就没有将资产出售的意愿。国内的物业持有人在做 REITs 时并没有足够的分享意识。大部分资产品质差强人意，还需要主体增信，这就和抵押型类 REITs 没有区别，甚至变质成了“典当”。

企业如果明确以融资为目的，不考虑变相出售物业资产，就可以采用抵押型 REITs 或者 CMBS 产品。两者都属于商业物业抵押融资模式，但 CMBS 比抵押型 REITs 更具优势。以境外市场为例，标准化的 CMBS

产品资产池相对分散，并且拥有相对发达的二级交易市场，服务商机制比较完善，这些都是现有抵押型 REITs 无法做到的。

三、收益权类 ABS 产品典型案例

1. 国内租金收益权 ABS

自 2017 年登陆资本市场以来，长租公寓一度成为风口，部分运营商经过长期探索也找到了属于自己的商业逻辑。比如，标杆运营企业自如就在其商业模式中引入消费金融的概念，并成功打造出消费金融与长租公寓结合后的资产证券化产品。

（1）项目资产概况

与传统的单栋整租收益权不同，该专项计划的基础资产为租房分期消费贷款，也就是自如与租户签订的多个租房小额贷款债权。截至发行前，预计打包的整个自如房租分期小额贷款余额为 4.92 亿元（信托计划总规模为 5 亿元，包含缴纳的信托业保障基金及现金），共涉及合同 2.35 万笔，加权平均剩余期限为 9 个多月，单笔合同金额平均为两万多元（见表 3–10）。

表 3–10 “自如 1 号房租分期信托受益权资产支持专项计划”底层资产信息

项　目	数　量
房租分期小额贷款余额（元）	492 490 290.46
总合同笔数（笔）	23 501
单笔合同最大剩余应付贷款余额（元）	144 735.25
平均单笔合同金额（元）	20 956.14
加权平均利率（%）	11.30
加权平均借款剩余期限（月）	9.79
合同债权分布区域	北京（61.86%）、上海（20.56%）、深圳（17.59%）

资料来源：“自如 1 号房租分期信托受益权资产支持专项计划”产品计划书。

从贷款合同的属性来看，大部分合同债权集中在北京、上海和深圳，其中北京占比约为 60%；从安全性来看，自如房租的分期小额贷款入池资产的逾期率不到 0.38%，具备进行证券化的条件。

（2）结构设计安排

该项目采用了“专项计划 + 信托”的双 SPV 结构，其基础资产都是信托受益权，设立信托计划向“自如友家”和“自如整租”的租客发放两万多笔房租分期小额信托贷款，受托人在循环期内以信托贷款回收款方式持续发放信托贷款（见图 3–19）。

原始权益人通过信托发放贷款，使得对应的实际融资人不再是自如的运营商，而是转为承租自如公寓的个体租户。这样做的优势在于，采用分散式的债权可以降低单一性风险，同时在综合担保上与债务评级上也相对具有优势。

由于自如与租户签订的是小额租房贷款合同，合同期限短，所以存在租户提前退租的情况。自如资管提供的历史数据表明，历史综合提前还款率为 27.35%，提前还款期数多集中于 8 ~ 11 月。一旦租户提前将住房分期贷款偿还完毕，提前还款部分的利息就会全部损失，进而大幅降低资产池的资金利用效率、回款规模与收益水平。

考虑到租户提前还款可能造成现金流缺失的风险，该专项计划专门设计了基础资产循环放贷的交易结构。根据信托的交易安排，计划管理人将该信托计划存续期分为循环期与分配期：在循环期内，产品按季度付息，不偿还本金，基础资产回款用于循环发放住房分期贷款；在分配期内，产品按月度付息，过手摊还本金，停止循环放贷。在整个专项计划存续期内，循环期共计 320 天，分配期 139 天，循环放款按天进行，这种设计极大地缓解了提前还款所造成的收益损失。

此外，为避免合格放款租户不足，企业采用了限制资产池现金比率的措施。在信托计划循环放贷期间，信托财产专户基础科目项下的资金超过信托资金 15% 且持续超过 30 个自然日的，循环期将终止，信托计

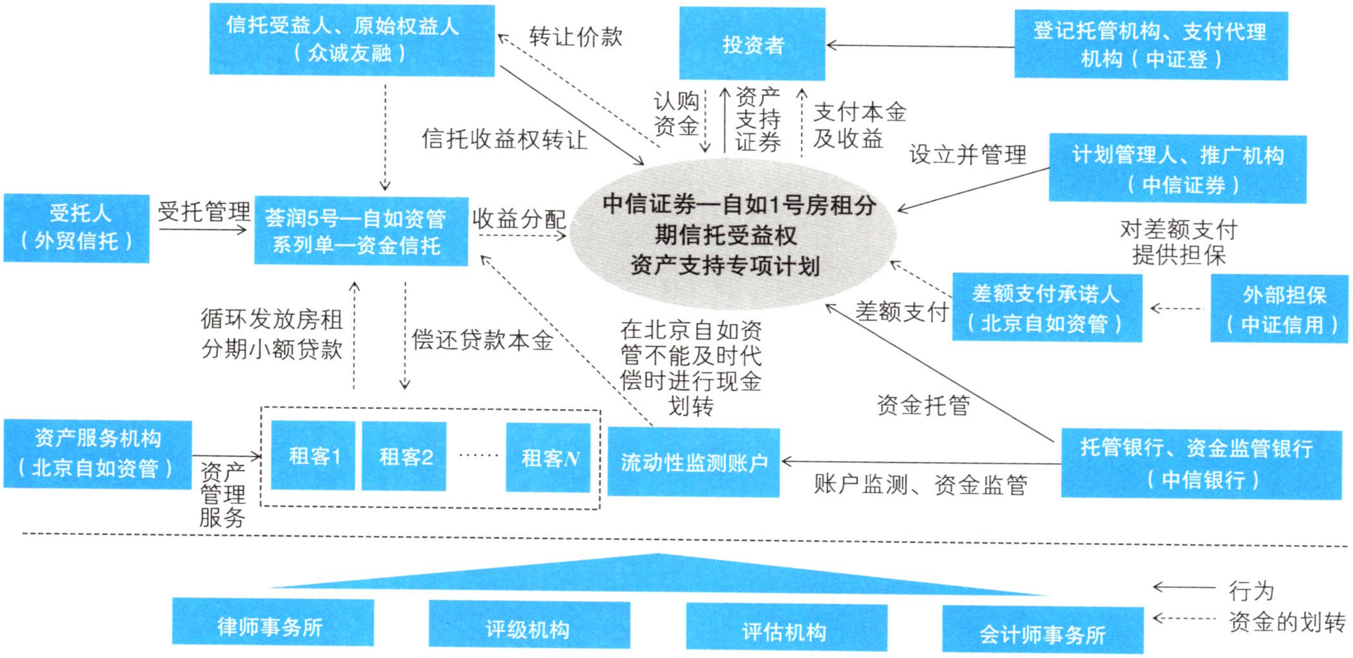

图 3–19 “中信证券—自如 1 号房租分期信托受益权资产支持专项计划”交易结构图

资料来源：“中信证券—自如 1 号房租分期信托受益权资产支持专项计划”产品计划书。

划进入分配期，以保证专项计划优先级持有人的即期收益及本金。

（3）产品总体评价

总体来说，该计划引入消费金融，对加速长租公寓运营方回款、提高租金回报率以及形成小而分散的优质基础资产来说都具有明显的良好效果。

但分散性债权思维是一把双刃剑，尤其是该计划在实施过程中存在的道德风险不可忽视。虽然计划投资人可以确保其稳定的现金流收益，但对于租户而言，不排除资产管理方要求租户“强制”签订贷款协议以补足资产池规模的情况。

在信息不对称的条件下，负有经济行为责任的长租公寓运营方却不承担其行动的全部后果，而这种管理方产生的道德风险可能会导致相关金融机构遭受声誉风险。具体来说，由于对长租公寓运营方的具体运营行为缺乏控制力和信息获得力，作为资管计划管理方的金融机构极易因长租公寓运营方的违规操作而遭受承担声誉风险，作为通道方的信托公司则更容易暴露在此种风险的威胁之下。

2. 国内物业费收益权 ABS

2015 年 11 月 5 日，金科物业试水资产证券化，“招商创融—金科物业资产支持专项计划 1 号”ABS 产品发行。该计划实际收到认购资金 15 亿元，募集资金用于补充新能源产业及辅助产业流动资金，还款来源为金科物业旗下运营管理的金科花园、金科丽苑等 68 个项目的物业费收入。

（1）项目资产概况

该单产品的基础资产为金科旗下物业的预期收益权，共计 68 个自建项目，包含建筑面积达 1 795.28 万平方米的住宅、商业、写字楼及少量配套用房（见表 3–11）。物业分别位于重庆（主要为主城区）、四川（主要为成都）、湖南（主要为长沙）、江苏（主要为无锡、江阴、苏州、南通和张家港）和北京，其中位于重庆的物业占比最高，达到 70% 左右。

表 3–11 金科物业资产支持专项计划——资产池物业

序号	交房年份	物业形态	面积（万平方米）	占总资产池建面百分比（%）
1	2014 年（含）以前	住宅、商业、写字楼及少量配套用房	1 139.31	63.46
2	2015 年	住宅、商业、写字楼及少量配套用房	337.48	18.80
3	2016 年	住宅、商业、写字楼及少量配套用房	318.49	17.74
小计	—	—	1 795.28	—

资料来源："金科物业资产支持专项计划"产品计划书。

在入池的 68 个项目中，物业合同剩余期限为 1 年期、1 ~ 2 年期、2 ~ 3 年期的项目分别有 6 个、6 个、4 个。其余 53 个项目的物业合同没有固定期限，因此存在产品存续期与实际物业合同期限不匹配的情况，即如果入池的物业合同到期选择不续签，那么整个产品都会面临现金流下降的风险。但由于 68 个项目均来自金科旗下的物业，投资者更换物业公司的可能性极小，所以整体的风险可控。

（2）结构设计安排

"金科物业资产专项支持计划"也是典型的双 SPV 架构产品（见图 3–20），该产品的基础资产为金科物业旗下 68 个项目的物业合同债权，原始权益人金科股份通过银行以委贷的方式发放贷款，同时将贷款的债权转为资产支持计划，让投资人来认购专项计划债权，以此将不同期限的物业合同债权统一为委贷债权。

在投资者分级上，该产品的优先级资产支持证券规模为 14 亿元，占比为 93.33%；次级资产支持证券规模为 1 亿元，占比为 6.67%。其中，各优先级资产支持证券的存续期限对应的预期收益率分别为 5.0%、

5.6%、6.0% 和 6.2%。各期覆盖比率的最低值也达到了 1.06 倍以上，这表示基础资产的预期现金流完全能够覆盖预期支出，各期优先级资产支持证券的偿付都有保障。

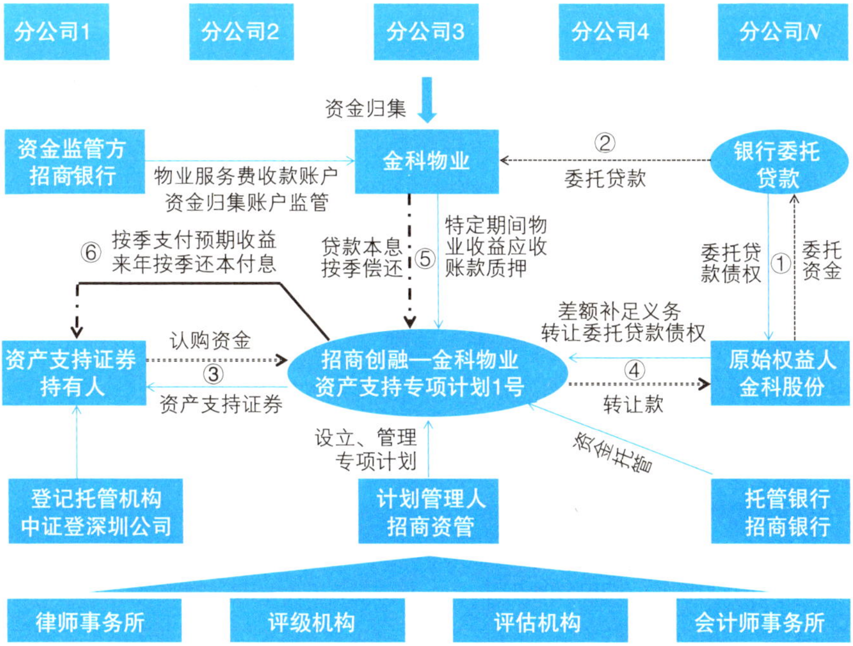

图 3–20 “金科物业资产支持专项计划 1 号”交易结构图

资料来源：“金科物业资产支持专项计划”产品计划书。

（3）产品总体评价

金科物业费 ABS 产品的交易结构与其他 ABS 产品并没有太多区别，但其采取的增信措施值得重点关注。

由于我国物业公司本身的资本实力较弱，且对资金的需求量不大，大多数物业费 ABS 的实际融资人是与物业公司有关联的房地产企业，所以关联房地产企业在 ABS 项目中一般作为外部增信机构。关联房地产企业通常会作为差额支付承诺人或担保人为资产支持证券的优先级本息提供保障，这会显著提升债项的信用评级。

在招商创融—金科物业资产支持专项计划的案例中，金科地产集团股份有限公司为金科物业服务集团有限公司提供差额支付承诺，降低了金科物业服务集团有限公司违约给资产证券本金及预期收益带来的风险。

3. 产品小结：做好风险隔离，资金项目两手抓

综合来看，收益权类 ABS 产品底层资产的现金流稳定性较差，涉及收益的对应义务尚未实现，且极度依赖原始权益人的经营能力，因此收益权 ABS 的信用水平理论上很难超越原始权益人的信用水平。与 CMBS 相比，收益权 ABS 没有物业资产抵押，这导致原始权益人的主体信用水平会成为收益权 ABS 产品重点关注的对象。从已发行的物业费 ABS 产品来看，所有产品均加设了担保与差额支付承诺等外部增信措施（见表 3–12），其目的就是规避物业费这类预期收入的不确定性风险。

表 3–12 国内物业费 ABS 外部增信情况

名 称	备案日期	预计实际融资人	差额支付承诺人	担保人
博时资本—世茂天城物业	2015-08-31	世茂建设	世茂物业	世茂建设
招商创融—金科物业1号	2015-11-27	金科股份	金科股份	—
华金证券—华发物业	2015-12-18	华发集团	华发物业	华发集团
农银穗盈—星河湾—建投汇居	2015-12-18	海怡地产	海怡地产	—
华鑫—中南建设物业	2016-01-15	中南建投	中南建投	—

资料来源：公开资料，明源地产研究院整理。

此外，收益权 ABS 产品要求更细致的投后管理。这就需要资产管理方具有较强的经营风控能力，能够通过降低产品存续期的各种风险来确保投资人的收益兑现，管理重点有以下两个。

第一，从资金端来看，资产管理方需要监控存续期内资金流向的合

法性。国内的资产证券化产品大多存在原始权益人与资产管理人混同的情况，这可能会造成资金归属不清，易发生道德风险。特别是依赖主体信用的物业费收益权类ABS产品，受物业管理合同的限制，在收缴物业费时往往只能通过原始权益人归集资金。这类主体归集资金的风险无法通过结构设计避免，只能依赖管理方对资金池的长期跟踪，以及缩短审查间隔，实行每月一次的信息披露。

第二，从项目端来看，资产管理方需确保资产现金流的收益符合预期。资产管理方要重点关注现有租约长短，动态出租率和动态客单价等经营数据指标，并统计出实时的现金流及收益率。这就需要信息化管理系统，其能通过管理全流程数据化贯穿项目的全生命周期，在现金流不达预期时自动提醒，使资产管理方及时发现与处理，从而综合防范后期兑付风险。

第四章　管

专业运营，提升资产价值

无论对市场的判断有多精准、投资眼光有多独到、融资杆杆有多巧妙、退出结构有多合理，企业想要实现资产管理的价值闭环，归根结底还是要落到“管”这个环节。

过去，大多数房地产机构都是用散售的逻辑来对待资产。如今，公募 REITs 呼之欲出，有望打通存量资产的最终闭环。理想是美好的，现实是残酷的，一旦存量资产进入资本市场，其定价将主要取决于资产收益的高低。如果“管”这部分工作没有做好，资产收益不能提升，那么资本市场再红火也与企业自身没有关系。因此，企业需要具备优秀的运营管理能力，以打造优质资产，从而获得资本市场的认可，只有这样才有可能最终兑现资产的溢价。

作为“投、融、管、退”四大环节中最为核心的一环，资产管理能力至关重要。然而，资管能力的建设并非一朝一夕之事，而是一项复杂的系统性工程。企业只有从顶层设计出发，进行认知升级、组织重塑、精益管理和数字赋能等一系列管理创新及改造，才能最终构建全新的资管体系。

第一节
国内的存量资产管理现状与问题

为了全面了解国内房地产业存量资产管理的现状，笔者走访了数百家机构，发现大多数企业存在的管理痛点大同小异，归纳起来主要有如下四个方面。

一、战略方向不明，缺乏清晰的业务模式

鉴于过往二十余年房地产增量开发业务的高速增长，许多企业在战略上是忽略存量市场的。但今时不同往日，我们欣喜地看到已有不少企业开始前瞻性地布局存量市场，并将存量地产作为一项战略明确提出。

然而，新兴的存量业务与传统增量开发业务的逻辑迥然不同。如果企业按照原有住宅开发的模式开发业务，那么它会发现在资产周转率、资产回报率以及现金流等指标上面临重重困难。一些企业在遇到这些问题之后，布局存量市场的信心就会有所动摇，其投入及执行均有所迟疑，对做不做、怎么做疑虑重重。

究其原因：产销模式属于短期回报，重点关注销售收益即可；而新兴存量市场的资管模式注重长短期平衡，收益不仅仅局限于销售性收益，还有经营性收益、资产增值收益以及资本性收益等，收益形式更为多元，但相应的能力要求及企业门槛也更高。

因此，如果还想继续留在房地产市场，企业就需要思考：增量开发业务和存量资管业务两者之间应该如何平衡发展？如何重新定位及有效协同？新旧业务模式如何梳理？企业还要思考相应组织架构的搭建、考核体系的完善和资管能力的培养。否则，企业不仅无法顺利发展，还有可能因为新旧体系的冲突导致发展倒退，甚至陷入危机。

纵观国内，不少企业在推进不动产资产管理业务时，无一例外地都会遇到上述问题。有的企业在经历调整之后走出了困境，有的至今还深陷困局，有的甚至出现了倒退的现象。当然，绝大多数企业——特别是房企，至今仍在资产管理的门外裹足不前。

二、组织定位尴尬，难以发挥资管核心价值

在中国的房地产业，“资管”与“物管”两个概念常常被混淆。很多人认为资产管理就是开发后期的物业运营管理，或者将资管等同于商业板块的运营。其实，这都是对资管概念的错误认识，把资管部门定位为相似的附属架构或平行架构（见图 4–1）。

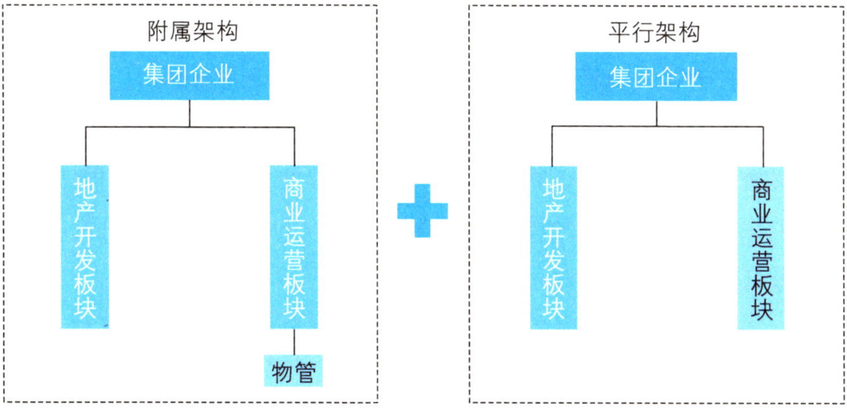

图 4–1　附属架构与平行架构下资管部门定位

资料来源：明源地产研究院。

这种附属架构或平行机构的组织定位使资产管理业务处于尴尬的位置，无法发挥其真正的价值。从海外成熟市场来看，大部分资产的产权与运营权是分离的。业主方（可能是房企，也可能是基金持有者）作为产权所有者和委托方，委托运营方（商业管理公司）进行商业运营管理。其中，资管部门更多是以业主代表的身份出现，协调投资、开发及运营等各个环节，因此企业对其管理权责与能力有更高的要求。在这种背景下，真正专业的资产管理人自然也极度稀缺，如何突破人才瓶颈及进行人才培养是目前国内资管行业热议的话题之一。

部分房企借鉴中国香港及新加坡的行业经验，从组织架构开始进行

调整，将资管部门从商业管理板块中独立出来，使其成为与开发板块并列的组织结构，甚至上升至集团总部成为独立部门。但组织地位的提升并不代表其管理能力的提升。由于企业整体管理意识跟不上，资管部门在实践中往往转型乏力。

造成该现状的根本原因是行业内根深蒂固的开发思维，其使得多年来房企在组织结构上“重开发而轻资管”，因为从收益结构来看，房企的收入主要源于开发业务。商业资管业务则由于投资金额大、收益周期长和回报利润薄，不可避免地在集团内部的话语权较弱。

然而，随着大资管时代的风口来临，增量市场逐渐饱和，包括房企在内的存量市场参与者的理念将朝着资产管理方向演变。因此，只有重新定义资管部门的价值，将其业务权责延伸至更多的产业链流程，吸引更多的优秀人才加入，才能真正发挥资产管理的核心价值。下面，我们将以最难转型的开发商为例来进行说明。

三、考核体系单一，容易忽略长期资本回报

目前，大部分房企都是参考开发板块来制定商业板块的考核体系，主要是关注开工面积、交付面积、去化速度和回款速度等指标。但对于持有型的商业物业来说，整体的开发运营应更加看重 NOI（净运营收益）、NPV（净现值）和 NOI 率等指标，但这些指标很难在短时间内体现商业开发和运营的价值，往往需要 3 年以上的时间才能综合体现。

因此，对于绝大部分房企采用的“基础底薪 + 高额销售提成”的考核模式及薪酬结构，商业开发运营团队根本无法适应。虽然其他房企不是采取销售导向的考核体系，但其考核指标依然高度聚焦在利润维度，使得商业运营部门将全部精力聚焦在提升当前租金水平和当期利润上，甚至为了提升短期租金收益不惜牺牲项目的长期利益。或者，一些房企迫于短期的利润考核指标，不得已放弃一些能带来长期回报的商业

创新或项目改造，更不用说基于长期资产回报的视角建立一套集业务标准、商业创新、运营风控、资本回报及成长性指标评价为一体的考核体系。

对于存量资管或商业运营团队而言，如果房企没有制定科学的考核体系，并依此建立合理的薪酬结构及激励机制，那么房企很难保证团队的稳定性。众所周知，同时拥有投资、开发和运营三项能力的复合型团队在当今国内市场上少之又少，经过项目实战锻炼的团队更是稀缺资源。如果房企确定了自身的存量资产管理战略，它就应该尽快逐步完善以提升资产估值为目标的投资、开发和运营考核体系，并尽快与资本市场接轨，至少应做到能与资本市场同口径对话。

四、资管能力不足，亟待精细化的管理改造

相对于开发业务而言，资管业务需要极强的运营管理能力。因此，存量市场上呈现出很明显的两极分化：一是有资管能力的企业能获得更多资本的青睐，敢于收并购有增值潜力的商业资产，存量规模越做越大；二是缺乏资管能力的企业项目经营惨淡，资金无法回笼，急于寻求买家脱手套现，存量规模越做越小。目前，国内的房地产业以后者居多，大多房企都不具备相应的资产管理能力，这也是未来存量战略落地急需弥补的短板。

与之形成鲜明对比的是：众多外资机构参与"抄底"内地存量商业地产，除了世界顶级投行黑石集团，还包括凯德、领展、腾飞和基汇资本等知名的地产投资基金。从表面上看，这些机构强在资本实力和项目判断力等因素上；但究其根本原因，这些机构拥有超强的运营管理能力，使其有足够的底气用高价拿下项目，并通过卓越的招商运营管理能力获得高于市场平均水平的收益回报。

如果国内也能出现一批懂得挖掘资产运营价值和具备精益资管能力的机构，那么其管理价值势必将转化为资本信用并吸引一大批资本机构，

这样才有可能从“外资秃鹫”口中“夺食”。尤其在当前增量与存量并轨的市场背景下，一旦房企实现左手掌控卓越的管理、右手掌控丰富的资本，我们相信其无论如何选择都将在未来的市场上独占鳌头！

对于转战存量市场的过程中经常遇到的上述四个难题，房企应该如何进行突破呢？在走访了众多业内标杆企业之后，结合其转型的心得体会，再比对海外成熟的市场经验，我们建议企业在资产管理战略推进的过程中结合自身情况，从顶层设计（战略定位及业务模式）、组织保障（组织机构及岗位权责）、能力培养（考核优化及运营提升）和数字化赋能四个方面进行重点发力，打造全新的资管体系（见图 4–2）。

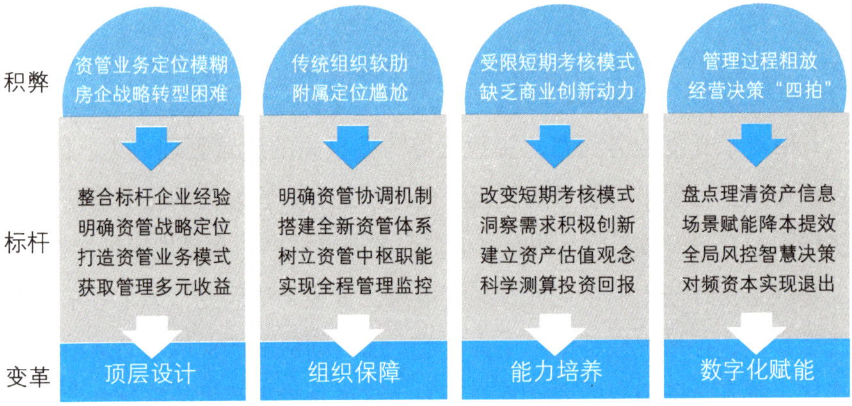

注：“四拍”是指决策时拍脑袋，指挥时拍胸脯，失误时拍大腿，追查时拍屁股。

图 4–2 打造企业资管新体系的四个发力点

资料来源：明源地产研究院。

第二节
明确战略，根据企业特点适配业务管理模式

企业要想明确自己的战略方向，首先就得把自身的业务模式梳理清

楚，否则很容易出现“走一步看一步，进一步退三步”的尴尬局面。

笔者在研究国内外标杆企业的成功做法和众多企业转型经验的基础上，总结出五类业务模式及相应的代表企业（见图 4–3）。

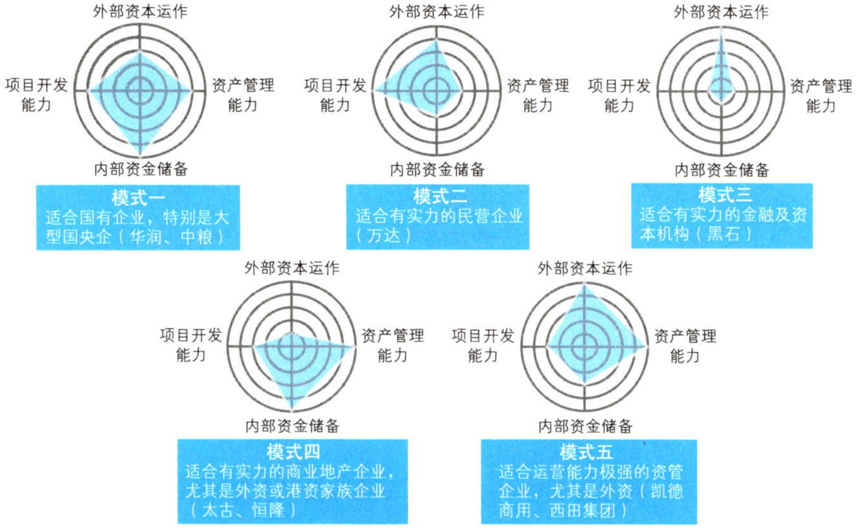

图 4–3　五类典型业务模式

资料来源：明源地产研究院。

一、以重为主、以轻为辅，依托股市回报扩大规模

1. 适合群体

此类模式适合国有企业，特别是大型国央企。

2. 企业优势及战略路径

对于国央企而言，依托于先天优势，它们能够获得一线城市或新一线城市核心地段的优质土地或优质物业。同时，大型国央企的融资成本普遍较低，它们大多数还是上市公司，资金充足，能够吸引相关的专业人才（包括业内精英）为之服务，因此这类企业具备长期持有重资产（物业）的能力，也有条件招聘并培养出一支稳定且高素质的商业不动产资管团队。

企业的明星项目及成熟稳定的团队有利于其进一步实现轻资产管理输出。国央企依托自身的资金优势和管理能力，赋能于其他业主方，可以获得优质资产物业，进而扩大企业的资产管理规模，培养出更多的资产管理团队。

只要战略清晰不变，坚持不懈地运作几年，持有一定规模的优质商用物业（重资产）并培养出行业内较为出色的轻资产管理团队，企业就具备了将商用重资产从原有的地产开发业务中剥离出来单独上市的条件，最终上市只是时间问题。

3. 代表企业及特点分析

在国内，“以重为主、以轻为辅”的最典型的代表企业就是华润置地和中粮地产（现已更名为“大悦城”）等大型央企。

此类企业的 IPO 路径清晰且迅速，开发、收购（物业资产）与轻资产输出并举。首先，它们重视物业资产的质量而非数量；其次，它们坚持优质物业自持，培养自己的轻资产管理团队，注重运营能力和现金流；再次，它们的融资能力超强，资金成本低；最后，它们一般都有两条以上耳熟能详的产品线，如华润的万象城、万象汇和五彩城，又如大悦城地产的大悦城和春风里（这些品牌的市场竞争力十足）。

在条件成熟之后，此类企业的轻资产战略水到渠成。例如，大悦城在 2016 年正式对外发布“4A 大资管”及“五年二十城”战略，正是基于过往十年积累的品牌效应及强大的运营实力，其得到了资本市场的认可及品牌商家的支持；再借助外部资本，最终实现价值的重塑和自身蓬勃发展。

二、以重为主、以轻为辅，“销售 + 抵押”逻辑实现滚动开发

1. 适合群体

此类模式适合有实力的民营企业。

2. 企业优势及战略路径

此类企业通常有着较强的商业品牌及房地产开发销售能力，可以以较低的成本拿下商业与住宅的混合用地，通过快速建设与销售迅速实现住宅及商业项目的去化，以回笼资金并平衡开发成本，从而低成本甚至零成本地持有商业资产。对其持有的商业资产来说，这类企业也尽量放大估值获取银行抵押贷款，再通过销售回款及抵押贷款来进行新项目的投资开发，从而形成一种独特的滚动开发模式（业界称之为“现金流滚资产”）。该模式使得企业能迅速在全国一、二、三线城市实现项目拓展，短期内商业物业项目持有可达到近百个。

3. 代表企业及特点分析

在国内，这种模式最典型的代表企业如早期做重资产的万达，其代表产品为万达广场。

此类企业的典型特点是：自建物业管理业务板块，同时有轻资产输出业务，非常看重规模优势及发展速度；有自己的轻资产管理团队，但人才需求缺口过大且人才稳定性较弱；有较强的运营能力，但水平参差不齐，严重依赖现金流；融资渠道不够丰富且成本较高；企业的抗风险能力，尤其是抵御政策风险的能力较差，对项目可售物业（尤其是住宅）的依赖程度很高。一旦政策或市场出现波动并威胁到资金链，它们就只能通过出售重资产来缓解压力。

这种模式在全球范围内也曾经出现过，中国的少数企业将此做到了

极致，但未来是否仍可持续，有待观察。

三、专注资本运作，凭借股权投资实现资本套利

1. 适合群体

此类模式适合有实力的金融及资本机构。

2. 企业优势及战略路径

就金融资本而言，它们最大的优势就是它们是数额充裕且成本低廉的资金。优质的不动产资产既有着不俗的投资收益率，也有着较强的抗风险能力，对金融及资本机构来说是最优的配置选择之一。全球经济不确定性增强，中国经济增长却依然强劲，引得资本纷纷进入国内进行不动产资产配置。

金融资本的优势并不在运营上，因此其基本不会涉足运营及销售终端。对它们来说，存量资产是一种特殊的金融投资产品，既然是投资产品，势必就需要保证较高的市场流动。因此，“抓住时机，低买高卖”是这类企业的主流操作手法。

对运营方来说，金融资本不介入运营，能最大程度地保证自身在日常经营管理中的独立性，双方也乐于开展合作。

3. 代表企业及特点分析

从全球来看，最典型的代表企业要数黑石集团。

黑石集团强调规模扩张和资产增值收益。其通常的做法是重股权投资，友好收购，不自建项目，也不组建轻资产团队进行运营管理，但会依靠对项目的尽职调查，部分参与被投资企业的管理来规避风险。黑石地产基金一般采用高周转的模式，平均持有期控制在 3 年左右。

在国内，黑石集团先与香港 Space（思彼思）公司合作组建盈石集

团，专注长三角地区的商用物业投资。黑石在国内的绝妙操作当数投资深商置（今天的印力集团）并成为其大股东，以及成功在中美贸易摩擦来临之前把股份卖给万科集团并获取丰厚的资本回报。

黑石的融资渠道多以私募基金为主，属于典型的机会主义者。黑石在收购资管团队的同时，也收购这个团队看好或正在管理的项目，利用自身敏锐的市场判断力精准把握市场节奏，抛售重资产，低买高卖，获取高额利润。

四、专注重资产持有，依托自有资金优化资产配置

1. 适合群体

此类模式适合有实力的商业地产企业，尤其是家族企业。

2. 企业优势及战略路径

此类企业具备很强的商业地产基因，尤其重视产品打磨和商业运营管理。通常，一个项目从开发建设到开业运营，需要三五年甚至更长的时间。这类企业依靠超强的运营能力可以获得稳定且持续增长的运营收益。其运营管理团队的稳定性高，有着丰富的操盘经验；资金来源主要以自有资金为主（尤其是家族基金），部分企业也会通过发行 REITs 来缩小资金缺口，但比例一般不会太高。

由于不需要考虑资金压力，这类企业一般会采用自建、重资产长期持有、稳定运营的策略，并将其打造为家族的“现金奶牛”。这类企业偶尔也会出售一些非核心资产，并对资产进行相应的优化重组，扩大核心资产比例并逐步占据行业龙头地位。

3. 代表企业及特点分析

在国内，这类模式最典型的代表有太古地产、恒隆地产等外资或港

资企业，它们向来以“求精、求稳”著称。

“求精”是指这些企业拥有精细化的商业运营能力。以太古系商业为例，不管哪个项目，太古地产都会花很长时间研究城市的文化底蕴，强调文化与匠心的结合，每一个项目都独具特色。“快耍慢活”的成都远洋太古里以及“爱混敢嗲”的上海兴业太古汇将“求精”的特征体现得淋漓尽致。

“求稳”是指这些企业的杠杆率在行业内一直偏低。以恒隆地产为例，该公司在融资上较为依赖以陈谭庆芬女士为首的陈氏家族信托基金，经营上几乎零负债。因此，其资金压力很小，几乎不受融资环境的影响。

这类企业通常凭借“求稳、求精”两个策略的独立或混合使用，在市场上享有较强的议价能力和品牌美誉度，保持着较高的出租率和租金收益水平。例如，2018 年，太古地产国内零售物业的出租率平均保持在 99% 以上，北京三里屯太古里和广州太古汇都保持了 100% 的出租率。

五、轻重并举，借助外部力量实现资产增值

1. 适合群体

此类模式适合运营能力极强的资管企业，尤其是成熟的外资企业。

2. 企业优势及战略路径

此类模式是目前市场上最具活力、最标准的由资管主导的集建设和运营为一体的商用物业开发模式。代表企业一般都有自身完整的房地产开发体系，并且聚焦于商用物业开发项目，自建商业运营团队和资管团队。经过多年积累，它们的人才资源丰富。它们是资本市场的宠儿，主要融资方式为公募 REITs。

这类企业在资产配置上也相当灵活，开发与收购并举，对产品和布局区域不加限制。从年报中我们可以看到，这类企业经常调整布局区域，

并对产品配置进行优化——卖掉回报率较低的产品，收购潜力大的优质项目。

3. 代表企业及特点分析

从全球来看，这类模式典型的代表企业有新加坡凯德商用、澳大利亚西田集团和美国西蒙地产等。典型的产品线有凯德购物中心、凯德广场、西田购物中心、西蒙购物中心等，它们均有着不俗的市场口碑。

以西田为例，该公司凭借零售业重开发及垂直经营上的专业性以及地区性创新的能力，目前已进入的四个国家（澳大利亚、新西兰、美国和英国）的市场表现相当亮眼。瑞银、穆迪等机构均给予其较高的正面评价，称其为全球最大的上市零售物业集团。

从该公司历年披露的年报中我们可以发现，西田通过对投资区域、产品的战略性调整及出售非核心资产项目等举措，逐步优化配置资产。

2000—2015 年，西田购物中心数量从之前的近百个减少至 87 个，相反市值却大幅攀升，其市值在 2000 年为 200 亿美元，2005 年达到 230 亿美元，2015 年飙升至 700 亿美元以上。因此，西田战略中“最好的市场做最好的购物中心”，强调资产的质量与效益而非数量的理念也正影响着其全球格局，这一点尤其值得国内同行借鉴。

第三节
组织重塑，发挥资产管理的中枢职能

在明确资管战略之后，我们如何才能有效地推进战略落地呢？

正如上文所述，如果企业是按照传统的“物管”或“商管”来定位“资管”的，并以此搭建组织架构和制定岗位职责，那么这将难以真正发挥资管部门的价值，无法保证资产管理的战略落地。

如果企业明确了存量市场的战略方向，那么对资管部门的价值定位和组织重塑便是当务之急。组织结构调整的核心一定是基于资产管理对资产全生命周期流程的价值进行把控，给予资管部门更多的话语权，而不是当前的附属角色。

与此同时，企业还需要厘清资产管理的核心工作与岗位职责，明确未来的工作边界与协同范围，并以此进行人才选拔和能力培养。唯有如此，企业才有可能真正从组织维度保障企业资产管理战略的有效推进及落地。

一、借鉴标杆企业，思考资管部门的组织定位

“协调”是体现资管部门“组织中枢”职能的关键词。从内部来看，资管部门需要与财务部门一起对业绩报表进行审核，给项目方一些运营管理的具体建议，比如项目选址和建设技术参数指标的设定等。从外部来看，资管部门需要积极连接外部资本以获取更优质的资金来源，洞察消费者真实需求，跨界整合全新物种，与专业化机构合作，从而实现对各业务板块的专业赋能。

如何构建合理的资管组织架构，充分发挥居中协调作用，从而在组织维度保障资产管理机制的顺利运营，是企业落地资产管理战略的关键。

下面，我们剖析几个标杆企业的资产管理组织架构，从中提炼一些共通的逻辑以供参考。

1. 凯德：海外成熟资管模式的组织形态

大家所熟悉的凯德中国是新加坡嘉德置地集团在华投资业务的统称，包括凯德置地（中国）投资有限公司、凯德商用及雅诗阁三大中国业务单位及其所涉及的地产金融业务，由嘉德中国常务委员会协调管理。其中，凯德商用是嘉德置地集团嘉德商用产业有限公司的子公司，在中国

拥有 50 多家购物中心，分布于北京、上海、深圳、天津、西安等大中城市，图 4–4 所示的是凯德商用的组织架构。

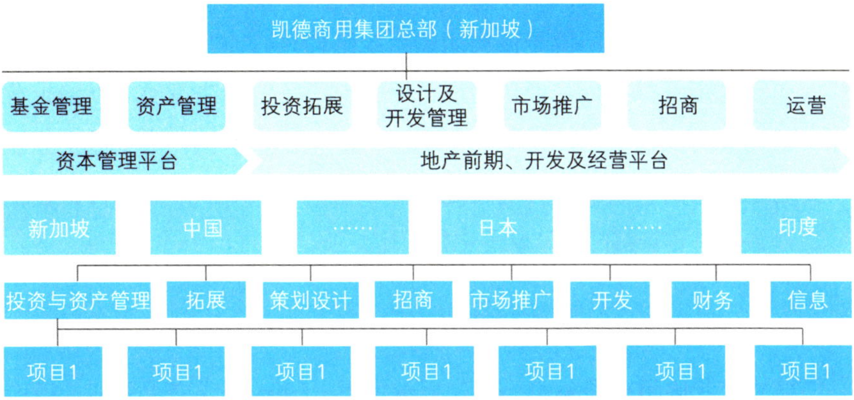

图 4–4　凯德商用集团组织架构

资料来源：明源地产研究院。

作为资产配置的中心和中转枢纽，集团总部有效地推动着基金平台的打造，并作为组织者及管理者有效推动项目运作至成熟期，从而构建出一条以地产基金为核心的投资物业成长通道，实现从集团内部孵化—私募基金的开发培育—REITs 的价值变现及稳定收益的“地产开发 + 资本变现”的闭环模式。其中有几个鲜明的特点：

- 业务界面清晰：集团的投资、开发及运营业务均相对独立，轻重资产彼此间业务界面清晰，不容易出现“外行指导内行”的情况。
- 资本基因强大：凯德商用的资管部门从诞生之日起就具有强大的金融及资本基因，这是由其集团战略及运营模式先天决定的。因此，在融资与退出时，资管部门能与资本市场无缝对接，这一点与国内相比还是有较大差异的，无论是业务权责还是人才结构。
- 管理中枢定位：集团成员企业有凯德置地、凯德商用与雅诗阁等，它们与资管部门可以是平级关系，分别负责开发建设、运营管理等业务。但从集团层面来看，资管部门代表着业主方，出面统筹及协调下属的各项业务单元，如投资、开发、运营等，以确保彼此之间的业务协作与分工配合，保障集团的投资回报目标达成。从某种角度来看，资管部门位于该集团的组织结构核心，并有权针对各业务单元制定考核指标。换句话说，资管部门是位于决策层之下的企业最大战略规划者，是典型的“管理中枢”。目前，国内大多数企业缺乏在项目的不同阶段分别领跑的方法与节奏，难以形成合力，这正是缺乏对资管部门的“管理中枢”定位所导致的。

2. 卓越：国内领先商办地产的组织形态

卓越置业集团有限公司，简称卓越集团，1996 年成立于深圳。经过 20 余年的发展，卓越集团现已成为一家实力型企业集团，管理面积超过百万平方米，管理资产规模逾 500 亿元，布局全国 16 个核心一、二线城市，业务涉及房地产开发、金融投资和资产运营三大领域（见图 4–5），其战略口号是“成为城市综合运营的世界级标杆”。

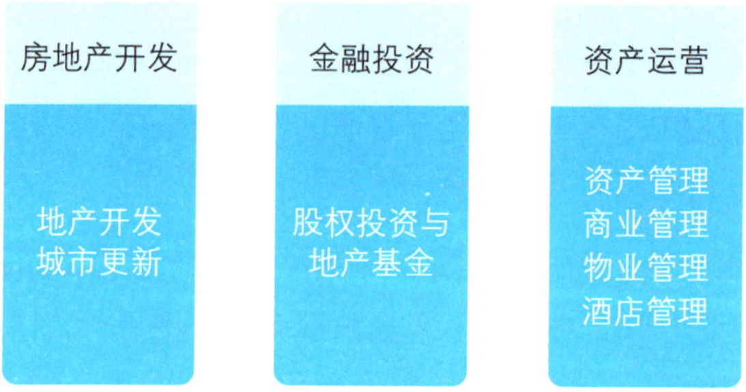

图 4–5　卓越集团三大产业体系

资料来源：明源地产研究院。

卓越集团在商办写字楼领域的开发及运营管理上颇有心得。为了进一步将自身的管理能力向外部输出，借助外部资本力量促进企业发展，2018 年，卓越组建集团的资管中心，以便与开发板块进行产业隔离，实现独立运作（见图 4–6）。

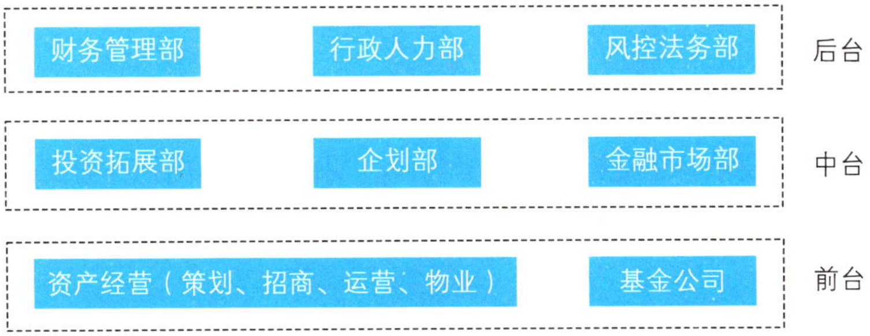

图 4–6　2018 年卓越集团资管中心组织架构

资料来源：明源地产研究院。

我们从图 4–6 的组织架构中也可以看到，卓越集团的资管中心天然具备金融基因，无论是金融市场部还是基金公司，均与资本市场有着密不可分的关系，对未来的融资、投资及退出等帮助极大。

与此同时，该中心严格遵循产权与运营权分离的原则。不过，前台的资产经营部门作为集团的业主方代表，具有跨业务板块协调的权力。资管中心手持业主方赋予的“尚方宝剑”，对集团下属各业务公司进行指标下达及业务协调——无论是投拓拿地还是开发建设或物业管理等，资管中心均发挥着积极的协调作用。

用其资管负责人的话来形容，如果把地产开发板块、商业运营板块或物业管理板块比作运动员的话，那么集团的资管中心则扮演着裁判员的角色——两者必须进行分离，不能同一个部门既做裁判员又做运动员，以免造成管理失效。

因此，在战略层面，作为核心的中枢部门，资管中心在集团内的战略层级非常高，直接对决策层汇报工作，这样的结构设计使得资管中心裁判员的作用能够真正得到发挥。而在部门职能层面，资管中心对集团地产开发板块及商业运营管理板块做横向协调和考核指标下达，实现对资产全周期回报的管理和指标监控。这是国内众多企业（包括房企）向存量资管转型时需要注意的问题。

二、厘清工作边界，明确资产管理的岗位职责

要做好资产管理的组织保障，仅借鉴标杆企业的组织架构是远远不够的，还需要结合企业自身的业务特点，明确资管部门的核心工作与岗位职责，并制定科学的人才选拔培育标准，这样才能真正拥有强有力的组织保障。

要想对资产管理的内涵和权责有深入的理解，我们就必须了解资产管理与物业管理的区别。通俗来说，越接近物业的使用属性就越接近物业管理范畴，越接近物业的投资收益属性就越接近资产管理范畴。

普通的物业管理仅仅停留在物业资产的基础管理和维护上，无法为企业创造更多的价值和财富。进阶版的商业管理则是围绕商业性质，提供一系列使之能够顺利开展经营活动的管理行为，除了原有的物业基础维护之外，还会参与商业地产项目前期的论证、定位、招商、销售等核心环节，这时候已经有了管理前置的概念。

资产管理是在物业管理和商业管理的基础上，覆盖整个资产生命周期，保障资产包中的物业在整个持有期内保值增值。除此之外，高级的资产管理还会强调与房地产金融相对接，使房地产兼具投资属性，成为公众投资者的一种理财工具，最终形成长期、稳定的融资渠道。

因此，资产管理相关岗位的核心在于指导并衡量资产包的业绩，提供投资者进行投资决策所必需的信息。参考海外及国内相关企业的工作手册，取长补短，可以帮助处于转型期的企业快速厘清思路。基于此，我们对资产管理的核心工作进行如下总结。

- 对集团非住业务的项目进行资产盘点，建立资产台账。
- 建立资产台账，对项目进行分类，并将每一类项目按优质、良好及不良再次分类。

- 对资产管理部门负责管理的项目下达年度经营计划书，并监督项目执行。
- 对资产管理部门负责运营的项目进行考核。
- 了解并掌握国内外的金融、地产相关政策。
- 对内进行资产管理的宣讲和培训。
- 与银行和投资机构建立良好的业务关系。
- 为集团融资提供政策和渠道的支持。

资产管理部门应该设置哪些岗位呢？我们认为，在企业转型初期，考虑到业务量及人才储备的现实状况，岗位不可能设置得过多过细，但是有两大岗位是不可或缺的。一是资产经理，其重心主要放在资产的运营管理上，其中又以保持租户关系——资产管理的核心职责之一——最为重要。二是投资经理，从岗位权责来看，投资经理偏向对外投资以及收并购的机会把握。同时，投资经理还需要配合资产经理拟定经营计划书，定期审查资产包中的每个投资项目，以及采取各项措施提升物业在市场中的位置。

从整个部门的维度来看，资管部门的工作岗位职责又可做如表 4–1 所示的总结。

表 4–1 资管部门工作岗位职责

工作岗位职责	岗位职责明细说明
保持租户关系	保持与物业租户间的良好关系是最核心与基本的职责
制定经营计划书	制定和定期审查资产包中的每个投资项目的经营计划书，主要内容是为提升物业在市场中的位置而要采取行动，包括不限于以下内容：租赁水平、租金增幅、租期、佣金成本、改造成本、租赁开始和结束日期、空置率、费用、通胀情况、融资条款
分散风险采取的多元化策略	投资多元化，风险匹配和对冲

（续表）

工作岗位职责	岗位职责明细说明
保险	财产险、第三者责任险、其他必需的保险
建筑物运营	监管、空间扩建和空间改造、建筑物维修、采购（维保用品）、新租户迁入、租户施工管理、安全保障措施、防灾计划
财务报告	定期为投资者出具季度和年度审查的投资报告（投资经理）
收购物业前的初步评估	投资目标、收购价格、预计持有期、预计退出价格、投资总额、预计持有期内的分配（含退出顺序）、预计持有期内的收益
收购	交易寻找、交易筛选、初步评估、上会（投资委员会）、谈判、尽职调查、最终评估、房企或交割、接收和移交
处置	退出策略、定价策略和报价分析、代理公司选择

资料来源：明源地产研究院。

三、人才选拔培养，内外兼修搭建人才支撑体系

从上述标杆企业的组织架构及相关的岗位职责描述中，我们大致可以得出资管部门的能力要求：一是该部门的金融与资本属性极强，需要有金融及资本运作的专业能力；二是该部门的管理中枢及业务协调的定位，要求其对房地产全产业链十分熟悉。

目前，国内同时具备金融运作、房地产开发及商业运营三方面能力的复合型人才屈指可数，市场上的人才多半出自凯德、五大行等企业。当然，随着国内存量市场的日趋成熟，我们相信未来会有越来越多的本土化人才涌现出来。

对于人才的选拔标准，企业对资产经理和投资经理能力要求的侧重点各不相同。

对于资产经理而言，大多企业都要求其为严格接受过多领域培训的房地产专业人士，一般有不少于三年的开发商工作背景，比较熟悉房地产金融领域和商用物业的建造、租赁与物业管理，并且了解国内房地产业的法律法规，还要了解写字楼、酒店和购物中心的运营规则。

对于投资经理而言，企业则会要求其有深厚的金融和地产从业背景，熟悉房地产金融政策，同时与银行和投资机构有较为密切的合作关系，有过至少一次收并购或项目转让、大宗物业交易的操盘经历。

由此可见，企业对资产管理人才选拔的要求相当高，能力要求横跨了投资、开发与运营三个环节。要求熟悉开发环节，是由于资管人才往往扮演着业主代表的角色，因此他们必须熟悉开发流程，这样有利于与项目的早期业务对接，这也决定了资管人才多是从房地产开发企业中选拔的。而运营管理环节是资管人才必须了解和掌握的。资管人员经历过一线运营管理的打磨和锻炼，这对其前期的投资开发决策以及后期的运营都有极大帮助，从而使得整个业务链条更加顺畅和完善。这也是诸多企业都倾向于把人才送到商业运营企业中去锻炼的主要原因。

十年树木，百年树人，人才的培养是一个长期的过程。从国外经验来看，日本企业在这方面有自己的一套独特理念，“磨刀不误砍柴工”是日本企业培养人才的真实写照。在日本，资管人才往往会在开发企业和商业零售企业中的各个部门轮岗，一个培养周期下来少则三年，多则五六年，培养周期看似漫长，但是他们的基本功非常扎实，通晓各种业务。资管人员一旦经过全项目周期的历练便可以独当一面，能够迅速成长为项目的负责人，甚至业务板块或区域公司的负责人。

放眼国内，现阶段大部分企业会采取破格提拔的方式，用实战培养人才，靠项目磨炼能力。这种培养模式虽然会使个人成长速度相对较快，但是对个人能力要求较高，需要自身有很强的归纳总结能力和触类旁通的悟性。可是，由于企业业务发展很快，现实中常常出现个人能力达不到但由于企业暂时无人可用而被推上管理岗位的情况。在过去住宅业务能反哺商业的增量时代，这种模式尚且可取，但是在纯粹拼运营能力的存量时代，基本功不扎实的人才往往很难协调投资、开发和运营三者之间的复杂关系。拔苗助长式地使用人才，不管对企业、对项目还是对个人来说都不是好事。

还有一些企业倾向于通过挖人解决人才短板问题，但是每家企业的商业模式和文化基因都不同，空降兵的存活率并不高。所以，只有通过外部招聘与自身培养相结合的方式，企业才更容易培养出能征善战的资管团队。

第四节 思维升级，系统性提升企业资产管理能力

部分企业通常会这么认为，只要招几个真正懂资产管理的高级管理人才，充分授权，就能够快速获得相应的资产管理能力。现实中，也确实有不少企业通过招聘总裁级别的高级管理人才，以“小马拉大车”的方式打造资管队伍，构建企业的资产管理能力。但是，这些企业往往发现新业务举步维艰，难以达到预期效果。

究其原因，这与企业掌门人对资产管理的理解紧密相关。存量资产管理作为企业的一项全新战略，企业掌舵者首先要对其有深刻理解——如果企业掌舵者都没有理解，那么整个企业自然就无法升级思维模式，也无法对原有的考核体系及激励机制进行优化，更不用说对新业务给予强有力的支持及推动了。

因此，提升企业的资产管理能力是一项系统性工程。除了前文所述的顶层设计和组织保障外，这更需要企业高管层升级思维，建立“以终为始”的业务逻辑，以最终的战略及业务目标来进行考核体系的优化设计，并配套相应的激励机制和管理制度。唯有如此，企业才能系统性地实现资管能力的提升（见图 4–7）。

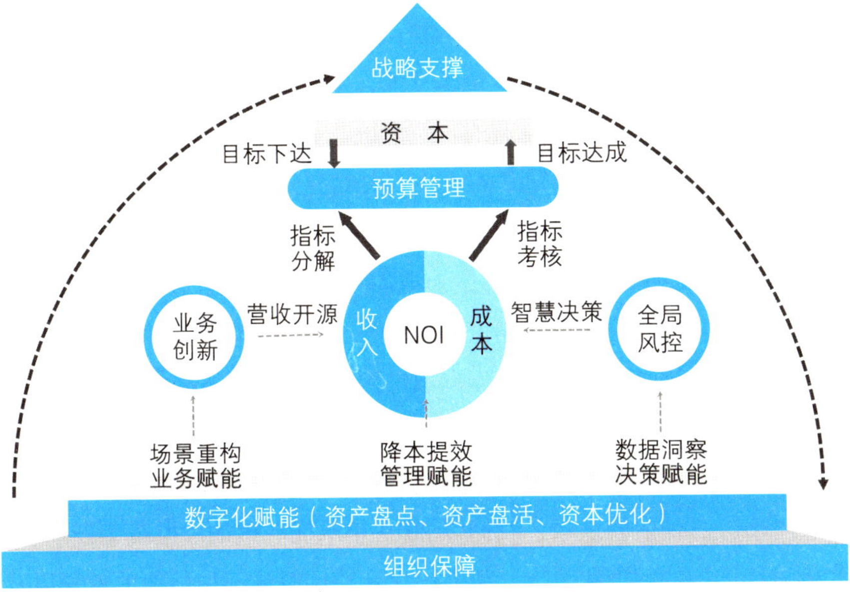

图 4-7　系统性提升资产管理能力思维蓝图

资料来源：明源地产研究院。

一、科学估值，全新思维匹配合理激励机制

“以终为始”是指对资产管理业务而言，终极目标是通过自身的管理能力持续提升项目收益，使得资产进一步增值，以实现资产溢价及资本获利的目标。因此，首先要理解资产估值的逻辑，这一点对资管机构来说不是什么难事，可是对国内大多数以住宅开发销售为主业的房企来说，却存在着不小的障碍。

资产价值几何？目前，市场上有三种主流的估值逻辑。

- 成本法：统计该资产项目投资的全成本，如建安成本、营销费用及资金成本等，并以此计算出相应的资产价值。这种算法仅仅考虑了成本因素，没有考虑市场波动、资产收益及价值变化。
- 市场法：通过与市场周边房价或同类型物业的售价对比，得出资产单价，最多再给出一个整售折扣，以此计算相应的资产价值。这种算法是基于此前的散售逻辑建立的，主要将波动的市场价格作为参考基准，并没有考虑资产的收益情况。这种算法为当前大多数机构所采用。

- 收益法：这也是大宗交易市场上资本机构常用的估值逻辑。这种算法并不会过多考虑原有的投入成本及散售概念的房价，更多是从资产自身的收益和回报角度出发，科学地计算该笔大宗交易到底价值几何。这是未来市场从面向散户到面向资本，必然会经历的逻辑切换。

对于这三种估值逻辑，我们以2019年乐视流拍的“世茂工三项目”为例进行详细的解读和对比，帮助广大企业理解这三种估值的差异以及资本市场的估值逻辑。

1. 世茂工三“前世今生”，资产价格差异引人深思

世茂广场·工三项目最初包括商业、酒店式公寓和甲级写字楼等业态，位于北京市朝阳区三里屯工体北路，紧邻使馆区、朝外商务区、燕莎商圈和CBD等黄金区域，可谓十足的“黄金地段”。该项目自2009年6月开盘之后，其公寓和写字楼均一路热销，仅剩余6.6万平方米的商业待售。对此，开发商世茂房地产将其打包出售，由此开启了一系列的资产流转之路。

- 2014年，世茂将其商业部分整体打包，对外寻找买家，开价约25亿元。
- 2016年，乐视通过股权交易获得该项目所有权，合计29.72亿元。
- 2018年，评估机构对该项目估值约为32.89亿元（见表4–2）。
- 2019年1月8日，法院起拍价为23.02亿元，流拍。

- 2019 年 4 月 15 日，法院起拍价为 21.87 亿元，二次流拍。

表 4–2　世茂广场 · 工三项目资产评估结果

项　目		账面价位（万元）	评估价值（万元）	增减值（万元）	增值率（%）
		A	B	C=B−A	D=C/A × 100%
1	流动资产	41 967.46	41 987.46	0.00	0.00
2	非流动资产	57 662.17	289 513.09	231 830.92	402.00
3	其中：固定资产	5.13	19. 09	13.96	272.00
4	投资性房产	52 568.74	289 494.00	236 925.26	451.00
5	递延所得税资产	5 088. 29	0.00	−5 088.29	−100.00
6	资产总计	99 649.63	331 500.55	231 850.92	233.00
7	流动负债	2 605.01	2 606.01	0.00	0.00
8	非流动负债	1 029.75	0.00	−1 029. 75	−100.00
9	负债总计	3 635.76	2 606.01	−1 029. 75	−28.00
10	净资产（所有者权益）	96 013.87	328 894.54	232 880. 67	243.00

资料来源：公开资料、明源地产研究院。

我们从表 4–2 中可以看出，2018 年该资产的估值约为 32.89 亿元，但是到了 2019 年，23.02 亿元和 21.87 亿元的法院起拍价均流拍。如此好的地段，资产不仅未升值，还贬值了，为什么会出现这种情况？资本市场究竟认可哪种估值方法？资产所有者要以何种方式才能实现资产增值保值？诸多疑问值得项目方思考，也值得各大企业重视。

2. 收益法估值逻辑是未来资产大宗交易的主流

我们从世茂工三项目“前世”的资料中搜寻出相关数据，并与其“今生”的尴尬局面相对比，让大家充分理解几种估值算法的差异（见图 4–8）。

一、成本法

序号	项目名称	资产价值金额（万元）
1	土地成本合计	50 000
2	建安成本	19 800
合计	总投资成本	69 800

→ 成本法下，资产估值不超过10亿元

注：1. 土地成本根据同期同地区拿地成本估算。
2. 2009年建安成本按3 000元/平方米估算。

二、市场法

年份	三里屯房产均价（万/平方米）	资产价值金额（万元）
2014	4.7	240 000
2016	5.0	300 000
2019	7.8	420 000

→ 市场法下，资产估值2014年达24亿元

注：资产价值按照整售进行估算。

* 世茂工三于2009年建成，商业物业售价为6.6万元/平方米。

图 4-8 世茂工三项目的估值差异

资料来源：公开数据，明源地产研究院整理。

- 从成本法角度来看，该项目 2009 年拿地，其地块价格为 5 亿元，加上建安成本 2.64 亿元（4 000 元 / 平方米 ×6.6 万平方米），资产价格不超过 10 亿元。
- 从市场法角度来看，2014 年周边均价为 4.7 万元 / 平方米，按此价格计算，加上整售折扣，该商业的资产价格大约为 24 亿元。如果按照 2019 年周边均价 7.8 万 / 平方米计算，那么该资产整体价格大约为 42 亿元。而两次法院流拍却显示：资本市场并不认可这种市场法估值！

那么问题来了，企业到底该如何合理评判资产价格呢？

在存量大宗交易市场上，资本机构通常都是使用收益法对资产进行估值，即看重该项目资产的现金流创造能力，而不是单纯看项目成本或项目周边售价。但在某些特殊案例中，不排除部分机构会采用成本法、市场法及收益法进行加权计算估值，但前两者的权重一定不会高。

- 从收益法角度来看，资产估值（V）= 年度 NOI[①]/Cap（资本化率），其中，NOI= 管理费收入 + 其他收入 - 运营成本[②]- 管理费支出 - 营业税及附加 - 房产税 - 土地使用税。CAP 则取决于资产所处的城市能级、项目业态、资本投资热度、年租金收益的稳定性、可持续性及未来的增长潜力等综合因素。该数值客观地衡量了投资者对租金收益回报的要求，对商业不动产资产的定价有极其重要的参考意义。2019 年，北大光华管理学院联合多家机构，发布了《中国 REITs 指数之商业不动产资本化率调查研究》报告，给出了国内不同资产业态在不同城市的资本化率水平参考值。其中，2019 年北京的商业零售 CAP 为 4.3% ~ 5.4%。

从上述公式我们可以看到，NOI 的影响因素是相对可控的。事实上，企业的回报率计算相当复杂，不同企业的核心指标各不相同，但总的来说，都逃不开 NOI 和 NOI 率这两个关键指标。

NOI 的收益差距对资产价格的影响相当大。以世茂工三项目为例，如果其年度 NOI 相差 1 000 万元，那么按照上述资产估值公式，叠加分母 CAP（以 2019 年均值 4.8% 计算）的放大效应，资产价格的差距会达到 1.8 亿 ~ 2.3 亿元，即放大了 18 ~ 23 倍。

不幸的是，乐视团队在全面接管世茂工三项目之后，进行了一系列的调整，计划将世茂工三项目打造成包含乐视生态世界、产品展示等功能的综合体项目，原商场的商户被大量清除。但随着乐视控股资金链出现问题，原本雄心勃勃的计划被搁浅，最终人去楼空，世茂工三收益每况愈下，项目 NOI 惨不忍睹，直接导致该项目大幅贬值，流拍是预料之中的结果。如此优质地段的项目，历经四五年时间不但没有升值，反而大幅度贬值，令人深思！

---

① 对于某些资产的估值，资本机构会使用 EBITDA（税息折旧及摊销前的利润）代替 NOI。

② 租赁佣金与资本支出一般不计算在运营成本内。

3. 基于资管导向，建立合理的薪酬及激励机制

世茂工三项目的遭遇，值得每一个想要进入存量市场的机构深思。未来，企业需要建立资产估值思维，从本质上理解资产管理的业务模式差异。考核指标也应该从以前纯粹短期的销售业绩或利润考核指标，慢慢变成基于资产溢价的长期资本回报指标。基于该逻辑建立资管导向的考核体系，同时配套相应的激励机制。

在资管导向和销售导向下，薪酬和激励机制存在巨大差异（见表4–3）。以房企为例，在销售导向下，房企员工的收入主要依靠销售业绩，底薪处于中低水平，薪酬波动和差异较大；而在资管导向下，员工收入要平稳得多，因为员工底薪相对较高，其额外的收入及奖励则主要取决于个人资管能力的高低、NOI完成情况等多项经营业务指标，从而形成与之匹配的考核及激励体系。

表4–3 住宅导向与资管导向的薪酬体系差异

薪酬导向	月薪资	季度奖励	年终奖	股权激励	跟投回报或溢价部分提成
住宅导向	底薪中低	少量或没有	较高，随销售业绩和利润变动	中高层享受，上市公司较为普遍	褒贬不一，与跟投项目业绩直接挂钩
资管导向	底薪高	少量或仅在项目建设期有	有对赌协议，根据项目NOI完成情况，一般定为2～6个月薪资	仅分管多个项目的高管享受	兑现慢，项目退出时溢价部分按约定比例提成，是资管报酬的最大一项

资料来源：明源地产研究院。

二、NOI为先，强化预算管理，开源节流提升收益

根据收益法计算资产估值的公式，我们可以看到NOI对资产估值影

响是巨大的。

从企业掌门人的角度来看，计算商业地产投资回报率通常会关注NOI和NOI率两大关键指标。但无论是哪一类指标，企业想提升投资回报率都必定逃不开“开源节流”：开源是指提高NOI（运营收入－运营支出），即在运营期内尽可能提高运营收入，减少运营支出；而节流是指控制项目总投资额，很多开发项目为了便于住宅销售，在建造阶段缺乏成本控制意识，往往配套各种超出项目预算的高规格设施设备，导致后期商业部分回报率偏低。

综合来看，无论是从资产估值的角度还是从商业地产投资回报率的角度来看，提高NOI都是资产管理的核心目标，资管机构普遍将其作为基准线考核运营能力。下面，我们将从提收入、控成本、强预算三个维度，详细阐述企业应该如何构建资管能力。

1. 提收入：从“啃瓦片”到“全鱼宴”，创造收入新增长点

目前，传统的商业地产收入模式还是以“啃瓦片”（收租金）为主，租金收入是运营现金流最大的组成部分，是主要的收入来源。不同运营商的租金收入占投资物业总收益的比例虽然各不相同，但一般而言，以自持物业运营为主的运营商的租金收入一般会占总收益的60%甚至更高。以华润置地购物中心的收益结构为例，2016—2018年租金收入分别占其当年投资物业总收益的65.4%、65.5%及72%（见表4-4）。

表4-4　华润置地2016—2018年购物中心收益结构

年　份	投资物业租金收入（万元）	投资物业总收益（万元）	租金占比（%）
2016年	412 700	631 248	65.4
2017年	501 100	764 600	65.5
2018年	685 200	951 900	72.0

资料来源：企业年报、明源地产研究院。

但随着商业竞争越来越激烈，无论是购物中心、写字楼、公寓、酒店还是产业园区等，单纯提升租户租金的难度越来越大。未来，想要提升项目运营水平，运营商必须依靠内容的创新、服务的提升和成本的控制。

（1）商业或购物中心的多元化增收

以购物中心运营管理为例，除了固定的铺租之外，各类保底＋提扣点的方式越来越灵活，这也要求运营商对租户建立评价矩阵，对租金建立结构化矩阵，通过运营数据来洞察哪些租户适合涨固定铺租，哪些适合提扣点，哪些是潜力商户需要大力扶持。通过这样科学的方法调整运营策略可以使租金收益最大化，又不至杀鸡取卵，影响长远的发展。此外，临时利用广场、通道、中庭及柱面等区域进行的经营业务或推广活动所产生的收入，均需要进行严格监管，避免跑冒滴漏。

与此同时，企业可以在客户洞察与价值挖掘上进一步发力，并通过技术手段解构消费者的生活模式，挖掘其消费潜力。例如，万科利用Wi-Fi（无线网络）热点覆盖和探寻客流，通过标签化对消费者进行更为精准的描摹，由此可获得消费者画像并全面解读消费者，进而指导其购物中心的品牌筛选和总体定位。类似的举措都能为商场租户带来极大的便利，为后续的租金提升奠定良好基础。

依托有形的实体资产，企业可进一步进行无形资产的价值转化。例如，通过流量导入，催化网红经济发展，可直接转化为销售收入；也可通过品牌打造兑现品牌溢价，间接提高广告位租金收入。

（2）产业园区的多元化增收

以产业园区的运营管理为例，除了固定的园区物业租金之外，越来越多的产业增值服务及商业配套服务已经成为多元增收的渠道。

例如，国内知名的园区运营商天安数码集团就围绕着园区企业的各类需求提供完善配套的增值服务，如人才关爱服务、创新驱动服务、孵化器服务、拎包入住服务、战略资源服务、企业配套服务及融资租赁服务等（见图 4–9）。

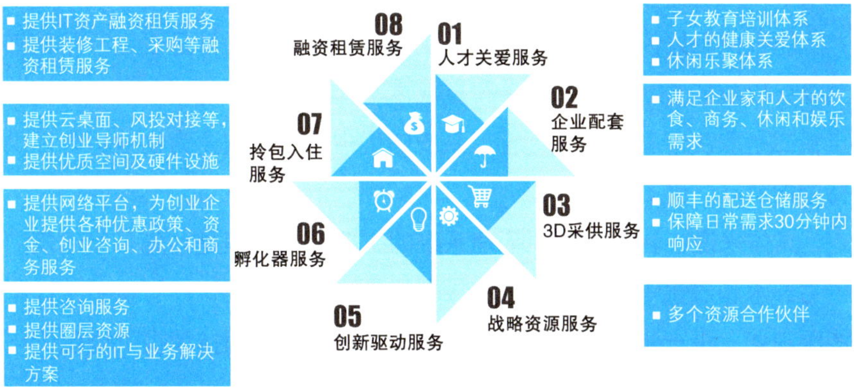

图 4–9 天安智慧园区的八大多元化增收体系

资料来源：明源地产研究院。

有不少企业依托园区内成熟的产业集群效应、丰富的产业辅导经验以及低廉的资金成本，在企业股权投资孵化业务上获得了相当高的回报，比如上海张江高科和星河产业集团等。

总而言之，当下产品之间的差异在不断缩小，各个业态呈现出相互融合的状态，项目对内容运营和服务水准的要求变得日益突出，过去传统的“啃瓦片”（收租金）模式也被市场倒逼着不断创新与升级。运营方需要思考创新的多元化增收渠道，引导更多新的内容提供商进入项目中，实现“人无我有，人有我优”，以提升租户和消费者的关注程度及服务体验，带动流量以拉动销售，优化体验以提升品牌，从而推动租金的上涨或创造新的收入增长极，将“啃瓦片”模式升级为“全鱼宴”（多元增收）模式，实现“一鱼多吃”的目标。

2. 控成本：关注能耗及推广支出，严控改造成本

（1）通过技术改造与持续监控，降低能耗指标

对于大型商业建筑而言，能耗成本是日常运营成本中占比最大的一

块，对其管控的好坏直接决定当期收益，并会对资产估值间接产生重大影响。

能否控制好能耗成本，一是取决于前期的规划设计是否进行了精细测算，以及能否找到能耗设备投资成本与运营阶段节能收益的最优配置点；二是取决于智能化能耗管理系统的优劣，因为它要为物业运营提供持续的节能优化支持。

具体来说，智能化能源管理系统的主要运作流程是：先采集建筑的电力、水和燃气等各类能耗数据，然后进行数据处理，分析能源统计和能源消费，进一步核实预设能源计划是否合理，从而持续提供能源优化支持。

对于新建物业而言，智能化能源管理系统可以对商户用电指标进行实时监控，准确掌握商户实际用电需求以及变压器的实际荷载，从而为新建商业初始投资和预留电量提供参考。如图 4–10 所示，某快时尚品牌实际尖峰用电量约为其要求电量的 33%。通过能源管理系统的分项精确计量，企业可以掌握今后各连锁品牌或同类型品牌项目的设计标尺。

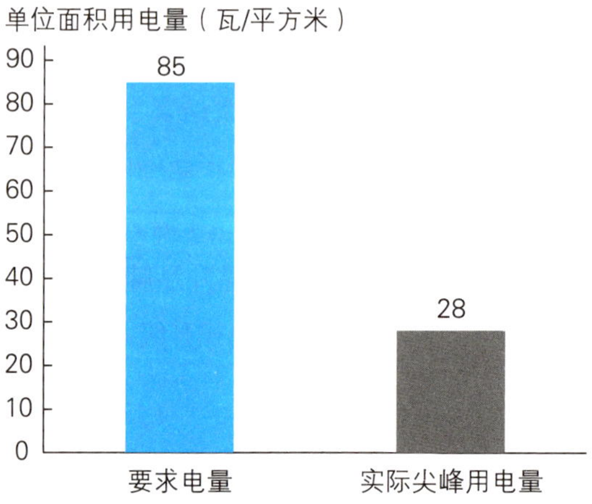

图 4–10　某快时尚品牌实际尖峰用电量与其要求电量对比

资料来源：公开资料，明源地产研究院整理。

对于已建物业，不管是写字楼还是购物中心，运营商都可以通过技术改造实现能耗成本管控。例如，上海 IFC 国金中心在节能优化改造后，其系统能效大幅提高 35% 左右，每年能节约上百万元的能耗成本（见图 4–11），而省下来的成本其实就是利润，间接推高了其资产估值。

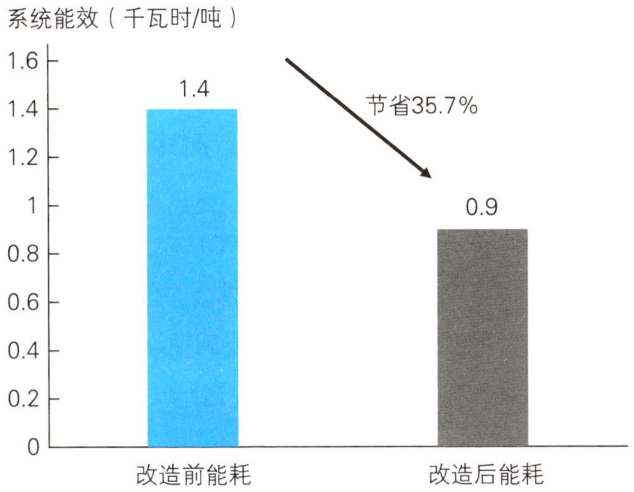

图 4–11　改造前后平均系统能效对比

资料来源：公开资料、明源地产研究院整理。

（2）利用信息手段，提高营销推广费的使用效率

营销推广费用所占的比例不容忽视，做好这部分的成本控制并提升其使用效率也极为重要。

不少企业会利用商圈精准定投广告，锁定有效消费人群进行广告的投放。例如，利用微信用户数据描摹出用户画像，精准锁定商圈中的有效消费人群，利用朋友圈进行广告的精准投放，吸引客户到店消费。

也有企业利用社交裂变式营销，大幅降低获客成本。例如，通过微博转发、微信朋友圈或微信群分享实现裂变式营销，迅速传播推广信息，并根据转发量、点赞量和评论数等进行相应的回报，让利给参与传播的每一位消费者，从而大幅度降低获客成本。

对于很多企业热衷的 PR（公共关系）活动来说，有经验的运营方都持谨慎态度。虽然 PR 活动可以聚集大量的人群并提高品牌美誉度，但从行业经验来看，此类活动吸引来的大多数人都不是项目真正的有效客户。换句话说，此类活动的性价比其实很低。因此，我们建议这些企业砍掉无用的 PR 活动。

（3）针对项目开发或改造，需平衡开发（改造）与运营维保成本

项目建设期或改造期的投入成本并非越低越好，尤其是机电部分的投入，需要结合其技术参数和业务场景进行测算，并实现开发（改造）成本与运营维保成本两者之间的综合平衡。

从投资回报率的公式来看：NOI 率 = NOI/ 总投资额 ×100%，分母（项目总投资额）越小，投资回报率确实会越高。但如果为了节约成本而选择廉价的设施设备配套，那么这就会造成后期运营的能耗成本大幅度增加，以及未来改造成本的攀升，进而使得分子（NOI）变小，也可能会造成投资回报率的降低。

以常见的空调制冷设备为例，到底是选择一匹大功率的设备，还是选择两匹或三匹中小功率的设备？主要视项目的实际运营环境（如分区供冷、超时加班等各种情况）来决定。虽然前期投入成本看起来高了很多，但这样可以大幅节省后期运营能耗成本，最终整体的投资回报率也许不降反升。这也是为什么有经验的资管企业会有其独立的机电工程师班组，因为这部分的投入成本及性价比确实是需要专业测算的。

以上关于能耗节约及推广费用的控制，我们可以理解为：变相提高 NOI 指标能帮助业主获得更好的净收益，能提高资产估值及投资回报率。

此外，还有不少企业将 NOI 率作为衡量运营能力的一个重要指标，这也是判断项目能否赢利的标志之一。不同类型的商用物业，NOI 率的比例不尽相同，但在同类型项目下，NOI 率更能直观地体现出项目的赢利水平以及预算制管理下对支出的控制能力。

3. 强预算：预算制管理指导收支双线业务，保障 NOI 稳定增加

凡事预则立，不预则废。注重提升收入与合理控制支出是提升 NOI 指标的关键，而预算制管理就是为了提升 NOI 应运而生的。对于资产管理而言，预算制管理最大的价值是帮助企业更好地指导收支双线业务，尽可能保持 NOI 的稳定增加，从而实现估值最大化。

无论是财务指标还是业绩指标，均需以预算为准；所有的费用及收入，都要在预算中找到出处。因此，预算管理也可以被称为项目运营过程中悬在项目团队头顶的“达摩克利斯之剑”。

运营经验丰富的企业大多会提前半年编制预算初稿，在下半年协调各部门需求并调整预算（见图 4–12）。在预算编制的过程中，相关人员需要紧抓一个核心，即所有的预算目标都必须紧密围绕资产报价时所设定的指标，以此保证企业的收支平衡。

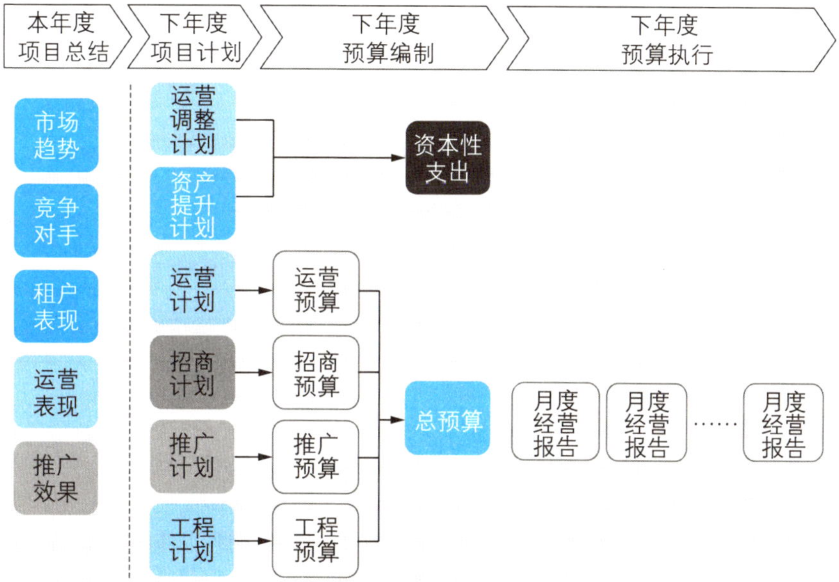

图 4–12　预算管理体系

资料来源：明源地产研究院。

预算编制是否合理以及能否指导来年运营提质增效是诸多企业最为关心的问题。为此，针对存量地产预算管理，我们总结了以下四大特点。

（1）预算管理特点一：以部门为成本利润中心

企业要理解预算编制的逻辑。在新一年度公司项目运营总结的基础上，管理层为下一年度公司运营制定战略目标，再分别确定运营计划、招商计划、推广计划和工程计划。在战略层层解码的过程中，经营目标必定会被分配到各部门。分权必定分责，预算管理同样如此。

因此，预算需要根据项目组织架构及日常费用支出类型，以六大部门（招商部、营运部、物业工程部、市场推广部、财务信息部和综合管理部）为成本利润中心进行编制（见表4–5）。

表4–5　六大成本利润中心的预算编制项目

项　目	招商部	营运部	物业工程部	市场推广部	财务信息部	综合管理部
收入	租金收入 物业管理费 花车收入 POS（销售终端）收入	中庭场地收入 仓库租赁收入 租户管理收入	垃圾清运费 装修管理费 物业服务费	广告位收入 吊旗收入 灯箱收入 场地租赁收入	POS 收入 ATM（自动柜员机）收入 票据销售收入	—
费用	招商佣金	租户协调费 消费者协调费 满意度调查费	能耗费用 人员外包费用 维修维保费用	美陈制作费用 宣传资料费 广告业务宣传费 PR+SP（促销）活动费用	税费支出 保险支出 信息技术费用支出 利息费用支出	薪酬福利支出 办公行政费用 招待费、差旅费等
资本性支出	—	—	工程改造支出	广告位制作成本	办公设备支出	—

资料来源：明源地产研究院。

在这六大成本利润中心中，每一个部门在预算上都会有一张独立的利润表，分为收支两条线，以其加减的盈亏金额来评估其经营绩效。从预算的源头上对收入和费用进行统筹和管控，并且将预算达成与否作为绩效高低的一项重要评判标准。

更进一步，若企业能够根据预算直接建立目标，统筹管控预算就能协助目标的达成。这使得预算管理制度不仅作为“资料库”，而且成了财务目标设定的“下限阈值”——通过预算，企业能真正实现财务管理和收入双向提升。

（2）预算管理特点二：预算编制精细化

相比住宅地产，商业地产的预算精细化管控要求更高、更复杂。这是由商业地产天然的管理精细度决定的。传统住宅地产的报表精细度常常以“万元”为计数单位，而商业地产会精细到元，甚至角、分都有可能。这就要求作为源头的预算管理，也要有相同的精细度来匹配。

从收支出发进行商业地产预算目标的精细化管理，企业需要注意以下两点：一是所有的收入预算目标和支出预算目标都需要有合同配套，工作计划和工作标准提供支持；二是不得出现大额预留，以避免预算编制中数据的随意性。

以购物中心租金收入预算管理为例。首先，企业需严格遵守合同的约定，培养基于合同来编制预算的意识。例如，基于与每个商铺签订的合同来编制预算（见表4–6），若出现空铺的情况，则以预计的合同金额来填补。

表4–6 根据合同内容进行预算编制

序号	业务事项明细	合同有效期	月合同金额
1	外包保安费用	2015-01-01—2015-12-31	据实填列
2	外包保洁费用	2015-01-01—2015-12-31	据实填列
3	空调系统维保费	2015-01-01—2016-12-31	据实填列
4	垃圾清运费	2015-01-01—2015-06-30	据实填列
5	电梯维保费用	2015-01-01—2016-12-31	据实填列
6	消防年检费用	2015-01-01—2016-12-31	据实填列

资料来源：明源地产研究院。

其次，预计的合同金额需要符合购物中心整体的租金规划，如根据空铺的业态规划及所处楼层等因素综合考虑，空铺规划若为位于三层的服装业态，则不能超出当前楼层服装业态的收入范围。对于预计的合同时间，预算编制人员则通常按照此商铺当年需要贡献的租金收益倒推出最迟的开业时间。

可见，商业地产预算编制的精细化要求高，并且需要预算编制人员深刻理解商业运营的各个环节，拥有足够深厚的运营管理经验，这样才能形成符合实际情况的预算管理标准。

（3）预算管理特点三：注重使用效率

注重费用的使用效率至关重要，主要体现在两个方面。一方面，并非审批过的预算一定要花掉，预算目标可以是一条控制线，作为下限阈值。另一方面，一个科目的预算可以有不同的使用形式，如在某些方面节省的预算可以在项目范围内转移到其他需要增加预算的科目上，从而在项目总体预算支出没有变化的情况下，更有效率地使用计划内资金。

企业对各类费用的支出应该强调使用效果，并基于此设定相应指标进行分析和实时监控。在商业地产管理过程中，企业通常会使用一些核心经营指标（如资产收益率、租金增长率、EBITDA 利润率、客流量、营业额等）检验管理成效。企业在管理预算时进一步将各类费用与这些惯用指标建立有机联系，考验费用投入与效益产出之间的关系，以此检验预算的使用效率。

以市场推广部的预算管理为例。费效比是衡量资金使用效率的重要指标，通过这一指标，我们可以直观地看出单位实际支出所带来的客流和销售额的增量究竟是多少。通常这个指标会用于衡量购物中心举办的各类 SP 和 PR 活动带来的收益情况，比如有的商场开业会请明星站台。不过，以专业的眼光审视这些商业行为，我们发现明星站台带来的粉丝效应能否真正带动商场业绩尚未可知。只有立足数据，让指标说话，这样的结果才是最真实可信的，相应的管理才是最直接有效的。

再以物业工程部为例。该部门就应强调人员薪酬与人均管理面积之比，将人员薪酬完全市场化，尽可能精简人员并提升个人管理效能，从而达到节省综合管理成本的目标。

（4）预算管理特点四：季度考核，弹性管理

一般商用物业的预算制管理考核，在运营期间往往以季度为考核单位，而不是以月度为考核单位。究其原因，主要有以下两点：一是在预算制管理下，资产经理需要给运营团队一定的自主性，预留一定的容错空间；二是对突发情况留有一定的调整余地，也是与考核机制环环相扣的。只有合理且有一定弹性的预算制管理，配合相应的考核体系，才能充分激发运营团队的主动性和灵活性，从而实现高 NOI 的目标。

一般而言，总体预算的编制往往从前一年的第三季度开始，按照各个部门各个条线的费用支出节点有比例地增加或减少。在第四季度中，再次修正预算指标，年后正式下发。预算的执行过程可实行弹性管理制，允许调整预算指标，但原则上年度预算不可随意变动，只能在季度预算或者月度预算中进行调整。

预算的日常管理事项，需要注意以下三点：

- 每月定期回顾当月预算执行情况，包括业务动作执行情况及财务指标达成情况。
- 经营年度第二季度结束后对全年预算进行回顾，判断是否需要调整经营策略。
- 经营年度完毕后对全年预算达成情况进行考核，并据此编制次年预算明细。

三、业务创新，重构消费场景，持续提升资产价值

伴随着市场的发展和成熟，项目之间的差异日益减少，商业同质化越来越严重。企业要想实现“人无我有，人有我优”的差异化竞争，就

必须积极进行业务创新。

无论是通过创新场景产生新的消费需求来赋能商业，还是通过创新体验用不一样的情怀和感受来打动消费者，或是通过“新零售”的思维与技术实现线上线下融合并以数据洞察深层次需求，所有的业务创新都需要遵循一个基本的商业逻辑：“不赚钱的创新就不是创新。”

如果商业地产的业务创新不是以盈利为目的的，不是以提升 NOI 为目标的，那么企业光搞噱头是不具备长远生命力的。

那么，到底怎样的业务创新才是真正有生命力的创新呢？明源地产研究院精心挑选了成功的创新模式和典型案例，从场景和体验两个维度对业务创新进行了形象化的剖析。

1. 新场景：创新场景，新消费赋能商业

《场景革命》一书中讲到：“产品即场景，跨界即连接，未来商业的生态也将由场景来搭建。”确实，场景就是最好的售卖场，未来的商业生态一定是由场景来搭建的。新时代下，商业中心已经不仅仅是商户陈列商品的场所；顾客购买的也不仅仅是商品本身，而且是商品所处的场景以及带给顾客的情感体验。

然而，场景营造当前似乎走入了一个误区：相对片面地把场景化解读为主题空间，似乎在内装上多投入一些，讲个有主题的故事就增加了消费黏性，带动了消费。事实证明，大多数的主题街区都不能成为项目长久的动力，要么是运营团队的自说自话，要么是以审美疲劳、人气下跌为结局。

未来，成功的场景创新应该可以激发新的消费诉求和消费欲望，并且可以直接触达客户深层次的动态消费需求。因此，“以人为中心、以需求为原点”的细节营造才是场景创新应该具备的本质，这一立场在去中心化趋势如此明显的今天尤为关键。

（1）以需求为原点的场景细分，覆盖各种消费群体

简单来说，场景细分的逻辑就是对同一领域之内传统场景所不能满足的生活、工作及消费需求进行补充，既满足需求，又创造需求，覆盖各种消费群体，填补市场的空白区域。

①办公领域新物种——共享办公

在办公领域中，共享办公作为传统办公场所未能覆盖的工作场景的一个有效补充，它的兴起正是需求导向下场景细分的极致体现。

需求的一端是个体创业者和规模较小的初创型企业。在办公空间租赁方面，它们追求灵活和性价比，个体创业者可能只需要固定的工位，而初创型企业需要根据未来扩张的规模进行弹性的配套，达到“进可攻，退可守”的状态。企业如果一开始租用很大的办公室，那么在后续业务支撑不下去的时候，用不了那么多工位反而白花钱了。而一旦企业把办公室租小了，团队扩张后没地方坐，找新办公室又需要时间，也会影响企业发展。

需求的另一端是成熟企业的灵活部门。一方面，它们有“面子”要求，对办公室的定位、区位甚至档次有要求，需要维持企业的形象和品质。另一方面，它们需要实实在在地降低开支，不希望为了不确定的部门和业务投入过多。对于在新领域扩张的成熟企业的业务部门，在经济环境不确定或者扩张的某些业务不确定性比较高的时候，总部可能不希望投入很大的精力在办公场所选择、设计和装修这些程序上。这时候，共享办公空间就成为一个理想的选择。

现实中，越来越多的企业开始尝试这种综合成本更低、性价比更高、租赁方式更灵活的新办公方式。专注于小企业研究的 Emergent Research 公司对共享办公客户群体的研究也证实了这一点：2010—2017 年，共享办公行业租户逐渐从个体创业者转向小团队和公司，且越来越多的成熟企业也开始考虑共享办公（见图 4–13）。

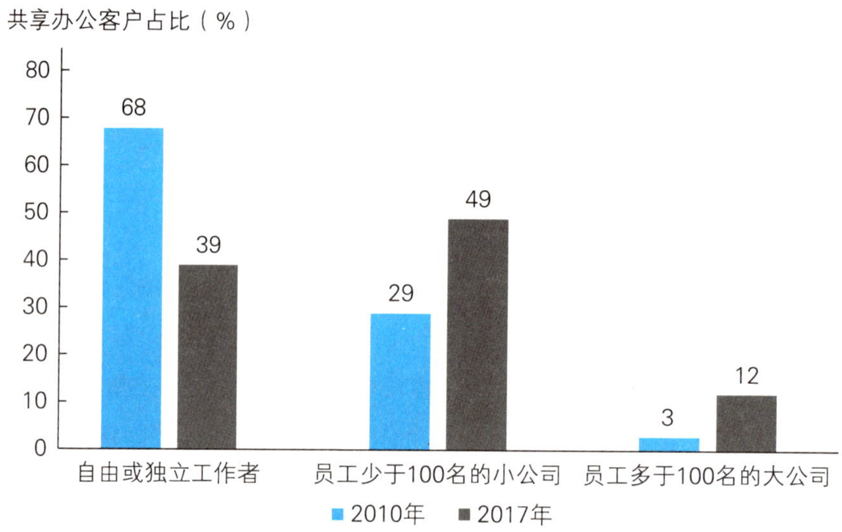

图 4-13 共享办公客户群体范围逐渐扩大

资料来源：Emergent Research、Recode。

因为共享办公面对的客户需求各异，且客户的支付能力也有一定差异，所以共享空间会根据客户产品需求和支付能力等打造多样化办公空间以满足差异化需求。可供选择的空间有私人办公室、移动工位（在公共区域内某个地方没有分配的座位）和专属工位等，这些场景分别处于不同的价格梯度。

众创空间公司 WeWork 美国市场的定价数据表明，私人办公室的使用成本约是公共区域内灵活办公位使用成本的两倍。具有一定规模的团队和企业更希望拥有相对封闭的办公环境，这类群体愿意负担价格更高的私人办公室；自由职业者和远程办公人士则更需要灵活的办公空间，一张桌子就可以随时开始工作，价格实惠的移动工位将是他们的最优选择。

除了灵活性与便捷性，社群交流也是一个非常重要的核心要素。这时候，共享办公的定义就不仅仅是简单的物理空间，而且是一种生活方式。共享办公共享空间的设计正是社群属性的绝佳体现，在这里除了与同事、客户的交流，还能认识志同道合的新邻居，既能拓展思路，又能在上下游业务等方面寻求信息与合作。

综合来看，共享办公在帮助个人和企业节省成本的同时，还提供了与甲级写字楼不相上下的办公环境和体验，并且还有社群这一附加服务。优客工场在成都实现盈利，表明这个新办公形态经得起市场的检验，也能被市场认可和接受。

②商业领域新物种——便利店餐厅

一个好的商业物业应该是一个生命体，能够随着市场的需求而变化，并不断进行自我更新和演变。在商业领域，各类场景创新屡见不鲜，诸如便利店餐厅、白领饭堂等新鲜玩法就是“零售 + 餐饮”场景创新的尝试。

在商业化的社会环境下，人人崇尚效率至上，都希望花最少时间来完成最多的事情和提升效率，从而寻求更多利益。“时间就是金钱”成为现代都市人信奉的金科玉律。在这类需求下，市场上衍生了各类新的细分消费场景，便利店餐厅就是其中的一类。

中国香港、中国台湾及日本和美国这些商业化程度较高的地区，无一不是便利商店盛行。以香港为例，便利店餐厅的概念由来已久，当地快节奏的工作与生活使得 7-ELEVEN、CircleK、VanGO 等便利店品牌成为繁忙的上班族解决饮食需求的重要场所，这些便利店也顺势推出便当、甜点、休闲咖啡和营养早餐等多项服务，从而衍生出类似餐厅场景的功能。比如，7-ELEVEN 会提供各种熟食（包括鱼蛋、烧麦、捞面、关东煮等），也会随季节推出特色食品（如端午节推出蛋黄鲜肉粽、情人节推出心形朱古力宝），部分商区店铺更有午市两送饭、即制三明治等食品。

在我国内地市场商业化程度最高的上海，马云开的逸刻便利店走在了最前列。如果说 7-ELEVEN 是披着快餐店外衣的便利店，逸刻便利店就是一种升级加强版，打造出了更全面的饮食消费场景，更趋向于真正的餐饮店。之所以说这家便利店更像真正的餐饮店，是因为它的餐饮区就占了三分之二的空间，还有大面积的堂食区。

因为有便利店的优势，逸刻提供一日五餐，从早餐、午餐、晚餐、下午茶到夜宵，卖各种零食饮料。在业态上，逸刻不仅仅有快餐店，还有咖啡店、烘焙店和串串，涵盖了绝大多数饮食上的高频刚需场景（见图 4–14）。而之所以说它是 7-ELEVEN 等便利店的升级版，是因为它有专门的厨房。很多快餐店的快餐是由中央厨房统一生产的或者是直接撕了料理包后加热的，而它的快餐是由厨房现加工的，有锅气、有温度，更符合中国人的胃。并且，逸刻的快餐采用了新式的食堂称重模式，照顾到了顾客每个菜都想尝一下的需求，按重量计价即可。这种创新的业务场景满足了消费者大部分的饮食需求，最终也促成了顾客消费频次和客单价的提升。

图 4–14　逸刻便利店场景体验

资料来源：公开资料。

逸刻便利店希望打造这样一种消费体验：压力较大的上班族在结束了一天的繁忙工作后来到这家温馨的店里，点一杯牛奶、一份餐食在店里吃，或者打包一些食品带回家，顾客想要的消费方式这家便利店都可以提供。不可否认，在城市生活节奏越来越快的当下，便利店餐饮化和超市餐饮化都是围绕消费者需求衍生出来的新场景。作为前瞻性的探索项目，逸刻便利店的商业模式是否能够经得起市场的推敲和时间的检验，我们拭目以待。

（2）跨界整合下的场景延伸，打造一站式消费体验

除了根据需求在同一领域进行场景细分之外，企业还可以跳出领域的限制，将不同但又有一定相关性的业务进行跨界整合，由原来的一块业务联动发展成多块业务，通过不同的连接尝试新场景、新业务，创造更大的价值。

以书店为例，在实体书店被电商打压冲击的大背景下，以售书为单一业务的传统书店存活艰难。因为书店一般都开在人流量较大的学校附近或者城市黄金地段，高额的租金投入和运营成本换来的往往是顾客的只看不买，这种传统的售书场景和业务模式将逐渐式微。

以“书+X”进行场景延伸的新模式，备受各大购物中心青睐，新式创意书店已经成为各大购物中心的标配。以“书”为核心，搭配各种关联产品“X”，日本茑屋书店、中国台湾诚品书店以及内地的西西弗书店都是这种模式下实现场景延伸的经典之作。深圳万象天地、杭州天目里、重庆龙湖北城天街等，各大城市最火的购物中心几乎都能找到这些书店的身影。

场景延伸的精髓就在于不同关联产品怎样搭配，怎样延伸，怎么迎合消费逻辑，怎样吸引消费者长时间滞留、延长消费时间并增加消费可能性。除传统的阅读和购书消费场景外，新型书店叠加了咖啡吧和餐厅等饮食场景，文具、笔记本、文创小物件等消费场景，更有艺术展、研讨会、讲座等艺术及学术场景。这些场景都与书店带有同种标签和极强的相关性。

让我们试着以场景设计者的思维推导一下场景延伸的逻辑。对书店而言，阅读动作持续时间一般不会短，这中间一定会产生饮食需求，于是餐饮场景应运而生；而喜欢读书的人或多或少带着文艺的细胞，符合这类人群的其他场景可以是文具、笔记本、手工艺品和特色服饰等；聚

集这类人群的场地会有交流和思维碰撞的需求，所以有了艺术展、新书发布会等场景的产生。这些层层递进的场景在丰富书店文化内涵的同时，也满足了读者不同层次的需求。消费者可以通过阅读、购买书籍达成自己的“目的性消费”；还能通过设施空间、场景营造和多元化活动进行“时间性消费”。书店因而由传统的零售业向休闲服务业转变。

以西西弗的多元化场景为例。除了原有的物理书店，西西弗还加入了矢量咖啡、不二生活文创、七十二阅听课儿童阅读体验空间、推石文化等消费和体验场景。矢量咖啡作为阅读体验的延伸，以专业的意式咖啡和精美西点为主要形态，为消费者提供舒适的阅读环境和惬意的交流空间（见图 4–15）。不二生活文创则汇集了各大品牌的经典创意产品，还有西西弗自主研发的文创产品，让读者在接触各类趣味小物的同时，感受创意与艺术，观察不一样的审美视角。七十二阅听课则是专为儿童设置的阅读体验空间，作为亲子互动的快乐场所。在更高层面的精神互动领域中，西西弗通过各类活动打造出一个社群交流与分享的场景。比如，因为《吐槽大会》而被人熟知的李诞就曾在西西弗书店举办新书分享会，因为《南山南》而大火的马頔也把歌迷见面会地点选在了这里。

图 4–15　西西弗太原黑标店一角

资料来源：公开资料。

书店进驻购物中心，场景的延伸和复合使得消费者一站式的生活方案得以实现。人们愿意长时间停留在具有吸引力的商业公共空间，进行基本消费，又因为兴趣和环境便捷而进一步进行潜在消费。在为购物中心赢得人气的同时，带来了实实在在的收入增长，这就是场景延伸的魅力所在。

（3）发掘新元素的场景创造，差异化填补市场空白

更高阶的玩法是基于精准定位的目标群体，创造出贴合人群特征的附加场景，这就需要更加精细化的市场判断和定位。日本的格林木（Grand Tree）购物中心和中国的华润五彩城在这方面的表现非常抢眼。

这两家购物中心相隔数千里，却有着同一个成功秘诀，那就是客群与场景的匹配。对购物中心而言，不管是从理性的角度分析还是感性的直觉来看，影响消费最重要的因素莫过于区位和人口，这是客流的基础。格林木对项目所在区位人口的结构与消费水平做了详尽的分析。

比如，在格林木购物中心半径 5 千米的商圈内约有居民 117 万人，人口年龄在 25 ~ 49 岁，其中以 25 ~ 39 岁的上班族为主，这样的主力年龄层也是目前日本最有消费力的人群（见图 4–16）。从收入水平来看，家庭年收入在 500 万日元（约 30 万元）的占 50% 以上，年收入 700 万日元的占 30%。并且，这个商圈内的社区大多都是高级社区，每套房子的价格都高于东京的平均价，且户主多为年轻人。这些信息无一不显示着，格林木未来的消费人群是收入保障较高的年轻家庭。

厘清了目标客群之后，该设计什么样的场景吸引客流呢？格林木的答案是适宜儿童游玩的屋顶花园。因为项目周边全是塔楼建筑，缺乏公共空间，很少有适合年轻家庭带孩子一起娱乐的场所。市场的空缺并不代表没有这方面的需求，相反，年轻的高收入家庭正希望有一个能尽情享受亲子时光的欢乐之地。于是，为了响应需求而特别设计的屋顶花园应运而生，成为格林木聚集人气的一大法宝。屋顶花园种植了 300 棵树，每一棵树都有相应的品种介绍，为孩子提供了学习场所。花园还设置了开发儿童智慧的玩具和设施，全天免费开放，并且安排了专人指导，家

长们可以安心，孩子们也能尽情玩耍。比如，平衡木可以让孩子们玩乐的同时增强其平衡能力，而精心设计的塑胶场地既能美化环境，又能减少儿童的安全隐患（见图 4–17）。

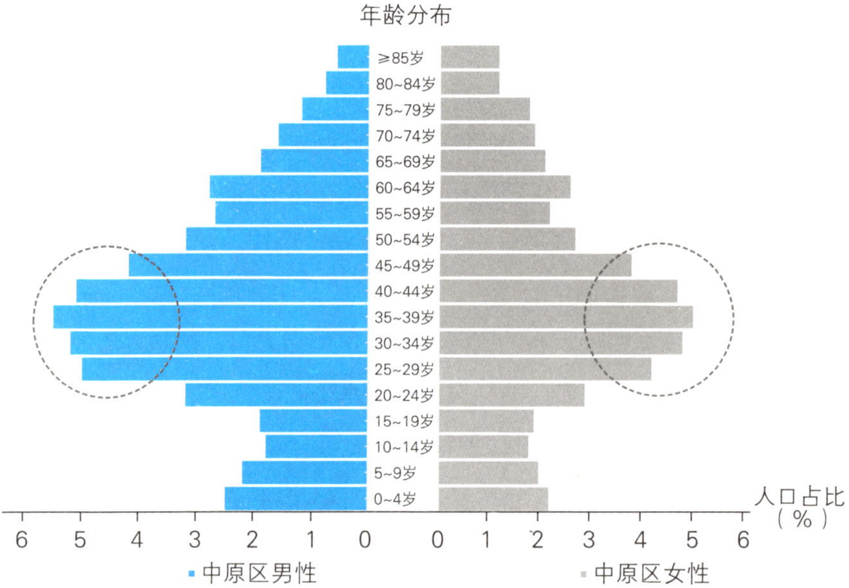

图 4–16 日本川崎市中原区男女年龄分布图

资料来源：公开资料。

图 4–17 格林木购物中心屋顶花园游乐设施实景

资料来源：格林木日本官网。

围绕这个屋顶花园，格林木希望创造一种孩子们在乐园玩耍、家长们可以顺便逛逛并且消费的场景。正如格林木董事长铃木所描述的那样，“把格林木购物中心建成大家乐意来玩的地方，在玩的过程中顺便买一些东西回家”，把“购物休闲”转化为“休闲购物”。为了将客流转化为实实在在的消费，格林木还将业态进行了重新分类。将一种业态集中到一个地方，做好关联陈列，消费动线非常顺畅，消费者不用多跑地方，就可以买到自己想要的东西。真正实现了集时尚、休闲、娱乐、亲子为一体的面向中高端阶层及其家庭的一站式消费。

华润五彩城史努比乐园的设计思路与格林木的屋顶花园不谋而合。华润五彩城在开业前，也曾深入研究了五彩城所在区域核心消费群体的消费特征。与格林木类似，华润对终端消费者的年龄及家庭构成、家庭收入以及他们对购物中心的要求做了详细调研（见表4–7）。在此基础上，华润五彩城面向高知型终端消费人群进行精准项目定位，锁定“年轻的家庭式消费”，思考以何种场景才能增加消费者来商场的频次和延长其停留的时间。

表 4–7　北京华润五彩城的定量调研结果

问　题	答　案	传递信息
居住区域	清河、回龙观及西三旗、中关村、学院路、亚奥、上地的被调研者占到 68%	有效辐射范围主要包括：清河板块、上地板块、回龙观及西三旗、中关村北部区域、学院路、亚奥板块
年龄及家庭构成	二人世界、三口之家占到 69%，70 后占到 47%，80 后占到 36%	家庭消费将是未来主要消费模式之一
家庭收入	5 000 元以上的占到 74%，10 000 元以上的占到 37%	区域消费力量强劲，定位应该中档偏上
倾向的大型超市	家乐福占 47%，沃尔玛占 21%	对国际品牌大型超市情有独钟，该业态的引入必不可少

（续表）

问题	答案	传递信息
常去购物场所	西单、当代双安、中关村、王府井占到 48%	海淀北部区域存在商业空白，对西单存在偏好
对购物地点的考虑	交通便利、购物环境、价格便宜、一站式购物占到 61%	可见交通便利已不是选择的首要因素，项目的软性条件将是更重要的选择因素
经常选择的商场	首选中友、君太、双安、新中关	消费选择档次中档偏上，时尚、年轻
去商场的目的	目的性消费是主要考虑因素	只有真正符合消费者需求的商业才能激发其购物的欲望，但是如何吸引消费者并有效增加消费者来商场的频次和延长其停留时间是华润需要考虑的东西
可承受的时间	一般 20 ~ 30 分钟	可判断项目有效辐射距离在 10 千米以内
可接受的楼层	首选五层，其次是六层	建筑高度不适宜超过 6 层，特别是零售百货业态

资料来源：《华润五彩城定位报告》。

华润最终选择引入史努比形象，打造内地首家史努比乐园的娱乐场景。史努比的健康形象与五彩城面向家庭的购物中心的定位完美融合，不仅让客群的层次和数量发生了很大的变化，也提升了五彩城的知名度。因为史努比的粉丝客群年龄层跨度非常大，这个可爱的形象不仅受到小朋友们的喜欢，还被很多 70 后、80 后的青年人追捧。所以，当年轻家庭来玩的时候，享受快乐时光的不仅仅是小朋友，还有家长，这使得华润的史努比乐园成为兼具功能性、互动性于一体的重要场所（见图 4–18）。

为了让史努比带来的客流真正促进购物中心的消费提升，华润的史努比乐园与购物中心的消费进行了联动。

华润五彩城的史努比乐园必须凭花生卡入园，不单独进行售卖，消费者在购物中心内消费满一定数额后，凭购物小票兑换花生卡。这样不仅能吸引客流，引导客流更多地参与零售、餐饮等业态的消费；不仅增添了消费乐趣，也促进了购物中心的营收升级。

图 4-18　华润五彩城史努比乐园俯瞰效果图

资料来源：企业官网。

格林木和华润打造的两个创新场景从结果来看是非常成功的。在史努比乐园开业后，五彩城四层的儿童业态营收整体提升了 30%。格林木开业 13 天人流量就突破了 100 万，年客流量约 2 000 万，而 2018 年故宫全年的游客量也不过 1 700 万。毫不夸张地说，这些场景成为购物中心的“灵魂所在”及人流永动机。

总结来看，成功的场景创造需要具备两个特点。一是要满足客群的需求：以需求为核心去进行场景设计，才能保障创造出来的场景有相应的受众群体。二是要真正实现收益的提升：从投资者的眼光来看，真金白银的投入一定要带来 NOI 的提升，带来资产估值的增值，这样的场景创造才是真正有价值的。不管是格林木购物中心专为儿童打造的屋顶花园，还是华润五彩城为年轻家庭引入的史努比乐园，都是根据项目周边居住人群的特征，以核心消费群体的需求为原点独创的场景，来满足周边消费群体的生活、社交和亲子需求，最终目的都是为购物中心提供全新体验，为消费赋能。

2. 新体验：创新体验，用情怀创造价值

随着新一代的消费群体产生，其购买行为和决策因素都发生了巨大的变化，比如其购买决策逻辑已经从欲望需求及价格诱因逐渐转变为情感诉求和文化感受。

以“双十一”为例，相信许多人都有相同的感受：“剁手一时爽，还卡火葬场”。许多网红店铺、打卡地，从本质上来说，与其他同类型产品没有太多区别，但赋予了新内容和新体验之后，给消费者带来的体验和感受完全不一样。因此，我们常说“情怀创造价值”及“体验经济”等词语现在已成为各行各业的关键词！

（1）多样的主题体验，吸引客流量拉升消费规模

2018 年，城市更新话题特别火，而说到城市更新必定离不开上海。上海有许多城市更新项目做得相当不错，也产生了很多的网红打卡地。

例如，具有厚重历史底蕴的华侨城苏河湾原来是上海总商会旧址，在改造修复过程中，设计师尽可能地保留了原先的建筑工艺，包括清水砖工艺和英国建筑的三花工艺等，让游客能够更充分地感受到建筑的历史魅力。

又如万科上生新所项目，当地原有一个原英国水兵的训练场所，有着超大泳池，改造后成为一个时尚 T 台，经常会有模特展、艺术展及各类聚会（见图 4–19）。上生新所现在已成为一个知名的打卡地，毫无疑问，这对该项目的整体品牌及经营收益都有极大的提升作用。

再如，上海 K11 项目充分融合艺术、人文、自然三大核心元素，极度强调体验创新。其中，艺术空间精选了国内外知名当代艺术家的 17 组作品，分布在商场各处供公众欣赏（见图 4–20）。其艺术典藏区，在地下三层开辟了 3 000 平方米的艺术空间，定期举办艺术展览、教育讲座及工作坊等，让艺术融入生活。

感受历史底蕴——华侨城苏河湾的上海总商会旧址

潮流人士打卡地标——上生新所英式超大泳池

图 4–19　网红流量景点打卡地

资料来源：公开资料。

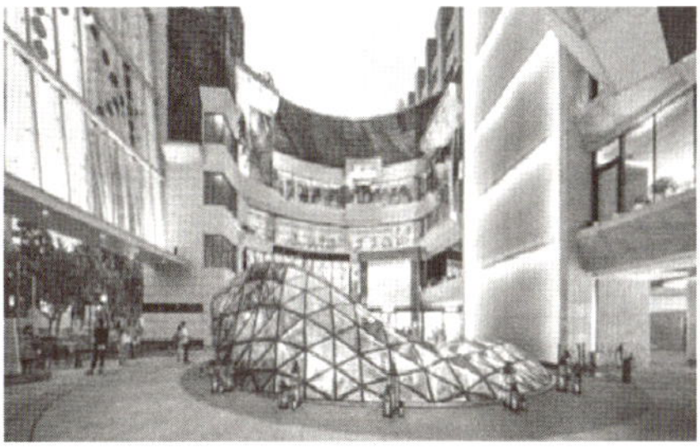

图 4–20　上海 K11 的艺术空间与都市农庄

资料来源：公开资料。

还有 K11 的都市农庄，在商场三楼设有近 300 平方米的室内生态互动体验种植区，分为植物观赏区、无土栽培区、种子互动区三个模块。其都市丛林区设计感十足，大面积垂直绿化墙及污水循环灌溉系统的使用有助于隔热和节水，33 米高的人工水景瀑布及鸟叫声让人仿佛置身真正的丛林。

诸如此类的高格调场所在国外也有许多。比如空气流体雕塑装置，让游客在小憩的同时，身临其境地感受雕塑的造型变幻；又如瀑布秋千和发光跷跷板，带给游客更多的童趣体验（见图 4–21）。

洛杉矶潘兴彻（Pershing Square）的空气流体雕塑装置

Dash 7 工作室打造的瀑布秋千

华盛顿中心泰瑞广场的沉浸式互动装置

伦敦南莫尔顿（South Molton）街的发光跷跷板

图 4-21　国外的各类场景体验设施

资料来源：公开资料。

（2）丰富的情感体验，激发精神层面的商业价值

如今，物质的极度充裕使得人们越来越追求精神层面的享受。因此，许多购物中心都开始通过“贩卖情怀”来赚钱了，至少在一线城市它们已经具备释放消费者精神层面诉求的条件了。

例如，上海大悦城的摩天轮现在已经被打造成为上海年轻人的爱情约会主场地。因为摩天轮是一个爱情标志，所以许多情侣都会到这个楼顶约会。在这个场景下售卖的任何物品都不是物品本身，而是被赋予了“爱之表达”的物品，真正做到了释放精神层面的商业价值。换句话说，“情怀创造价值”！

又如，阿那亚常说它卖的不是房子，而是生活方式。虽然这听起来很玄乎，不就是旅游度假地产么，但实际上阿那亚确实营造了很多都市忙碌生活所欠缺的生活情调，而这种情感体验赋予了房产更多精神层面的商业价值。其中，著名的“孤独的图书馆”就是海边孤零零的一个图书馆，但现在这个图书馆一点儿都不孤独，每天有几千人去参观，并拍照打卡。类似的打卡地有很多，为其营销传播带来了巨大的帮助。

再如，北京怡亨酒店配套的台灯是没有开关的，只有一把枪。顾客开一枪，台灯倒了，灯关了；再开一枪，台灯竖起来了，灯亮了。它让顾客在商务之旅中回味童年的乐趣。

（3）独特的科技体验，以智能技术强化服务体验

对 C 端客户而言，科技始终带着神秘、趣味与期盼的色彩，这种特性驱动着企业不断探索和创新服务体验，越来越多的商业空间也开始尝试着用智能技术作为自身最具趣味性的外包装，在探索中不断强化客户服务体验。

伦敦素有“全球最创新购物中心”名号的西田实验室（Westfield labs），在用技术改善客户体验方面曾进行过诸多尝试。其利用数据反馈、流畅体验、线上线下融合等创新方式吸引更多实体消费者，从客户需求出发打造了创新的购物墙、可导航的商品信息平台、无缝停车引导及缴费体验，而不是急功近利地将所有功能都投向数字化领域。

①便捷的购物墙体验

为了增添购物的便捷性和娱乐性，西田实验室携手易贝（eBay）打造了三面电子购物墙（见图 4–22）。消费者可以通过购物墙浏览品牌当季的产品图片、视频及介绍，也可以直接通过手机端贝宝（PayPal）完成对感兴趣的商品的消费，购买成功后还可以选择店面提货或直接免费送货到家。同时，在顾客靠近购物墙时，屏幕上的红外传感器可以直接捕捉顾客的动作和目光轨迹，这使得运营商可以通过流量、搜索轨迹与浏览深度等基础数据更深入地分析出受众特征，从而指导产品的设计与营销。

图 4-22 西田实验室的数字化购物墙

资料来源：公开资料。

②创新的可导航商品信息平台

试想一个场景，消费者在家中浏览网站时看到一个喜欢的商品或让人心动的低价促销信息，只要用手轻轻一点，App 就能提供商品详细的导航信息（包括在商场的哪个楼层、哪个店面），从而引导消费者去门店。这时，店面服务员已经通过订单提前将商品备好，顾客只需要试穿即可。这种创新的场景在西田实验室得到了实现，消费者只需要通过官方 App 就能享受这种一站式无忧购物体验。

③独特的无缝停车引导及缴费体验

在逛商场购物时，停车和找车是让顾客极为头疼的一件事。因此，当前各大购物中心逐步落地了智能停车设施，比如无卡停车和空位指示灯等，但这些设施还无法完全满足消费者的需求。西田实验室研发了一款停车软件，其可以清晰地显示出购物中心周边有哪些停车场较为空闲，并且能够基于顾客选择的品牌和商品信息直接引导司机去最近的空置车位泊车，这极大地节省了客户时间，优化了客户体验。

在国内，作为购物中心头部品牌之一的大悦城，在智能技术与商业运营的应用上也在不断试水。2018 年，大悦城与中国平安合作，建立了自有品牌“Joy Pay”，实现了客户关系管理系统与收银系统的全面打通。

对于消费者而言，这意味着以往“消费—会员—积分”的三大场景被打破，在后台就可以一步简化，自动化程序及人工智能实现了支付即会员、消费即积分的有效转化。同时，只要消费者在商场内消费，所有的积分在全商户都能当钱花，利用数字化将会员权益和特权落地并且量化。

四、全局风控，围绕资本关注指标进行资产管理动作

资管体系中的风险控制环节能对项目 NOI 指标的达成起到保驾护航的重要作用。特别是资产在全生命周期运营过程中涉及许多业务环节和价值链，这需要资管部门进行有效的监管与协调，以规避潜在的风险，确保资本回报目标的达成。

因此，企业很有必要建立一套全局的风险控制体系，围绕不同业态的特性构建不同资产管理的项目评价及风控体系；围绕资产全生命周期充分发挥资管中枢的统筹协调职能，以保障资产价值最大化。

1. 根据不同资产业态，建立项目评价及风控体系

项目业态不同，资产管理的评价指标必须有所差异。除了 NOI 和 NOI 率这类通用的核心指标之外，每一种业态资产都要有一套自己的指标。下面，以购物中心、产业园区及写字楼为例，进一步说明资管运营评价及风控体系的构成维度。

（1）购物中心资产管理的项目评价及风控体系

以常见的购物中心业态为例，其资产管理的项目评价及风控体系如图 4–23 所示。

从资本指标出发，无论是购物中心、产业园区还是写字楼等业态，NOI 和 NOI 率一定是重点关注的指标。在项目建造阶段，注重 NOI 率尤其需要控制项目总投资额，很多企业在项目建造阶段缺少成本控制意识，导致后期项目回报率偏低，不利于项目退出。在项目运营阶段，企业则需要注重 NOI，通过开源节流提升 NOI。

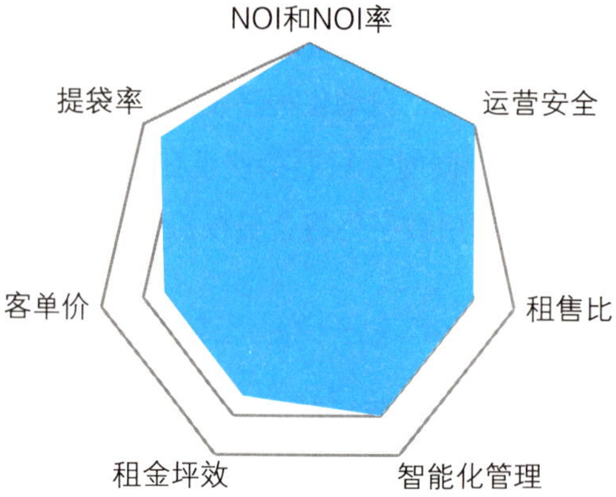

图 4-23 购物中心资产管理的项目评价及风控体系

资料来源：明源地产研究院。

从安全指标出发，购物中心的安全运营是最重要的一项指标。尤其是购物中心内的客流量较大，一旦购物中心发生安全事故，负面效果就很容易被放大，直接影响企业品牌和商誉。从这个意义上来讲，运营安全是 0 和 1 的差别，不容一丝马虎。安全运营指标是“1”，其余指标都是后面的 N 个“0”。如果没有 1，后面的 0 就都没有意义。

其余指标因项目产品线的不同，商业业态不同，表现形式也不同，没必要硬性要求和强制对比。例如，因为万象城的客单价与万达广场的客单价定位不同，所以二者没有可比性；主力店的坪效与一般店铺的坪效也没有可比性，仅供自身项目内进行同比及环比，从变化趋势洞察运营症结所在。

其中，智能化体系的应用能有效地支撑运营监控及商业洞察，对未来的商业智能化具有重要意义。以几个核心场景为例做具体阐述：对于前端消费者进场及消费场景，智能化系统通过前端感知硬件获取进店数、交易额、交易笔数、交易类型等数据，再经由后端分析软件进行进店率、提袋率、客单价、租金坪效等经营数据分析，甚至进行会员活跃率、会员客单价、会员复购率、会员消费占比等消费者数据分析；对于后端商户商品出入库、销货场景，智能化系统能为其提供货物、卖场、购物者的数据，通过经营分析、客群分析等优化运营效能。

以万科为例，其通过开展价格带分析把所有品牌的价格带做分层，综合评价品牌在各价格带的经营表现，并且结合客群购买的热衷价位给出品牌或店铺未来调整发展的价格带建议。

类似的还有日本永旺的智能化单品管理，永旺旗下所有购物中心必须进行智能联网，以同步单品销售信息，且智能平台要定期出具给商户的销售分析报告。横向来看，通过同步所有商场品牌的上新信息、换季新款，帮助商户紧跟前沿。纵向来看，针对商户清晰列示各类商品的销售情况，通过对单品销售数据的分析对其产品销售策略做出指导。

总体而言，围绕资本关注点，借助数字化手段建立购物中心的项目评价体系，通过不断迭代的销售分析、租金分析、业绩预测分析、推广活动分析和客群分析等帮助商户洞察消费者需求，提升租户收益水平和满意度，进而反向构建商场核心竞争力，拓展成长空间，已成为行业的主流趋势。

（2）园区资产管理的项目评价及风控体系

以常见的产业园区业态为例，其资产管理的项目评价及风控体系如图 4–24 所示。

同样，对于园区而言，NOI 和 NOI 率的重要性位列第一，其次是引入资本投资。

由于园区开发的周期很长，前期资金投入较大，后续回收周期漫长，所以很多园区在开发经营时都会给予 3 年免租期，等园区的产业发展起来之后才能逐渐看到回报。因此，园区投资和开发的资金链风险非常大，企业需要在园区建设、运营的不同阶段引入不同风险和收益偏好的资本。比如，在投资阶段引入天使投资基金，缓解企业在初创时期的资金缺口；在培育阶段引入成长型的产业投资基金，通过资源整合协助企业进行现代化综合管理；在退出阶段，通过二级市场投资基金对优质企业进行资本辅导，协助企业进行并购、买壳、借壳上市等资本动作，甚至在未来的 REITs 市场实现退出。对引入资本投资以及融资水平的量化评价，不管对园区管理者还是对资本方来说都是一项重要的参考指标。

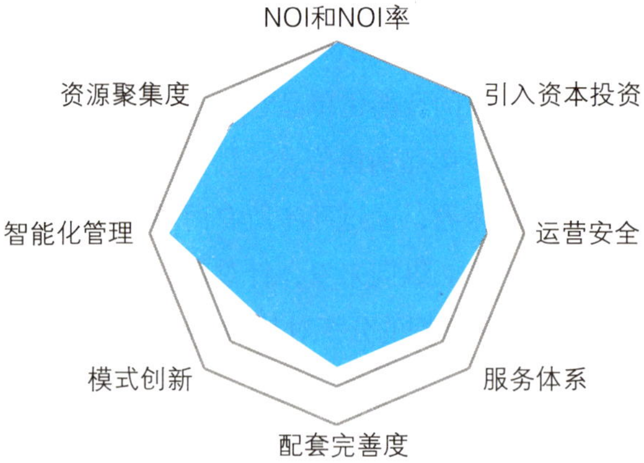

图 4–24　产业园区资产管理的项目评价及风控体系

资料来源：明源地产研究院。

对于产业园区来说，智能化管理尤其重要。与写字楼、购物中心等传统业态不同，产业园区占地宽广（动辄十几、几十甚至上百平方千米的占地面积）。如此大的管理范围必须通过管理信息化及信息技术基础设施智能化解决综合管理难问题，包括对产业园区进行巡查、监测、预警、分析、评价和服务的全周期管理，推动园区提升管理和服务效能。

在运营评价层面，企业应搭建围绕运营安全、服务体系、配套完善度、资源聚集度等维度的量化评价指标，以第三方平台的视角对产业园区进行打分。一方面，在对接资本和入驻企业时，第三方平台要清晰、直观地展现园区软、硬件建设水平，提升园区自身的核心竞争力；另一方面，第三方平台要为园区开发商和运营商调整管理策略提供数据和信息支撑。

因此，企业应围绕资本关注点构建园区资产管理和项目评价体系，根据资本的节奏有效控制资产价值形成，以资本运营的理念借助信息化手段对园区持有型物业的全生命周期进行一体化的综合管理，为园区提供最合理的服务，让股东获得更多现金流，实现园区价值的持续提升。

（3）写字楼资产管理的项目评价及风控体系

以常见的写字楼业态为例，其资产管理的项目评价及风控体系如图4–25所示。

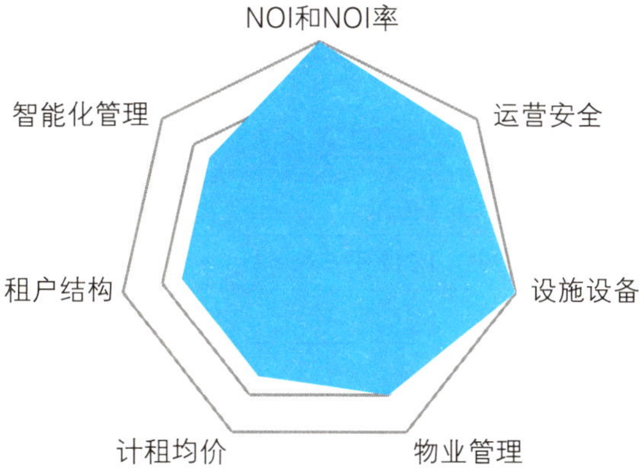

图 4–25 写字楼资产管理的项目评价及风控体系

资料来源：明源地产研究院。

除了资本关注的 NOI 和 NOI 率等核心指标之外，写字楼对设施设备的配置标准及相关管理指标极为看重。例如，计租均价和租户结构等经营指标都能很好地反映出写字楼运营管理的现状及未来的增长潜力。

因为写字楼属于典型的被动式管理，所以资本更看重项目本身的地段及相关的硬件配置。比如，电梯井预留和大堂挑高等“骨架”的配置情况，大堂的挑高及设计是否高端大气，电梯载客量是否与写字楼人流量相匹配，电梯是否是高速电梯，等等，这些都是直接影响租金收入的重要因素。

写字楼的装修可以在几年后调整，但是后期很难对标准层指标、电梯井配置以及供电系统的容量预留方面去更新改造，或者要花费很大的成本去做。从这个角度来看，设施设备是基于未来可改造的角度去评价项目的成长性的，也是资本重点关注的因素之一。

因此，资本机构通常在项目尽职调查时，就会考虑物业资产的硬件配置指标，比如金茂资本对写字楼项目重点考察的评价指标（见表4–8）。此外，运营机构也可根据项目自身的参数标准，与周边竞品进行横向比较，形成优势分析和价格支撑的评价结果，进而制定租赁价格和物业价格。

表 4–8　写字楼配置指标

类　别	明　细	A 国际大厦	B 国际大厦
规模	项目规模	40 028 平方米	37 013 平方米
标准层	面积	1 295 ~ 1 712 平方米	1 462 平方米
	使用率	73%	73%
	标准层净高	2.7 米	2.7 米
	架空地板	10 厘米	10 厘米
内部设施	大堂挑高	8 米	10 米
供电系统	供电系统	两路 10 千伏电源	两路 10 千伏电源
空调系统	空调系统	风机盘管加上新风系统	风机盘管加上新风系统
	新风输出量	人均 36 立方米 / 小时	人均 30 立方米 / 小时
电梯系统	电梯是否分区运营	分区运营	分区运营
	电梯数量及品牌	德国蒂森品牌 地区 4 台，高区 4 台，货梯 2 台	德国蒂森品牌 地区 4 台，高区 5 台，货梯 1 台
	电梯参数	低区：速度 2.5 米 / 秒。载荷：1 600 千克 高区：速度 4 米 / 秒。载荷：1 600 千克	低区：速度 2.5 米 / 秒。载荷：1 600 千克 高区：速度 4 米 / 秒。载荷：1 600 千克
停车位	停车位管理	188 个	160 个

（续表）

类 别	明 细	A 国际大厦	B 国际大厦
楼宇管理系统	楼宇管理	楼宇管理系统监控范围包括空调通风系统、电气系统、水泵、消防设施、电梯、电扶梯及安保系统等	楼宇管理系统监控范围包括空调通风系统、电气系统、水泵、消防设施、电梯、安保及通信系统等
	安防系统	提供 24 小时视频监控系统，对地下车库、公共走道等区域进行全方位监视	提供 24 小时视频监控系统，对地下车库、公共走道等区域进行全方位监视
便利设施	配套设施	银行、咖啡店	银行、快餐厅
外部装备	外墙结构	玻璃幕墙	玻璃幕墙
物业管理	管理公司	中海物业	第一太平

资料来源：金茂资本、明源地产研究院。

2. 围绕资产生命周期，发挥资管统筹职能，保障资产价值最大化

房地产资产管理的业务价值链很长，覆盖了从项目投资决策阶段的市场调研、项目定位到中期的建设开发、招商运营，以及最终退出的全生命周期。一切的资管动作都需要围绕退出时的资产估值这个核心目标展开，所有会影响到 NOI 指标的风险都需要被及时地监控和呈现。

因此，资产管理的风控体系不能只是覆盖后期的运营管理和物业管理，前期的市场研究和投资管理也需要一并覆盖。资产管理抓手要向前延伸，从项目全周期的视角去审视资产风险，最终达到资产价值最大化的目的。

从行业、政策宏观风险到开发进度把控、成本优化以及质量管控等开发事项，再到项目租户反馈、设备状态、安防措施等实际运营风险，都需要进行全面整合，以多维度的方式予以呈现。落后的设备管理、过时的业态分布、老套的促销策略，这些阻碍商业创新的元素将进一步提醒资管运营者需要与时俱进，并具体洞察风险原因。

可以说，风控体系是回报指标背后的重要警示灯，资管部门则是统

筹把控所有风险信息的核心中枢。下面，我们将围绕资产生命周期，分别从投资决策阶段、开发建设阶段和运营管理阶段为大家解读资管部门是如何发挥统筹协调职能和把控各类风险，并最终获得资产价值提升的。

（1）投资决策阶段

投资决策阶段是商业地产项目前期运营的关键，此阶段的风险控制包括以下三大环节（见图 4–26）。

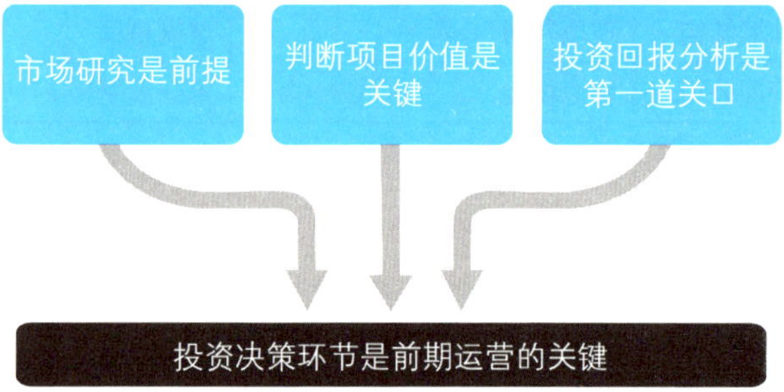

图 4–26 投资决策阶段的风险控制三大环节

资料来源：明源地产研究院。

首先，市场研究是前提。市场研究实际是围绕项目前期定位所开展的一系列尽职调查工作，通过一套标准化的研判流程来实现项目精准定位的目标，通常包括商圈调研、竞争对手调研、可比项目调研以及商家调研四大板块（见图 4–27）。项目定位的精准程度直接影响运营 NOI，进而影响最后退出的风险程度。所以，在整个生命周期中，前期的市场研究是保障退出价值最大化的成本最低、最有效的手段。商业地产的市场研究一定要跳出开发商的惯性思维，真正从商家和消费者的角度去做前期的定位，发掘红海之中的蓝海。

其次，判断项目价值是关键。以万科的市场研究为例，其通常基于人口、交通、客群、消费力、竞争环境等多重因素进行综合判断（见表 4–9）。人口层面包括项目周边常住人口规模、人口未来持续导入趋势和区域内常住人口的收入结构等。交通层面包括是否实现了交通的无缝连接，是否处于轨道交通或高速及城市快速路的节点。消费力层面包括消费客群的年龄分布、职业分布以及项目周边住宅的售价等。

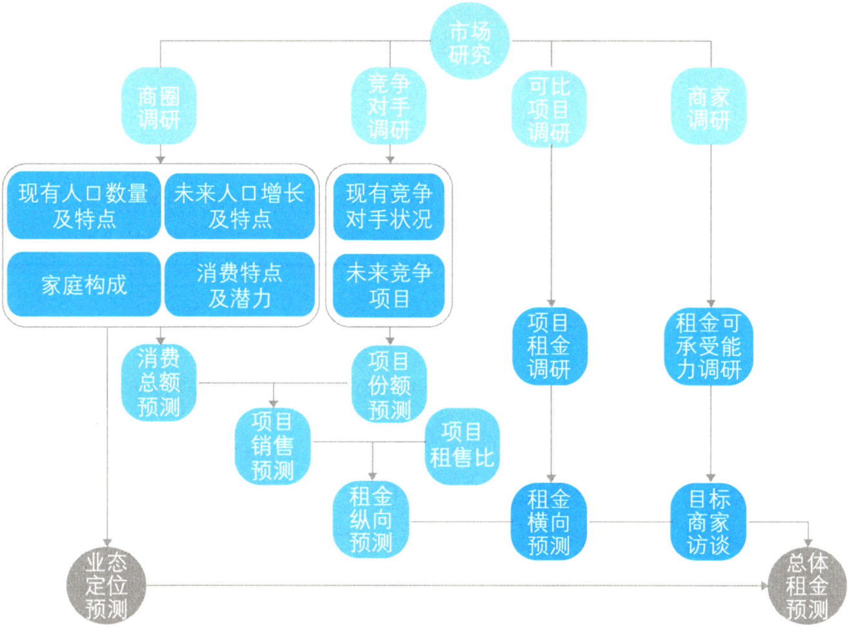

图 4-27 资产管理市场研究及定位体系

资料来源：明源地产研究院。

表 4-9 万科新建项目价值判断标准

内 容	高	中	低	差
位置条件	城市级商圈位置	区域中心位置	次区域中心位置	社区中心位置
交通条件	城市交换站及交通干线	地铁站及交通干线	地铁站及交通干线	不临地铁站及交通干线
人口密度	3 千米半径 30 万人以上	3 千米半径 20 万～30 万人	3 千米半径 10 万～20 万人	3 千米半径 10 万人以下

（续表）

内　容	高	中	低	差
人口导入趋势	3 年 3 千米半径 10 万人以上	3 年 3 千米半径 8 万 ~ 10 万人	3 年 3 千米半径 5 万 ~ 8 万人	3 年 3 千米半径 5 万人以下
消费能力	3 千米半径住宅平均售价高于全市平均售价 60% 以上	3 千米半径住宅平均售价高于全市平均售价 40% ~ 60%	3 千米半径住宅平均售价高于全市平均售价 20% ~ 40%	3 千米半径住宅平均售价高于全市平均售价 20% 以内
竞争环境	3 千米半径没有 5 万平方以上商业项目数量	3 千米半径 5 万平方米以上商业项目数量≤ 1 个	3 千米半径 5 万平方米以上商业项目数量≤ 2 个	3 千米半径 5 万平方米以上商业项目数量＞ 2 个

资料来源：明源地产研究院。

多维度信息汇集到资管部门这个管理中枢，集中进行项目价值判断。除了这种传统的靠人力研判项目价值的方式外，大数据的技术也逐渐被应用，部分走在前列的企业开始借助第三方公司的大数据技术去量化项目价值。利用大数据锁定项目辐射片区里的消费者画像，并且与项目类似的商圈进行校验和比对，通过不断的比对优化为未来项目的目标客群定位、商圈消费总额预测提供支撑。

最后，投资回报分析是第一道关口。在这个环节，很多企业做财务分析、盈利预测、风险控制还是通过传统的 Excel（电子表格）进行，这种方式存在两大缺陷。一是 Excel 测算容易出错，因为 Excel 是通过无数计算逻辑环环相扣的串联来实现的，某一个节点一旦出现错误，就会对最后的测算结果造成巨大的影响。二是过于依赖单一的财务指标，事实上，商业地产投资回报的判断不仅需要关注财务上的指标，还与空间规划、空间分配等因素密切相关，不同的动线、商铺空间规划对租金的影响也是巨大的。

为了解决这两大缺陷，独立的投资回报测算模型应运而生。相对于传统的 Excel 来说，这种模型把各项测算逻辑进行了固化，避免了误差风险。更进一步来说，自上而下回报主导的投资测算模型可以把空间规划、空间分配、租金预算、成本估算这些板块都考虑进来，并且还有一个动态调整的过程，以适应可能出现的设计、政策等因素的变化。从投资视角审视资本回报，把所有空间规划的变化、租金的变化、成本的估算汇总到一个模型，不断进行动态调整。一方面，满足功能性需求，比如项目业态的需求，在规划餐饮的地方要有餐饮条件，在规划健身房和游泳池的地方要有足够的负载。另一方面，富有创意性，以人为本去考虑区域的划分、动线的设计，甚至内部装饰的选择。在满足功能性、营利性和创意性三大原则后，该模型经过不断的优化迭代，给出一个投资回报管理的最优解，最终帮助资产管理人去完成量化数据支撑的投资报告（见图 4–28）。

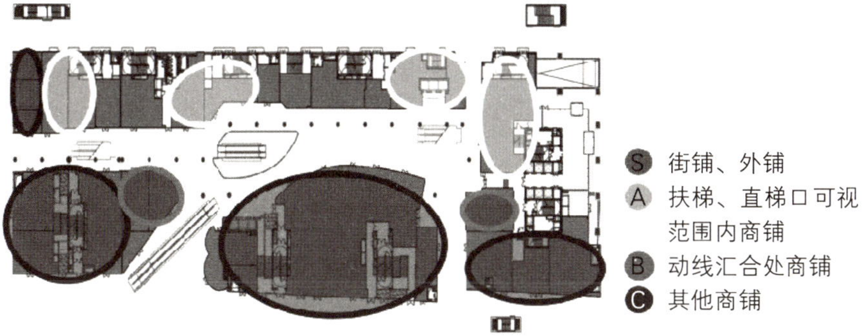

图 4–28　投资回报测算模型的修正原理

资料来源：明源地产研究院。

（2）开发建设阶段

首先，要有健全的开发建设体系（见图 4–29）；其次，在流程管控中，重点关注控时间和控成本。

就时间节点管控来说，自持运营的存量物业的整个开发周期都是投入的过程，时间就是金钱，所以必须保障在计划时间内完成项目开发，否则站在全生命周期的角度看就会造成项目 NOI 降低，进而降低资产估值水平。

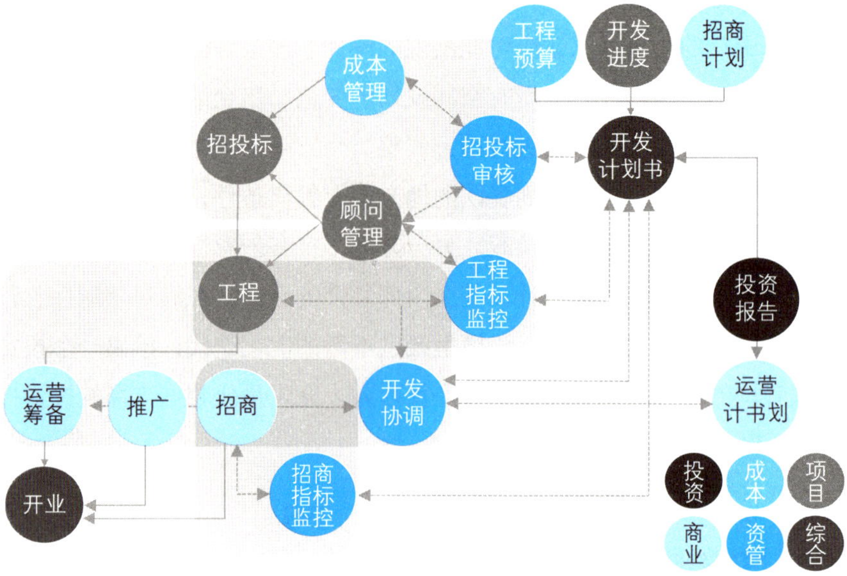

图 4–29 开发建设体系

资料来源：明源地产研究院。

资管部门通过在开发条线的审核能力去协调各个部门，从技术条件、项目施工、成本和运营等方面去协调管理，充分发挥居中协调的核心职能。其通过两大手段实现进度管控：一是用进度计划实现时间节点控制，具体包括总进度计划、设计计划、施工计划、资金计划、质量计划等；二是用信息化系统打通所有的通道，减少部门间的沟通成本，把所有的计划和指标传送下去，同时把开发过程中的数据抓取上来，形成资管成效的比对分析，以实现过程的监督和管控。

目前，国内很多商用物业开发商已经有很强的时间管控意识了。比如，万科集团内部就对商用物业工程管理进行了规定，对于 8 万 ~ 13 万平方米的购物中心，从拿地到开工 9 个月，然后从开工到结束再加 24 个月，基本是在 30 ~ 36 个月内一定要把项目完成。

另外，成本的管控同样重要。通过严控成本实现节流，保证开发周期内的总投入在总成本预算范围内，从而保证项目的回报率。借助数字化手段建立成本管理及费用预算体系，将成本制定、成本调整、回顾核算等一系列流程标准化，在开发过程中及时进行动态调整，及时预警甚至强控，以帮助企业建立精准细腻的成本管控能力。

（3）运营管理阶段

从完整的运营管理体系可以发现，运营管理阶段的风险控制离不开经营分析、推广管理、物业管理三大方面（见图 4–30）。

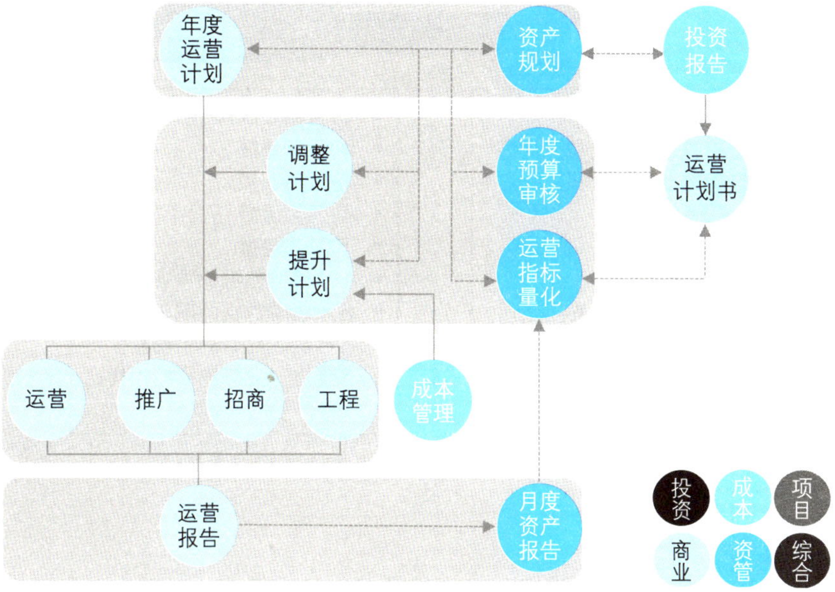

图 4–30 运营管理体系

资料来源：明源地产研究院。

第一，在经营分析层面，首先要确保运营成本科目的口径统一，以及数据分类且准确，不允许在数据统计口径上出现不同的标准，否则会产生很大的误差。特别是对于零售物业这种相对需要更高层次运营能力的业态而言，运营成本口径的统一显得尤为重要。

以购物中心为例，行业内惯用的是ICSC（国际购物中心协会）标准的口径，部分企业会基于运营成本科目树来定制符合自身管理行为的运营成本科目。例如，对实际业务产生的基础数据与运营成本科目的经营数据的对应关系进行详细规定，以此确保不同项目运营成本归类的统一性（见图4–31）。更进一步地，有经验的企业还会将运营成本细分为运营整改、推广和招商三大部分，再按照项目维度编制，最后由商管公司这个管理中枢来统一汇总，从而达到精细管理的目的。

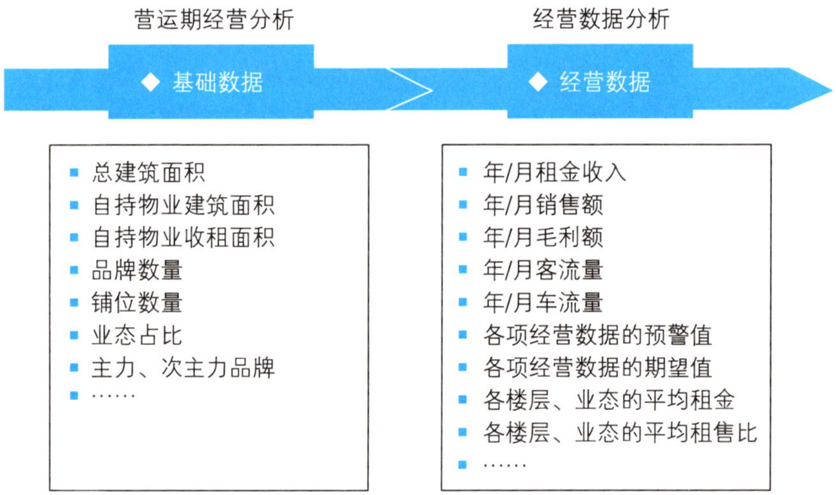

图4–31　运营管理基础数据与经营数据的对应关系

资料来源：明源地产研究院。

第二，所谓的推广管理，是在提升项目稳定经营的基础上，通过组织商业活动产生效益，完成吸引目标客户、培养客户忠诚度、提升项目知名度、积累客户信息等运营目标，具体内容如表4–10所示。

在这个环节，控制运营期的营销推广费用是风险控制的重点。费用的管控离不开开源和节流两大方面。一方面，企业需要格外注意无形资产价值的提升。首先，流量的导入可以有效地转化为收入；其次，品牌的知名度和美誉度也可以凭借广告和赞助的方式兑现；最后，安全运营是提升项目无形资产价值的根本保障。另一方面，在节流的维度，利用腾讯大数据等信息手段注重商圈精准定投广告，利用朋友圈或微信群进行社交裂变式营销，并在提高费效比的同时砍掉只为提高运营方美誉度而进行的公共关系活动。开源节流、双管齐下，真正实现风险可控、提质增效。

表 4–10 活动推广管理内容

重点目标	具体内容
活动组织	前期准备，活动管理，活动总结
推广策划	推广季度策划方案，单次推广活动计划
供应商管理	供应商评估，供应商合同管理，供应商合同执行监督
拓展客户与联合活动组织	客户评估，合同管理，联合推广活动管理，活动总结
消费者信息收集与分析	消费者信息收集计划，消费者分析，消费者问卷，消费者信息管理
年度推广计划管理	年度推广计划和预算编制，年度推广计划执行和推广月报

资料来源：明源地产研究院。

第三，运营最基础的就是做好物业管理。在日常的设备维保、保安保洁等基础的物业管理工作之外，企业可以通过节能改造、分区控制等方法达到节能的目的，从而提高项目整体的收益率，还可以通过数字化手段管控日常的物业管理工作流程，对异常指标进行实时监控。比如，如果智慧楼宇能耗总量和强度的双控监测系统监测到的数值超过企业的预警线，企业则需对其重点关注和分析，并制定有针对性的解决措施。

五、数字赋能，借助科技让企业实现“精益资管”

无论是阿里、腾讯、亚马逊、谷歌等互联网科技企业，还是华为、美的、格力等成功的实体企业，它们的成功都和数字化转型密不可分。

当然，虽然数字化可以帮助企业解决一些以往无法解决的问题，但从根本上看，数字化是为管理赋能服务的，必须建立在企业自身的战略目标之上——只有在明确业务战略的前提下，利用数字化工具优化管理流程，才能让企业取得事半功倍的效果。

因此，提升资产管理能力是一项系统性工程。如何利用数字化手段赋能资产管理呢？明源地产研究院借鉴海外成熟市场的数字化成功案例，研究国内众多存量转型企业的数字化实践探索，结合明源云空间丰富的数字化经验，针对企业的资产管理提炼出“资产盘点—资产盘活—资本优化”的数字化战略路径，让资产顺利实现投融管退的业务闭环（见图 4–32）。

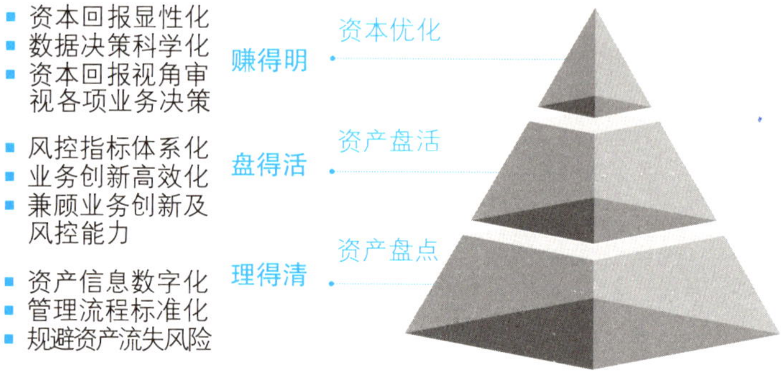

图 4–32 针对存量资产管理的三大阶段

资料来源：明源地产研究院。

1. 数字化助力资产盘点，让家底“理得清”

第一阶段是资产盘点，通过资产信息数字化、管理流程标准化，让家底“理得清”，避免资产流失。此阶段主要解决三大方向性问题：让资产信息数字化，不再依靠传统人工统计与纸张记录；让管理业务流程标准化，使业务流程处于透明可控的环境下；基于以上两个基础，有效规避资产收益流失风险。

（1）建立资产“身份证”，确保数据口径一致

资产信息数字化是企业走向精益资管的技术底座。基于销售配套，企业留存的商业资产通常呈现出多业态的特征，比如，综合体项目往往具有社区底商、会所、停车场、写字楼、公寓等，每一种资产业态均有其独特的业务特点，如租售并举、合并拆分、长租短租、代租代管等。通过数字化手段，企业为它们颁发不同的“身份证”（见图 4–33），实行分类管理及统计分析，以满足不同的业务管理需求。

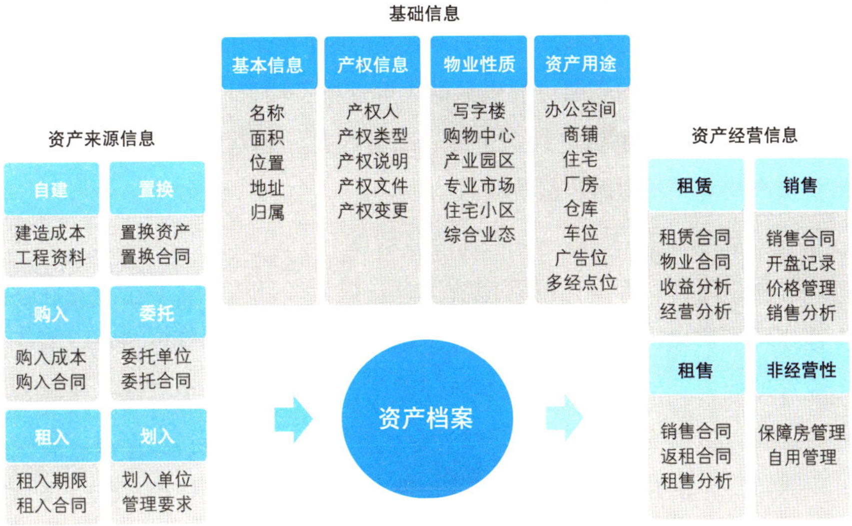

图 4–33 数字化资产信息“身份证”

资料来源：明源地产研究院。

在资产的存续期间，企业应对资产的基础信息进行整体统筹，包括统一承租面积的数据口径、可视化监控租赁的状态变化、实时统计非固定铺位的多经收入等。例如，在“面积”指标中，确定资产按照建筑面积还是按照租赁面积口径；在“产权”指标中，将中庭、快闪铺位等多经点位收入准确纳入资产基础信息。这些数据偏差看似微不足道，但几年下来，这部分偏差可能造成高达数百万、上千万的收益流失。

例如，南京国企A集团旗下资产类型十分复杂，除自持型、销售型和待建类商业资产外，还有因历史问题遗留下来的无产权类型的物业。面对资产权属复杂的难题，A集团花大力气对原有的历史资产进行全面盘点，并邀请咨询机构进行分类梳理。

通过搭建数字化平台，A集团将旗下超过60万平方米的经营性及非经营性资产全部纳入管理范畴，实现了对各种来源渠道的资产的分类管理，如自建、置换、购入、委托、租入、划拨等，使得每一项资产都拥有独立的信息“身份证”。同时，各类资产基础信息也实现了数据口径的一致。A集团通过定期移动巡检的方式实时维护资产信息数据库。

目前，A集团的高层可通过数据大屏查找各项资产的实时管理面积、资产营收情况，了解资产经营进展、财务收益、运营健康度，从而明确自身资产状况，及时做出最优决策。

（2）场景审批固化，确保流程合规性

对企业而言，标准化的管理流程意义重大。目前，诸多企业正在逐步建立轻资产输出标准，而这有赖于企业自身标准化的管理流程。对于企业管理而言，借助平台将标准流程固化，企业可以避免基层人员触碰业务红线，防止收益跑冒滴漏。

例如，北京H集团对旗下租赁管理业务进行了全面梳理，结合项目高层管理要求与系统应用要求制定了《H集团租赁管理系统应用保障规范》（见图4–34）。配合数字化工具，H集团将该规范中涉及的岗位职责权限、场景审批等流程固化到系统中，让每一项业务审批环节留痕，形成落地性较强的管理成果。在这种规范化的业务管理体系下，企业能有效地确保流程合规性，实现从“人管”到“智管”的转变。

（3）建立资产评估模型，及时识别资产流失

在建立数字化信息与标准化流程的基础上，企业决策者能按照数据提示，围绕资产估值模型（见图4–35）实时查看与资产相关的收入与成本项数据。不同的资产相关方（如资产投资者、资产经营者）均可以在

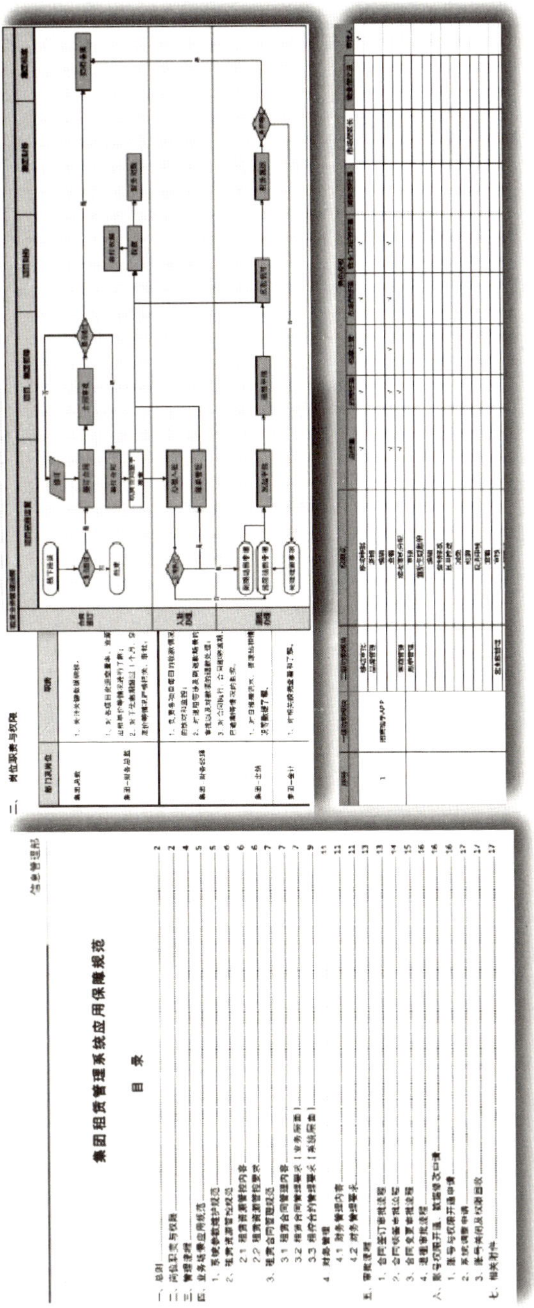

图 4-34　H 集团标准化管理流程

资料来源：明源地产研究院。

系统中抓取自己需要的考核数据，通过掌握资产收益数据避免资产收益出现流失。

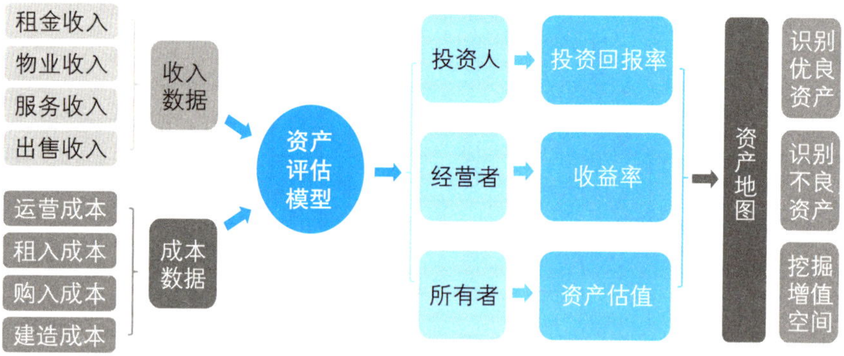

图 4–35 资产估值模型

资料来源：明源地产研究院。

比如佛山某城建公司，配合新设立的数字化资产档案，巡检人员只需通过 App 定期对资产进行巡查、扫码与拍照，就可以判断资产实际空间状态、经营情况与现有资产档案是否一致，及时发现资产差异和占用、挪用情况，保证资产空间状态与现有状态一致，防止因公共资产被占用而导致收益流失。

从效果呈现上来看，明源云资管构建了全景资产地图，让集团能够洞察资产分布状况，详细查看各资产在同一时间轴的纵向发育情况（见图 4–36）。结合外部大数据资源，全景资产地图未来也可以和同水平的行业项目进行横向比较，比如抓取外部统计信息，以呈现该区域多个项目的市场写字楼租金水平，从而为高层制定租金价格策略提供参考。

除了提供宏观市场数据，全景资产地图还可以将集团层面关注的核心指标（如 NOI 或者 EBITDA）层层往下分解，并最终关联到一些日常的运营数据。

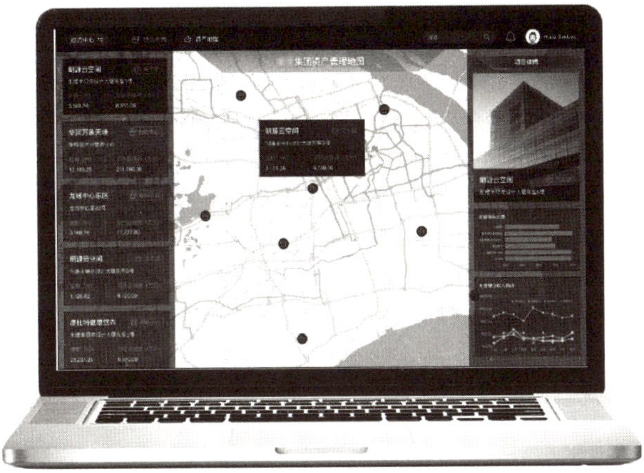

- 集团项目分布概览
- 集团关键指标
- 公司收益指标总览
- 项目数据列表

图 4-36 全景资产地图

资料来源：明源地产研究院。

2. 数字化助力资产盘活，让资产“盘得活”

当实现了对自身资产的盘点，企业也就走出了精细化资产管理的第一步。资产管理的下一个目标是要做好资产盘活工作，即借助数字化工具，在资产存续期间实现运营降本提效，优化客户的业务体验，有效管控业务风险点，用数据做出最优决策，最终提升资产运营 NOI 指标，放大资产溢价。

（1）运营提效：移动应用重构业务场景，实现降本提效

存量资产的日常管理可以分为招商、租约、物管、服务等多个业务，而挖掘以上业务触点并利用科技手段来改造业务场景可以提升管理人员的效率及客户体验，显著降低人力成本。数字化赋能业务的几个具体场景如下所示。

①掌上招商：移动跟客，基层用心，中层开心，高层放心

当前，大部分的写字楼或园区的招商团队都采用参展会议、企业拜访等行销形式开展业务，信息收集过程和记录基本靠纸质工具。而借助移动化的招商助手，招商顾问可以快速录入商机并及时上传资源，减少

了二次录入可能产生的信息遗漏，从而提升基层人员的效率。

对招商团队的管理者来说，以往对招商人员的成绩进行量化考核都需要花费大量时间进行线下统计，而现在只需通过基层拓客人员的数据上传就能了解客户转化率、签约进展、合作资源库等量化数据。此外，所有招商动作在系统中均有留痕，流程停滞可以迅速追溯到负责人，从而避免因基层招商人员离职而造成客户资源流失（见图 4–37）。

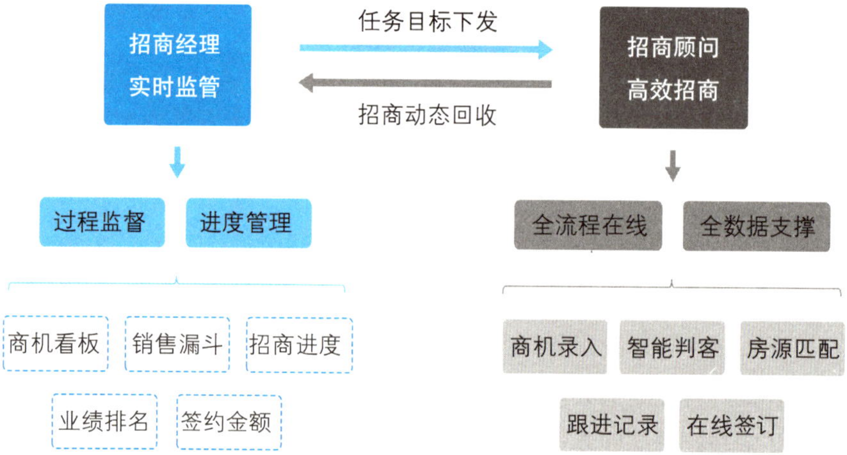

图 4–37　掌上招商流程图

资料来源：明源地产研究院。

例如，华南某大型 X 集团旗下产业园区招商团队需要做大量的考察洽谈和客商跟进，在采用移动化招商助手后，所有会谈内容被实时记录，数据被传递至企业平台，确保了客商资源不会因主办人员的离职而流失。在这一过程中，企业也逐渐构建了独立的资源库，中高层还可以查询各商业合作伙伴的过往历史数据信息，包括上客率、转化率，并依据数据做出正确的业务研判。

又如，Y 集团通过数字化手段打造智能楼书以及企业招商门户，并且对 58 同城、好租等外部代销平台进行资源整合，采用多渠道、多方式进行招商。借助外部平台流量优势，Y 集团旗下的资产租赁与去化情况显著优于周边同类物业。

②电子租约：电子化合同，多版本溯源，全智能预警

目前，诸多资产运营商已经考虑将租赁合同线上化（见图 4–38），这不仅是因为地方政府希望合同电子备案，也是因为企业想提高自身的管理效率，让合同管理变得更加自如。

以长租公寓为例，目前各地政府都针对长租公寓实行强制电子备案制，这给很多公寓运营商带来了便利。例如，华南某知名企业 Y 就率先在此领域实施合同在线管理，长租公寓本身属于高频低利润率行业，涉及的租户群体众多。如果每份租赁合同在签订阶段都要通过人工邮寄的话，那么耗费的时间与人力将对利润造成负面影响。而通过电子签章功能，租客与管理者便可以足不出户完成租约签订流程，并且在系统中留底，这可以有效防止合同内容被篡改，不仅提升了租客体验，也降低了管理人员的时间成本。

合同履约过程不可避免地会存在诸多风险，比如租约到期退租对租金收益的影响等。而利用数字化工具，Y 企所有在管合同到期摒弃了人为提醒，并且实现了多部门自动提醒，方便关联部门之间的协同，也能防止出现通知不到位导致的责任推卸问题。

同样成功的案例还有苏州企业 QD——一家专业园区运营商，其管理的园区物理空间普遍较大，以往管理人员进行业务审批多采用纸质媒介，过程中需要不断在园区建筑之间奔波，非常耗时且审批效率低下。在采用数字化电子合同审批后，一旦业务流程产生，不管是发送者还是抄送者，都会收到相应的消息，各部门可以随时掌握审批进程（见图 4–39），QD 企业的平均审批时间也从刚用系统的 12 天左右降到了现在的 6 天左右。

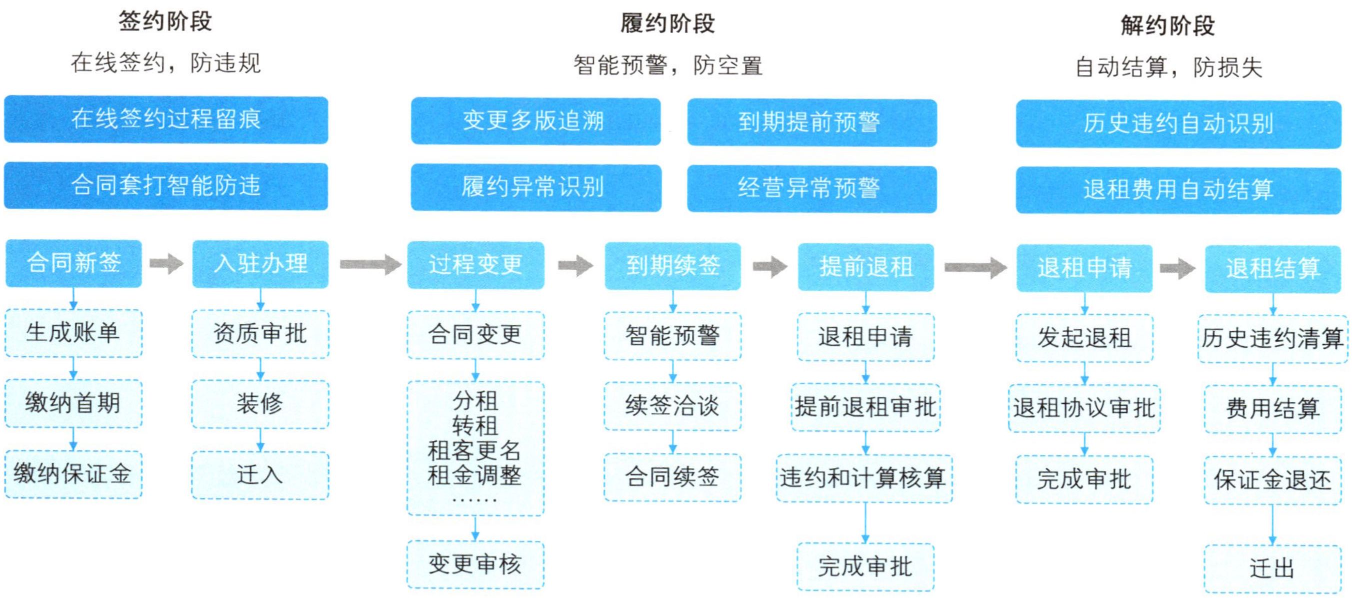

图 4-38　电子化合同流程图

资料来源：明源地产研究院。

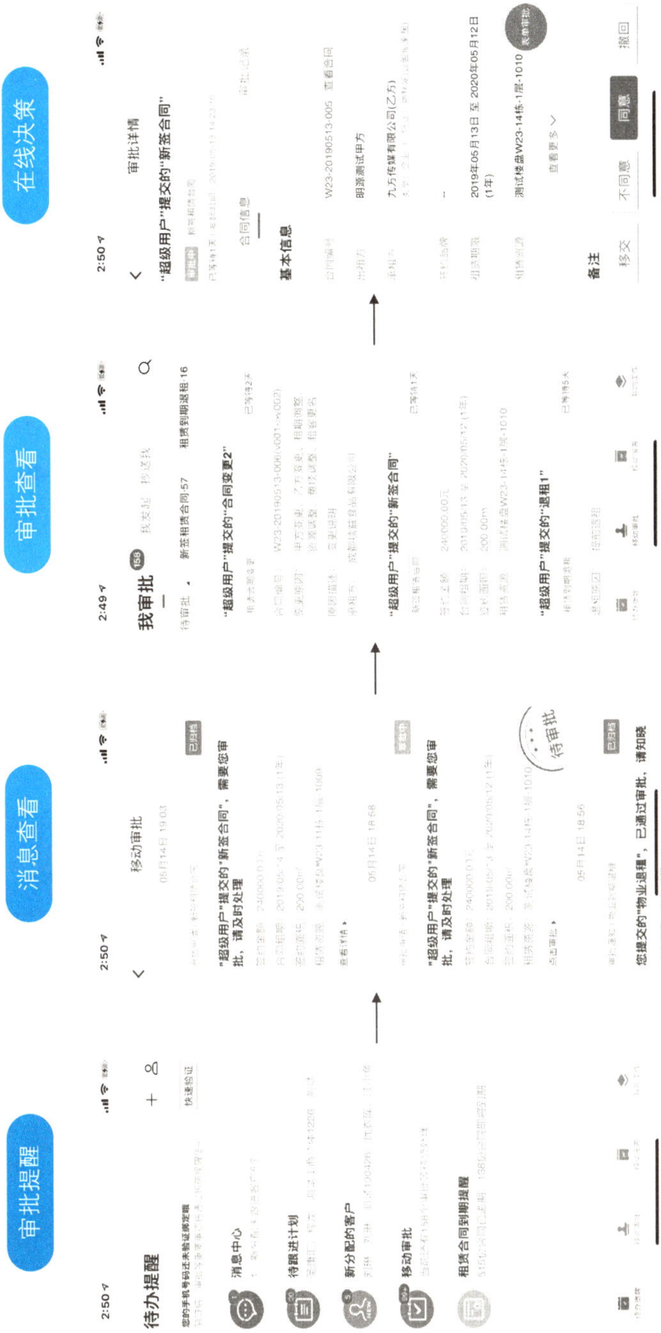

图 4-39　QD 企业线上审批流程

资料来源：明源地产研究院。

③移动物管：借力智能软硬件，降本提效，有效提升 NOI 指标

从 2018 年开始，诸多房企下设的物管企业扎堆上市，其估值节节攀升。如此传统的业务之所以能够焕发勃勃生机，是因为其通过科技手段重构了传统的物业管理场景，掀起了物业服务改造浪潮，从而给了资本方更多的想象空间。例如，物业龙头上市企业彩生活在 2014 年就已经为旗下所有社区构建了停车场保安系统、车辆遥控进入系统和个人自动进出系统，显著降低了物业管理的人工成本。

目前，针对物业管理的软硬件智能化设备如同雨后春笋般出现，其中就有物联网技术结合云数据管理平台以实现设备在线化监控与管理，主要业务场景包括智能停车场、智能抄表、智能安防等（见图 4–40）。

以智能化停车场管理系统为例。以往，停车场管理总会出现所收费用与实际状况不符的困境，原因通常是基层管理者的不道德行为导致费用跑冒滴漏。而结合物联网与大数据平台，采用无感支付与定位技术实现无人值守的智慧停车管理体系，不仅能保证停车场收入的透明化，还可以降低人力成本。

数字化赋能物业管理的另一个成功运用就是搭建可控的能耗机制。在存量资产管理过程中，能耗是最大的固定成本，能耗的微弱偏差直接决定了 NOI 差异，进而加倍反映到资产估值中。通过搭载感应装置，各能耗设备可以及时通报异常情况，有效控制能耗水平，同时降低人工巡检成本。

④服务在线：保基础业务，拓增值服务，提品牌价值

随着资产管理的含义不断丰富，很多运营商不再满足于基础的物业管理，而是针对租户拓展出了众多增值服务，以提升服务体验与品牌溢价，为将来轻资产管理输出做准备（见图 4–41）。

例如，深圳某大型企业 H 在南山区的地标写字楼项目在招商阶段吸引了诸多大型企业进驻，而这类企业对高端服务的需求十分强烈。为此，围绕 App 和微信公众平台等端口，H 企建立了租户与服务团队的直连机

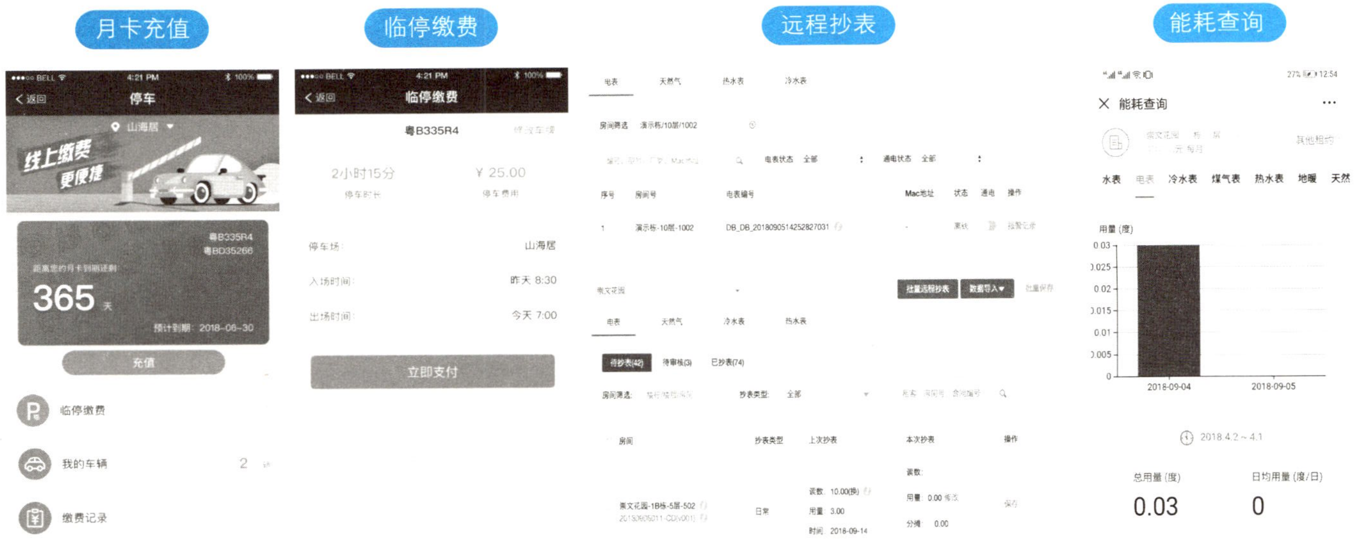

图 4-40　智能化物业管理界面

资料来源：明源地产研究院。

制，一旦有租户提出服务需求，渠道就能及时反馈给相关部门，客户也能随时查询处理进度与结果（见图 4–42）。这使得物业管理的监督抓手从原先的内部员工慢慢地延伸到外部客户，让客户直接对服务进行评价，促使 H 企不断提升服务水平。

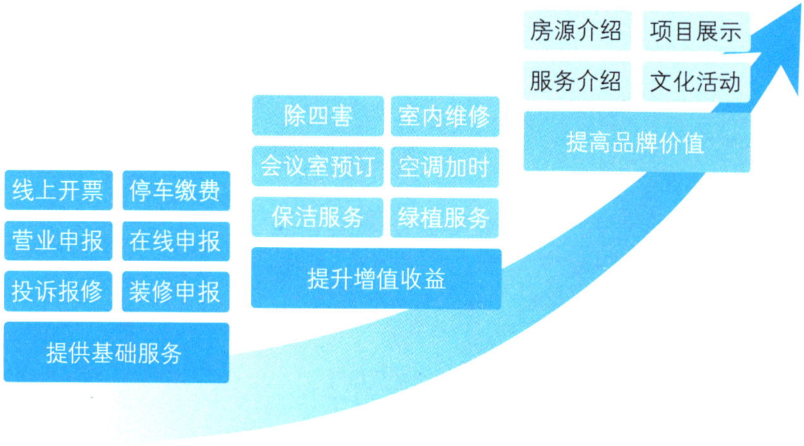

图 4–41　资产管理的丰富含义

资料来源：明源地产研究院。

目前，众多运营商均推出了相应的品牌门户与服务平台，提供语音助手服务。员工只需通过 App 平台发送语音，包括订水订餐、资料打印等需求，语音助手就能将需求直接通过数据平台反馈至相关的服务提供者，从而尽可能地节省人工和时间成本。

⑤智慧财务：业财一体化，解放工作量，创造新效益

在资产运营期，不论资产属于何种业态，月末算费通知、月初收费开票都是让财务部门痛苦的事情。由于业务跟财务的连接不紧密，商户是否缴费需要再次依靠人工确认，但基层业务员由于杂事太多，难以及时跟进即将到期的商户，导致信息每次都是滞后传递到财务部门。

对于累积的大量费用处理事项，财务部门需要在短时间内重复完成

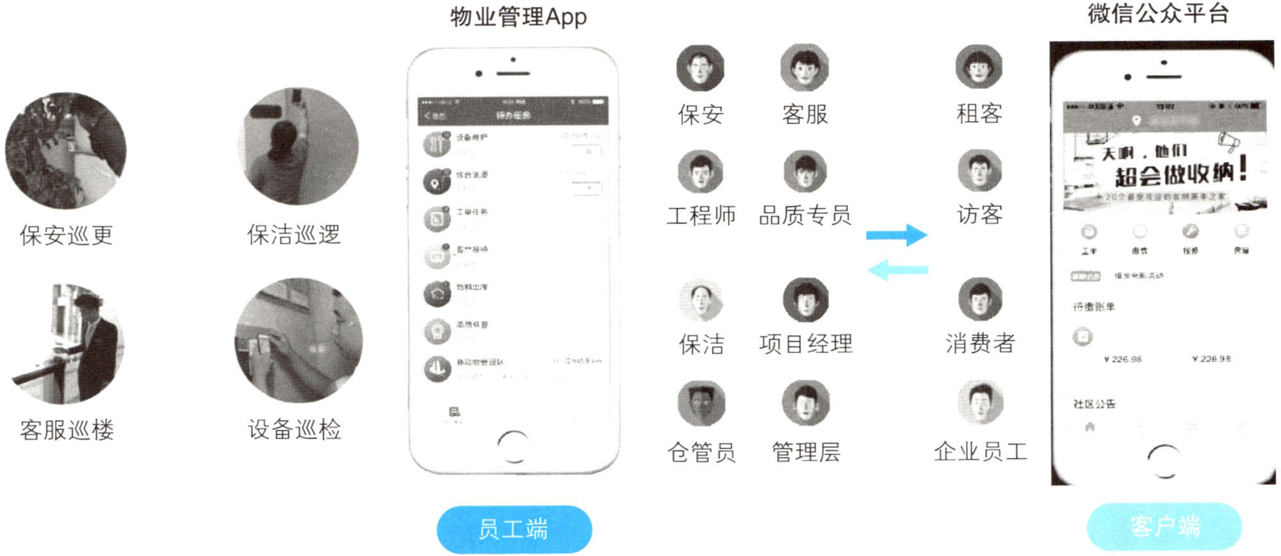

图 4-42　H 集团线上管理端口

资料来源：明源地产研究院。

计算、发账单、收款、退款、开票、做账等烦琐工作，在效率低下的同时也可能会产生误差，这限制了财务人员的工作能力。而数字化工具打通了业务与财务间的信息壁垒，提升了财务部门的整体工作效率（见图 4–43）。

例如，由于专业市场拥有租户小而散的特点，商户变动造成的影响很容易被忽视，所以专业市场运营商 S 集团在收缴清算期困难重重。通过搭建信息化平台，S 集团实现了在线查询账单、支付、开票等业务的快捷处理，极大地优化了客户体验，提升了客户满意度。

S 集团的所有财务数据都可以自动计算生成报表，统计结果一目了然。如果集团出现欠款等风险，那么系统也能自动预警。这使得财务人员无须担心对账不准确，也无须频繁修改报表，显著提升了财务人员的工作效率，真正释放了财务人员的价值，让他们能够更多地参与到决策分析工作中去。

（2）运营风控：全局风险管控，保障目标落地

通过数字化改造，企业在实现业务提效的同时，还能针对业务涉及的风险点进行有效管控。因此，对企业来说，建立一套全局风控体系是必不可少的。特别是围绕未来资产估值，企业需要重点关注以下四类风险类型（见图 4–44）。

第一类是资产风险，即资产运营期间可能引发的风险。比如出租率和出租时限，出租率是当前时点的出租率，也许当前出租率为 100%，但前面 10 个月的出租率为零。如果企业只采用静态指标进行统计，那么这无疑会误导高层决策。因此，企业构建一套动静结合的资产风险指标很有必要。

第二类是客户风险，针对资产租户发展状况进行分析。例如，现有的部分写字楼租户属于 P2P 等消费金融行业，这类企业受政策与市场的影响特别大，很有可能随时退租，因此对租户行业进行分析并监控企业信誉就显得尤为重要。通过与政府以及企业信誉网站进行数据接驳，管理者可借助系统平台实时查看入驻企业资质，从此拥有一双鉴别企业优

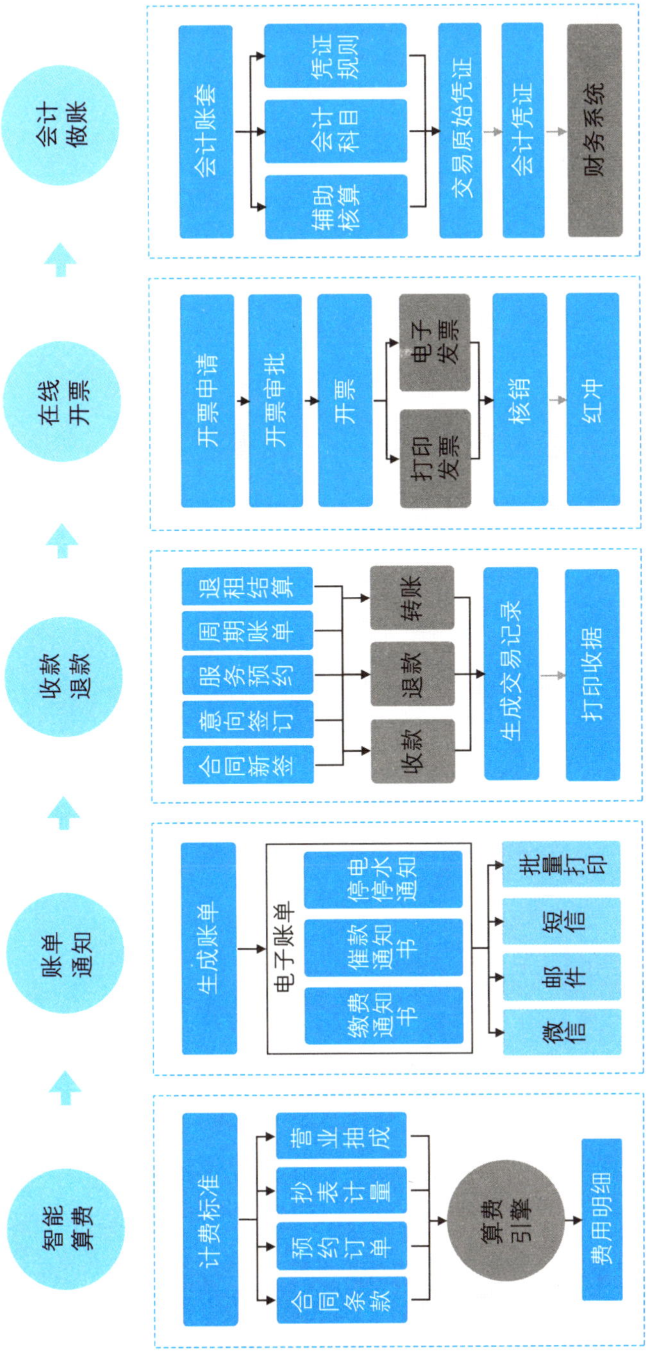

图4-43　智慧财务流程图

资料来源：明源地产研究院。

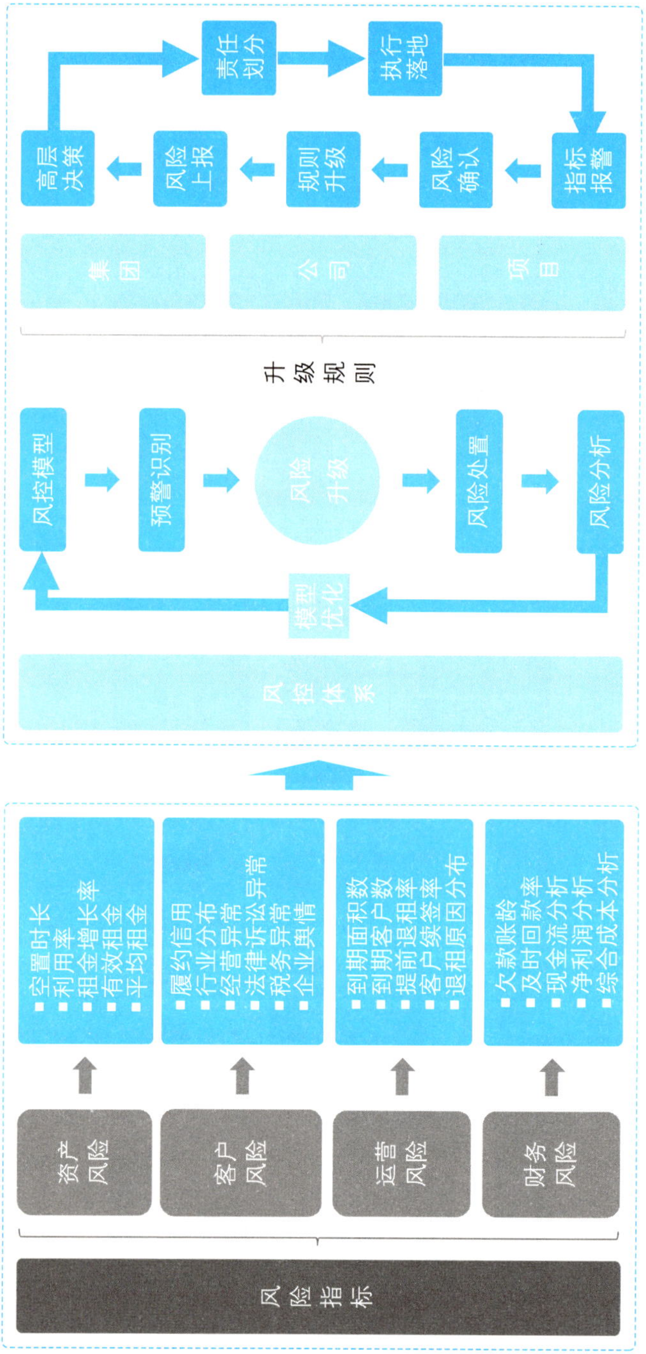

图 4-44 运营中的四个风险点

资料来源：明源地产研究院。

劣的“火眼金睛”。

第三类是运营风险，即资产在重要经营节点（如续签、退租）可能出现的影响业绩的决策指标，包括退租率、续签率以及客户退出原因等。通过指标锚定与实时报警机制，企业可以避免因人为统计出现的疏漏与时间偏差，防止资产运营收益流失。

第四类是财务风险，即反映在财务现金流上的指标，包括回款率、现金流、净利润等，让集团任何一笔资金流向都“有迹可查”。

围绕以上四大维度构建风险体系，配合组织结构的实际运作，分成“集团—公司—项目”三级，各级人员都能够明确风险发生时自身的权责。

对此，深圳国资委某下属集团 TF 拥有切身体会。由于 TF 集团不直接参与 8 家下属公司的租赁运营业务，但需要行使监管职能，而采用手工台账式管理难以及时发现经营过程中存在的风险，因此集团经营管理部负责人、财务总都对集团视角的风控十分重视。

借助数字化手段，TF 集团搭建了五级风控体系（见图 4–45）。只要监测指标达到对应阈值，便自动触发提示并抄送给对应部门去解决，不同层级的管理人员均能收到对应级别的风险预警。

例如，当某资产收缴率低于 90% 时，这类弱经营性风险预警会首先提醒基层执行人员予以修正。随着风险强度增大而逐渐提升上报层级，当资产收缴率低于 60% 时，风险提示将直接上报至集团。这种多层级风险管控机制可以把影响力较小的风险交由基层解决，让集团能够汇聚资源解决大型难题，从而节约集团决策成本。

（3）智能决策：可视化决策平台，在线实时决策

在建立信息化底层数据的基础上，管理层可以建立标准化的资产管理流程，使各项运营环节均能监测相应的风险，并基于风险适当优化经营业务，从而真正做到智慧决策（见图 4–46）。

图 4-45 TF集团的多维度风险预警体系

资料来源：明源地产研究院。

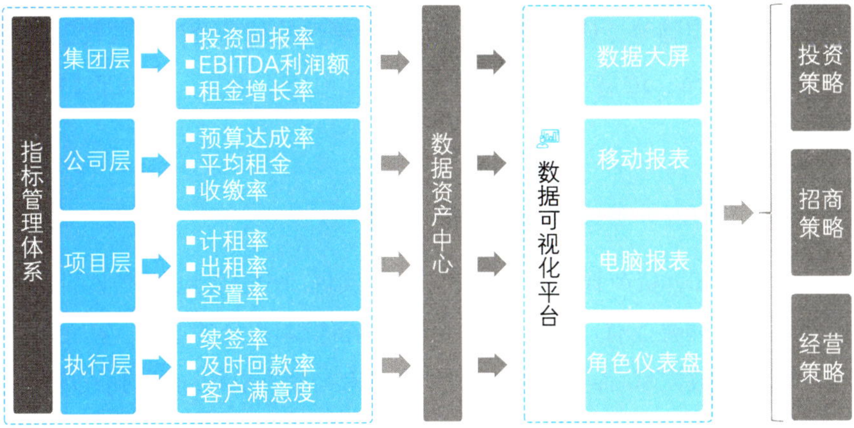

图 4-46　标准化的资产管理流程

资料来源：明源地产研究院。

不同层级的关注点不同，智慧决策所关注的核心指标也不同。

从集团管理层来看，首先要关注资产包整体的资本回报，即资产回报率是否达到预期结果；再基于资产回报率逐步往下分解为租金增长率、EBITDA 等运营指标。特别是不同企业对运营指标的衡量各有不同，比如 EBITDA 与 NOI 都是衡量资产运营期的收益指标，但两者的出发点与扣除项都不相同。EBITDA 扣除了业主相关费用，主要反映运营现金流；NOI 更多强调管理效果，主要作为资产估值依据。通过数字化手段，系统将统一外部资本市场语言及内部企业管理语言，帮助企业清楚地辨别这类指标的差异。

从子公司管理层来看，重点关注业务整体控制情况，比如关注预算、收缴率是否执行到位。从具体项目管理层来看，所持资产的风险控制尤为重要，比如资产运营期的出租率、空置率等。从执行业务基层来看，更多关注与绩效考核相关的指标，比如项目签约率、回款率、客户满意率等。

此外，借助 DMP（数据管理平台），企业可以将原先分散的多方数据整合纳入统一的底层数据平台，并对这些数据进行标准化和细分，统一维护所有数据，形成企业独家的数据资产。同时，企业通过企业大屏、手机、平板电脑等，让决策者时刻了解全局性的动态资产经营数据，对企业招商策略、运营策略甚至未来投资策略进行调整，避免拍脑袋做决策。

3. 数字化助力资本优化，让资本"赚得明"

众所周知，资产管理的终极目标就是实现"投融管退"的业务闭环，管理者不仅需要拥有运营能力，还需要具备资本投资的逻辑。在企业建立动态运营数据库后，资产管理者便会拥有与资本机构同频的语言基础，便于让资产最终顺利退出盈利。因此，在资本优化环节，资产回报率与资产估值都是可以重点关注的指标。

（1）投资测算：制定预算模型，降低人员技术门槛

当物业经营升级为资产管理后，相应的管理抓手也应该触达到资产全生命周期中，不论资产的获取与退出采用何种方式，资产回报率都是资本市场考虑的重要因素。因此，为了对资产整个生命周期的收支进行有效监控，管理者需要在初期建立标准的投资测算体系，这不仅是预测未来资产何时能够达到退出获取收益的标准，而且是与外部资本机构买家语言同频的必要手段。

例如，重庆某本地企业 H 的商业板块下单独设立资产管理部门，该部门针对大型综合体项目进行投资测算，测算商业资产从开发到运营期的资产回报水平。如果测算结果无法达到集团整体的资产回报要求，那么该部门有权在投委会上直接否决项目方案，避免让商业板块的业务部门"背锅"。

搭建资产全生命周期视角的投资测算模型难度颇大，对相关人员也提出了更高的能力要求，但目前很多投资人员只能通过 Excel 等传统工具完成投资测算模型，过程中可能出现参数变更导致报表大幅重调的情况，不仅耗费时间，还容易出现人为失误。而数字化工具可以将所有资管业务所涉及的指标（包括财务指标与运营指标间的内在逻辑）固化到

系统中，只需要管理者填写基本参数，系统就可以呈现预期资产回报。这显著降低了投资测算人员的技术门槛，非财务金融出身的管理人员也可以快速获取预期财务结果。同时，数字化手段也能减少人为计算的失误，释放投资人员的价值，让他们能真正将时间花在决策分析上。

（2）全生命周期监控：过程实时监控，快速调整业务策略

通过初期建立的资产投资测算模型，借助模型与历史项目数据，系统可以快速计算出不同版本的投资方案。管理者可以根据某特定方案的要求，将测算结果转化为具体的考核指令，从而下达到不同的业务部门予以执行。在实际的开发及经营管理流程中，关联执行部门会依照考核指标持续改善绩效水平，确保预期的资产回报率不会产生较大偏差。

此外，系统会实时监控业务执行与投资测算间的指标偏差，及时分析差异产生的原因，并将分析结果发送给相关业务部门处理，业务部门的处理结果又能反映在初期的投资测算方案中，实现方案的不断迭代（见图 4–47）。

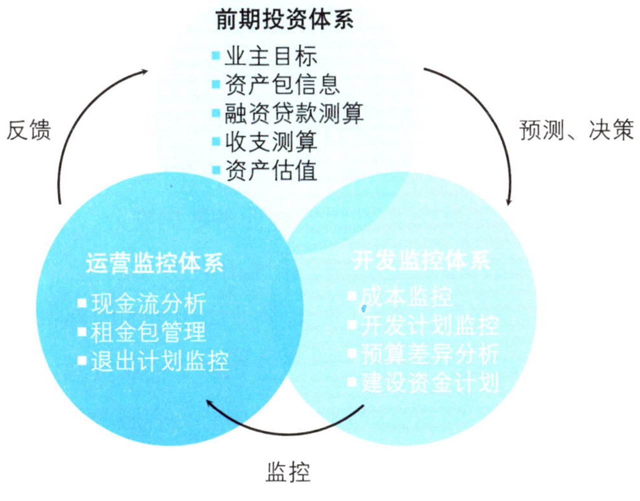

图 4–47　资产管理流程闭环

资料来源：明源地产研究院。

在资产回报率目标不变的前提下，数字化资管信息平台能够优化客户体验，显著提升执行部门的业务效率。

4. 借力数字化平台，实现精益管理“三级跳”

数字化资产管理体系可以帮助企业在未来的资产管理发展路径中实现“三级跳”战略。首先，企业能将自身的家底盘清，包括资产的权属、布局、经营状况等；其次，企业能通过科技赋能的手段构建优质资产，提升管理效能，实现资产盘活；最后，企业能利用资本优化逻辑和引入资本机构资源，让投资赚得明明白白，实现由粗放式租赁管理向精细化资管模式的转变（见图 4–48）。

明源云专注于存量资产管理领域，持续投入研发，升级云资管数字化平台，致力于帮企业打理好每平方米资产。云资管数字化平台围绕基础设施支撑、内部管理升级、移动场景应用、风控决策中心展开，对外集成第三方优质资源，助力企业实现资产盘点、资产盘活、资本优化三级战略的数字化转型。

在基础设施建设层面，为了给企业提供更稳健、更高效的平台服务，云资管数字化平台进一步升级基础设施。服务层面借助阿里云 IaaS（基础设施即服务）平台可扩展所有图像识别、IoT（物联网）等相关服务；平台层面基于云创 PaaS（平台即服务）技术可全面支撑和实现企业的个性化诉求；数字层面采用 DMP 技术实现业务数据整合、数据口径统一，可搭建高度自定义报表体系，保障各端口输出的数据质量。

在内部管理系统层面，明源云针对企业集团级的内部资源管理、交易过程管理、业务流程管理诉求，提供云 ERP（企业资源计划）平台解决方案。云 ERP 平台围绕资管中心、租赁中心、客服中心、资本管理四大板块展开，将业务管理标准、流程固化到具体的岗位流程中，形成可复制的业务管理标准，支持企业规模化扩张和管理升级。

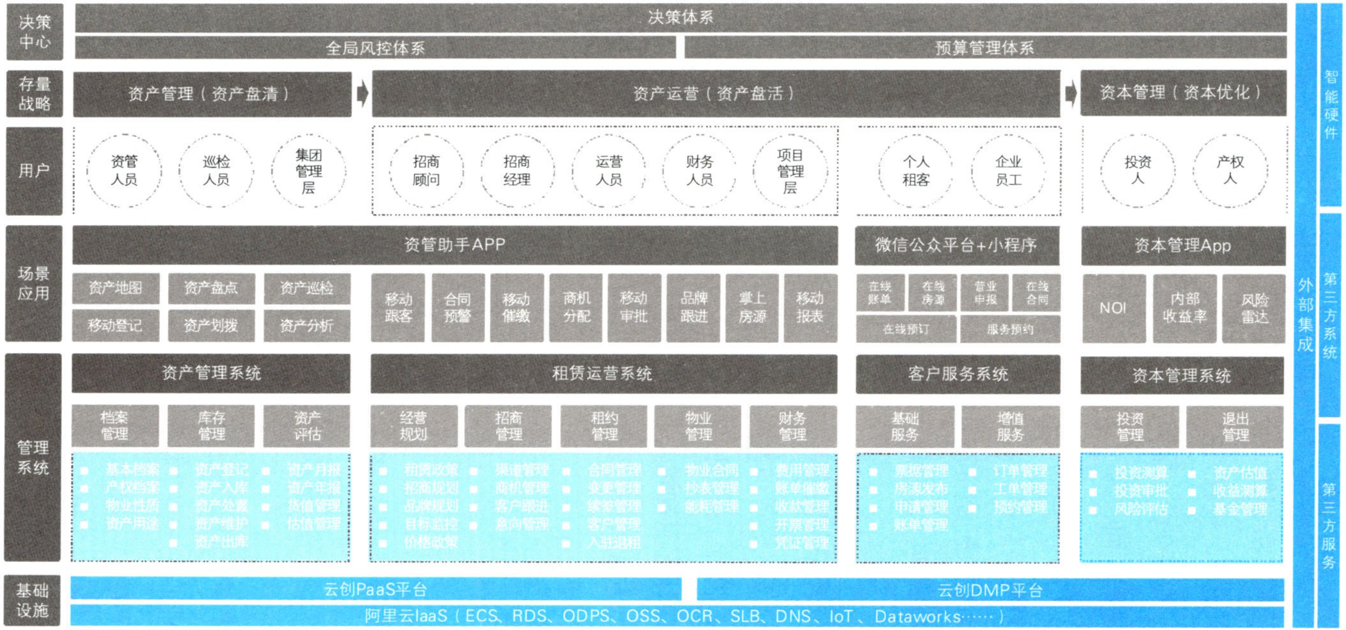

图 4-48　明源数字化资产管理体系

资料来源：明源地产研究院。

在移动场景应用层面，明源云针对有实时性要求的场景提供移动应用支撑，让员工和业务在线。企业管理者可随时随地在移动端快速审批业务、查询业务进展、接收风控及经营简报。对外通过“微信公众平台+小程序”为客户提供在线化服务办理，其也是移动化的企业品牌门户。

在风控决策层面，为了支撑企业经营目标的达成，明源云资管平台搭建了一套“预算—运营—决策”全局风控体系，保障经营目标成功落地和管理决策科学有据，以实现资产的持续稳定增值。风控中心保障企业经营风险可控，围绕资产风险、客户风险、运营风险、财务风险设定企业自身风险阈值，实现从“事后救火式”管理向“事前防火式”管理的转变。

明源云资管平台面向不同的资产关联方，既包括集团内部的高层、中层、基层群体，也包括外部的资本方和产权人，以及资产管理下的B端和C端租户群体。平台围绕这些资产关联方提供数字化工具，在优化体验的同时提升管理效能。平台中不断累积的底层数据资产，也会成为日后对接资本方或银行融资的重要估值依据，释放资产真实价值，更好地兑现其管理回报。

第五节
解析国内外优秀资管公司案例，强化运营以实现资产增值

存量资产的运营管理能力是企业的一项核心“造血”能力，未来将成为决定企业成败与竞争格局的关键。在存量资产专业运营领域，成熟国家起步相对较早，经验更为丰富，我国存量市场也相继涌现了一大批优秀运营商。为此，我们充分总结海内外标杆企业的管理策略和实战经验，以期为诸多企业提供参考和借鉴。综合来看，企业可选择的资产管

理模式有很多，但最关键的还是量体裁衣，寻求最适合自身的路径，做好运营能力储备。

一、写字楼资管核心要素与案例分析

1. 铁狮门：经营纵向一体化，倡导绿色建筑理念

作为世界顶级的房地产开发商、运营商和基金公司，铁狮门的标志性建筑包括纽约市的克莱斯勒大厦和洛克菲勒中心、芝加哥的富兰克林中心、柏林的索尼中心、法兰克福的歌剧塔以及中国和印度的甲级写字楼等项目。截至 2018 年年末，铁狮门地产收购、开发、运营的物业资产组合价值高达 900 亿美元。

谈起铁狮门，人们对其印象最深刻的莫过于“投入不到 5% 的资金，却能分享 40% 的收益”的超强金融能力。然而，铁狮门的优秀运营能力也应该受到业界关注，毕竟其金融技巧即便再鬼斧神工，也得有一手好运营能力作为底牌。

（1）纵向一体化模式，提高每个环节的效率和收益

运营管理投资物业的能力体现在两个方面：一个是经营杠杆，另一个是财务杠杆。经营杠杆是指运营团队透过其卓越的经营能力，降低空置率并提升商业物业的租金收入，从而实现物业升值；财务杠杆聚焦的是区域市场的升值部分。所以，运营带来的物业升值 = 物业整体升值 − 区域市场的整体升值。

在发展过程中，铁狮门逐渐形成了“纵向一体化 + 小股操盘”的重运营轻资产模式。前者使铁狮门拓展了产业链的纵深，而后者则最大限度提高了资金的使用效率。这种对全价值链的覆盖使得铁狮门获得了专业的房地产开发和运营能力，同时借助基金运作带来的财务杠杆获得超额的收益。

以纵向一体化为例，在国内开发商中，碧桂园以全产业链模式著称。

在这种模式下，碧桂园不仅可以通吃各个环节的利润，还可以极大地提高效率。铁狮门同样采取纵向一体化的模式，整体业务线包含开发、收购、资产管理、基金管理和施工管理业务等各个方面（见图 4–49）。

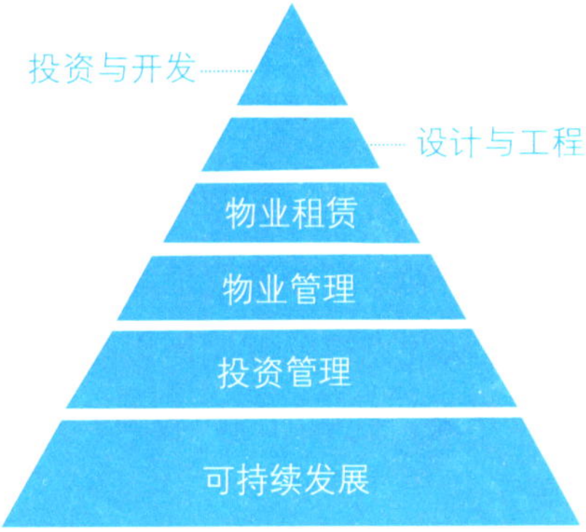

图 4–49　铁狮门纵向一体化经营模式

资料来源：铁狮门官方网站。

这给铁狮门带来三大优势。

一是收购交易。相比于其他组织由于内部人员缺乏而必须依靠第三方合资伙伴的情况，铁狮门拥有垂直整合平台，能够实时开展市场调研，为公司提供一个更加深入详尽的当地市场的轮廓与细则，从而比其他组织更迅速地执行交易。

二是开发建设。若物业前期开发建设得好，物业品质就高，这样物业不仅本身就有溢价，而且还能避免为后续的经营埋雷，而铁狮门恰好有这种能力。

三是整合提升。无论是收并购物业之后的整合，还是内部各业务条线的整合，铁狮门的多学科团队使其能够设想比其他公司更广泛的可能性。公司在收购、设计、施工、物业管理、投资管理和风险管理等各个方面的优势，使得资产质量能够得到快速提升，获得增值。

铁狮门将自己的产业链延伸至行业的各个领域，尤其是对前端的投融资管理以及后端的物业运营管理的成熟操作，让其在高端物业的投资和管理中表现突出。铁狮门借此可以不断地攫取微笑曲线两端的高额收益，同时也放大了品牌与服务的价值（见图 4–50）。

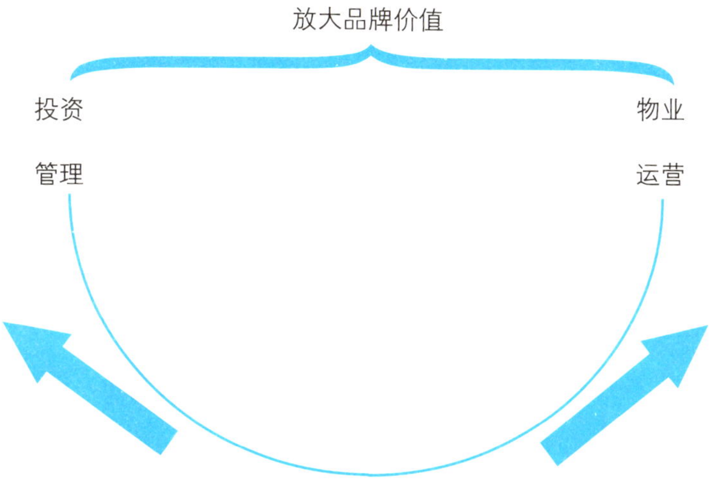

图 4–50　铁狮门的微笑曲线

资料来源：明源地产研究院。

同样的不动产项目由铁狮门来运营，其出租率、租金水平、升值速度也比由其他企业来运营更高、更快，从而形成一种良性循环，企业抗风险能力大大增强。不论房地产前景如何，铁狮门都可以在风险最小的情况下获得利润。

（2）倡导绿色和可持续性，减少了后期的能耗成本

不少写字楼在建设时为了节省成本，投入不够，使得写字楼在投入运营之后需要耗费大量的资金，效果可能还很差。

铁狮门最重要的经营理念是绿色和可持续性，其在利用可再生资源、回收建筑材料、减少废物和节约水资源等方面掌握了很多先进技术和创新方法。在中国，铁狮门所有的建筑全部是绿色建筑；在欧盟，铁狮门为其运营的每一个物业制定了一套详细的“碳跟踪”体系；在美国，除

了使用“碳跟踪”体系，铁狮门还以美国环境保护局的能源之星数据为基准，对物业进行评估。

作为美国绿色建筑委员会的成员之一，铁狮门同时也是美国绿色建筑委员会纽约地方分会的发起机构之一，力争使全球所有地产项目都能获得可持续发展认证。

例如，对洛克菲勒中心的重建工作就包括对整个建筑群供暖空调系统的升级：对 1933 年装配的 16 000 多个窗户进行改造，提高能效并降低外部噪音；在楼顶安装了含有 341 块太阳能板的太阳能板场，使得大厦在高峰时段对城市电网供电的需求量降低 5%；安装的大型冷却机使用冰而不是电力对大厦空调反应器进行冷却……这一切都是为了满足一个标准，那就是能源的高效利用。

又如，经铁狮门收购和改造的克莱斯勒大厦为甲级办公物业树立了新标准，获得了 LEED（能源与环境设计先锋）绿色建筑金级认证，出租率达到 98%。

铁狮门认为，做绿色建筑是一个看起来很费钱，但从长远来看却非常明智的选择。

（3）与全球客户联系紧密，为客户量身定制写字楼

铁狮门自称“跨国企业的房东”，财富 100 强的公司有三分之一都是它的租户，财富 500 强的公司里有 200 家左右是它的租户。

之所以铁狮门会受到这么多大公司的青睐，是因为它奉行“最好的投资地点，就是铁狮门的跨国租户愿意去开展业务的地点”的投资原则。其在开发阶段就开始与租户沟通并确立好租户，然后量身定制，当企业搬进去时其实已经完全是租户的标准了。例如，耐克的大中华区总部就是量身定做的。又如，2018 年铁狮门计划在美国纽约曼哈顿开发一栋共 65 层的多功能大厦——凯旋中心。该项目拥有 26 万平方米甲 A 级办公空间和 2 300 平方米零售空间，为租户提供优越的大型开放式办公环境。

据美国房地产权威杂志报道，世界制药巨头辉瑞公司已正式签署 20

年租约，确认入驻铁狮门曼哈顿凯旋中心，辉瑞公司会将其总部迁入凯旋中心的 7 ~ 21 层。铁狮门曼哈顿凯旋中心已获得全球知名投资公司黑石集团 18 亿美金建筑贷款，这是曼哈顿房产历史上破纪录的贷款之一。

铁狮门能够与全球众多商业伙伴、投资者和租户发展长期牢固的关系，使得自身无论在租金价格方面还是出租率方面都更具竞争力。

（4）推行合伙人制度，运营团队有充分运营决策权

包括写字楼在内的房地产资产管理具有很强的地域性。铁狮门能在全球的写字楼运营都获得巨大成功，秘密就在于其拥有房地产投资领域杰出的本土化人才。铁狮门倡导本土化的策略，在印度、巴西及欧洲等地基本上都是由当地人管理其当地部门。铁狮门中国的管理团队中也很少见到外国人的面孔，而且铁狮门一直在源源不断地吸纳新鲜血液。

本土化的人才策略使得铁狮门在寻找投资机会时与租客、当地政府保持着良好的关系，并且在打造产品方面占据优势。

首先，如上所述，房地产是具有本土化的业务，只有准确把握当地房地产的发展趋势，才能对市场有敏锐的直觉，最终发现投资机会。

其次，因为在投资的不同阶段，产品各方面都会产生变化，所以本土化的人才使其能够打造出满足客户需求的产品。

最后，铁狮门十分重视与合作伙伴、当地政府和投资者相互信任的关系，这种信任也贯穿了铁狮门做投资决策的整个过程。本土化的人才使得铁狮门可以与当地机构（合作伙伴、地方政府以及投资机构）保持很好的合作。无论是在海外项目上与万科合作、在国内项目中与陆家嘴集团联手，还是与联想这样的客户合作，从合作项目的第一天开始，双方的团队就在一起工作。

对于人才的激励，铁狮门同样十分给力。公司治理理论告诉我们，如果股份制公司的所有权与经营权分离，那么这类公司会存在较大的代理成本，合伙人制度则在一定程度上解决了这种代理问题。

合伙人制度通常规定，合伙人对董事会成员的提名需经股东大会投

票表决。在合伙人制度下，运营团队的持股股权比例即使很低，仍然可以通过董事会推选机制，保持项目公司在经营层面的实际控制权。

铁狮门旗下专门投资写字楼的信托基金 TSOF 的结构设计正是这种合伙人制度的典型代表。TSOF 旗下运营物业的实际持有人是普赖姆·普卢斯（Prime Plus），其股权结构为：GICr（全球癌症登记发展计划）作为外部投资人持有 49% 的 A 类普通股股权，代表 TSOF 份额持有人的昂皮尔·霍基（Empire Hawkeye）持有 49.99% 的 B 类普通股股权，代表铁狮门运营团队的 TST PH 持有 1.01% 的 C 类普通股股权。然而，普赖姆·普卢斯的董事会成员推选权却并非按照普通股股权比例进行分配。根据契约，普赖姆·普卢斯的董事会共设 6 名董事，包括 5 名普通董事和 1 名特别董事。其中，代表铁狮门运营团队的 TST PH 有权推选 3 名普通董事，占董事会席位的 50%，从而保证了其在经营层面对普赖姆·普卢斯的控制权（见图 4–51）。

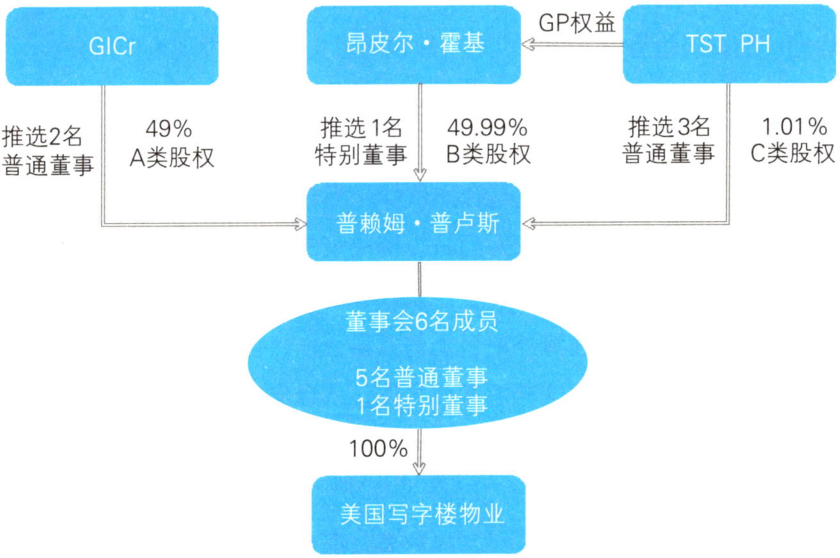

图 4–51　TSOF 的合伙人制度设计

资料来源：公司公告、广发证券发展研究中心。

合伙人制度通过契约约定，在运营团队持股比例较少的情况下，仍给予其充分的经营权。

（5）小结与启示

铁狮门在100多年的发展历程中，也曾出现过多次经济危机，但它每次都能渡过危机并稳健发展。分析其原因，除了拥有精准的投资眼光外，铁狮门还拥有独到的运营方法。

第一，纵向一体化的战略使得铁狮门可以获取每个环节的收益；第二，绿色建筑能力既能提升租金和资产溢价，又能降低后期运营过程中的能耗成本；第三，翻新改造和量身定制创新其业务模式；第四，人才的本土化策略和合伙人制度使得距离市场最近的人拥有最大决策权，因地制宜，因此铁狮门能对市场做出最快的反应。

而铁狮门给国内同行带来的最大的启示有两点：一是，匠心一定有回报，国内不缺写字楼，但是缺好的写字楼；二是，组织架构的设置很重要，铁狮门将每一个项目作为独立业务单独运营，在基金管理上不做交叉投资管理，而是作为转型成功的专业投资机构。在制定和执行物业管理战略时，铁狮门视每一个物业为独立的经营企业，赋予物业经理在物业管理方面同独立企业的首席执行官一样的权限。这一方法确保了物业经理有足够的权力通过减少运营支出、增加经营收入的方式创造价值，包括积极管理空间划分和租金收入，尽可能拓展其他收入来源（如签订协议帮助租户维护其内部系统，出租曾作为储存空间或置放通信接收器以及出售楼宇的广告和冠名权）等。

2. 华润置地：运营服务产品化，打造IP化运营模式

自2015年以来，国内写字楼市场开始出现严重分化，在一些写字楼经营困难的同时，第一梯队写字楼运营商的吸纳能力依然在不断增强。

例如，2018年，华润置地在深圳的写字楼预租赁面积达到了21.4万平方米，占了深圳市甲级写字楼全年吸纳量的48%。也就是说，2018年，

深圳每两个写字楼租赁客户中，就有一个租了华润置地的写字楼。而且，这个成绩并不是靠薄利多销取得的。事实上，华润置地的租金往往高出市场的 30% ~ 40%。

华润能有如此优秀的表现主要有以下秘诀。

（1）IP 化运营模式：把运营当作产品来打造，形成独立估值能力

华润不仅把运营作为一项附加服务来打造，还把运营作为一个独立的产品来打造。为了让运营成为核心竞争力，华润不仅成立了专门的运营团队，还建立了专属的运营品牌 IP。

①打造专属运营 IP，强化影响力

华润围绕自己的运营品牌 Officeasy 润商务，建立了一个庞大的 IP 矩阵。围绕业主、员工的“Office+ 五大子品牌”（见图 4–52）和一个为企业专属定制的商务节日 Officepark（公园式办公区）。

图 4–52　华润 Officeasy 润商务五大子品牌

资料来源：华润置地。

其中，Officepark 润商务节从 2017 年开始举办，每一届都会设立一个特定的主题，然后针对性地通过展会、论坛为所有入驻企业创造交流、展示和资源对接的机会，从而创造商机。

譬如，第一届 Officepark 以“交流分享 · 资源链接”为主题，绝大多数被邀请的企业都有高层领导出席，并且在活动现场就有合作意向达成。2019 年，以“探索未来商务为主题”的 Officepark 更是聚齐了金融、科技、管理咨询、创投和教育等多个行业的头部企业代表，吸引了上千人参与，初步建立了这个新 IP 的品牌影响力。

② IP 强强联合

除了自己打造 IP，华润还通过和强 IP 的联合来提升自己运营产品的影响力。例如，2018 年 10 月，Officeasy 和“得到”品牌就达成了深度的战略合作。通过和“得到”联手，Officeasy 在日常运营中引入了含金量非常高的知识性服务，未来在华润的写字楼里，企业员工可以听到现场版的“得到”大师课。

通过将运营作为一个独立的产品来打造，华润让运营具备了一种独立估值的能力。由于有运营的加持，目前华润写字楼的客户满意度都在 98 分以上，远高出行业平均值。

（2）多元服务：依托丰富的空间产品，提供全方位服务

写字楼的硬件设施日后会逐渐趋同。比如，你请国外团队将写字楼打造成 LEED 铂金级标准，别人花钱也可以做到。那么什么才是你的护城河？

华润的答案是服务。砸钱可以做硬件，但做软件服务却很难。比如，火锅店有千万家，但服务比海底捞做得好且还能上市的火锅店却没有。对此，华润兼顾大厦使用者的各类需求，提供全方位的服务。具体来看，这些服务如表 4–11 所示。

表 4–11 华润置地的空间服务

服务对象	空间产品	产品标识	服务类型
入驻企业	润加速	润加速	华润旗下产业加速器，依托华润资源，为入驻创新企业提供资源对接、产业空间、融资对接、创投活动、发展咨询等服务，全面加速创新产业发展
企业员工	艺术空间 艺术中心 耕雨农场	耕雨农场	为入驻企业的员工提供工作之外的人文艺术体验、农业场景体验，丰富其商务生活

资料来源：华润置地。

①针对企业客户，洞悉企业发展需求

考虑到入驻企业的发展需求，华润旗下有一个产业加速器——润加速，专为企业提供定制化的企业服务，包括资源对接、融资对接、产业对接、创新咨询和政务对接等企业发展服务。

目前，华润已在广州、深圳、厦门和汕头等地设立了 7 个润加速空间（见表 4–12），入驻了 200 多个创业团队，举办了 100 多个创投行业活动。

表 4–12 七大润加速空间

加速器	华润置地润加速空间
智慧物联主题加速器	广州 · 华润创智园 A 栋
	汕头 · 万象城 3F
科技金融主题加速器	深圳 · 华润置地 C 座 6~8F
	深圳 · 华润前海大厦 12F
大消费主题加速器	深圳 · 华润置地 E 座 5F
	厦门 · 华润大厦 A 栋 3F
大健康主题加速器	深圳 · 华润置地大厦 C 座 9F

资料来源：华润置地。

与国内很多众创空间不同，润加速项目对入驻企业有一定门槛——入驻企业必须得到过市场认可，比如得到天使轮、PreA 轮（A 轮投资的第一期）等投资，不倾向做初创企业。同时，华润利用自己丰富的资源匹配企业需求，对一些创业项目进行加速。此外，这些服务也可以帮助华润旗下电力、燃气、零售和金融等七大业务的创新发展。

目前，润加速成功对接的创业项目已经超过 22 个，其中还有两个项目获得了华润风投基金投资。另外，通过产业资源的积累，华润甚至向产业地产进行了延伸，和客户形成联盟，一起进行产业地产项目的拓展。

在这种强关系下，华润和客户除了租赁关系外还有生意往来，很多客户都跟着华润的项目走，一些新项目甚至在定位阶段就有了意向客户，后期当然不愁租。

②针对 C 端员工，生活和工作服务两手抓

如果细分写字楼使用者颗粒度的话，那么企业员工是最小颗的粒度。华润针对他们的需求，提供兴趣培养、知识赋能和员工关怀等服务。

休闲服务：针对白领员工，华润在文化艺术空间为他们提供干货讲座、圈层社交活动和艺术观赏（如电影话剧）等多元服务，践行“快乐工作，优雅生活”的理念，打造良好的工作氛围。

兴趣服务：华润关注员工的身体健康，通过开展各类健身活动及健康课程，比如组织半程马拉松、Fusion 肩颈瑜伽课、AED（自动体外除颤器）急救培训等活动，帮助写字楼的员工保持最佳的生活状态。

员工关怀服务：考虑到企业员工整天待在格子间，和大自然的接触很少，Officeasy 润商务以人为原点，从农业切入，在商业办公屋顶构建耕雨农场，为员工带来美好的田园牧歌和绿色生态的自然体验（见图 4–53）。

通过这一系列活动，华润把整个办公楼的员工联系起来，不仅增加了碰撞出更多火花的可能性，也让办公楼这一物理空间产生了更多黏性。

图 4-53 华润置地耕雨农场

资料来源：华润置地。

（3）运营效率：运营产品标准化，不同项目落地个性化

为了提升运营效率，华润还将运营产品标准化。例如，对于写字楼中的配套增值空间到底应该如何匹配客户需求，以及如何实现经济效益和使用效益最大化，华润有一个 6S 模型可以进行指导。

首先，华润置地根据写字楼的发展趋势和客户需求将所有的运营配套分为六大类，形成 20 个配套空间产品，再按照客户的需求程度将其分为标配增值空间和选配增值空间两大类。

其次，在规划设计阶段，运营团队就可以按照 6S 模型来进行模块化的搭配。6S 模型可以同时满足标准化和个性化的需求（见图 4–54）。

通过将运营产品标准化，Officeasy 润商务能够在各个项目中快速复制并建立起华润置地写字楼特有的产品标签。同时，Officeasy 润商务也能够做到将各个项目个性化落地，实现“千楼千面”。

目前，华润的 Officeasy 润商务已经在华南片区的 7 个城市落地，不仅能够实现大规模的复制，还能够根据城市的产业结构来进行针对性的调整。例如，区别于深圳，柳州、汕头等城市的商务能力没有那么强，

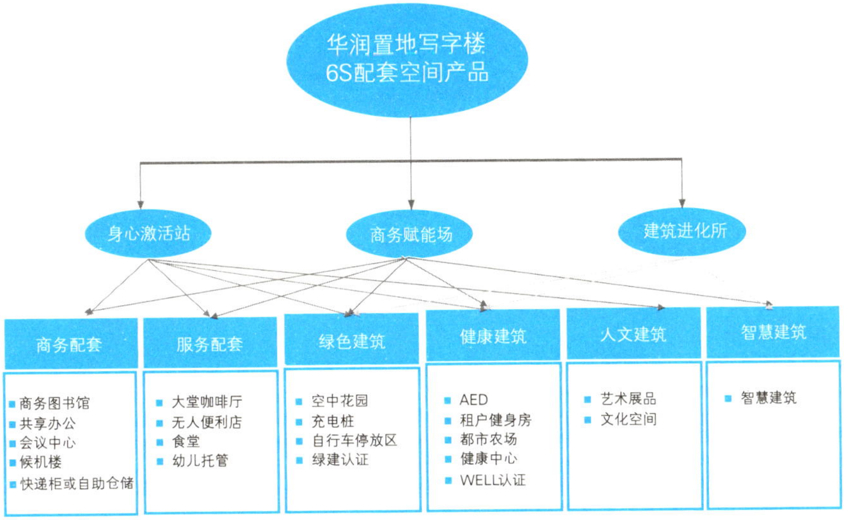

图 4-54 华润置地写字楼配套空间产品

资料来源：华润置地。

它们主要以制造业、商贸为主，其写字楼的空间配套产品也得相应调整。

（4）团队打造：长期培养，通过项目累积经验

要做到精致的慢周转，拥有慢周转思维能力的团队是关键。随着中国的房地产进入存量时代，未来最稀缺的就是存量人才，因为经过这么多年的快开发、高周转，现在的地产人都是在高周转的环境下成长起来的，要真正慢下来非常难。

所以，很多强运营的开发商都把核心的运营团队当作战略资源来使用，在各个项目之间调动，于是这些企业的项目很难规模化。未来企业要培养运营能力，必须首先培养运营人才。

而华润认为，专业的运营团队的培养也是一个慢过程，要通过项目来积累经验，然后进行总结和经验输出，通过核心城市平台的力量来支撑在城市一线的同事。在华润，商业和写字楼项目基本上都是 5 年才能成就一个团队，专业团队的长期培养一定是一个从量变到质变的过程，这也是对企业的一种考验。

（5）小结与启示

从上文的分析中我们可以看出，华润之所以有这么优秀的租金表现，主要得益于其自成一体的运营体系。华润将运营服务当作产品来打磨，打造 IP 化运营模式，形成专属运营品牌 IP——officeasy 润商务。Officeasy 润商务依托写字楼内的孵化空间、文化艺术空间等分别为入驻企业和企业员工提供多样的服务，帮助入驻企业对接资源，丰富企业员工的商务生活。

同时，为了提升运营服务效率，华润还将运营产品进行了标准化，并结合各地项目的个性特征落地相应服务。当然，这些服务都依托于华润内部倡导的项目轮练的培养方式，这为其积累了大量运营人才，支撑了写字楼的运营服务。

依靠这一运营体系的支撑，华润开启资产晋级计划，于 2019 年 8 月 7 日加入 WELL Portfolio（组合资产晋级计划），通过设计、运营、管理政策为导向的一系列策略，提升企业资产及价值。

二、购物中心资管核心策略与案例分析

1. 香港领展：绿色赋能实现成本管控，社群服务提升品牌溢价

在第二章的案例部分，我们分析过香港领展的投资策略。事实上，不仅在优秀的择时能力上，领展在项目管理上同样值得我们学习。通过成本管控与社群服务，领展不断提升旗下资产估值，也让自身在资本市场上获得青睐。具体来看，领展的运营能力体现在两个方面。

（1）绿色赋能管理流程，降低运营与融资成本

科技赋能运营实现降本提效，这是每个资产管理者当前的共识。对于领展而言，这还有另一层意思，就是利用科技实现环保的绿色运营体系。

①降能耗 + 促保值，绿色科技降低运营成本

“绿色科技”和“低碳建筑”等概念在住宅领域盛行已久，但实际上真正的能耗大户是写字楼、商场等商业建筑。为了追求豪华、美观，商业建筑大都采用挑高大堂、全玻璃幕墙、大量装饰灯等设施，其能耗是住宅建筑的 4 ~ 10 倍。因此，领展使用绿色科技，打造低碳办公，真正降低能耗、节约成本，使其在同类物业中更具竞争力。

基于资产管理的可持续发展，领展从 2010 年开始实施绿色建筑标准，设定了 20/30 目标，即在 2020 年完成节能 30% 的任务。通过在改造项目中统一安装高能源效益的机电设备、更换空调冷却装置等措施，领展在物业硬件设备上实现了能源优化管理，在 2018 年 3 月提前完成节能 30% 的任务。

在物业规模不断扩张之下，领展的节约能源计划以及楼宇管理系统的改善，使其公共事物开支下降 2.4%，实现了稳定的成本管控（见图 4–55）。

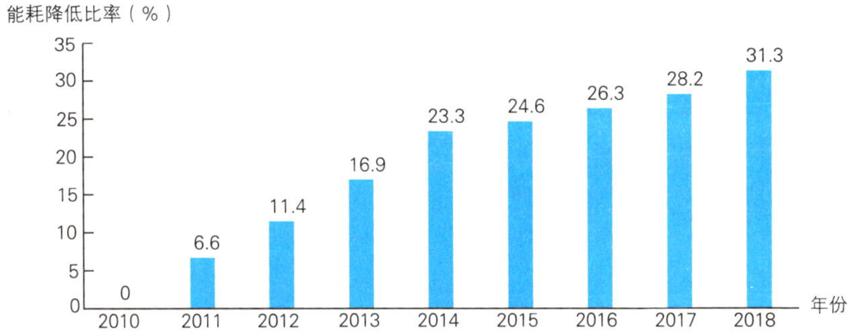

图 4–55 领展 2010—2018 年节约能源差额百分比（以 2010 年为基点）

资料来源：企业年报，明源地产研究院整理。

②绿色金融降低技术融资成本

在进行科技赋能的过程中，许多资管运营商都受制于改造所需的庞大资金要求，而领展借助其强大的资本平台，利用了绿色金融赋能，降

低了改造所需的资金成本。

绿色金融是针对环保改造的特殊融资渠道，在发达国家普遍都有推行。例如，德国出台的政策对环保、节能项目予以一定额度的贷款贴息，对于环保、节能绩效好的项目可以给予持续10年、贷款利率不到1%的优惠信贷政策，利率差额由中央政府贴息补贴。

受此启发，领展在2016年根据中期票据发行了第一笔面值5亿美元、利率为2.875%，2026年到期的绿色债券。这是亚洲首个由物业公司发行的超低息绿色债券，而这笔融资对领展改造物业设备、实现项目环保化起到了至关重要的作用。

当前，国内也有不少企业陆续开始发行绿色债券。例如，龙湖筹资约30亿元以实现对上海某商业中心的绿色化建设，还有朗诗与当代等专业从事绿色生态住宅开发的企业所发行的低息债券（见表4–13）。

表4–13 目前我国部分企业绿色债券发行情况

企　业	发行时间	到期时间	发行规模	债券利率	募集资金投向
领展房地产信托	2016–07	2026年	5亿美元	2.875%	海滨汇绿色建筑开发，所有物业的照明及空调设备更新
龙湖地产	2017–02	首期2022年 二期2024年	首期16亿元 二期14.4亿元	首期4.4% 二期4.67%	龙湖礼嘉新项目（涉及商业中心和高端住宅区）及上海虹桥商务区核心区一期5号地块绿色建筑项目
当代置业	2016–10	2019年	3.5亿美元	0.687%	能源效率、绿色建筑
朗诗绿色集团	2018–04	2020年	1.5亿美元	0.962%	减缓气候变化及投资于可持续发展物业的开发，包括但不限于为此类项目相关的现有债务进行再融资

资料来源：企业年报，明源地产研究院整理。

总体来看，绿色债券募集金额高、债务周期长、利率优惠，可以帮助企业进行设备改造，为绿色科技提供了更多融资渠道，使得行业尽快与绿色技术相结合，实现可持续发展。

（2）社群服务横跨 B、C 端，综合提升品牌溢价

从服务上看，领展围绕商户、顾客、居民三类与物业密切相关的群体，为他们提供能力提升或者公益性服务，这些举措都使得领展在香港的品牌效应得以放大。具体的举措如下。

①商户角度：提供合作交流平台提升营运效率

对于领展旗下的商户而言，其经营情况直接决定了未来的续租率以及租金收益。因此，为了创造更好的营商环境，领展在 2007 年建立了商户学堂，以定期举办活动等形式为旗下商户建立关系平台，旨在给商户提供一个交流与发表意见的平台，并且定期分享零售行业的最佳范例，加深他们对本地最新零售趋势的认知。

通过成立非营利性组织，领展帮助新入驻商户积极扩展业务，其咨询内容甚至细化到为商户提供店铺设计、商品定价等，为提升商户的营销能力提供了实质性帮助。从 2014—2017 年的年报数据我们可以看到，对比全港的零售市场，领展的商户零售额同比增长率一直高于市场水平（见图 4–56），在 2015 年与 2016 年香港零售受到冲击的前提下依然能够

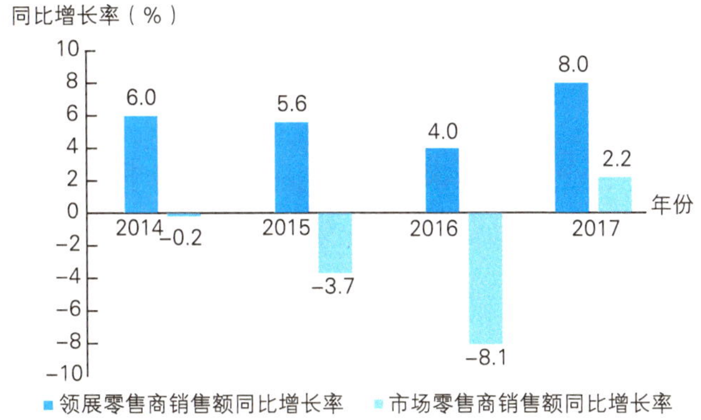

图 4–56　领展旗下物业租户销售额同比增长率与市场对比

资料来源：领展年报、香港统计局。

保持正增长，商户学堂功不可没。

②顾客角度：第三方督导倒逼管理提升

为了更加直观地了解客户的需求及反馈，领展引入了第三方机构，化身顾客去体验商户的服务，并对其进行评分，后续依据各项指标评分结果对自身服务进行改进（见图 4–57）。

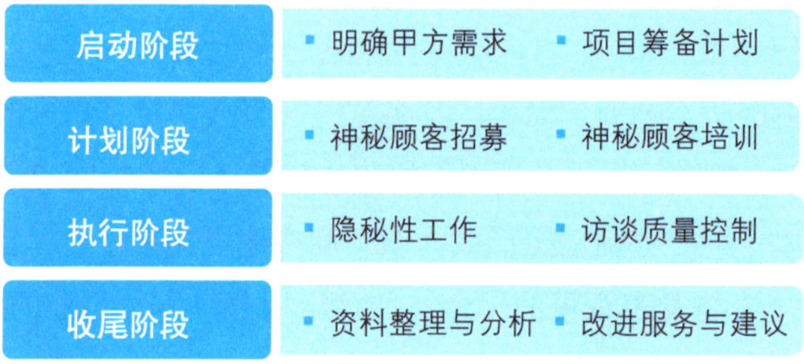

图 4–57　商业神秘顾客计划一般实施流程

资料来源：公开资料、明源地产研究院。

通过施行该计划，领展 2013–2018 年的神秘顾客评分在 80 分左右（满分 100 分），持续有效地监督了运营过程的各环节。结合商户培训计划，领展定期为商户提供奖励，针对神秘顾客的评价结果为得分前两名的商户提供独立的广告宣传机会。这种方式不仅倒逼领展物业管理水平的提升，也激励了商户服务品质的提升。

③居民角度：社区公益活动提升品牌价值

领展物业的周边社群大部分是公屋居民，属于较贫困或弱势群体。在满足这批居民的基础消费需求后，领展推行多项社区公益活动以造福周边居民，积极为社会创造更多价值。配合节能环保的可持续发展计划，与政府非营利性机构合作，领展每日将饮食零售商的剩食回收并加工制作成盒饭，在保证无污染的情况下分发给周边有需要的人士，在实现资源循环的同时也帮扶了周边社群居民。

领展的服务理念在社群中获得了相当高的评价。第三方统计调查表明，2013—2017 年，商户与社区人士对领展的好感度分别提升了 12% 与 1%，领展成功地将其品牌价值与公益理念植入每个社区居民的心中。

（3）小结与启示

领展通过实例告诉我们，比起市中心高端的综合体，围绕社群服务的社区商业也可以很出彩。通过成熟的资管改造能力与金融资本退出机制，领展盘活了原本价值较低的商业店铺，创造出更多的社会价值。

对于国内众多手握千万社区与海量业主渠道的企业而言，如何盘活社区周边商业资源、提升运营管理和构建社区居民美好生活等已成为企业未来转入存量赛道的新课题。领展的成功并非特例，相信借助科技手段与服务加持，社区商业物业将涌现出更多增值空间。

2. 西蒙：全结构覆盖，数字化赋能，推动租金与坪效稳步提升

在电商的冲击下，全球实体商店掀起了一轮关店潮。根据《华尔街日报》的数据，2019 年的 4 个月内，美国共有 5 994 家店铺关门，超过 2018 年全年的数量（5 864 家）。然而，北美最大的零售地产商——西蒙地产，不仅没有陷入困境，还一枝独秀、越来越好。西蒙在以下三方面表现出色。

一是出租率高。截至 2018 年 12 月 31 日，西蒙在世界各地拥有 234 个零售物业，可租赁面积超过 2.4 亿平方英尺，年接待购物者两亿人次，所有物业组合的出租率是 95.9%，高于 2017 年同期的 95.6%。

二是坪效高。2018 年，每平方英尺平均销售额（坪效）达到 661 美元，在美国坪效排名前 10 的商场中西蒙独占五家，其中，拉斯维加斯凯撒皇宫豪华购物中心坪效超过 1 600 美元。2018 年，西蒙的续约租金同比涨幅高达 14.3%。

三是 ROE（净资产收益率）高。2018 年，西蒙的 ROE 高达 65.9%。相比 2018 年中国上市房企恒大和碧桂园 30% 左右的 ROE，西蒙的表现可谓十分出彩。

西蒙地产各方面的高成长性离不开其超强的运营能力，其运营特色主要有以下三点。

（1）在企业战略上，创造多样化的物业组合，分散风险

20 世纪 60 年代，美国城市化率达到 70% 以上；以不变价计，人均 GDP 达到两万美元左右，人均消费支出超过 1 万美元，人均消费力十分强劲（见图 4–58）。随之兴起的是美国大型零售中心经营模式，这种模式在 20 世纪 70 年代成熟，20 世纪 80 年代以后进入多样化发展时期。

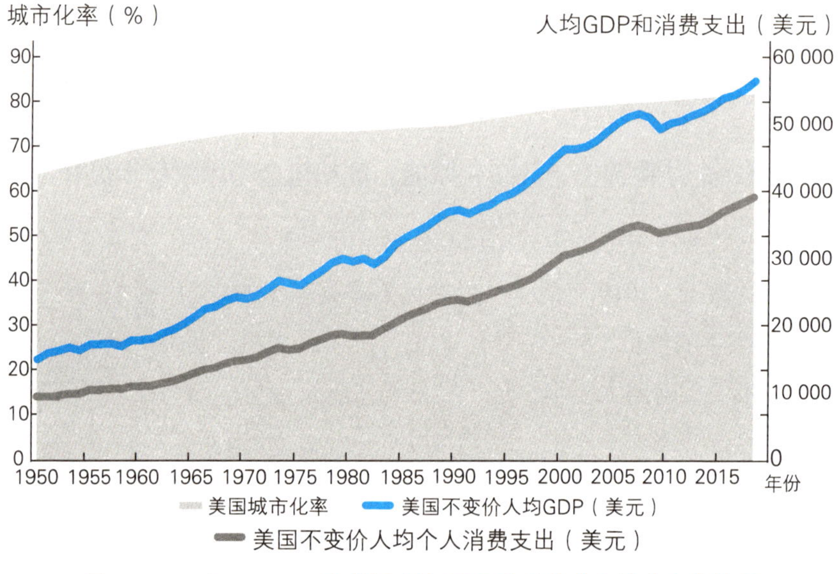

图 4–58 1950—2018 年美国人均 GDP 和人均个人消费支出情况

资料来源：美国经济分析局、明源地产研究院。

西蒙的发展历程完全符合美国零售中心的发展趋势。西蒙从成立之初就开始开发大型购物中心，在 20 世纪六七十年代西蒙主要开发传统型购物中心，并且积极拓展室内和室外两种模式。进入 20 世纪 80 年代之后，西蒙提出了“回归市中心”的方案，包括在市中心新建大型商业购物中心和对原有购物中心进行合理再开发等。这些市中心商业地产为西

蒙带来了丰厚的回报。

西蒙能够脱颖而出成为美国以及北美第一大地产商，得益于其业态的丰富性，并且能够因时而变。西蒙很清楚，在人们消费追求多样化的大背景下，如果发展单一的物业形态会有很大的局限性。所以，在近 60 年的发展过程中，西蒙采取了“规模效应下的多种物业形态齐头并进，让品牌深入人心”的策略。

因此，西蒙的产品线层次十分清晰，定位也很明确。其主要有四条产品线：一是位于近郊的区域性购物中心——老牌百货、名牌精品店；二是位于远郊的奥特莱斯品牌折扣店；三是位于城市核心区域的大都会购物中心——零售业、娱乐业的购物中心；四是社区生活中心——应有尽有的生活中心。不同类型的购物中心针对不同层级的消费人群，即便其中一种购物中心的生意不尽如人意，其余购物中心也能吸引到消费人群，四种类型产品线之间可以对冲风险。

（2）在招商策略上，签订长期租约，进行利益捆绑

构筑起丰富的物业形态，只是业态多样化的第一步，因为内容终究要供应商（或者说是商家）来提供，维护好与商家的关系至关重要。

为了吸引商家入驻，西蒙也有许多举措。

一是和主力供应商签订长期租约。西蒙致力于为供应商提供折扣租金和全方位服务，2017 年年底区域性购物中心长期合作的“锚店”（Anchor store）达到 500 家。“锚店”最大的租户是梅西百货（Macy’s）。梅西百货作为美国最大的百货公司，一度是“美国时尚”的象征，其商品包括鞋服、化妆品、礼品、餐厅、美容院等。此外，彭尼百货（JC Penny）、诺德斯特龙百货（Nordstrom）、迪拉德百货（Dillard’s）等均与西蒙签订了长期租约（见表 4–14）。

二是通过结构租金与供应商形成利益共同体。西蒙向供应商收取的租金包括三部分：最低租金、超额租金和租金补偿。超额租金按照营业额提取一定比例；租金补偿以财产税、财产保险和运营成本方式向租户

表 4-14 梅西百货的主要“锚店”

店名	入驻商城占比（%）
梅西百货	41
彭尼百货	35
诺德斯特龙百货	17
迪拉德百货	15
布明代尔百货	9
贝尔克	5

资料来源：公司公告。

的分摊。2017 年，西蒙租金收入中最低租金、超额租金、租金补偿分别占比 67%、3% 和 30%。

三是为了维护与承租零售商之间的关系，西蒙集团早在 1996 年就建立了西蒙商业网络部。该部门作为西蒙集团的一个重要部门，成为西蒙集团和零售商家之间沟通的最重要桥梁，帮助其更好地实现 B2B（商对商）的沟通。

此外，在业务发展的过程中，西蒙创建了西蒙品牌事业部。该部门主要是针对客户和商业提供专门的业务服务，包括垃圾的统一回收、过道的清理等，这些特殊的服务使得商家充分体验到了西蒙的附加价值，也为客户提供了极大的便利，促进了购物广场的繁荣发展，为购物广场带来了更多的利润收入。

（3）在经营策略上，改造老旧物业，剥离非核心资产

作为一家拥有 60 年历史的公司，西蒙自成立至今积淀了大量优质项目，这些项目大部分位于核心城市的核心区域。以 2018 年西蒙拥有的 107 个区域购物中心为例，其 67.1% 的项目获取时间在 2000 年以前，34.1% 的项目获取时间在 1990 年以前，20.3% 的项目获取时间在 1980 年以前。

这些优质资产是其他商业地产公司短期无法超越的核心竞争力所在。

由于西蒙早期项目多位于城市核心地段，区位优势明显。按取得时间划分，1990 年前、1990—2000 年、2000 年以后取得的购物中心的平均出租率分别为 95.6%、95.2% 和 93.3%（见图 4–59）。

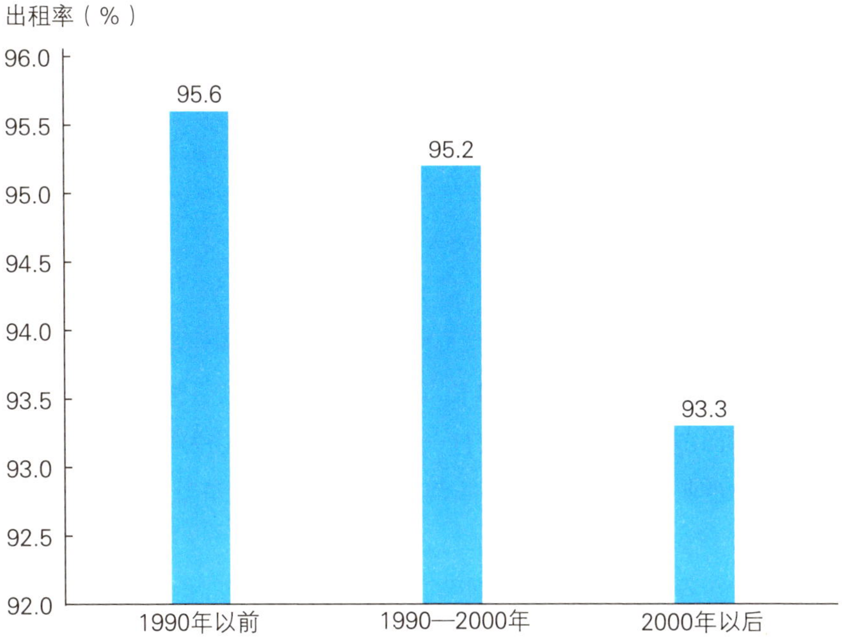

图 4–59 西蒙地产区域商场分取得时间平均出租率

资料来源：公司年报、明源地产研究院。

然而，再优质的核心资产也有跟不上时代发展的时候。为了提升资产回报率，西蒙对老项目进行“再开发”，增加新的主力租户、剧院、体育和健康设施等，2017 年西蒙累计完成 40 个项目的再开发，总投资 6.3 亿美元，投资回报率在 8% 以上。

对那些不符合公司战略或失去竞争优势的资产，西蒙会及时剥离。比如，2017 年、2018 年西蒙出售零售物业分别获得资产处置收益 370 万美元和 3.09 亿美元（见表 4–15）。出售资产每年对公司营业收入的贡献保持在 5% ~ 10%。

表 4-15 2015—2018 年西蒙地产资产处置项目一览

时间	资产	资产处置收益（万美元）
2014 年	佛罗里达州埃斯特罗椰子角一家酒店	450
	三项零售物业	2 180
2015 年	三项零售物业	4 360
2016 年	两项多户住宅和七项零售物业	8 180
2017 年	法国地产集团 Klepierre 旗下某购物中心	500
	一项零售物业	-130
2018 年	Klepierre 旗下某购物中心	2 020
	两项零售物业	28 880

资料来源：公司年报、明源地产研究院。

（4）在品牌策略上，结合线上线下，提升品牌形象

美国可口可乐公司前董事长罗伯特·士普·伍德鲁夫曾说：只要“可口可乐”这个品牌在，即使有一天公司在大火中化为灰烬，那么第二天早上，企业界新闻媒体的头条消息就是各大银行争着向“可口可乐”公司贷款。这就是品牌的力量！

①建立针对品牌管理的专属部门

西蒙很早就意识到了打造品牌对保证客户忠诚度的重要性。1997 年，西蒙在公司业务的基础上建立了具有绝对创新的部门——西蒙品牌事业部，全面负责西蒙品牌的营销。并且，品牌事业部拥有自身的 B2C（商对客）部门，可以直接影响消费者。

1999 年，西蒙首次在行业内发起了全国性的品牌营销活动，比如精彩的演出以及广告的赞助等。当时，业内对西蒙此举充满质疑，认为商业地产无须进行品牌推销。很快，西蒙就证实了品牌营销的意义，通过将品牌与高质量的零售环境紧密联系在一起，西蒙在商家及消费者之间树立起了高端的品牌形象。

②加强线上互动，提高品牌知名度

在数字化时代，西蒙深知互联网对于品牌拓展的重要意义。所以，

西蒙十分重视网站和移动客户端的优化，注重线上线下的互动，使其线下购物中心可以与网上商店有机地结合在一起。数据显示，早在2016年，西蒙网站的浏览量就已经达到5.96亿次。同时，西蒙还重视与社交网站的合作，不断加大在移动互联网的投入量。西蒙在脸书、推特、照片墙上的粉丝量也十分庞大，这些都是西蒙在电子平台上持续努力带来的积极影响。除了让客户获得更好的体验感之外，西蒙也让品牌越来越深入人心，增强了人们重复购买的概率。

③优化线下体验，提高品牌美誉度

要想吸引消费者去实体店消费而非网购，实体店就必须提供好的体验。西蒙持续对基础设施和环境进行提升，并且增加了很多的功能和服务，以便给客户最好的体验。

在基础设施和环境上：西蒙增加了豪华舒适的软座椅、充电站、儿童玩耍区、家庭休息室，并对洗手间进行了升级，以满足商业企业及顾客的多样化需求。

在增值服务上：西蒙提供全天24小时的Wi-Fi、代客泊车、接送、外套和包裹检查服务，偶尔为顾客制造小惊喜，如礼品卡等。

西蒙为顾客提供了无处不在的购物中心目录牌，并且与游戏合作伙伴进行合作，创新购物体验，进一步支持西蒙的零售商。比如，提供一些奖励活动、无包购物条件、与顾客互动的目录牌（见图4–60）、蓝牙信标等，培养顾客对购物中心和商家品牌的忠诚度。

这些措施一方面带来了更多的客流量、销售的增长和利润的提升，另一方面使得西蒙的品牌深入人心。

（5）小结与启示

美国实体零售店遭遇关门潮，其中一个原因在于，1970—2015年，零售商过于乐观，实体购物商场扩张过快（其间，美国购物商场增长的速度是人口增长的两倍）；另一个原因在于电商兴起，给一些没有顺应市场改变自身经营策略的“老店”带来了巨大的冲击。然而，西蒙的案

图 4-60 西蒙购物中心目录牌

资料来源：西蒙官网。

例让我们看到，只要用心提升客户体验，实体店依然有生存空间。

首先，购物中心的物业类型尽量多样化，这样有利于灵活调整经营策略，对冲资金风险；其次，利用签订长期租约的方式进行利益捆绑，跟商户共同成长；再次，在经营策略上，及时更新改造老旧物业、及时剥离那些不符合公司战略或失去竞争优势的资产，以降低经营风险；最后，在品牌推广上，充分利用线上线下媒介宣传项目特色，提升项目品牌特色。

3. 大悦城：打造全新的商业空间，构建挖不走的人才梯队

对于企业而言，商业项目的复制和扩张需要大量资金。目前，国内主流的解决方式有两类：一是通过大体量销售物业作为支撑，形成现金流反哺商业；二是通过多种轻资产模式，以较少的资金撬动商业板块发展。

目前，国内购物中心的经营模式多是重持有，推行轻资产的并不多，而大悦城依据其早期积累的运营经验，较早地提出了“大资管”战略，坚持多条腿走路，扩大购物中心经营版图。2019 年 4 月，大悦城内部表示未来 3～5 年持有性项目将超过 50 个，业内人士表示这个目标很可能

实现。

大悦城之所以能有如此正面的市场印象，得益于其颇具创新性的空间产品打造力和系统完整的人才锻造力。

（1）优秀的空间打造力，做主题街区，定义商业新空间

电商平台的横空出世一度让线下门店陷入窘境，但是新零售的崛起则标志着线下门店不仅仅是销售终端，更是商户与消费者之间连接的纽带和展示窗口，门店的价值日益凸显。那么，如何利用好这一契机呢？特色空间和主题街区的打造成为一种新尝试。

大悦城算是国内购物中心主题街区的开拓者，它会根据每座城市、每个项目打造不同风格的主题街区，一街一面。这种主题街区不仅让大悦城独树一帜，更给大悦城带来真金白银的租金收益，比如，上海静安大悦城的区域月均租金收益在主题街区改造后提升了近 300%。

那么，如何确定主题、在哪里打造、如何引进品牌等都是疑问。具体来看，大悦城有以下秘诀。

①主题选择：把握当地文化特色和消费动向

街区的主题其实并不是越新奇、越陌生，就越吸睛，因为太陌生引不起人们的共鸣和兴趣；相反，把熟悉的东西用不一样的方式呈现带来的惊喜会更大。比如，天津大悦城在其骑鹅公社里，以“天津四大神兽”为主题，融合奇幻、超现实等风格做了一个神兽寺街区，里面供奉着四大神兽——鬈鸟、走鸡、幺蛾子、拿拿龙。天津大悦城还引入 11 家实体店和 15 家超现实虚拟店铺，将这种传统文化和现代科技结合在一起，从而呈现出一种新的街区形式，引得很多人前来祈福、打卡。

做街区主题得考虑这个城市的消费动向，即市民喜欢什么，在什么时候消费等。比如，在滴滴发布的夜间出行占比中，北京成为夜间出行占比最高的城市，其夜经济非常繁盛（见图 4–61）。

1	北京	2	丽江
3	佛山	4	西安
5	深圳	6	泉州
7	东莞	8	厦门
9	上海	10	广州

图 4–61　夜间出行占比最高的十大城市

资料来源：滴滴出行大数据。

据此，朝阳大悦城联手摩登天空 MVM 打造了 24 小时潮流空间 UNI-JOY，聚合 13 个品类各异的潮流品牌店铺，以高频的潮流活动打造 24 小时完整开放的潮流社区，夜晚主要会举办一些独立活动派对。这些都比较契合北京青年的夜生活习惯，吸引了很多潮人参加。

②空间位置选择：选择新空间打造街区

空间位置也是一种差异化考虑，比如，上海长风大悦城在屋顶打造高登公园，并联合国际顶尖建筑设计事务所把跑道建到屋顶，通过粉红 1 千米跑道造型的创意动线将室外街区和屋顶联通，集中网罗了场内运动零售，如哈雷・戴维森、耐克、阿迪达斯、斯凯奇等运动品牌。另外，商场研发了“运动云”系统，顾客可以通过商场的微信公众号随时登陆，将线上积分、线下消费和运动打通，顾客可以将屋顶运动获得的积分换成优惠券消费，一举两得。

③空间业态分布：街区业态更多偏零售和餐饮

在街区的业态安排上，中联购在盘点了 10 家已开业的大悦城后发现：2015 年左右，其主题街区打造偏文创；2016 年之后，其主题拓展到餐饮、潮流、网咖、运动、二次元等业态（见表 4–16）。这些也是自 2017 年以来的消费变化，而华润的万象城的业态占比，也呈现出差不多的趋势，餐饮、零售这类体验业态的占比加大。

表 4–16　部分大悦城项目主题街区情况

购物中心名称	街区名称	主题类型	开业时间
朝阳大悦城	悦界	生活方式	2015–03–30
	拾间	餐饮	2017–06
	伍台	潮流	2018–07
	度刻	轻艺术	2018–12
	UNI-JOY	潮流	2019–06–14
西单大悦城	样街	潮玩	2017–8–29
	查特花园	工业风餐饮	2017–12–28
天津大悦城	骑鹅公社	文化创意	2013–09–27
	神兽寺街	文化创意	2014–09–29
	0618 街区	颠覆艺术	2014–12–09
	5 号车库	个性手作	2015–10–12
	IF 街	室外社交	2015–12–16
	超级工厂	造物空间	2016–10–01
	旺街	宠物空间	2018–07–21
	南门街	创意餐饮	2018–11–23
	高街	潮流	2019–05–25
西安大悦城	查特花园	高品质餐饮	2018–12–16
	潮 π 街区	潮流社交	2018–12–16
	勿空街区	文创餐饮	2018–12–16
	吃货共和国	美食餐饮	2018–12–16

资料来源：中购联，明源地产研究院制表。

④空间品牌选择：提倡大街区、小品牌——品牌差异化

购物中心品牌同质化的问题是主题空间首先要避免的问题。以朝阳大悦城在行业内的地位而言，它是大多数品牌主动排队入驻的。但从“悦界”开始，为了摆脱对既有路径的依赖和避开那些流水线式的品牌，其负责人走街串巷去寻找那些具备独有属性和独立精神的品牌。

（2）重视人才培养和激励，构建挖不走的人才梯队

做商业，人才是关键，并不是懂招商、会做活动就行。企业需要综合型人才，他们最好懂工程、招商运营、物业管理和财务。

上海恒隆两个项目的早期操盘手林宠升曾表示，做商业项目，需要全盘性考虑问题。比如，从投资和财务视角来看，首先要用一系列专业的市场准入标准评估分析项目市场的可行性、选址的可行性，其次要从运营的角度倒推建筑设计，反复做图纸的修改。这是一个很系统化的过程。

①人才培养，校招、内部人才培养两手抓

除了挖人，内部的人才培养也很关键，大悦城在这方面的培养很系统，主要分为两类。

一类针对校园招聘。大悦城于2012年开展了“启明星”新员工校园招聘与成长计划，为集团构建人才库。采用“1+1+1+1”培养模式，即1周集中培训、1季跟踪辅导、1年培养反馈以及1位引路人，帮助新员工顺利度过职场适应期，完成从学生到职场人的身份过渡。截至2018年，该招聘计划已举办7期，培养超过1 100名校招新员工。

另一类针对集团内部员工。大悦城于2013年启动“金舵手”和“金种子”后备人才培养计划。“金舵手”用于培养业务的掌舵人，“金种子”主要为集团储备中坚力量。截至目前，“金舵手”计划共有两期，第二期于2016年10月至2018年4月展开，共32名学员毕业，共24名学员在培养过程中获得提拔，其中6人提拔为集团总部职能部门或城市公司项目一把手。

为了促进内部人才的流动，大悦城开展“育马计划”、“换马计划”和“竞马计划”。值得一提的是“竞马计划”，为了向新项目输出成熟人才，实现内部人才的流动，公司规定可以进行内部竞岗。比如，2018年度大悦城成功举办武汉光谷项目内部竞聘，通过多方面推广宣传，共计40位候选人参加现场竞聘，成功为业务配置岗位28个。

②重视人才激励，细化激励单元

除了人才培养，为了激发人才潜能，大悦城也需要人才激励。大悦城通过一系列计划、奖励、考核来激励人才，提高员工的工作热情及工作效率。针对高管，大悦城落地实施高管人员股票奖金激励计划，进一步绑定公司高管与股东的利益。针对中层干部和员工，大悦城设立了“优秀团队奖”、“优秀经理人奖”和“优秀员工奖”三个年度奖项，对优秀团队、经理人和员工进行重点奖励。

此外，大悦城积极探索创新，以划小核算单元为导向，实行项目层面的创新考核激励，针对项目进度、成本管理、营业收入、超额EBITDA等方式进行考核与激励。

（3）小结与启示

根据前文所述我们可以发现，走轻资产道路输出品牌经营管理能力并不是谁都能做的，企业必须在前期积累一套行之有效的商场运营方法，才能独步轻资产之道。从大悦城的案例可以看到，企业要想商场赚钱，就必须在千篇一律的商场中走出一条不一样的道路，并且建立一支稳健的人才队伍，这些才是企业持续发展轻资产的可靠保证。

三、产业园区资管核心策略与案例分析

1. 嘉民借助技术改造构筑核心竞争力

在“投”的章节，我们剖析了嘉民的三大投资策略。其实，在“管”的维度，嘉民的策略也相当具有代表性和前瞻性。正是因为在“投”和“管”两个极其关键的环节都发挥出了极高的投资和管理水平，嘉民才造就了快速扩张的市场规模，成为中国最大的物流设施供应商之一（见图4–62）。

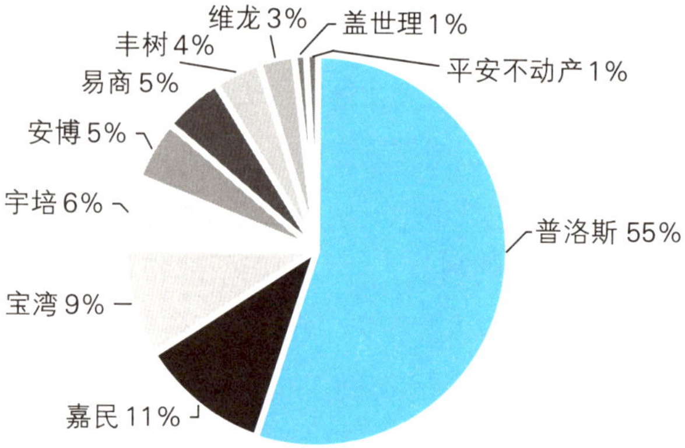

图 4–62　嘉民市场份额

资料来源：公开资料。

在“管”的维度，嘉民一直以客户为导向，不断努力去理解市场和客户需求的变化。

在刚进入中国市场时，嘉民的客户主要来自工业企业，如轮胎、汽车零部件等行业。随着电商和商贸物流的快速崛起，这类客户的占比不断上升。通过精准把握市场需求，嘉民锁定了物流、零售、电商、汽车这四类发展潜力巨大的客户，在划定领域深耕细作。立足四类核心客户的核心需求——物流仓储效率、安全和时效，嘉民通过以下两大技术改造手段帮助客户实现业务提效和成本降低。

（1）智能生态赋能，为客户实现业务提效

快速扩张的电商规模和碎片化的海量订单需求，推动着仓储管理不断向集约化、自动化和智能化发展，而业务提效是其首要目标。

嘉民在专注于仓储设施定制化的同时，也着手进行智能生态资源的整合。2018 年，嘉民与菜鸟联手，通过实现菜鸟前沿的物联网、边缘计算和人工智能等技术在物流领域的大规模应用，以推进智慧物流园区的建设（见图 4–63）。

图 4-63　嘉民园区内智能机器人在运送货物

资料来源：企业官网。

简单来说，智慧赋能的过程是通过智能化工具减少园区内工作人员简单、重复、低效的劳动，释放更多的创造力和智慧在更高级的业务节点，帮员工实现业务提效，帮管理层实现风险可控，帮企业降低整体运营成本，从而实现收益提升。

例如，传统园区的日常管理监测通常是通过人工巡检进行的，而通过物联网前端传感器将园区内的各种设备、设施紧密连接，实现对园区温度、湿度甚至地下井盖的水位等环境的监测和感知，并将数据通过低功耗传到中控室。中控室一旦发现异常情况，马上示警，帮助工作人员及时判别异常事件。

除此之外，智能货架、装卸机器人、自动分拣、智能叉车的应用构建起了一套完整的智能仓储物流解决方案，而由此延伸出的数据深度挖掘为嘉民增加了更多的竞争优势。嘉民通过软件对数据进一步清洗、筛选和挖掘，生成各类报表，帮助企业练就“火眼金睛”，使其一眼便知各类指标是否达标。

嘉民从业务的实际需求出发，借助生态环境软硬一体化的智慧赋能过程，使园区运营实现可视化、可追溯和可预警，让物流管控更加精细、高效、透明、智能，从而帮助客户真正实现降本增效。

（2）低碳环保设计，为客户降低运营成本

环保节能已经不再仅仅停留在理念和口号维度，精心设计的低碳环保建筑可以让使用者直接受惠。据世邦魏理仕统计，新建绿色项目一年内预期运营开支可以降低 5%，而绿色改造项目则可以降低 7%，并且能耗成本比重高的物业成本节省效果将更为显著。实际上，能耗成本占据了工业园区运营成本相当大的比重，而注重低碳环保设计的建筑可以有效降低运营成本以及稀缺资源的消耗量。

正因为明白这一点，嘉民非常注重低碳环保，利用信息化手段赋能环保建筑。

在硬件方面，除了传统的 LED（发光二极管）节能照明设施外，加入位移传感器单灯感应控制，节省的电费可于一两年之内收回灯具成本。在具备条件的区域采用屋顶太阳能发电，太阳能可以为仓库提供 13.5% 的用电量。另外，采用热回收和热泵技术的灵活暖通空调系统，可最大限度地利用资源。

在软件方面，配合智能电表分别计量照明、风机、冷气机等的用电量，通过提取用户使用数据进行对比分析，发现、识别、量化节能和能效改进方法，调节使用习惯以降低用电量。

嘉民在提供低碳环保建筑上所做的努力不仅获得了业界的认可，也赢得了客户的青睐。在 2018 年 GRESB（全球不动产可持续发展指数）地产评估领域可持续性表现和低碳减排评估中，嘉民位列全球第二。GRESB 作为地产领域环境、社会与治理绩效评估的“路标”，具有世界级的权威性和公信力。嘉民在上海的首个绿色工业项目青浦现代产业园，获得了美国绿色建筑委员会的建筑环保 LEED 金级认证。该产业园自 2015 年 12 月竣工后就实现了 90% 的出租率，客户包括中国领先的电商京东，这份成绩显然与其为客户长远考虑的低碳环保设计有关。

（3）小结与启示

总体来看，嘉民注重整合智能生态，赋能客户的仓储物流业务，实现效率提升。因此，虽然仓房越建越高，库区越盘越大，但是嘉民并没有陷入融资、买地以及以冲规模来盘活资金的死循环中。即使在国内持有 410 平方米面积的管理资产，有着庞大的“身躯”，嘉民也并不笨重，依然保持着健康高效的运转。

科技是为“身体”减负的关键要素，也是强者手中最锋利的刀刃。特别是对于电商行业而言，其货物运转周期比实体店更短，有科技加持的高标准仓储能够极大提高企业存货周转率。于是，当再去审视京东、菜鸟这些电商行业翘楚时，我们更能体会到，强者不单强于外表，更强于内在。

另外，嘉民还极其注重低碳环保设计，绿色仓储为客户极大地节省了运营成本。超前的低碳环保理念使得嘉民的仓储物流设施在市场上越来越有竞争力。嘉民通过为入驻企业降低运营成本来维护并扩大现有的客户群、提升租户黏性，同时吸引更多潜在投资，打造更负责任的企业形象，可谓一举数得。

事实上，越来越多的国内地产运营商也逐渐意识到了数字提效赋能和绿色环保节能的重要性。物联网和大数据的广泛应用，传统业务的线上化，传统流程的智能化以及传统报表的数据化，为管理精细化提供了更大的空间。在房地产领域，绿色建筑的发展正在突飞猛进，中国已经成为 LEED 认证在美国本土外认证的第一大市场，国内 17 个主要城市的 LEED 认证物业租金溢价中位数高达 25%。因此，我们有理由相信，有了数字赋能和绿色助力的存量物业，未来一定会享有更大的增值溢价空间！

2. 普洛斯：信息化赋能，以资本为纽带，构筑物流大生态圈

2019 年 6 月 2 日，全球最大私募股权基金黑石集团与新加坡普洛斯签订协议，拟以 187 亿美元收购普洛斯旗下美国工业仓库网络（含 80 亿

美元债务）。2014 年，黑石曾将旗下全美最大工业地产公司 IndCor 以 81 亿美元卖给普洛斯和新加坡政府投资公司（GIC），普洛斯与 GIC 分别持股 55% 和 45%。此次，黑石以 187 亿美元买到的大部分资产都是 2014 年卖出去的 IndCor 资产。

4 年多的时间，黑石竟然要付两倍多的价格买回当年的资产包。一是因为普洛斯和 GIC 买下 IndCor 之后又做了扩张，注入了更多高质量的资产，提升了整个资产的价值；二是得益于普洛斯强悍的运营能力。资料显示，2014 年，IndCor 工业地产的出租率约为 90%，而普洛斯 2017 年年报数据显示其在美物业的出租率已经达到了 94%。另一个重要的数据是运营净收入，2016 年和 2017 年，普洛斯在美地产的运营净收入同比分别增长了 7% 和 4%。

物流地产运营商的能力主要取决于三个方面：一是资本化能力，二是建设能力，三是运营能力。其中，最重要的是运营能力，毕竟融资能力最终也要看项目的回报是否丰厚，这一切的基础都是地产商的出租率以及出租价格。4 年时间，普洛斯在美地产的迅速升值与其在运营上的战略、业务创新、信息化赋能以及组织和人才的打造息息相关。

（1）在战略上，物业开发、管理与基金管理形成闭环

物流地产是典型的慢周转业态，然而普洛斯的扩张速度却很快，截至 2017 年年末，普洛斯的资产和面积情况如表 4–17 所示。

表 4–17　截至 2017 年年末，普洛斯的资产和面积情况

国家	总资产（亿美元）	总面积（万平方米）	建成面积（万平方米）	在建面积（万平方米）	土地储备面积（万平方米）
中国	136	2 870	175	1 120	1 190
日本	103	620	470	160	—
美国	141	1 608	—	—	—
巴西	270	380	280	100	—

资料来源：普洛斯财报、明源地产研究院。

为了配合基金模式，普洛斯对业务结构进行了重大调整，其核心部门除了原来的物业开发部门和物业管理部门外，还新增了基金管理部门。在新模式下，物业开发、物业管理和基金管理构成了一个物业与资金的闭合循环。

（2）在业务上，除了提供基础设施，还有整合解决方案

普洛斯在全球范围内投资建设优质高效的物流仓储设施出租给客户，并为客户提供物业管理服务，收益来自租金、物业增值和管理费。租金收入是普洛斯的主要收入来源。2017 财年，普洛斯营业收入约为 8.8 亿美元。其中，租赁及相关业务收入为 6.7 亿美元，占比超过 75%。

稳定的租金及出租率是普洛斯收入的保证。2017 财年，普洛斯在中国的物业出租率为 85%，日平均租金为 1.06 元 / 平方米；而在日本、美国和巴西，普洛斯持有物业的整体出租率高达 91%（见表 4–18）。

表 4–18 普洛斯物业租赁及主要客户情况

国家	日平均租金（元 / 平方米）	出租率（%）	前五大客户				
中国	1.06	85	百世物流	京东	邦德物流	唯品会	中国外运
日本	2.17	98	日立物流	日本运费公司	爱速客乐	日本物流系统	扇港集团
美国	1.00	94	亚马逊	惠而浦	家得宝	联邦快递	基华物流
巴西	1.58	89	巴西百货集团	通济龙	联合利率	敦豪航空货运公司	巴西时装公司

资料来源：普洛斯官网、中国民生银行地产金融事业部。

普洛斯率先提出物流一站式服务概念，客户只需要通过与普洛斯的一方合作就可以在多个市场设计并建立起高效的配送网络，而且普洛斯的业务涵盖解决方案的方方面面，归结起来主要有四种：一是物流园与标准物流设施开发，二是定制开发，三是收购与回租，四是咨询服务

（见图 4–64）。

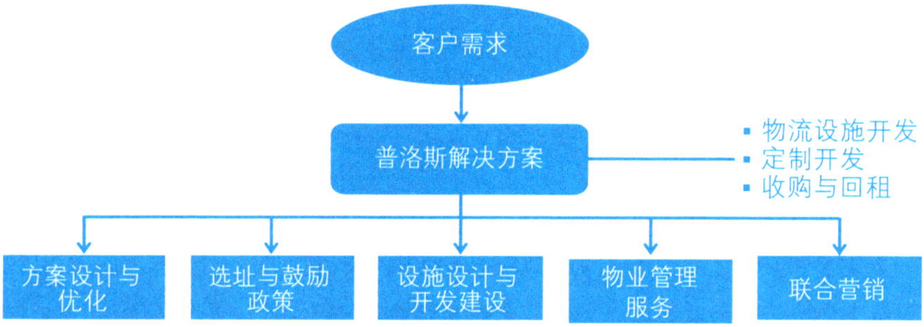

图 4–64　普洛斯的运营模式

资料来源：普洛斯官网。

一些客户需要在短时间内得到物流设施并投入使用，对此无特殊要求且不愿支付过高的成本。针对这部分客户，普洛斯会基于市场调研提供具有便捷性和高性价比的通用型物流仓储设施。

对于一些有特殊要求的客户，普洛斯会采用定制开发的业务，开发建设、运营与管理专用物流设施。

一些客户自身拥有物流配送设施，但为了实现提高资产回报率、减少负债等财务目标，希望削减固定资产。对此，普洛斯可以收购客户拥有的物流配送设施，再将其回租给客户，借此降低客户的负债，增加其流动资金，使客户将精力集中在核心业务上，从而提高回报率。

普洛斯强大的专业团队还提供各种咨询服务，如为跨国经营的厂商和分销商提供咨询服务，帮助它们设计或改善客户供应链程序。

可见，普洛斯不仅提供物流基础设施，而且还提供整合解决方案——利用强大的网络和资源，帮助客户在日新月异的物流生态中改善供应链，提高效率和提升市场竞争力（见图 4–65）。比如，普洛斯会通过模型告诉客户应该在哪里租仓位以及租多少仓位是最合理的。

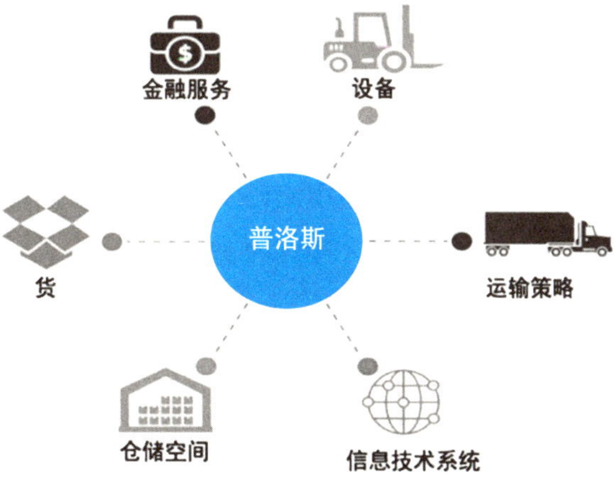

图 4-65　普洛斯的物流生态

资料来源：普洛斯官网。

考虑到将来客户需要的不仅是一个单一的方案，还是一个全生命周期的、从研发到产品再到售后服务的整体方案。因此，自 2016 年以来，普洛斯还提供全生命周期的园区服务，以满足客户需求。比如，宝马在中国需要一个研发中心，普洛斯就帮助宝马在中国建了一个研发中心。此外，宝马的供应商需要空间，普洛斯便把一些物流园改造成厂房提供给它们。

（3）信息化赋能，以资本为纽带，打造物流生态圈

除了具备储存和货运的周转功能之外，物流园区还是一个非常好的连接点，把人、设备、信息、金融联结在一起。因此，物流园区天然是机器人、人工智能和自动化设备的应用场景，而且很适合被打造成一个生态。以 2016 年 8 月成立的普洛斯金融为标志，普洛斯正以资本为纽带，通过科技、金融对内外赋能，同时降低运营成本，打造大的物流生态圈。

①通过技术为客户赋能，降低运营成本

沃尔玛能成为世界第一，绝大部分归结于其在节省成本、物流配送系统、供应链管理方面取得的成就。凭借自己的商用卫星网络，沃尔玛

全球 10 000 多家门店可在一小时内对每种商品的库存、上架、销售量全部盘点一遍，并实现总部、供应商、配送中心同步每日商品销售、运输和订货信息。经济学家斯通博士在对美国零售企业进行研究时发现，在美国的三大零售企业中，商品物流成本占销售额的比例在沃尔玛是 1.3%，在凯马特是 8.75%，在希尔斯则为 5%。

普洛斯通过投资等方式积极布局无人驾驶、仓储物联网等底层技术公司，实现互联网、人工智能等与传统行业的结合，让互联网与传统行业进行深度融合，创造新的发展生态。比如，在传统的操作中，一辆卡车在到达园区后，流程是这样的：保安查询卡车的信息——告诉卡车司机到哪个月台——通知仓库主管——找该装上车的货。不管仓库多大，月台都是你的咽喉；如果车堵在月台，你就进去不了。

普洛斯投资的一些公司可以把全国 90% 运输公司的 GPS（全球定位系统）信号和园区智能闸口对接，在车辆到达前半小时通知仓库的操作员。这样车辆还没有到，货已经准备好；车辆一到，闸口自动开闸，到月台马上装货。普洛斯联合创始人、首席执行官梅志明认为，物流公司和仓库管理公司、运输公司最大的矛盾点在于装上车的货有没有破损、件数有没有对上，月台智能化可以解决这个问题，从而使物流的效率大幅提高。

再比如，现在每个物流公司都各自保留自己的园区、物流设备和车队，总体成本较高。其实，物流公司要的不是空间和各种设备，而是以最有效、成本最低的运营模式把件分拨出去。现在的科技手段已经可以做到设备和空间共享，将来完全可以按多少件收费（以前是按租赁仓库的面积和时间收费的）。

为此，2016 年以前，普洛斯就投资了美国最大的供应链解决方案服务商。双方合作共同跟中国企业研发机器人分拨设备，2018 年设备已经被高效利用起来了。

技术还被用于提供金融服务。普洛斯发现很多客户跟银行借钱特别困难、申请特别慢，于是在 2016 年 8 月它成立了金融服务公司。基于现存供应链上中小企业存在的几大痛点，普洛斯打造了大数据风控平台、金融监管平台以及基于区块链的资产资金平台。通过监测中小企业在特定场景的生产经营周期数据以及实时波动的切片数据，普洛斯金融用科技的手段为资金方提供了可视化、可穿透的资产，提升资金方对于资产的识别和风险控制能力，从而降低中小企业的资金成本，服务实体经济。

②从“包租公”向“物流生态圈”进化

自 2003 年进入中国之后，普洛斯增长迅猛。然而，随着整个行业从增量逐步转向存量，再像过去那样快速扩张已经不大现实，企业更多的是要往纵深发展。近年来，普洛斯不再像以往那样进行单调的横向扩张，而开始注重纵向的产业链延伸，尝试探索轻资产的运营增值服务和多元化业务，通过平台实现资源共享，打造物流生态圈。

2018 年 3 月，梅志明首次公开了这个平台的轮廓——未来会有不同的管理者、不同的业务形态建立在普洛斯的平台上；普洛斯则负责提供后台支持、战略、资本、资金募集等；大家都是项目的拥有者，可自主运营，建立自己的事业。

2018 年 7 月 27 日，在第十六届全国物流园区工作年会上，梅志明再次强调平台和开放的概念：普洛斯平台上的服务未来将全部对外开放，包括对竞争对手。开放后的普洛斯会为合作伙伴提供更多的园区管理服务，主要是选址服务、规划设计、资产服务运营、智慧园区、智慧物联网、智能设备和运营等。

如上文所说，事实上，自 2014 年以来，普洛斯围绕开放生态已经有非常多的动作，主要是以资本为纽带，通过投资入股物流链条上具有优势的服务商获得平台式的业务协同与延伸空间。比如，2017 年，普洛斯资产服务运营平台成立了一个独立的公司，提供对外服务。目前，这个平台管理着几百万平方米非普洛斯投资的园区，包括很多工业园区、物流园区和研发园区等。

除了前面提到的金融服务公司，普洛斯还有私募股权投资平台隐山资本，该平台的目标是推动被投资企业与普洛斯的各个业务平台乃至整个物流产业链之间产生开放的协同效应、互相赋能，从而加速资源互通联合。普洛斯资本则是用来解决物流园区重资产、回报慢、周期长的平台，通过资本的杠杆帮助物流园区提高整体回报。

（4）积极推崇本土化人才战略，加强战略同盟

物流行业最重要的创新是全球的供应链平台，这大大提高了行业的效率和服务质量。但建立这个平台靠的不仅仅是信息技术，更要靠高素质的人把行业原有的要素，如客户关系管理、企业资源管理和金融服务的能力放在这个平台上应用，创新才能产生乘数效应。随着竞争的日趋激烈，普洛斯不断加强与本土企业的合纵连横，进而达成战略同盟，从土地和股权两条线加强自身的产业链条和对业务资源的掌控力。

本地人才对于当地政府关系维护、政策理解和客户需求等的了解更为深入，因而普洛斯积极推崇人才本土化战略。比如，普洛斯的灵魂人物梅志明，后来创立了上海易商集团的沈晋初，以及目前主要负责普洛斯环普业务的赵明琪，都是人才本土化战略的推动者。

（5）小结与启示

物流地产是个慢周转的业态，但普洛斯却做得风生水起，其中至少有以下几点是值得国内同行学习的。一是要与资本深度结合，企业可以借助资本的杠杆加快开发进度，获得更多收益；二是物流地产本质上是服务业，除了提供物理空间，更重要的是，企业还要有良好的服务；三是信息化赋能，企业可以极大地提高物流产业园的利用率和物流效率；四是物流地产是众多信息流的交汇点，企业可以从中衍生出众多新业务点和新赢利点。

3. 中城新产业：打造专业园区，建立专业服务体系

目前虽然国内园区数量多，但是 99% 的园区都是综合性园区，很难

提供针对性、专业性的服务。以制造业为例，一个公司打算做一款新型电池，需要先了解电池的细分市场、行业前景等，但即便这家公司有钱，市场上也没有相应的服务。

中城新产业针对这些痛点，将自己定位为专业园区运营商，建立了一套完备的服务体系，为相关产业、企业提供全产业链的人才、资本、技术、市场服务，而且服务对象不限于自己园区内的企业，非园区企业也能享受服务。凭借优秀的运营能力，2018 年 4 月，中城将深圳坪山一个 6 000 万平方米的园区租来改造成医疗器械园区，4 个月的时间园区产值由此前的 5 000 万元飙升至 8 亿元。园区在当年年底就被深圳政府评为重点园区。

目前，中城主要采用自建、租赁、代运营和合作开发四类发展模式。比如，中城跟碧桂园合力（碧桂园占 80%、中城占 20%）打造的潼湖科技小镇，而碧桂园之所以选择跟中城合作，就是看中了中城的运营服务能力。

其实，不管是自建、租还是合作，其背后的逻辑都是运营服务。中城在不断尝试过程中积累了一些经验，具体总结如下。

（1）选准行业和区域：打好运营基础

做产业园区，并不是简单地圈块地建园区、做服务，而是在拿地设计建造之前就想清楚自己要做什么产业，以及在哪里做更利于产业资源的集聚。

一是选对行业，走正确的路。中城选定智能制造、航空航天、物联网、生物医学四大产业。2019 年 8 月 18 日，中共中央发布意见，支持深圳建设中国特色社会主义先行示范区，其中支持深圳建设 5G、人工智能、网络空间科学与技术、生命信息与生物医药实验室等重大创新载体，还支持深圳大力发展战略性新兴产业，在未来高端通信、高端器件、高性能医疗器械等领域创建制造业创新中心。中城恰好是专门打造智能硬件加速器、生物医疗器械园区和提供专业园区服务的，它选择的正是社会需求的方向。

二是要选对区域、顺势而为，这样才能走得更快。在确定行业以后，一定要考虑项目周边的产业基础，项目可以积聚产业资源，但是没法凭空创造产业资源。

中城认为，产业聚集有七大要素（见表 4–19）。

表 4–19　产业聚集七大因素

因　素	原　因	案　例
路径依赖	地方文化、关系、劳动关系，生产设备的不流动性	景德镇的陶瓷行业，江西、湖南等地的鞭炮制造等产业
政府支持	政策优惠、基础设施、工业园区	高新技术产业开发区、经济技术开发区等
市场因素	出口加工产业、专业化交易集散地，依托龙头企业相关联形成的产业集群	珠三角的电子信息集群（出口）、顺德的家具（专业市场）、武汉东风汽车（龙头）
智力资本	高校人才创业形成的产业集群	中关村高新技术产业硅谷
资本要素	科研与产品开发需求大量的资金支持	东伦敦科技城
土地、劳动力成本	成本要素推动产业转移	深圳为代表的珠三角三来一补产业
产业生态	产业链上下游完备、优越的区域环境	华强北的手机行业

资料来源：中城新产业。

在有产业集聚优势的城市和区域做专业园区有利于集聚服务和企业资源。比如，上海适合发展医疗器械，中城生物医学总部就建在上海；而深圳适宜智能制造发展，所以智能制造的园区多集中在深圳。顺势而为，中城才能走得更快。

（2）建立服务体系：研究产业链各环节，分门别类做服务

产业园区的服务分为两种：一种是企业服务，另一种是产业服务。

目前，企业服务有很多园区在做，实际上，它们是在做一些配套和园区管理。比如，天安数码城在园区里建食堂、健身房等各类配套。

产业服务则主要是围绕园区老板的生意做服务，解决技术、资金、人才、市场等问题。要是能帮助客户解决这些痛点，园区就能自动产生招商力。比如，坪山生命科学园第一分园凭借其产业生态链优势，招来的企业占到总园区企业的40%，而在上海的一个园区，这一比例上升到60%。

但是，要想解决客户的痛点，企业首先就得弄清楚其所选产业的产业链各环节，只有整体了解一个行业，才能更全面地落地服务，不然任何服务都是一句空话。

①先研究产业链，再提供人才、资金、技术和市场等服务

一旦选定一个行业建立相应的服务体系，企业就得认真学习这个行业的知识，挖掘这个行业的高级人才。因为不同行业需要的服务是完全不同的，不懂这个行业，企业就没法提供真正的服务。

中城选择了4个产业，针对每个产业内的不同细分行业分门别类地谈服务，从而建立不同的服务体系。

以智能硬件为例，围绕这个产业，共有8个环节（见图4–66）。每个中城智能硬件加速器内的员工都得全面了解产业链各个环节的具体情况，以及企业可能存在的服务需求。中城认为，只有这样员工才能从全局看问题，才能找到服务企业的落脚点。

图4–66 中城智能硬件加速器

资料来源：中城新产业。

②自己投资、布局、导入资源，建立核心竞争力

企业之所以入驻园区，是因为园区有自己需要的各类资源。如果同类企业入驻多了，园区就可以形成产业链生态，这本身就是最好的资源。可问题在于，第一批企业为什么会入驻？

中城认为，运营者还是要根据行业特点在前期导入资源，除了善于借力以外，还要敢于投资。以生物医学工程为例，基于医疗器械产品的开发流程，从研发到中试，再到最终产业化阶段，整个产业的链条如图4–67所示。

图4–67 中城新产业生物器械产业链

资料来源：中城新产业。

考虑到医疗器械行业从技术研发到临床试验，环环相扣，其中动物实验室特别关键。如果园区能提供一个动物实验室，那么这对很多企业都会很有吸引力，毕竟自己建实验室的费用很高。中城针对这个痛点，在其生命科学园内建了一个动物实验室，除了为国家生物产业基地近100家医疗器械提供服务，还辐射深圳及珠三角。中城在提供这类痛点服务的过程中，其产业集聚就开始滚动起来，同时整个服务体系的搭建

也开始跑动，这是一个彼此成就的过程。

③整合园区企业资源，形成服务网络资源库

企业最初入驻看中的是运营商自己引入、建立的资源，到后面看中的则是前期入驻的企业形成的生态。据此，中城按照园区内不同企业的业务特性将其归入不同的产业链条环节，最终形成一个产业的服务网络。这个网络为上下游企业的生意合作提供了便利，同时产业生态链内的企业也可以跟外部企业合作。

譬如，位于深圳西丽的中城智能硬件产业园区，园区企业资源库中有 2 000 多家企业，目前企业数量还在持续增加中。如果哪家企业有相关服务需求，中城就可以在中间帮忙连接资源，帮助它们更好地做生意。具体举措如图 4–68 所示。

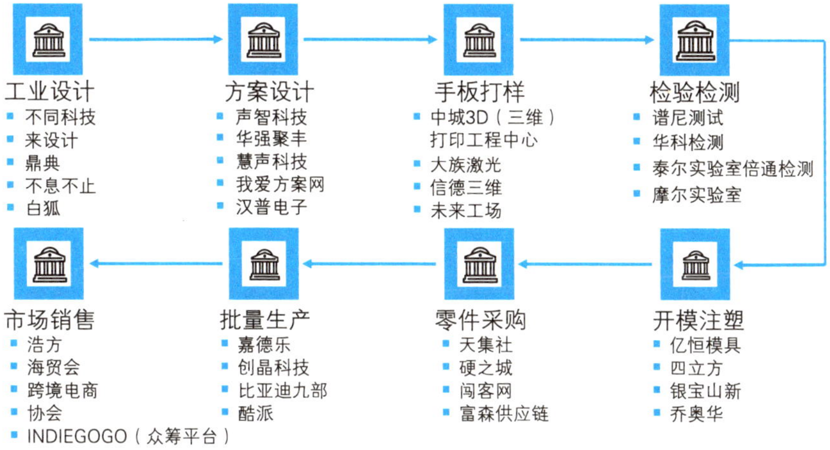

图 4–68 中城智能硬件服务网络中的部分企业情况

资料来源：中城新产业。

一是做平台，为上下游产业合作赋能。有了服务网络，如何更好地服务企业，平台就很重要。基于此，中城打造了一个供应链整合平台——天集社，这个平台的落地主要是围绕着智能硬件行业市场服务展开的，满足产品、代工、3D（三维）打印、投融资和人才招聘等多样服务。比如，你想找一个代工厂，你可以在这个平台上发布企业的代工需求，供应链上能提供此项服务的企业就会联系你。如果供应链上的企业无法提供这项服务，中城就会帮助你连接外部资源（见图 4–69）。

二是“前店后厂”的展示空间，为园区企业连接市场资源。除了天集社的线上平台外，中城智能硬件产业加速器还专门打造了一个体验空间，形成了一个“前店后场”的模式，专门用于展示园区内企业生产的产品。参观者可以现场体验产品，地方领导或者其他企业来观摩这个空间时，遇上心仪的产品可以直接扫码上电商平台购买，同时如果有生意上的合作意向，也可以通过中城平台帮忙联系企业。

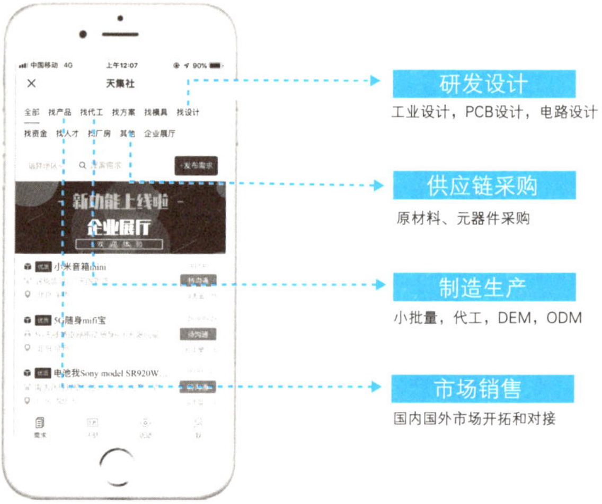

注：PCB 是指印制电路板，DEM 是指动态企业建模，ODM 则是指原始设计制造商。

图 4–69 中城供应链整合平台——天集社应用界面

资料来源：中城新产业。

三是资金服务，实实在在帮助企业解决资金问题。中城金服扎根中城产业园区，深耕医疗健康与智能制造两大产业，其核心成员具备产业领域专业背景和金融财务背景。中城金服针对不同企业现状，提供包含股权融资、债权融资以及兼并收购三大类综合性服务。中城金服可根据每一个客户的需求，提出合理的融资建议并确认最优融资方案（见图4–70）。

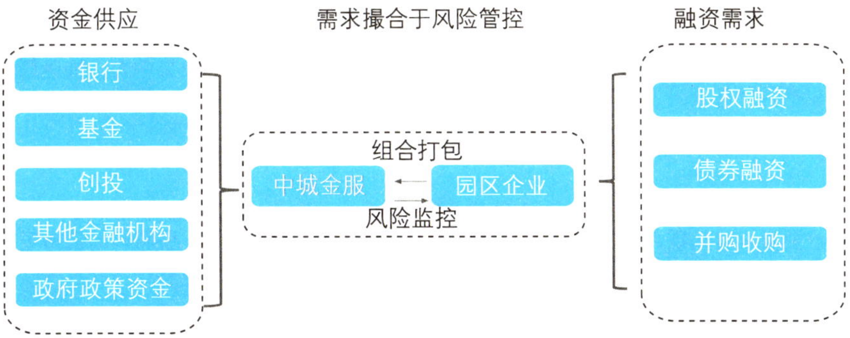

图 4–70　中城金服的服务展示

资料来源：中城新产业。

四是构建人才培训基地提供人才支持。除了帮助企业寻找人才，中城也帮助企业培养人才。比如在上海，中城联合上海理工大学成立了一个国家级专业技术人员的继续教育基地，专门用来培养从事医疗器械专业的人才，为医疗器械行业输入人才。中城认为，如果一个企业的中高层人员参加过园区组织的培训，那么他们在选择租赁园区时也会首先想到中城。

（3）规模是服务基础：行业越细分越容易做大规模

规模和产业链的服务是一个共生共长的关系，只有到了一定规模，产业形成集聚，才能更好地连接和提供服务，进而形成良性循环，同时也能降低中城的服务成本（见图4–71）。

中城认为，行业越细分，越容易做大规模。因为只有专业做得细，园区才能提供相应完整的服务产业链，以此吸引更多的企业加入，从而整体滚动起来。

如果不细分的话，园区做一个笼统的定位，什么都往里塞，每个服

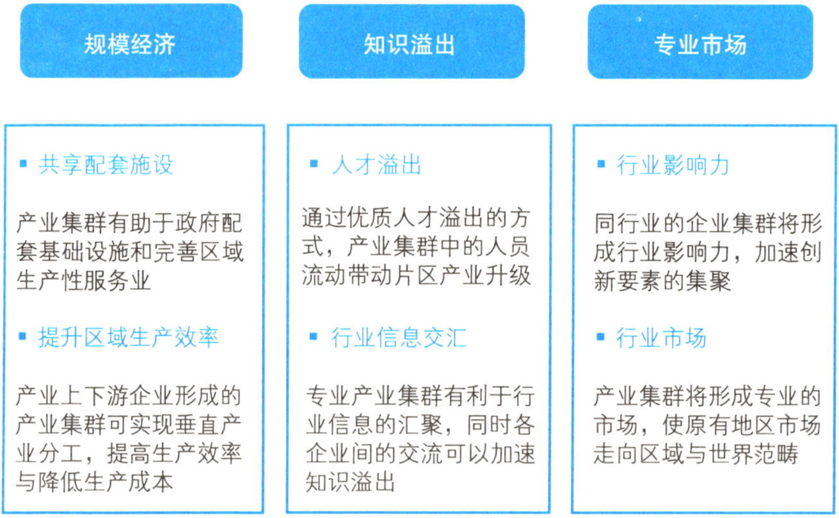

图 4–71 产业规模效益

资料来源：中城新产业。

务之间不关联，只是简单的叠加，那么这不仅花费成本，而且也不能起到协同带动的作用。比如，一个综合园区中有做鞋的、做饮料的、生产电脑的和做医疗器械的，这些企业放在一起，就很难做服务，没法做服务就没法使之良性滚动，以至无法持续扩大规模。

所以，中城主要聚焦四个产业——智能制造、航空航天、生物医学工程和物联网，每个产业各 500 万平方，规模目标是 2 000 万平方米（见图 4–72）。

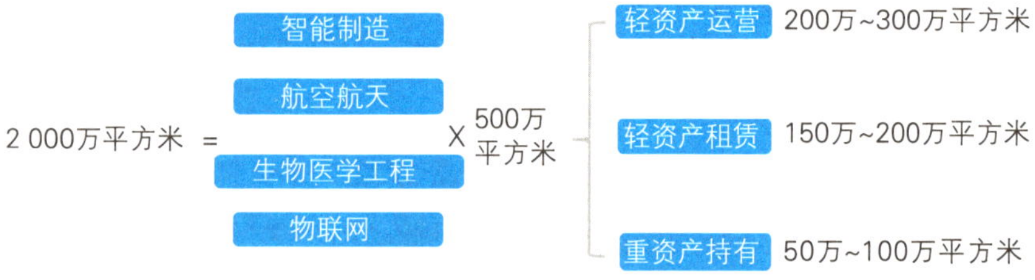

图 4–72 中城新产业的规模目标

资料来源：中城新产业。

（4）小结与启示

中城新产业主打专业园区，且坚信园区越细分，越容易做大规模，越具有产业集聚力。根据不同的细分行业，中城在全面了解其产业链条的情况下，建立相应服务体系。针对某些关键环节（如生物医疗器械链条中的动物实验室），中城会自己打造并以此形成自家园区的独特竞争力。

中城通过打造线上平台和线下企业展示空间，最终会形成一个产业链条上的企业专业集聚，这样有助于连接专业园区内的企业相互合作。

中城的这一系列服务动作带动了产业园区的企业入驻。入驻的企业越多，产业的集聚优势越明显，以此形成良性滚动。中城新产业的这种工匠服务精神将为中国产业园区服务带来一种新的思考和可能性。

第五章　退

金融加持，打通资管闭环

当下，随着房地产存量时代的到来，很多以住宅开发为主业的企业都会主动或被迫选择发展商业地产，各种购物中心、写字楼、公寓和酒店等如雨后春笋般涌现。

然而，面对不断增长的供应量，商业物业的需求却没有同倍放大，困扰行业的“库存”问题一直存在。很多企业的开发能力很强，但却输在了去化能力上，在市场上苦于找不到买主，很多优质资产被捂成了不良资产。

资产退出究竟面对哪些难题？破解之道是什么？围绕当下商业地产的行业发展现状，结合国外市场的发展经验，我们认为市场流动性、交易成本与资产收益是决定商业地产能否顺利退出的三大关键因素。

如何冲破阻碍？借助国际上成熟的资产退出工具 REITs，企业可以寻找到新的退出途径，打通投融管退最后一环。介于当前国内类 REITs 的发展已高度成熟，距离公募 REITs 仅一步之遥，我们相信公募 REITs 在国内推出只是时间问题。届时，整个房地产业都将会迎来深层次变革，存量地产的三条主流业务赛道也将逐一显现。

第一节
推出三大难：流动差、成本高、收益低

本节我们重点探讨商业物业的市场环境与退出逻辑。

我们首先需要明确什么是商业物业？根据美国权威的商业物业行业协会 CREFC（商业地产金融委员会）分析，商业物业是指将其作为商业用途运营的资产，常见的业态有商铺、购物中心、办公楼、酒店、专业市场、车库等。

考虑到现金流周转与规模扩张，中国绝大部分的住宅都是以散售的形式为个人所持有，整体持有作为出租经营的住宅物业占比很小。尤其是酒店公寓和服务式公寓的出现，让人们对住宅和商业物业的认知变得模糊。

基于此，本节将商业物业限定为：以投资为导向，有专业的出租运营，不仅获得资产价格的上涨，而且也将租金现金流作为主要收益来源的住宅、公寓、写字楼、购物中心或园区厂房等。

一、国内存量商业物业市场现状

自 2014 年以来，中国房地产业规模战打得越来越激烈，数十家房企在冲刺千亿规模的道路上你追我赶，行业集中度越来越高，但大量物业的集中入市，使得大批存量物业面临着去化难的问题。

1. 待售库存压力明显，依托销售去化困难

中国商业物业投资在过去一二十年经历了高增长所并带来的供应量剧增，给房企带来了巨大的销售压力。以商品房的累积待售面积作为现有库存指标进行分析，2014—2018 年的商业物业销售情况并不乐观，以办公楼和商业营业用房为代表的商业物业的累积待售面积持续增长（见图 5–1）。

2015 年以来，受益于政策利好（棚改货币化及三、四线城市去库存），整个商品房市场的销售持续向好，住宅库存量持续降低。截至 2018 年 11 月，全国住宅待售面积为 2.5 亿平方米，比 2015 年下降了 40% 左右，去化效果显著。然而，办公楼与商业营业用房的待售面积却持续增

长，未来去化压力巨大。

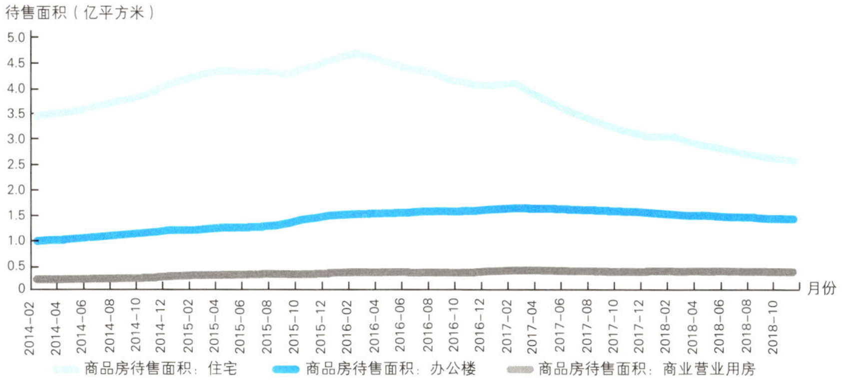

图 5–1　2014—2018 年全国住宅、办公楼与商业营业用房累积待售面积

资料来源：国家统计局、明源地产研究院。

2. 资产规模急剧膨胀，盈利下降引发恶性循环

高库存及去化难必然给诸多企业的经营业绩带来负面影响。以开发商为例，通过对 27 家上市商业地产企业的数据分析，我们发现，大部分企业的年均资产回报率都有不同程度的下滑，像 SOHO 中国的平均资产回报率下降尤为明显，由 2014 年的 9.0% 下滑至 2018 年的 5.1%（见图 5–2）。

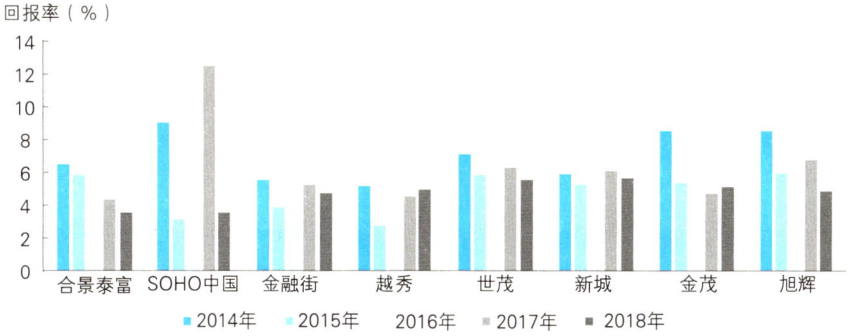

图 5–2　典型房企 2014—2018 年资产回报率

资料来源：Wind、明源地产研究院。

造成资产回报率下降的既有分子（净利润）的原因也有分母（总资产）的原因。在分子方面，对市场前景的过度乐观和规模冲刺使得土地市场的恶性竞争加剧，再加上融资成本也不断走高，大幅推高了开发成本，导致利润空间收窄；而在分母方面，企业积压的存量资产规模不断被放大，而行业的资产管理能力普遍低下，导致存量资产项目的回报率低，从而进一步拉低了企业的资产回报率。

整个行业产能过剩带来的负面影响，还体现在企业对资产的使用效率上。2014 年以来，行业总资产周转率逐年下滑，如新城的企业资产周围率由 2014 年的 39.6% 下降到 2018 年 16.3%（见图 5-3）。不少企业都想努力通过轻资产战略瘦身来提高资产周转率，但是却很难瘦下来（最核心的原因是大量的存量资产回报率太低、卖不出去），进一步引发了资产回报率下降和负债率上升，由此陷入恶性循环。

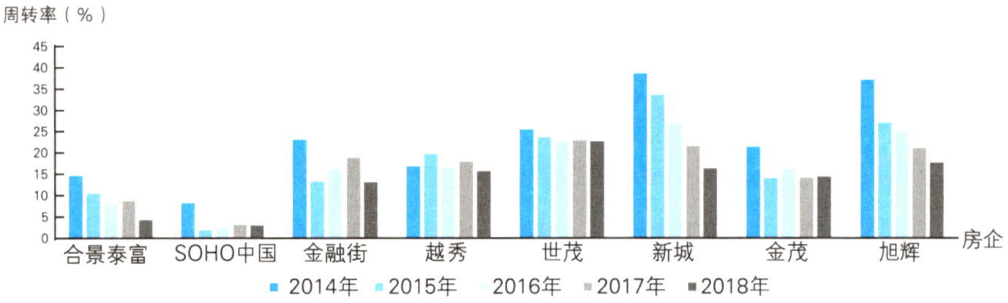

图 5-3 典型房企 2014–2018 年资产周转率（总收入 / 总资产）

资料来源：Wind、明源地产研究院。

二、国内存量商业物业退出的三大难题

供应量不断增长，商业资产的需求却没有同倍放大，此现状是造成我国商业地产“库存”居高不下的主要原因。在现实中，有资产交易需求的企业找不到买主，很多优质资产被捂成了不良资产。其根本原因在于，目前商业资产退出环境很不友好，存在公认的三大阻力。

1. 流动差：局限的市场与有限的参与者

相比住宅市场的火爆，商业物业的交易市场要冷清得多。每年 2 000 多亿元的交易额看似很高，但对于国内几万亿元市值的存量商业物业市场来说，这只是杯水车薪。

一般而言，具备规模的商业物业市场常常伴随着较高的流动性。据世邦魏理仕对全球 14 个主要经济体的分析发现，大部分经济体的商业地产年度大宗交易额与其资产规模呈极强的线性关系（见图 5–4）。例如，英国的存量商业物业资产规模约为 15 000 亿美元，市场交易额为 500 亿美元，属于高流动性市场。可是，这两者在中国的相关性却非常弱——拥有约 35 000 亿美元的庞大商业物业存量，却只有 300 多亿美元的市场交易规模，处于从低流动性向中等流动性进化的转折期。

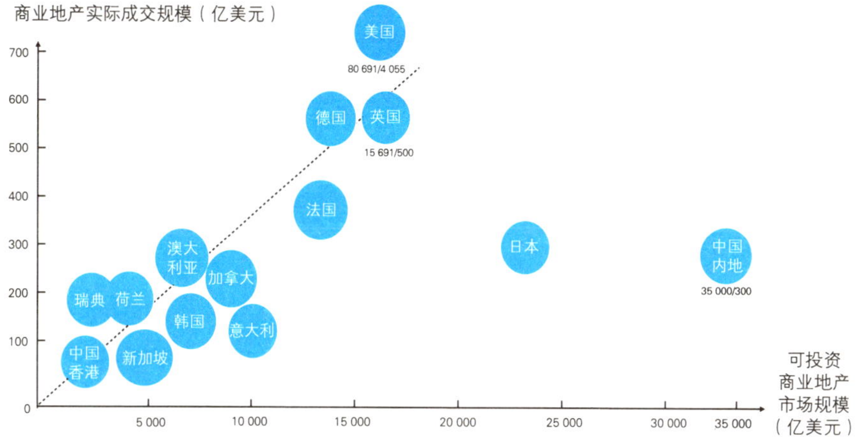

注：大宗商业物业市场流动性 = 大宗物业投资交易额 / 可投资商业地产市场规模 ×100%。

图 5–4　2016 年 14 个主要经济体商业物业市场流动性对比

资料来源：世邦魏理仕。

到底是什么原因导致我国商业物业的流动率如此低下？我们认为主要原因有以下两点。

第一是局限的交易市场与通道。国内商业物业的退出渠道十分有限，通常只有整售与散售两种形式。由于商业资产体量大、单价高，而我国公募 REITs 尚未推出，其余创新型的退出工具同样十分匮乏（工具数量甚至比不上同属亚太地区的印度和越南），除了大宗市场之外没有更好的选择，这就限制了各类机构投资者介入大宗物业投资市场的可能性，以整售的形式退出较为困难。为了快速回笼资金，大部分商业资产的退出方式是拆分散售，这种方式对企业后期运营以及品牌价值都会造成负面影响。

第二是有限的交易参与者，商业地产的交易者结构已经基本固化。目前，在我国大宗交易市场上，参与的买方群体以商业地产开发企业及险资、基金等机构投资人为主。由于机构投资人的准入门槛高，所以物业的筛选条件也比较苛刻，成交周期也比较长，从期限维度降低了市场的流动性。值得关注的是，自 2016 年开始，外资企业在中国商业地产投资市场的交易比重逐步上升，已经成为重要的市场力量。可是，由于我国涉外资本账户控制依然严格，期许境外投资者成为中国商业地产市场主力军的想法略微牵强。

总体来看，有限的市场玩家、有限的交易通道和融资工具阻碍了优质商业资产的顺利退出。

2. 成本高：高昂的交易税负阻碍市场流动性

除了流动性不足之外，因资产所有权划转导致的税收负担也是阻碍存量大宗资产交易意愿的重要因素。例如某些三、四线城市的房企，持有大量区位较好但经营不善的商业资产亟待剥离盘活。可是，这些企业通常既不明确当前的税收法规，又没有积极采用合理的技术手段降低税务摩擦，造成预估的税负巨大，拉低了交易收益预期。

许多为追求增值收益而进行商业物业投资的管理商也存在同样的问题。以普通的商铺为例，假设投资人以 100 万元价格入手，高薪聘请了专业的设计团队，从项目策划包装到开发建设，经过数年经营管理，资产估值达到 1 000 万元。可是，投资人将资产出售之后，加上扣除的契税、增值税等，最后到手的可能只有 300 万元。改造后的资产在退出时无法享受到对等的投资增值收益，这在无形中扼杀了许多商业资产投资玩家的进场意愿。

目前，国内商业资产的交易需要由买方缴纳契税、印花税等较大税种（见表 5–1）。而卖方除了缴纳土地增值税外，净利润部分还需缴纳企业所得税。这种税收制度对企业剥离不良资产进行资本再循环构成了巨大阻力。

表 5–1 中国内地、新加坡与中国香港商业资产交易税费简要对比

中国内地				新加坡	中国香港
环　节	纳税主体	税　种	税　基	类似税种是否免征？	
购置、处置阶段	买方	3% ~ 5% 契税	出售价格	卖方承担 7% 商品服务税	无此税种
	买卖双方	0.05% 印花税	比例或定额计税	免税	1.5%~8.5% 印花税
	卖方	30% ~ 60% 超额累积土地增值税	出售物业所得增值税	无此税种	无此税种
		11% 增值税	全部价款	无此税种	无此税种
		25% 所得税	经营所得	无优惠	无优惠

资料来源：公开资料、明源地产研究院。

由于土地增值税、契税等大税种拉高了交易成本，所以很多交易根本不划算——继续持有运营甚至亏本运营都比剥离资产划算，这也成为压在企业报表上的一块巨石。在主体信用占主导的融资环境下，这部分不良资产成了影响企业进行再融资发展的“烫手山芋”。

3. 收益低：租赁回报率低，资产吸引力不足

退出阶段有税负成本，资产运营期间回报率也不高，二者共同拉低了资产持有人最终的退出回报率。

鉴于税负成本非企业所能左右，越来越多的商业物业买方开始关注资产本身在运营期间的租金收益及其增长潜力。

目前，我国商业物业运营收益率普遍偏低，租赁住宅市场的收益率尤其低。据第一太平戴维斯的数据显示，2018 年，一线城市租赁住宅的收益率创下历史新低。与伦敦（3.7%）或新加坡（4.2%）等城市相比，中国城市住宅的租金收益率非常低。以北京为例，截至 2018 年 12 月底的租金收益率仅为 1.8%，远低于国内十年期国债利率（见图 5–5）。

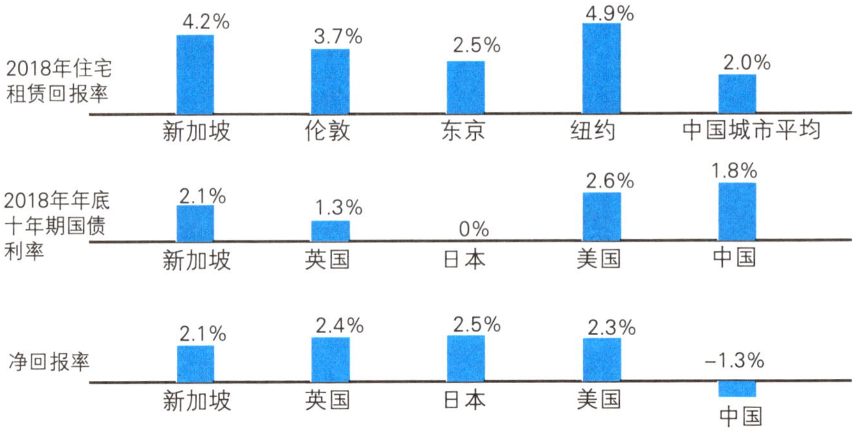

图 5–5 全球主要地区住宅租赁回报率与 10 年期国债利率对比

资料来源：第一太平戴维斯、全球数据库（NUMBEO）。

造成租金收益率低的一个重要原因是资产的价格增长过快，远远超过了资产运营的租金收益增速。对投资者而言，资产的吸引力更多来自价格增值的潜力，这导致了社会资本把重心放在追求资产价格差的回报

上，而非长期持有的运营收益。

这种重增值轻运营的投资思维在过去没有问题，但放在当前政策条件下，物业资产价格已经达到高位，不论是防范金融风险还是促进经济转型，都需要稳定资产价格，未来资产价格急速上涨的可能性已经不大，资产的价值更多将通过运营得以体现。NOI 将成为资产退出价值的主导因素，这也是现在轻资产运营企业开始兴起的原因所在。

以深圳福田 CBD 某高档写字楼为例，该写字楼分 A、B 两栋，采用同样的建筑工艺与设计方案，唯一的差异在于两栋物业分属不同的运营管理方。经过多年运营，两栋写字楼的月租金差异竟然高达 50 元 / 平方米，对应的资产价值高下立分。

一个优秀的资产运营管理商需要具备对物业资产的改造设计、空间内容规划、信息化管理和租户服务等各方面的能力，管理难度可想而知。但是，正因如此它才有机会，因为容易干的事早就被人干了。未来资产估值将日益走向理性，投资人会更加谨慎和苛刻。在同等外部条件下，运营能力将成为影响物业估值的关键因素。

第二节
破局三条路：拓渠道、降成本、促收益

针对当前存量物业市场面临的流动差、成本高、收益低三大问题，结合当前金融市场发展，三条对应的解决思路也应运而生。这三条对应的解决思路是：利用现行金融工具设定多样化物业退出机制；在现行税制的基础上降低退出成本，调整物业交易税务至中性；持续增强运营管理能力，挖掘物业增值潜力，让买方主动找上门。以下是解决资产退出难题的具体思路。

一、拓渠道：设定多层退出机制，打通最优“出表”途径

针对存量物业交易流动性差的问题，我们需要尽快通过技术手段拓宽交易渠道，吸引更多物业投资人加入，使商业物业市场能够真正进入全流通时代。

1. 打通技术手段，建立社会资本投资通道

针对市场流动性差的问题，关键是要尽快打通投资渠道。目前，参与商业物业流通的主要是以下三个群体：以大宗交易形式获取商业物业的机构投资者，以散售形式购买物业的中小企业以及有实力的个人投资者。

其实，还有一个很重要的群体长期被市场忽略，那就是资本较少的散户群体。这部分社会资本眼前虽受制于商业资产量大、价高的特点而处于投资的边缘地带，却是未来最具潜力的资产接手者（见图 5–6）。

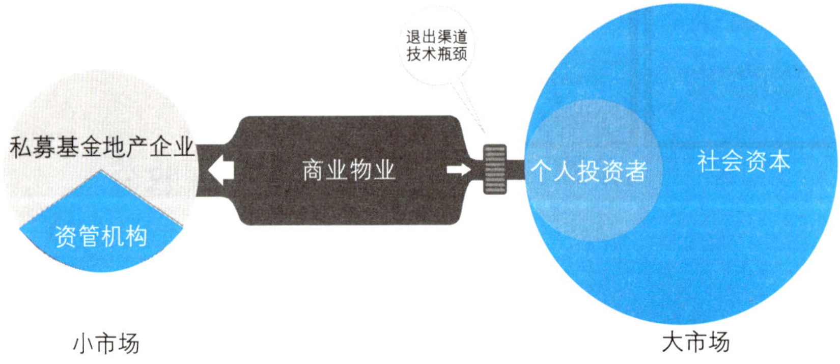

图 5–6 打通资产与社会资本的投资瓶颈

资料来源：明源地产研究院。

因此拓宽资产退出渠道的核心在于突破社会资本——资产的投资瓶颈。在这个方面，早已步入存量时代的美国在不动产交易体系优化方面

为我们提供了很多参考，比如借助 REITs 这一工具。

国外对 REITs 产品的定义是：以公募基金的形式，将流动性较低且非证券形态的房地产投资直接转化为证券资产的金融交易过程。简而言之，REITs 产品就是将资产以股权的性质转移至资本市场交易，从而将单笔大额的“不动产”切分为多个小额“动产”，在实现资产盘活的同时，也让持有小额资金的散户可以分享经济增长与资产增值的红利。

可是，由于税制及估值等原因，我国在推行公募 REITs 的道路上频频受阻，只能退而求其次，发行基于 REITs 架构下的类 REITs 产品。类 REITs 与国外成熟 REITs 产品有明显区别——真正的 REITs 产品可以在二级市场上供个人投资者交易，类 REITs 产品则不行。因此，个人投资者能否参与是决定 REITs 产品是融资工具还是退出工具的重要因素。

2. 前有通路后有退路，根据市场反馈及时处置

目前，国内的类 REITs 产品还是以融资为主，债性高于股性，真正能让持有人通过类 REITs 渠道实现完全退出的案例还比较少。从 2019 年 1 月初发行的浦发大厦类 REITs 产品退出案例来看，其最终的退出途径还是采用大宗市场交易的处置方式（收购项目公司），而非大家预期的采用资产证券化的方式退出。

因此，目前业内对类 REITs 产品的定位是从债权到股权的过渡产物，虽然它不是当前最有力的资产退出工具，但从结构上可以为未来公募 REITs 的发行做准备。

以下，我们整理了目前市面上所有商业物业可能的退出渠道（见图 5–7），类 REITs 产品在当中起到承上启下的作用。一旦资产装入类 REITs 后，如果机构投资者是以债权方式进行认筹，或者说权益级设有回购条款等非资产真实“出表”，那么类 REITs 产品就可以采取滚动续发的方式，在保证融资额不变的前提下实现新老投资人之间的轮换。若资产本身的增值效果明显，那么原始权益人（原物业持有人）也可以通过

设立回购机制予以回收。

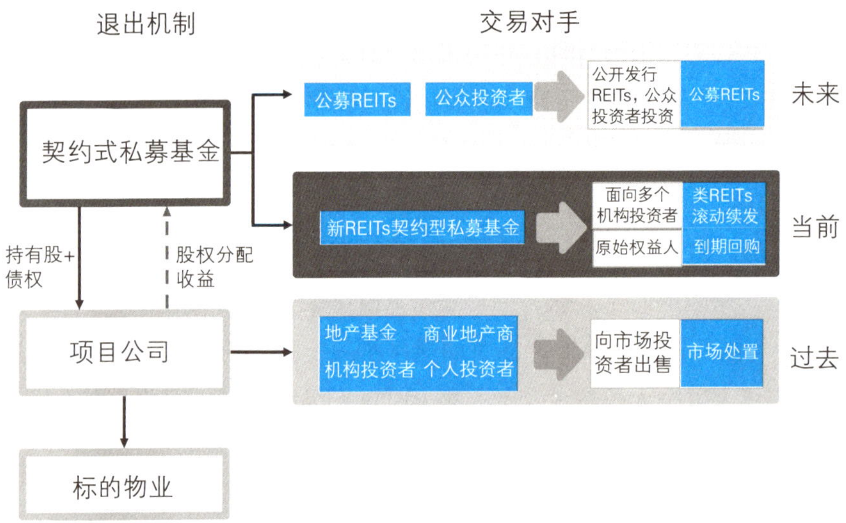

图 5-7 以类 REITs 产品所组成的资产多样化退出渠道

资料来源：公开资料、明源地产研究院。

等公募 REITs 真正推出之时，类 REITs 产品可以直接采用“ABS+公募基金”等形式，实现从私募到公募、从面向机构投资人到面向社会公众投资人的过渡，持有的资产就可以实现真正意义上的证券化退出。即使没有等到公募 REITs 推出或者机构投资者中途放弃投资，将类 REITs 的资产通过大宗市场也能得到有效处置。

前有公募 REITs 的通路，后有市场处置的退路，REITs 产品由此便能实现资产—证券的转换并将产权从持有人让渡给社会资本，从而盘活整个存量市场。这也是所有从业者期待公募 REITs 早日推出的原因。

二、降成本：产品结构优化，降低交易成本

针对交易环节当中存在的税负压力，在不违反现行税制的基础上，商业物业可以通过合理设计交易结构和调整税务中性来降低企业交易

成本。

1. 升级资产“出表”方法：项目公司股权转让

为了缓解商业物业交易环节中的税负压力，目前主流方案是将资产以股权的形式转让。这需要将涉及交易的标的资产转移至特定的项目公司当中，集团可以采取分立、增资或者以资产单独作价出资的形式将资产从集团剥离至项目公司中，再进行相应的股权转让（见图 5–8）。

以分立 + 股转转让的方式进行资产退出为例。转让方（集团）首先要将交易的标的资产分立出来装入新设立的项目公司，再将项目公司以股权的形式转让给受让方（买方）。整个交易过程涉及资产分立装入项目公司和项目公司股权转让两个征税节点。在分立阶段，转让方可以享受到特定的税收优惠，而在股权转让阶段，大部分地区默认可以免除土地增值税、契税等大税种。通过对比，采用分立 + 股转转让的方式进行退出在减少税务摩擦方面比单纯的资产转让更具优势（见表 5–2）。

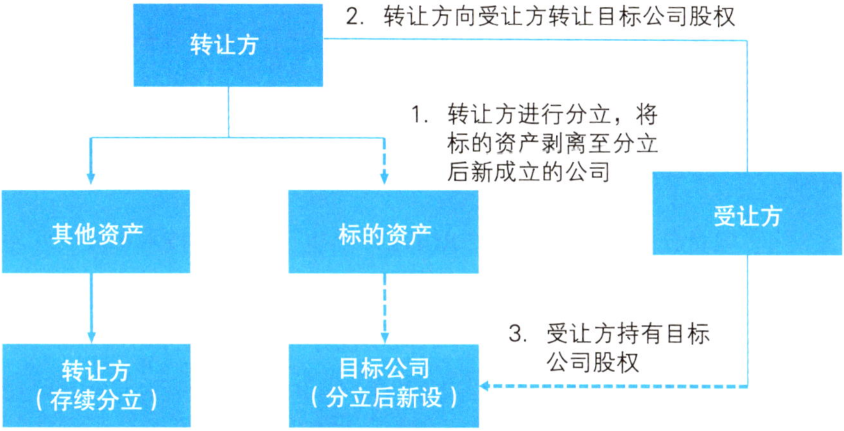

图 5–8　资产分立 + 股权转让方式

资料来源：公开资料、明源地产研究院。

表 5-2 资产转让与分立+股转转让方案之间的税负对比

总方案	方案拆分	企业所得税（大税种）	土地增值税（大税种）	增值税（大税种）	契税（大税种）	印花税（小税种）
资产转让	资产转让	征收 转让方承担（视特殊情况进行税务处理）	征收 转让方承担	征收 转让方承担（如与关联债权一并转让则不征）	征收 受让方承担	征收 转让方、受让方均承担
资产分立+股转转让	资产分立	征收 被分立企业及其股东承担（视情况进行特殊税务处理）	征收（任意一方为房企） 被分立企业及其股东承担	不征收	不征收	征收 被分立企业、分立企业均承担
	股权转让	征收 转让方承担（视情况进行特殊税务处理）	不征收（存在例外）	不征收	不征收	征收 转让方、受让方均承担

资料来源：公开资料，明源地产研究院整理。

对于采用项目公司股权转让的方式进行退出，我们需要具体问题具体对待，针对不同类别的资产，在资产交易之前应当聘请专业的法律税务顾问予以分析。

2. 最优资产“出表”方法：权益型资产证券化产品

除了项目公司股权转让，类 REITs 产品也可以通过技术手段调回税务中性。对转让方来说，这种做法不仅可以达到和股权转让相同的效果，还可以通过搭建“股＋债”的结构以减少税务摩擦（见图 5–9）。

从典型类 REITs 产品的交易结构来看，类 REITs 的投资利息回报是通过底层物业的股权分红一层层向上实现的，而物业每年的分红主要来源是当年完税后的净利润。假设某项目公司下设物业当年实现 1 000 万元盈利，在不计提盈余公积金的情况下，大概需要交 250 万元的企业所得税。

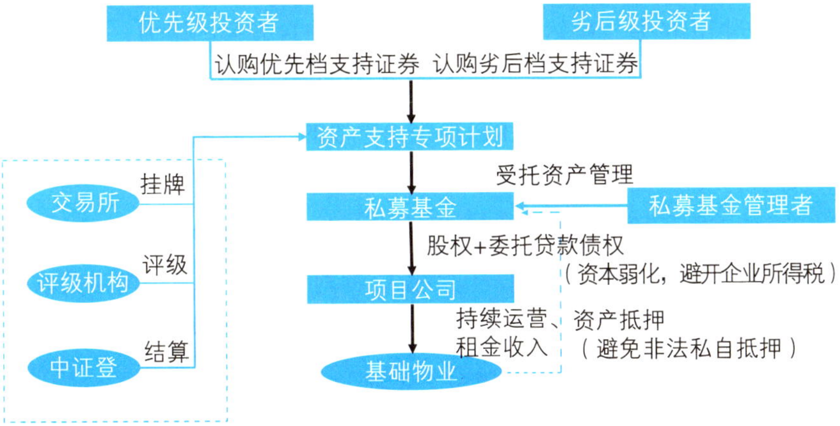

图 5-9 典型类 REITs 产品的交易结构

资料来源：公开资料，明源地产研究院整理。

但在实际操作中，我们可以让项目公司上游的私募基金在收购股权的同时发放一笔委托贷款或者股东贷款（因为贷款具有债性的特点，债务利息费用是可以在税前扣除的），以此将项目公司物业的净利润做低，降低可能预缴的项目公司企业所得税（见表 5–3）。以下是采用资产出售、项目公司股权转让和类 REITs 产品三种退出模式的比较。我们从中可以看到，搭建 REITs 交易结构可以最大程度地降低交易税负。

表 5–3 三类资产退出形式税负对比

方 案	是否拥有项目公司	涉及税种（大税种）	备 注
传统资产“出表”方式（资产出售）	无	无	单纯的资产出售
优化资产“出表”方式（项目公司股权转让）	有	契税、土地增值税、增值税	项目公司股权转让形式
最优资产“出表”方式（搭建 REITs 交易结构）	有	契税、土地增值税、增值税企业所得税	设立 SPV，构建债务的基础上收购项目公司股权，形成“股 + 债”模式

资料来源：公开资料，明源地产研究院整理。

需要指出的是，虽然税负现在依然是 REITs 发展的阻力，但税负压力主要集中在持有与分红阶段。对以资产退出为目的的转让方来说，如果不涉及后期回购，那么类 REITs 退出阶段的税负其实与股权转让的税负大同小异，甚至还更具优势。

总体而言，技术手段只能解决部分问题，政策给予的优惠政策才是解决 REITs 产品税负的关键，包括投资者利得税与产品结构中关联的 SPV 企业所得税都有必要减免，这样才能够吸引更多的投资人参与，借助 REITs 进行资产退出的道路才会更宽阔。

三、促收益：运营优化与利益绑定，提升资产收益

解决资产收益率低的难题，关键是要提升资产运营管理能力以及多维度提升资产收益。

1. 运营优化，把控业务流程，改善租赁情况

打铁还需自身硬，若想卖个好价钱，资产本身的价值就得提升。当前，大部分商业物业收益的主要来源是租金收入，因此企业需要在管理方式与内容创新上入手，通过运营赋能提升租金的溢价水平，从而提升资产价值。

不同业态都有其提升价值的逻辑。以 2017 年比较火的新派公寓类 REITs 项目为例，该案例是弱主体、强资产的典型，原始权益人赛富基金没有任何大型集团的背书，想要打动投资者只有在资产价值上做文章。

因此，在该产品推出前，赛富基金与青年乐（新派）运营管理公司对该物业精心经营了多年。收购、改造、运营和退出均由它们自己独立完成，并在公寓运营当中融入时尚和青春等元素，配合线上信息化管理与社交内容服务，将该物业综合打造成都市白领专属的青年公寓。

优秀的管理能力加上内容创新，使得该物业的租金水平水涨船高。项目平均租金超过周边类似项目的 30%～35%，物业总出租率达到 99%，

每年产生的可分配净现金流达到 800 万元以上。这样亮眼的运营成绩对于 REITs 产品投资者而言，无疑有着极强的吸引力（见图 5–10）。

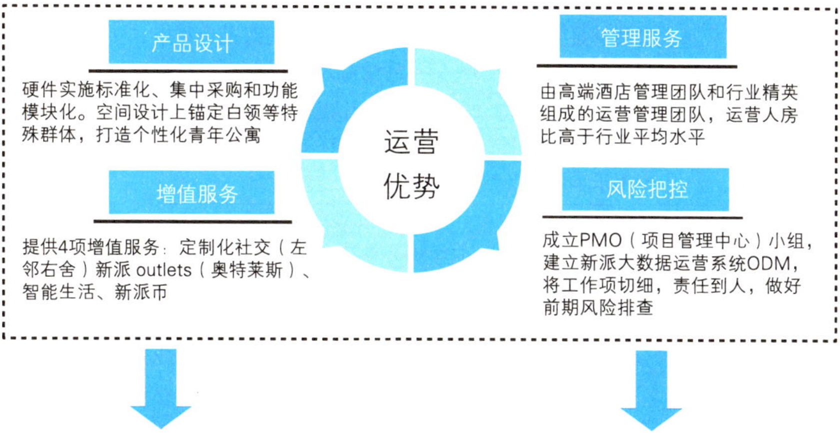

月均租金	总体出租率	可分配净现金流	租金优势
121元/平方米	99%	>800万元	高于周边30%~35%

图 5–10　新派公寓运营管理优势

资料来源：新派公寓权益型房托资产支持专项计划说明书、明源地产研究院。

2. 利益绑定：管理方进行业绩绑定，确保利益一致性

作为权益型 REITs，新派公寓虽然在基础资产属性方面表现优异，但是在现行环境下，没有主体担保等增信措施、产品评级做不高，投资者可能依然对项目有所顾虑。

为了打破这一困局，青年乐（新派）作为资产运营方，主动设立担保机制，将主体增信转化为管理增信，承诺对物业经营业绩的缺口进行无条件差额补足。同时，产品设计人也为新派订立了激励机制，在产品到期结算之时，可以与劣后受益人共享部分投资收益（见表 5–4）。

表 5-4 新派 REITs 产品主要增信手段

增信方式	主要内容	增信性质
业绩激励分成	SPV 委派新派旗下青年乐提供运营管理服务，青年乐享受租赁收益的 5%/ 年的激励费，退出时一次性补足分配到 12%/ 年。新派获取退出时基金利润的 20%，另外 80% 归劣后受益人	收益共享
业绩补足承诺	青年乐承诺 2018 年起 SPV 与通达富合计每年项目层面可分配现金流不低于 800 万元 / 年，如有缺口，青年乐承诺无条件予以差额补足	风险兜底
履约保证金	专项计划成立时在托管账户中留存 500 万元作为履约保证金，以保证在物业自然现金流不足以支付优先级投资人时，可以对优先投资人进行付息	风险兜底

资料来源：新派公寓权益型房托资产支持专项计划说明书，明源地产研究院整理。

这个方案使得管理方在享有超额业绩提成的同时，也要对可能的风险进行兜底。有奖有罚，将管理方与投资人绑定成利益共同体，有利于倒逼管理方提升运营能力，从而为该资产后续的增值提供保障。

第三节
纵观国内外 REITs 发展，进退自如实现资本循环

由上述资产退出的各种渠道我们可以看出，不论未来企业采用何种方式“出表”，都必须建立在资产流动性的基础上，而 REITs 产品的推出恰好能弥补流动性空缺，让更多优质资产与社会资本无缝衔接。

REITs 在国外早已不新鲜，美国等发达国家已经借助 REITs 工具形成完善的地产金融生态链，衍生出千亿、万亿级别的地产基金市场。我国资产证券化市场起步较晚，2003 年才开始探索 REITs 产品，目前面市场仅有私募形式的类 REITs，公募 REITs 的落地仍需时日。

针对未来我国 REITs 产品的发展走向，本节通过分析国内外 REITs 发展现状，结合专业人士观点，为大家揭示国内公募 REITs 的推动历程以及公募 ERITs 给房地产业带来的新机遇。

一、美国 REITs 产品概述及特征

他山之石，可以攻玉。作为 REITs 的发源地和最成熟的市场，美国 REITs 的发展历程可以为我们提供参考借鉴。我们主要从美国上市 REITs 的市值、回报率、股息率、不同的基础资产类型 REITs 的表现以及其交易结构和立法模式来进行分析。

1. 美国 REITs 整体规模发展现状

（1）市场规模不断跳涨，权益型成为主流

据全美房地产投资信托协会数据库显示，美国 REITs 市场自 2000 年后规模不断跳涨，虽然在次贷危机期间 REITs 受到了较大打击，市值被腰斩，但很快就重回增长轨道（见图 5–11）。截至 2018 年年底，美国上市 REITs 共 226 只，总市值为 10 476 亿美元，其中 187 只 REITs 在纽交所（NYSE）上市交易，总市值为 1 万亿美元，是 2000 年的 10 倍。

根据投资对象的不同，REITs 分为权益型、抵押型和混合型，其中权益型 REITs 主要投资各类物业，持有物业产权；抵押型 REITs 主要投资房地产抵押贷款或抵押贷款支持证券（MBS）。截至 2018 年年底，权益型 REITs 市值为 9 800 亿美元，占据市场份额的 94%。美国上市 REITs 基本是以权益型 REITs 为主的。

（2）不同业态的 REITs 回报和股息率差异明显

美国的权益型 REITs 业态丰富，按照全美房地产投资信托协会的分类，REITs 可以分为工业、写字楼、零售、公寓住宅、多元化用途、酒店或度假山庄、健康医疗、自助仓储、林场、基础设施、数据中心和监狱共 12 类。其中零售、公寓住宅、基础设施、健康医疗、写字楼和工业

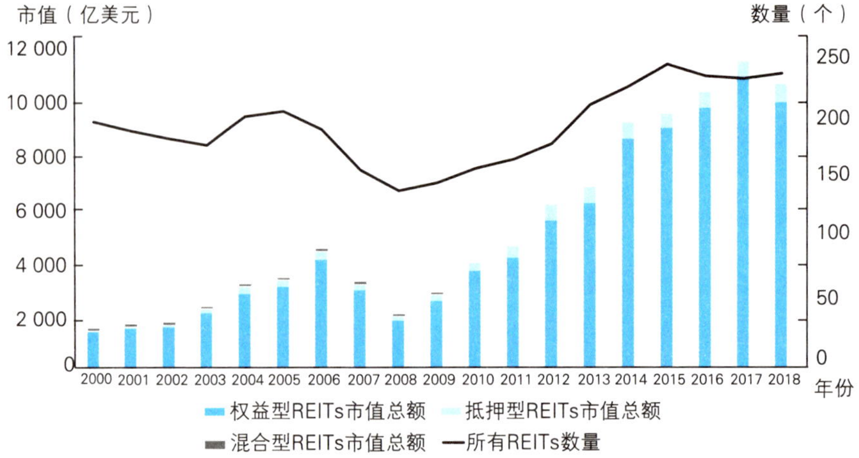

图 5-11 2000—2019 年初美国 REITs 市值

资料来源：全美房地产投资信托协会，明源地产研究院整理。

REITs 市值的占比较高。

截至 2019 年 3 月，在美国 REITs 产品的业态分类中：零售业态占市场规模 15.47%、公寓住宅占 14.83%、基础设施占 14.67%、健康医疗占 9.77%、写字楼占 8.68%、工业地产占 8.14%，合计占比达 71.57%；酒店或度假山庄 REITs 数量较多（17 只），但市值占比只达到 4.74%，基础设施 REITs 数量只有 6 只，但市值占比却达到了 14.67%（见表 5–5）。

表 5–5 美国不同基础资产权益型 REITs 表现

分类	REITs 数量	2017 年回报率（%）	2018 年回报率（%）	2019 年一季度回报率（%）	股息率（%）	市值（亿美元）	市值占比（%）
所有权益型 REITs	169	8.67	-4.04	17.17	3.72	11 321.58	100.00
工业地产	12	20.58	-2.51	21.28	2.92	921.83	8.14
写字楼	21	5.25	-14.50	20.31	3.17	983.22	8.68

（续表）

分　类	REITs数量	2017年回报率（%）	2018年回报率（%）	2019年一季度回报率（%）	股息率（%）	市值（亿美元）	市值占比（%）
零售	33	-4.77	-4.96	14.42	4.64	1 751.65	15.47
住宅	21	6.63	3.09	16.53	2.87	1 679.82	14.83
多元化用途	16	-0.10	-12.52	16.59	4.93	561.67	4.96
酒店或度假山庄	17	7.16	-12.82	15.82	5.30	536.58	4.74
健康医疗	18	0.87	7.58	13.02	5.24	1 105.68	9.77
自助仓储	5	3.74	2.94	9.86	3.69	628.87	5.55
林场	4	21.92	-31.96	21.11	4.82	268.48	2.37
基础设施	6	35.38	6.99	21.35	2.00	1 661.20	14.67
数据中心	5	28.43	-14.11	20.16	2.79	738.88	6.53
其他	11	13.22	-6.68	16.75	6.24	484.08	4.28

资料来源：全美房地产投资信托协会，明源地产研究院整理。

从总回报和股息率来看，基础设施和工业地产 REITs 总回报是所有业态中表现最好的两类。2019 年 3 月的当期收益率均超过 21%，但股息率不到 3%；酒店或度假山庄、健康医疗 REITs 的股息率相对较高。零售 REITs 总回报较弱，2017 年、2018 年总回报均为负值；酒店或度假山庄和写字楼 REITs 总回报波动相对较大；健康医疗和住宅 REITs 具有一定的抗周期能力。2018 年，其他类型 REITs 的总回报多为负值，但健康医疗和住宅 REITs 的总回报率分别为 7.58% 和 3.09%，住宅 REITs 总回报和股息率虽然低，但是胜在稳定。

2. 美国 REITs 产品设计结构特点

（1）以公司制为主，可以进行 IPO 及增发

按照组织形式的不同，REITs 分为公司型 REITs 和信托型 REITs。美国主要采用公司型 REITs，公司型 REITs 依托公司法成立，通过发行 REITs 股份，将筹集到的资金用于投资房地产项目或者合并物业进行管理。公司型 REITs 的实质是股份制投资公司，REITs 公司资产最终为投资者所有，投资收益以股利方式进行分配，可以进行 IPO 和增发（见图 5–12）。

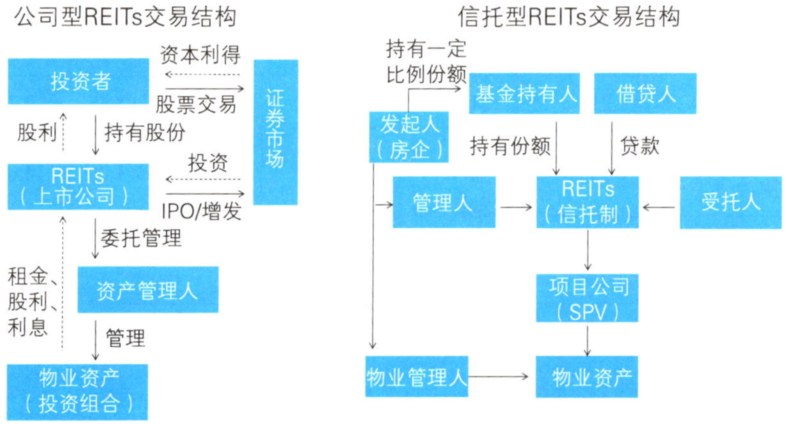

图 5–12　公司型 REITs 与信托型 REITs 的区别

资料来源：公开资料，明源地产研究院整理。

亚洲国家主要采用信托型 REITs——投资者与管理人、受托人形成信托关系，持有信托基金份额，其本质是一种委托投资行为。两种模式下的 REITs 均可以直接投资物业资产，满足一定条件的可以在交易所公开交易，投资者享有投资收益分配和资本利得。

（2）产品设立条件甚严，确保中小投资者利益

美国公募 REITs 产品虽然能享受税收优惠和多渠道融资等众多便利，但其设立条件十分严格，从组织结构、股权结构、收入构成、资产构成和红利分配等多个方面都有严格的限制条件（见表 5–6）。

表 5–6　美国公募 REITs 设立条件

限制条件	限制内容
组织结构	由董事会或基金托管人管理，并以美国纳税法人公司形式纳税
股权结构	股东人数大于 100，最近半个会计年度内前五大个人股东持股总额不超过 50%
收入构成	95% 以上的收入来自股息、利息、租金或资产出售；75% 的毛利来自租金、房地产贷款的利息，出售房地产收入、拥有其他 REITs 所得
资产构成	75% 的以上资产价值属于房地产、抵押贷款、其他 REITs 证券、现金或政府证券
红利分配	不低于房地产投资信托应纳税收入的 90% 的利润作为红利分配给股东

资料来源：公开资料，明源地产研究院整理。

- 组织结构规定。组织结构以公司作为主要载体，必须采取公司、商业信托或者协会的组织形式，资产不属于某特定金融机构和保险公司。
- 股权结构限制。单个产品至少有 100 个股东，其中前五大股东持股总份额不能超过 50%（即 5/50 法则）。
- 收入结构限制。至少 90% 的 REITs 总收入来自不动产租金，不动产贷款利息收入，不动产、其他信托的股权或其他不动产的共有权买卖的利得。
- 资产结构限制。在 REITs 产品的基础资产中，至少 75% 是房地产资产或房地产抵押、现金或政府证券。
- 红利分配。每年，REITs 公司至少将其应纳税收入的 90% 分配给股东。

以上五个方面的法定制度设计可以有效防止股东结构失衡；由于5/50的股权强制分散规定，单个社会持股人持有份额不会超过20%。这就保证了REITs公司不会被某几位大股东操控，从而保护中小投资人利益。

二、国内REITs产品概述及特征

对比国外成熟市场，目前中国内地推出的虽然不是真正意义上的公募REITs，产品多以私募性质存在，投资者以机构为主，但是，其结构设计与实操价值也逐渐受到监管层的认可。目前，国内类REITs市场的发展方兴未艾，因此，产品搭建过程中的实操点也是非常值得关注的。

1. 国内REITs产品的三大核心价值点

（1）REITs产品核心价值点一：为社会资本提供成熟投资渠道

REITs于20世纪70年代诞生于美国，其最初创设的目的在于使中小投资者能以较低门槛参与不动产市场投资，让普通大众除了买房子以外，还有其他途径参与房地产投资。彼时的美国处于城市不断分化的阶段，诸如纽约、洛杉矶等大湾区城市崛起。为避免不同城市能级的人群贫富差距加大，REITs给大众提供了普世化的投资渠道，从而让每个公民享受到城镇化发展的红利。截至目前，REITs依然是美国大众投资不动产、享受稳定增值收益的主流渠道之一。

相比之下，我国投资市场开启较晚，大部分国内投资者风险偏好相对保守，更倾向于稳健的债权型投资。目前，我国投资类渠道匮乏，加之投资者意识淡薄，造成许多社会闲散资金流向具有监管漏洞的借贷骗局当中。例如，早期的民间借贷和当下某些P2P（点对点网络借贷）项目，反映出国内的投资热情无法得到有效释放。

政府需要合理引导大众的投资需求，更要在合法可控的前提下加推合格的投资产品，以满足越来越旺盛的全民投资需求。推行公募REITs就是很好的方式，其高额稳定的分红率能满足大部分投资人的风险偏好。

由于各地对 REITs 的分红都有强制性规定，即基金公司的租金收益等经营性利润的 90% 必须以派息的形式发放，这使得 REITs 具有很强的长期投资价值。

参照 2018 年亚洲主要 REITs 市场的派息情况，中国香港及新加坡、日本的公募 REITs 平均收益率普遍高于当地无风险收益率（10 年国债收益率）4 个百分点以上（见图 5–13），显示出稳定的回报率。

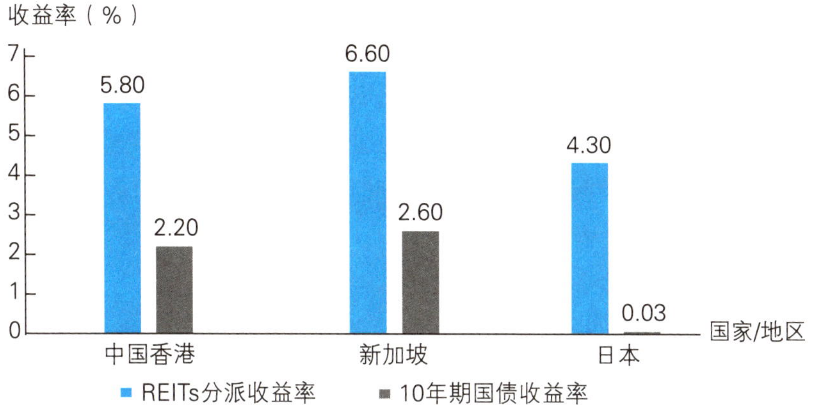

图 5–13 2018 年亚洲主要 REITs 市场的分派收益率与 10 年期国债收益率对比

资料来源：戴德梁行，明源地产研究院整理。

（2）REITs 产品核心价值点二：助力企业实现资产盘活

与投资者相对的是资产持有人借助 REITs 进行“出表”的诉求。不同类型的企业希望借助 REITs 盘活资产的诉求略有所差异，基本上可以分为以下两类。

第一类是国有企业基于资产盘活的“出表”诉求。当下，国资委正加速推进国有企业市场化改革，国有企业的业绩要求发生了根本变化。例如，2018 年国资委文件《关于加强国有企业资产负债约束的指导意见》就明确要求企业流动资产周转率要进一步提高，资产负债率要进一步下降。

既要控制资产负债率，又要防止国有资产流失，因此，很多国企借助 REITs 产品进行“出表”时普遍会追加回购条款。这并非真实的物业出售，而是通过短期的资产让渡确保自身企业杠杆率保持在良性水平。典型案例如云南城投发行的“恒泰浩睿—彩云之南酒店资产支持专项计划”，通过设立投资者回售和主体信用增级等措施，使云南城投集团盘活了资产，改善了财务状况，降低了综合融资成本，从而为后续创新资产运作腾出了空间，也在涉及国资转让方面做出了积极探索。

第二类是预上市或已上市企业。基于财务包装诉求，通过 REITs 将存量资产所涉及的成本摊销、折旧或转移到表外去，剥离摊销成本，提高利润率，从而综合提升资产估值，这也是合法合规的“出表”行为。

简而言之，REITs 产品能够帮助企业实现业务转型，企业通过出售或抵押融资的方式在缓解资金压力的同时，也能降低自身的资产负债率，从而达到轻资产运营的目的。

（3）REITs 产品核心价值点三：树立企业品牌，实现轻资产战略

REITs 产品在中国还有比较特殊的作用，即帮助企业树立品牌。内地各类“首单”REITs 产品的推出，提高了参与企业的知名度。这不仅可以吸引潜在的消费者，也能让银行等金融机构为其提供更多授信。

借助 REITs，企业可以实现轻重并举的模式——企业可以将重资产剥离出企业并打包成 REITs 产品上市，没有重资产的企业凭借自身的运营能力也能单独 IPO 上市。这就相当于将集团公司的重资产板块和轻资产企业分离上市。比如，越秀集团在 2005 年将其在内地的 5 栋物业打包做成 REITs 在香港上市，而其集团本身也属于上市企业。

从现存项目的实践来看，将资产剥离出来做成 REITs 的估值要比其放在房地产上市公司里面的估值高，这是因为 REITs 对资产一般是基于其营运现金流进行估值的。

2. 国内类 REITs 现状：产品覆盖主流业态，普遍设置回售条款

REITs 可以为房地产业带来新的投资机遇与退出渠道。虽然就内地

现行推出的类 REITs 产品来看，以上两项功能都还没有完全体现，但这并不妨碍类 REITs 在国内的蓬勃发展。

据 REITs 研究中心的数据显示，截至 2018 年年底，内地的存量类 REITs 产品约为 43 个，单笔发行规模为 3 亿～6 亿元，发行金额累计 903.21 亿元，发行主体基本都是房企。

从产品业态上看，43 个存量类 REITs 产品中，基础资产为购物中心、零售门店、写字楼和住宅公寓的类 REITs 数量占大多数，累积占比达到 71%（见图 5–14）。其中，酒店类 REITs 只 2 只，物流仓储类 REITs 有 3 只；内地的类 REITs 产品和海外 REITs 一样已经具有了业态多样性的特点。但不同基础资产类 REITs 发行额差异较大，1 只酒店类 REITs 和 1 只写字楼类 REITs 发行额均超过 50 亿元，而 4 只住宅公寓类 REITs 发行额低于 5 亿元。

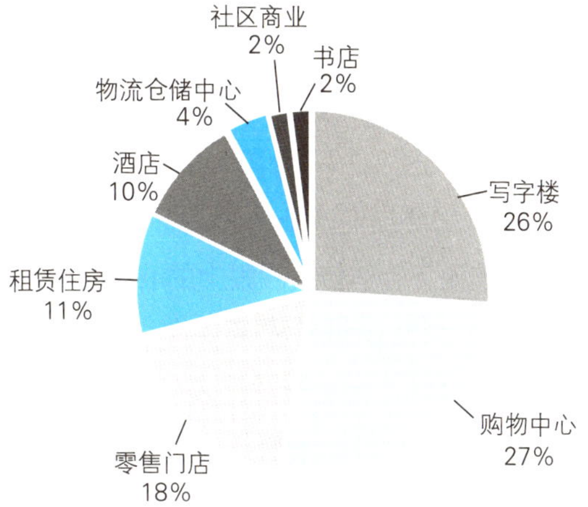

图 5–14　2018 年内地存量类 REITs 基础资产业态比例

资料来源：REITs 研究中心，明源地产研究院整理。

从产品结构上看，类 REITs 产品将投资人分为优先级和次级。次级占比反映了股性的强弱：次级占比越高，则股性越强，表明该产品“出表”意愿强烈。43 只类 REITs 中，新派公寓权益型房托资产支持专项计划次级占比最高（51.85%），9 只次级占比处于 32%～42% 区间，5 只次级占比处于 20%～30% 区间，14 只次级占比处于 10%～20% 区间，其余 8 只则没有设置次级。

从产品期限上看，43 只类 REITs 中，期限最短的为 3 年，仅有 2 只，分别为高和晨曦—中信证券—领昱 1 号资产支持专项计划和菜鸟中联—中信证券—中国智能骨干网仓储资产支持专项计划；有 32 只期限超过 10 年（含）；最常见的期限为 18 年，这种类 REITs 共有 22 只，优先级每 3 年末设置利率调整机制和投资者回售权。

综合来看，投资人优先级比例高于劣后级，高期限且设置回售等债性条款已经成了国内现有类 REITs 产品的普遍标签。不论站在投资人或者资产持有人的角度，还只是将类 REITs 产品视作固定收益投资和融资工具，REITs 的“出表”和权益投资的价值都没有发挥出来。

3. 国内类 REITs 项目操作流程注意事项

内地类 REITs 的发展方兴未艾，那么，资产持有者们究竟应该关注哪些具体的实操要点呢？这不能只是依靠券商等金融机构一手包办，有诸多核心要点也是企业需要提前准备的。以下是在标准化类 REITs 搭建过程中，资产持有者在税务、估值及期限上的准备策略。

（1）尽早进行业态剥离以维持税务中性

企业采用现行类 REITs 产品进行“出表”或者融资，首先要解决的是税务成本问题，其次如何合理减少税务摩擦同样重要。

通常，在 REITs 产品的搭建过程中，税种主要包含以下几类：交易环节的土地增值税和契税，重组环节中的企业所得税，存续经营环节中的企业所得税和房产税，以及营改增以后的增值税和银行附加税。

一方面，在物业交易与重组阶段，大部分企业都将物业从集团分离打包装入项目公司，采用公司股权交易的形式交割物业。因此，企业在策划时就应当确定销售物业与自持物业的比例，然后确定出售的物业业态类型。企业至少应当在工程在建时就将销售型物业单独剥离，或者在建成之后取消项目公司地产开发资质，从而在资产未产生增值之前就能够将其装进干净的项目公司中，这样可以规避交易时需要缴纳的物业增值税。

另一方面，在正式设立资产专项计划时期，涉及项目公司装入特定 SPV 当中，这时项目公司的盈利状态会成为其缴纳企业所得税的主要依据。假设某项目公司除去费用摊销折旧等因素每年能产生 1 亿元的利润，项目公司在分红的前提下必须缴纳 25% 的企业所得税，但在将项目公司装入资产专项计划再分配给证券投资人的时候，资产证券化产品的投资人还得再缴纳一次个人投资所得税。双重税负会摊薄本就不高的经营利润，扣税后的分红回报率也会影响投资人对基础资产的价值重估。

因此，资产持有人要想顺利让企业所得税递延至投资人处，减少相应的存续期税务摩擦，在项目公司设立时就应当带有一部分债务，以此抵扣经营利润。这种债务关系可以让对应的 SPV 采用委贷或股东贷款的方式对项目公司进行利息层面的现金流抽取，这就是所谓的股权 + 债权结构。因为投资人只要求其回报率，并不在乎项目公司账面上是否亏损。

综合来看，通过一些合规手段递延 REITs 产品搭建中涉及的各项税费，充分利用里面留存的项目公司的税盾，能够避免不必要的税务摩擦影响物业估值，从而影响资产所有人的出售或融资收益。

（2）选择资本估值模式确保 REITs 价值

基础资产的估值除了受到税务层面的影响之外，还受到估值方式的影响。在前述章节，我们已经为大家展示过资产估值的三种模型（收益法、市场比较法和成本法）。由于目前我国大宗物业交易的数量比海外少得多，因此收益法与市场比较法是类 REITs 产品评估的主流方式。据券商资管机构渤海汇金的统计显示：目前在证监会备案的类 REITs 产品中，采用收益法估值的占比至少为 51%；在剩余的市场中，比较法占比较多一些，成本法一般只用于仓储物流或者特种物业的估值。

由于不同的估值方法会传导至投资人对 REITs 产品的信任程度，这就需要资产持有人在前期开发阶段要对将要打包做成 REITs 标的物业分离出来。不同业态的物业需要按照不同的估值逻辑进行成本预算定价。

例如，一个综合体项目在前期规划的时候，就应当基于商业地产的估值结果制定住宅与商业地产的成本分摊配比，避免出现保住宅弃商业并将成本摊销划拨至商业，从而在商业资产需要出售时出现买卖双方“算账”不匹配的情况。

（3）建立续期模式保障现金流重复滚动

在期限设计上，目前国内类 REITs 产品多以 18 ~ 20 年为主，但考虑到投资人过程中的资金需求，每 3 ~ 5 年会设定一个开放期。这样的产品设计需要发行人（资产拥有者）提供各种增信支持或者回购措施来保证资产在流动，以便在开放期能满足投资人的赎回压力。同时发行人或资产持有人需要保证有较高的主体信用。

另一种是传统地产基金模式期限设计逻辑——将类 REITs 产品设计成三年固定期加两年的退出期，固定期封闭式管理，到了退出期以后，发行人可以拥有回购权利，并且回购后有 1 ~ 2 年的时间可以将资产通过发行新产品或者是在大宗交易市场上交易的方式出售，因此灵活性相对更高。

三、国内公募 REITs 需要关注的几大关键点

由于类 REITs 产品的发展已经打下了坚实的结构基础，内地距离真正的公募 REITs 推出只差临门一脚。当然，在公募 REITs 的筹备期间，我们认为以下几大关键点还需注意。

1. 如何区别公募 REITs 与类 REITs

虽然当前内地发行的类 REITs 产品与国外的公募 REITs 一样，都是以不动产股权份额作为基础资产，以租金收益和增值收益为主要还款来源。但现行类 REITs 大多是以融资为目的，这让许多企业误认为 REITs 只是融资工具，以至将类 REITs 与公募 REITs 混为一谈。事实上，两者

在交易结构、运营方式和收益分配等方面存在明显差别（见表 5–7）。

表 5–7 国外公募 REITs 与国内类 REITs 对比

对比类别	中国类 REITs	国外公募 REITs
组织形式	专项计划	公司或信托基金
产品结构	优先级和次级	平层
投资者收益	优先级固定收益，次级享有剩余收益	分红与资产增值
基础资产	主要为单一物业	通常为多个物业，物业可新增或出售
投资范围	项目公司股权和债权	物业产权；地产相关股票、债权、贷款、ABS 等
产品期限	有存续期，一般三年设置开放期	永续
退出机制	退出以开放期赎回或持有到期为主	退出以证券交易为主
增信措施	对优先级采取多样化的增信措施	极少部分产品具有增信措施
税收优惠	无税收优惠	分红可以抵扣所得税

资料来源：公开资料，明源地产研究院整理。

类 REITs 和国外公募 REITs 的区别大致体现在以下四个方面。

- 在投资者层面是债和股的本质区别。类 REITs 组织形式是专项计划，采取优先级、次级分层设计，外部投资者主要认购优先级，享有固定收益，且对优先级有相应的增信措施，次级往往由原始权益人自持。而国外 REITs 组织形式是公司或信托基金，投资者持有股份或基金份额、享有分红和资产增值。这也反映出中国投资者对 REITs 产品的认知较为匮乏，投资的风险偏好相对较低。
- 投资范围和运作方式的区别。类 REITs 主要为单一物业，对物业进行被动管理；而公募 REITs 通常为多个物业，对物业进行主动管理，存续期入池物业可新增或出售。

- 在交易方式上是私募和公开交易的区别。我国类 REITs 均为私募方式发行，公募发行金额仅占 3.8%，设置开放期，流动性较弱，导致个人投资者参与投资的门槛较高。而在成熟市场中，公募、私募 REITs 并存，满足一定条件的 REITs 即可上市交易。以美国为例，截至 2016 年年末，公募 REITs 总资产在所有 REITs 中占比高达 70.1%，个人投资者参与投资的门槛相对较低。
- 有无税收优惠的区别。我国类 REITs 无税收优惠，在设立、持有和退出环节税种较多，税负较高。成熟市场 REITs 均有相应的税收优惠。以美国为例，根据 1960 年美国国会通过的《国内税收法典》修订案，REITs 只要符合股权结构、资产、收入和分配等规定条件，其分配给投资者的分红部分可在所得税前予以扣除。

2. 影响公募 REITs 推出的认知误区

由于没有明确类 REITs 与公募 REITs 的差异，致使许多人对 REITs 的认知存在几个误区。我们觉得有必要对此进行澄清。

- 现有税制不是阻碍公募 REITs 推出的根本原因。REITs 的发展确实是一个典型税务驱动的过程，美国每次的 REITs 大发展都是由税制改革引起的。但需要明确的是，针对 REITs 进行税制改革的目的是保持税负中性而非减免，因此针对原始权益人该缴纳的交易税负依然无法避免，只能通过递延的安排，也就不存在税收主观影响 REITs 发展的问题。但中国如果未来想要做大 REITs，达到类似于美国万亿美元规模的话，那么还是应当针对 REITs 投资人制定相应的税收优惠政策。
- 类 REITs 属于 REITs 的范畴，在操作过程中需要资产重组和交易，本质是 SPV 并购原始权益人资产，因此要关注操作的确定性和合规性。一旦启动类 REITs 实质性工作，开始进行资产重组，通常会带来不可逆的税务摩擦和成本，因此企业要重点关注经营战略与 REITs

工具之间的适配性。

- 对比 CMBS 类型的债项融资产品，REITs 则是基于底层物业份额的股权式投资产品。对投资人来说，如果 CMBS 享受的是稳定的债权利息收益，那么 REITs 看的就是分红率以及未来市场交易的溢价。但大部分企业只将 REITs 单纯地理解为融资工具，而忽视其投资属性。国内的物业持有人在做 REITs 的时候，并没有足够的分享意识，所发行的类 REITs 产品，基本上都设有回购与兜底措施，物业持有人本身就没有将资产出售的意愿。大部分资产的品质差强人意，还需要主体增信，这就和抵押型类 REITs 没有区别，甚至变质成了"典当"。权益型 REITs 是以做 IPO 的心态将不动产上市，并且将物业预期收益和增值与投资人分享。持有人如果没有在意识上产生转变的话，那么也不存在做权益型 REITs 的必要。

以上这些对 REITs 的误解由来已久，人们认知上的转变需要时间，也涉及多方利益的长期博弈。当大家的认知统一了，专业的权益投资人与愿意分享的持有人便会出现，公募 REITs 的推出将更加顺利。

3. 去国外发行公募 REITs 是否合适

国内公募 REITs 推出还需时日，一些等不及的企业想直接将其优质资产拿到境外市场发行，希望能够尽早分得一杯羹。这样做是否划算可行？

我们认为，如果没有针对全球配置的诉求，那么将内地物业做成 REITs 在海外上市还是有很多不合适的地方。理由主要有两个方面。

首先，最大的问题就是资产的折价，这对物业持有人来说相当于以低于估值的价格卖出资产。以当前在中国香港发行的四个内地物业 REITs 为例，对比近期的物业估值与市值情况，普遍都有 20% 左右的折价，开元产业信托的折价甚至达到了 68% 左右（见表 5–8）。

表 5-8 中国香港发行的内地物业 REITs 发展情况

REITs 名称	上市时间	物业特点	物业估值（2018 年）	REITs 市值（2019 年 6 月）	溢价率（折价率）	回报率	分派收益率（2018 年）
越秀房地产信托基金	2005-12-21	内地一线城市商业、写字楼等	339.7 亿元	152.9 亿元	-54.0%	5.3%	6.4%
开元产业信托	2013-10-7	内地一、二线城市酒店	49.8 亿元	15.9 亿元	-68.0%	6.9%	6.7%
春泉产业信托	2013-12-5	内地一线城市甲级办公楼	97.6 亿元	37.7 亿元	-61.3%	6.6%	5.5%
汇贤产业信托	2011-04-29	内地一、二线城市综合体	296.2 亿元	177.5 亿元	-40.1%	9.9%	8.3%

资料来源：企业年报，明源地产研究院整理。

造成这个现象主要有两个原因：一是海外投资人对内地资产不熟悉，需要更高的溢价来平衡风险。比如北京某优质地段的商办物业，虽然其 4% 左右的回报率在内地市场已经很抢手，可是在香港上市的话，回报率需要达到 8% 左右才会对香港散户产生一定的吸引力。因此，在租金收益稳定的情况下，企业若想在境外市场顺利发行就只能折价。二是海外投资人对管理人的信任程度较低。内地鲜有知名的资产管理人，投资人对于内地管理人普遍缺乏信心。

其次，海外上市还需要注意税务摩擦。因为是跨境资金流转，部分税负不可避免。例如项目公司的企业所得税，如果是国内类 REITs 的话，可以通过搭建股 + 债的模式做一些技术处理，但如果是跨境的话，就很难实现。

4. 公募 REITs 会对房价造成怎样的影响

由于房地产本身带有投资属性，因此，很多人担心公募 REITs 推出可能会带动新一拨的房地产投资热潮。因为开发商一旦通过 REITs 市场募集到大量资金，就能加速拿地开发，从而间接推高地价、房价。

这样的担心不难理解，因为总体来看，中国的房地产市场偏向于单向交易形式：一方面，大部分刚需客户出于对价格上涨的恐惧，都想尽早买房；另一方面，在卖房的时候，房主又面临较高的交易时间成本。这将导致市场的买方需求变现快于卖方需求变现，房价容易出现只升不降的情况，市场缺乏能够即时对冲房价的工具。而公募 REITs 的推出则弥补了这一缺失，通过即时在二级市场交易不动产股权份额，可以填补大部分房地产的投资需求，从而让资金改变流向，同时也会改变房价预期，使得房价更加平稳（见图 5–15）。

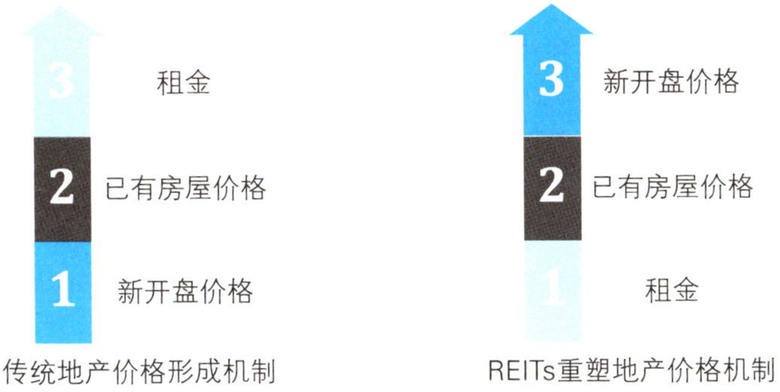

图 5–15　公募 REITs 重塑地产价值

资料来源：高和资本、明源地产研究院。

此外，公募 REITs 还可以间接推动资产价格回归其本身价值。从国外成熟市场的发展来看，房地产的正常价格形成机制是：租金（房屋的资本化率）—已有房屋的价格—新房屋的价格。而目前我国的房地产市场，由于其存量市场的不发达和其他原因，房地产价格的形成机制跟成熟市场恰好相反：新开盘价格—已有房屋价格—租金。这种价格形成机制对存量市场以长期持有为目的的投资者非常不利，对持有大量房地产资产的金融机构也构成一定的风险。公募 REITs 针对资产的定价机制以收益法为主，基于资产组合在保有期间所能产生的现金流（租金、物业费等）进行折现，从而确定资产的真实价值；现有资产价格也能映射出其他房屋价格，从而平衡区域房价。

以新派公寓类 REITs 为例，基于 REITs 定价模式，该资产折现后的平均价格为 4.7 万元 / 平方米，而其周边公寓社区的单价却为 9 万 ~ 10 万元 / 平方米，新派价格仅为周边的一半。REITs 的退出能够为资产提供更加理性的定价指导，并能重建地产金融生态，因此，公募 REITs 会推动房价上涨的说法是不成立的。

5. 真正阻碍我国公募 REITs 推出的因素

（1）宏观层面的阻碍：资产收益率低，法律法规待完善

许多人将资产交易税视作公募 REITs 推出的最大阻碍，认为交易税负降低了资产收益率。其实，更主要的原因是中国基础资产的收益普遍较低，高收益商业资产十分稀缺，对投资者尤其是个人投资者不具有吸引力。

特别是我国公寓型物业，因资产价格增长最快，导致其租金回报率极低。截至 2019 年 4 月，北京、上海、广州和深圳的二手住宅租金收益率分别为 1.54%、1.65%、1.66% 和 1.63%，处于极低水平。

相比之下，在写字楼方面，截至 2018 年一季度，上海市甲级写字楼的市场回报率（年租赁总额与物业资本价值之比）为 4.60%，处于中等水平（见图 5–16）。

国内高收益物业资产稀缺的原因除了物业本身的品质低等硬件条件外，还由于运营商资产管理经验缺乏，造成运营效率低下，无法实现物业投资收益的最大化。资产回报率本来就低，再扣除未来 REITs 运作所需的管理费用及税费，其资产回报率水平更低。高收益物业资产的稀缺，降低了产品吸引力，极大地抑制了投资者的投资热情。

此外，目前与公募 REITs 所涉及的法律法规不完善，导致诸多企业无法开展主动投资型策略。证监会前主席肖钢等在《制约我国公募 REITs 的五大因素和破解路径》中认为，中国现行的《公司法》和《证券法》没有认定 REITs 是证券品种，而 REITs 的交易结构具有特殊性，上位法

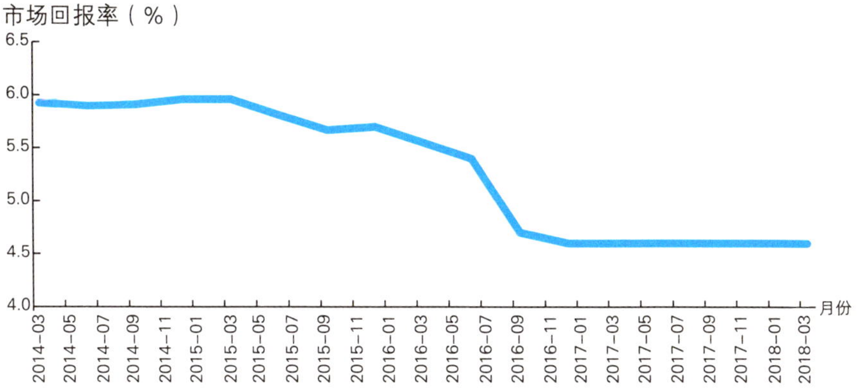

图 5-16　2014—2018 年上海甲级写字楼市场回报率

资料来源：Wind，明源地产研究院整理。

的缺失导致证券监管部门很难推动公募 REITs 的实施，相应的税收等配套政策也难以制定。这也使得目前我国的类 REITs 产品更多是原始权益人以融资或资产出表为目的进行发行，而尚未出现国外成熟市场中的主动投资形式的公司制 REITs。

（2）微观层面的阻碍：资产估值难题，专业投资人匮乏

首先是估值难题。一般而言，在资产证券化估值体系当中，LTV（物业抵押率）以及 DSCR（现金流覆盖倍数）是投资人重点关注的两大估值指标。其中 LTV 比率（优先级本金规模 / 物业市场评估价值）决定了优先级端投资人本金回收的概率；DSCR 指标（物业净经营收益 / 优先级利息）是考量未来物业所产生的现金流是否可以覆盖融资利息。

资产持有人（原始权益人），当然希望 LTV 越高越好，最好可以达到与物业估值对等的 1∶1 的水平，从而获得对等的资金回报，而投资人的诉求则正好与之相反，这就存在利益博弈的问题。

与其他成熟市场不同的是，我国的商业物业交易市场流动性极差，因此绝大多数投资人都保有着流动性差的预期，对 LTV 以及 DSCR 的要求都偏高。举例来说，一般国外市场的 DSCR 要求为 1.5～2，国内市场是 1.8～2.4；LTV 国外在 60% 左右，国内却只有 50%（见图 5-17）。

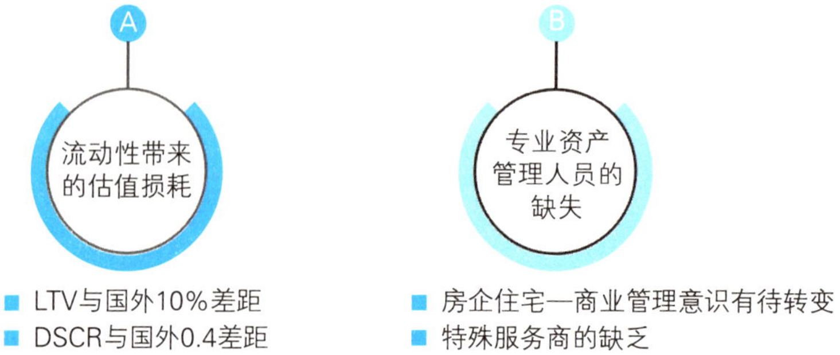

图 5–17 阻碍公募 REITs 推出的因素（微观层面）

资料来源：明源地产研究院。

如果没有主体进行信用补充，那么现行的 LTV 比例根本无法激发资产持有者的融资意愿，即便未来公募 REITs 推出之后，由于国内商业物业的弱流动性，资产还有可能在原有估值上继续打折，资产持有人还不如采用经营性物业贷等传统渠道进行融资，这将使得 REITs 难以顺利发展。

其次是缺乏专业的资产管理人。目前，我国纯粹做持有型物业起家的房企屈指可数，很多房企带着做住宅的心态顺带做商业地产，大多通过散售一次套现，真正以匠人精神长期经营商业地产的运营商极少。很多投资人也不愿意投房企的类 REITs 权益级，房企也将 REITs 视为融资产品，估值能做多高做多高。在这样的环境下，想要真正打造能退出的权益级 REITs 颇具难度。

针对这种困局，国外已经出现了针对资产证券化产品的特殊服务商机制。所谓特殊服务商主要进行投后管理的介入，作为兜底方认购证券化产品的劣后级。其优势在于，可以防范存续期产品风险，也提升了投资者对产品的认可度。而这种机制目前在我国还没有形成，这使得产品发行过后的存续期风险管理存在空白，难以形成健全的投资机制。

四、公募 REITs 呼之欲出，三条战略赛道已经显现

在各方明确共识的基础上，内地公募 REITs 已渐行渐近。未来公募

REITs 将以什么形式出现？又能给房地产行业带来怎样的变革？

1. “公募基金 +ABS”结构可能成为公募 REITs 试点

北大发布的《中国公募 REITs 发展白皮书》建议，目前以《证券投资基金法》作为 REITs 的立法依据，采用“契约型”模式，可以充分借鉴证券投资基金的经验，降低监管成本，能够在现有制度上尽快推出产品。因此，从立法成本、设计难度等方面考虑，基金契约型模式是现阶段相对来说的最佳方案。

受国内法规的限制，现行公募基金只能投资那些上市交易的股票、债券以及国务院证券监督管理机构规定的其他证券及其衍生品种，不能直接投资物业。因此，在现有法律体系和制度背景下，考虑到资产证券化发展已较为成熟，基于类 REITs 结构嵌套公募基金是推出公募 REITs 阻力相对较小的模式。这种“公募基金 +ABS”的模式充分利用了现有的制度框架，具有很强的可操作性（见图 5–18）。

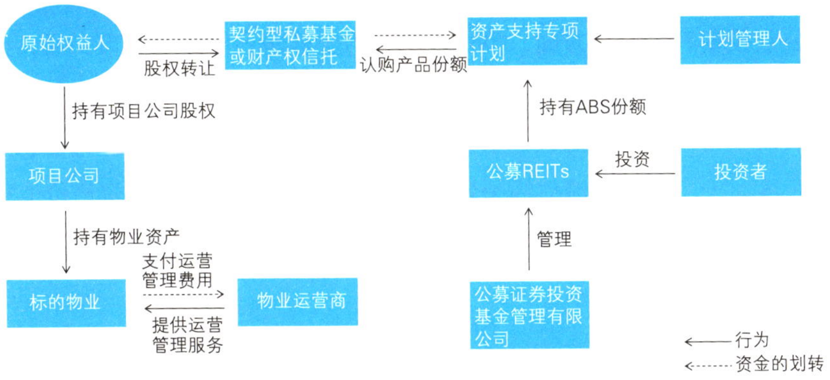

图 5–18 证监会公募 REITs 设想结构（ABS+ 公募基金）

资料来源：高和资本、明源地产研究院。

一是法律障碍小。中国证监会颁布的《证券公司及基金管理公司子公司资产证券化业务管理规定》(〔2014〕49 号）已对资产支持证券的证券属性做出界定。目前，资产支持证券已在国务院及其相关部委文件中广泛出现，因此其证券属性并无争议，有效避免了公募基金投资未上市公司股权或不动产可能存在的法律争议。

二是有效借助 ABS（类 REITs）的成熟机制与模式进行合理估值和降低交易成本。在这个结构中，公募基金公司作为基金管理人及发行机构，将承担重大角色，这对基金公司的人才建设有很强的要求。

借鉴亚洲国家出台专项法规的方式，对 REITs 的设立条件、投资资产及收益分配等方面予以明确规定，我国公募 REITs 有望直接或仅通过一层 SPV 持有物业资产。

参考国外公募 REITs 产品的搭建流程，我国公募 REITs 必须针对产品资产组合、收益分配和业务范围等做出具体规定，包括公募 REITs 投资房地产的比例、投资专项计划的数量、单一专项计划占比、最低分红比例、基础资产类型以及投资者持有份额等规定。

通过“公募基金 +ABS”的试点形式，投资者持有的公募基金份额就能够在交易所上市交易。一方面，“公募基金 +ABS”将投资者范围扩大至公众投资者；另一方面，投资者持有的公募基金份额可上市交易，集合竞价，增强流动性。站在投资者的角度，“公募基金 +ABS”给予了社会大众参与中国城镇化、分享中国核心物业成长的投资机会；站在业主的角度，一个公开的流动性平台，有利于不动产的盘活，将资产价值释放出来，并能推动长租公寓、基础设施等的建设。

2. 公募 REITs 推出后的三条战略赛道

许多企业都深知，一旦公募 REITs 推出，会带给整个存量市场全新的商业逻辑与机会，但具体如何布局却还很迷茫。

公募 REITs 最大的意义在于提供资产退出的渠道，打通资本循环的闭环，实现企业由重资产向轻资产的转型，使得高资产负债率的企业既可以降低自身财务杠杆，又能在获取长期稳定租金收益的同时享受资产增值，实现轻重并举（见图 5–19）。

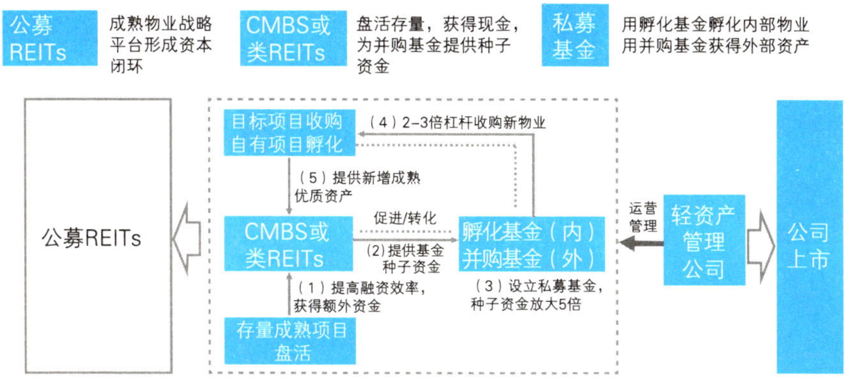

图 5–19　借助资产证券化产品实现轻重并行思维

资料来源：高和资本、明源地产研究院。

通过转型轻资产，企业将资产剥离到基金，自身变身为资管运营商。未来，运营商可以通过运营获取相应的回报，还可以单独上市。

剥离出来的重资产可以通过公募 REITs 尽量地实现社会股本化。如果资产资质不足，那么企业还可以借助外部股权私募基金先进行一段时间的培育，同时使用 CMBS 与类 REITs 等工具进行循环滚动融资，等到资产成熟之后，再将物业以公募 REITs 的方式予以退出，实现资本的回流。

在物业不同的生命阶段引入不同偏好的资本的做法，在境外成熟 REITs 基金公司运作实践中相当普遍。以凯德商业信托基金为例，其知名的 PE（私募股权）+REITs 并购退出逻辑，就是在项目启动前引入 PE 基金，在开发建设期时段再引入培育基金，待物业培育成形最后再通过公募 REITs 予以退出，实现资本回笼再投资的正向增值循环（见图 5–20）。

企业可以通过引进外部资本持有物业，自身转型为轻资产运营商，继续对商业资产进行运营，但也有可能存在物业项目股权转让而导致管理权力被架空的情况。对此，国外的资管运营商一般会利用公募 REITs 份额强制分散的特点（发达国家公募 REITs 规定前五位的投资人持股份

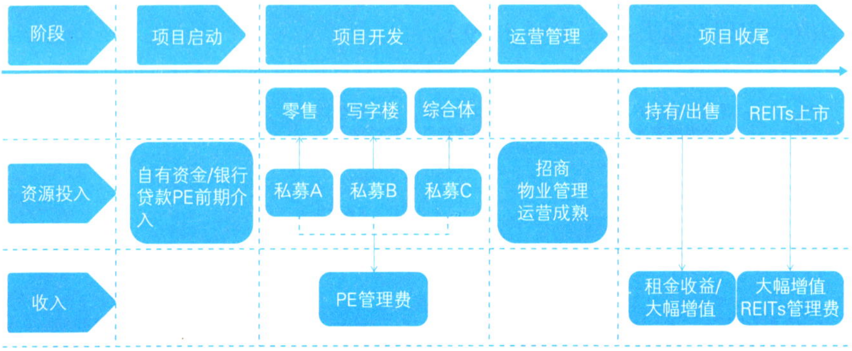

图 5-20　凯德的“PE+REITs”组织战略

资料来源：明源地产研究院。

额不能超过 50%），规定轻资产管理商可先行留住物业 20% 的份额，这样既可以实现轻重并行下的小股操盘模式，在保障管理权力不被架空的同时，又能降低自身财务杠杆。

基于此，企业可以依据自身的转型目标调整轻重比例，对应的三条赛道自然也就显现出来。

- 可以作为资产持有人，运营管理好资产，然后进行 REITs 退出，实现资本循环。
- 可以做纯粹的轻资产 REITs 基金管理人，凭借自身的运营能力旱涝保收管理费。
- 也可以做权益级财务投资人，从资管方转型为投资方，依靠精准的投资眼光获取资产增值收入。

三条赛道所依靠的核心能力各有不同，企业可以根据自身的特长和战略转型方向积极准备，一旦机会来临能立即开工。

后　记

《资管大未来：打通资管血脉，决胜地产存量时代》这部书的撰写，源于国内房地产市场由增量开发逐步向存量经营的转变、相关企业的转型诉求以及明源云肩负的行业使命——“让地产生态链更智慧”！

在本书的撰写过程中，我们走访了大量房地产企业、资产运营商以及资本机构，深深感受到了企业在向存量经营转型方面的渴望和面临的困惑。为了探寻切实可行的路径，我们进行了大量的理论研究和案例论证：一是与行业众多专家学者进行大量交流与探讨，奠定了本书的理论框架基础；二是“站在未来看现在”，我们深入研究了国际上成熟市场的先进经验和典型案例，作为学习与实践的榜样；三是“站在现在看未来”，2018—2019 年，明源云组织了 40 多场行业沙龙，与房企、资本方及其他各方伙伴共同探讨未来的资管之道。理论与实践的充分结合，让我们对不动产资产管理有了更深刻的理解，也使本书的内容更加扎实。当然，由于作者水平有限，错误与疏漏在所难免，本书权当是抛砖引玉。我们希望广大读者和资管同行能够对本书提出宝贵意见。

在此，我们要特别感谢专家顾问团的参与及指导，他们使本书的视角更为全面。感谢深圳市房地产业协会会长吕晋川和广东省商业地产投资协会会长黄文杰，他们从行业协会的视角给予指导；感谢重庆华宇商业集团总裁助理赵红和南京安居颐和资产运营管理有限公司执行董事总经理徐凤军，他们从企业转型的视角给予了指导；感谢中城新产业董事长刘爱明和上海溢臻投资管理有限公司董事长刘晓兰，他们从专业运营商的视角给予了指导；感谢高和资本联合创始人周以升和渤海汇金证券资产管理有限公司董事总经理李耀光，他们从金融资本的视角给予指导；感谢中国城智更新研究院院长陈方勇和中国建筑运营管理研究院（COMIN）院长刘永，他们从研究机构的视角给予指导。

同时，我们还要感谢书中所引用文字、数据及图片的所有作者及机构。此外，在本书的编写过程中，给予各种帮助的朋友还有许多，我们未能详尽列出，在此一并致谢！

最后，我们再次希望诸位同人能就本书展开深度探讨与交流，并对书中的不足之处给予批评与指正，衷心祝愿房地产市场上的每个参与者都能成功打通资产管理血脉，决胜地产存量时代！

黄　乐

2019 年 9 月 30 日